U0108596

榮祿與晚清政局

全新增訂版

· 馬忠文 著

中華書局

榮祿

慈禧

恭親王奕訢

醇親王奕譞

慶親王奕劻

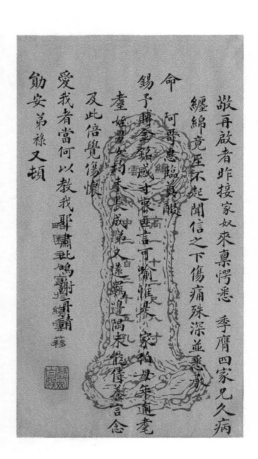
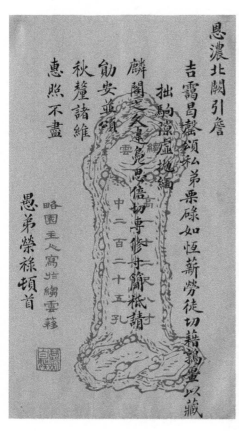

榮祿致慶王奕劻信

王爺爵前敬肅者前奉
手諭壹是謹悉邇蒙
厚賜并山桃園李諸珍荷種之之
拳存倍依〻而心結感謝無極承
示鉅製連篇累幅捧誦之餘感佩莫似
其間
寓意懸摰尤深銘勒小園自銘首句仰蒙
玫曠爲陳誠哉一字之

師敬服之至現綴以序錄呈
鈞政鄙俚不文徒貽
笑耳務懇
俯加斧削以
指疵謬是所政禱肅此并申謝悃敬請
鈞安伏維
霽照榮祿謹肅

榮祿致醇王奕譞信

張之洞

光緒二十二年二月十四日（1896年3月27日），李鴻章、李瀚章攝於上海。

武衛軍兵士

總理衙門大臣，左起：成林、文祥、寶鋆。

光緒二十七年十一月二十八日（1902年1月7日），慈禧回京在正陽門甕城內觀音菩薩廟前，向城牆上洋兵招手致意，榮祿等隨侍。

載灃與溥儀、溥傑

袁世凱

序

金沖及

　　馬忠文教授的新著《榮祿與晚清政局》，顧名思義，着重探討的是兩個相互聯繫的重要課題：一個是晚清政局中的榮祿，一個是從榮祿的處境和作為來考察晚清政局。這是兩個問題，也是兩種視角，對深化近代史研究十分重要，但以往的研究卻相對薄弱。這部新著在這兩方面都有所推進，值得重視。

　　榮祿在晚清政治中的重要地位，可謂眾所周知。甲午戰爭、戊戌變法、庚子事變這些重大歷史事件中，他都起着舉足輕重的作用。榮祿不是宗室親貴，但他一生最後幾年卻身膺首席軍機大臣，又被授以文華殿大學士，位高權重，這在晚清歷史上實屬罕見。

　　然而，遺憾的是，長期以來除了簡略的官修傳記和幾篇碑傳文，沒有一部有關榮祿的完整而具有較高學術水準的傳記或專著。當然，這也並不奇怪。最大的困難在於：有關榮祿的歷史資料極為散亂，既沒有人為他編過稍完備的文集，也沒有年譜長編之類的資料集。庚子事變中，他的府第被焚燬，自己保留的早年文稿、往來書信、檔案等文字資料都付之一炬。如果要對榮祿進行系統而深入的研究，就得拿出「上窮碧落下黃泉」的精神，從蒐集散見各處的原始資料做起，並對這些資料進行細心比較和考證，去偽存真，做好紮實的資料基礎，這是研究工作的第一步。只是這項艱巨而細緻的工作，比起研究同時代其他歷史人物所需花費的工夫要多得多，難免使人望而卻步。

　　忠文正是本着這種精神，知難而進。他熟悉晚清朝政掌故，著有《晚清人物與史事》，在確定榮祿研究的選題後，又花了極大精力，奔走各地，細心搜尋查閱資料，諸如中國第一歷史檔案館和台北故宮所藏清代硃批奏摺、錄副奏

摺、傳包檔案，中國社科院近代史研究所藏醇親王、李鴻藻、張之洞、鹿傳霖檔案，上海圖書館所藏盛宣懷檔案，有關人士如翁同龢、袁世凱、李鴻章、劉坤一、張蔭桓、王文韶、廖壽恆、那桐、榮慶、陳夔龍的文集、日記、書信、筆記、年譜，以及報刊文獻等，每有所得，如獲至寶。在盡可能佔有詳盡資料的基礎上，忠文經過嚴謹細緻的比核梳理，終於比較完整而清晰地再現出榮祿一生的基本經歷和關鍵時期的思想活動。這是一項開拓性的工作。此中甘苦，誠如古人所說，「如魚飲水，冷暖自知」。

史家論述歷史人物，應力求做到能夠知人論世。忠文這部新著，比起他以往的研究，明顯又前進了一步。他不只是停留在對歷史人物個人經歷的微觀剖析，而是力求擴大視野，透過榮祿的研究，對晚清朝政的全局有比較宏觀的考察，並做出自己的論斷。

這些論斷中，有兩點特別值得注意：一是他認為甲午戰後的變法浪潮，包括戊戌變法在內，並不只是圍繞康、梁的維新運動展開的，而是民族危機加深的時代背景下朝野各方尋求救亡自強出路的產物。甲午戰後的變法，既有康、梁等要求的以日本、俄國為榜樣的激進改革，也有清廷自上而下推行的以練兵、開礦、修建鐵路、興辦學堂為核心的實政改革（也就是洋務派式的改革）。榮祿當屬於後者。以往受到康、梁宣傳的影響，學界對於清廷的實政研究關注明顯不夠。二是清末新政所以沒有根本性的進展，同甲午戰後清廷財政枯竭、統治階級內部矛盾重重、社會矛盾日益尖銳等情況有關。以往對晚清朝局的研究也比較薄弱。本書用很多篇幅描述辛酉政變後統治集團高層內部的分歧與矛盾：最高統治者慈禧太后真正看重的是個人權力；滿洲宗室中的恭王、醇王、端王、慶王等各有懷抱，在地位上此起彼伏；滿洲大臣中，榮祿和剛毅相互對立，明爭暗鬥；漢族大臣中，先有李鴻藻、沈桂芬為首的「南北之爭」和清流、濁流之爭，光宣之際又有袁世凱、盛宣懷間的勾心鬥角、相互傾軋。如此不一而足。像清朝在康熙、雍正和乾隆初期那種朝氣奮發、敢有作為的氣象幾已蕩然無存。就是當時被人稱為「有血性」的能臣榮祿，也貪戀錢財，唯慈禧馬首是瞻。讀者不難感到，對這個暮氣沉沉的封建王朝已難寄期望。

　　當然，帶有開拓性的探索不可能盡善盡美。作者的有些論斷和敍述是否恰當，還需要做更深入的研討。以榮祿與晚清政局的關係來說，當他進入統治集團最高層的時候，清朝已面臨王朝末日。他病逝不到十年，統治中國兩百多年的清朝統治終告覆亡，有着兩千多年歷史的君主專制制度也告結束。這樣的歷史性巨變，在此前十多年早見端倪，但書中的論述和分析尚不夠到位，似乎還不能使讀者對將要到來的歷史巨變產生強烈的預感。當然，這是個複雜的問題，不可能在一本書中都得到很好的解決，也許可以喚起更多史家一起做進一步的探索。

目 錄

導 言

以榮祿與晚清政局的關係來說，當他進入統治集團最高層的時候，清朝已面臨王朝末日。他病逝不到十年，統治中國兩百多年的清朝統治終告覆亡，有着兩千多年歷史的君主專制制度也告結束。

一　選題意義

自滿人入關，定鼎北京，建立清王朝的統治後，就確立「首崇滿洲」的原則，賦予人口佔少數的八旗旗人以種種特權。雍正初年，又創設軍機處，作為決策核心，不僅內閣大學士喪失了實權，即使是體現滿洲舊制的議政王大臣會議也形同虛設，中央集權制度得到空前加強。經過乾隆朝，清代典章進一步制度化，迄道咸時期未有變化。乾隆時的軍機大臣多為滿人，前有傅恆，後有阿桂，領樞執政數十年；權臣和珅更是受到乾隆信任，充分表明滿洲權貴在清朝政權中的特殊地位。這種情況在晚清時期有了一些變化。

咸豐十一年（1861）發生的辛酉政變是晚清政局的重要轉折。在載垣、肅順等顧命大臣被整肅後，代之而起的是慈禧、慈安太后垂簾聽政，恭親王奕訢入樞輔政的權力格局和政治運行機制。直到光緒三十四年（1908）慈禧死去（慈安先於光緒七年病逝），其間慈禧太后一直是清王朝的最高權力核心。她通過培植親信、控制軍機處來實現對政治權力的全面掌控，並通過調整軍機大臣乃至全盤易樞的極端方式來鞏固自身的權威，杜絕大權旁落的任何可能性。在此期間，軍機處通常由懿親領班，一兩位軍機大臣主持局面。這樣，在慈禧、領班親王、軍機大臣三者之間形成了一種可調整的動態的權力結構；當同治、光緒帝相繼親政後，權力關係雖然多了一層，但慈禧掌握最高權力的本質沒有改變，只是在實際的權力運作過程中，因為帝后分歧的出現，產生了新的變化而更具複雜性，甲午戰爭之後的政局便集中體現出這個特點。

同光時期領樞的親王先後有恭王奕訢、禮王世鐸（實際過問政務的還有醇王奕譞）、慶王奕劻，而軍機大臣沈桂芬、李鴻藻、孫毓汶、翁同龢、剛毅、榮祿、瞿鴻禨等則被視為不同時期主持軍機處的核心人物。研究這些與慈禧關係密切的重臣，梳理政治派系的分合，解讀一些政治決策的形成過程，可以提綱挈領地抓住朝政演變的癥結，在一定程度上深化晚清政治史的

研究。因而，近代以來，對這些「秉國權臣」的研究，受到許多學者的重視。光緒十年的甲申易樞、甲午戰後孫毓汶倒台及戊戌年春翁同龢開缺等政治事件，都是學界長期關注的問題。比較而言，從甲午戰爭到庚子義和團事件前後，滿洲重臣榮祿深受慈禧信任，與政局牽涉最大，但因為種種原因，一直缺乏較為系統深入的研究。這是本書選擇榮祿作為晚清政治史研究對象的主要原因。

光緒二十年爆發的甲午戰爭，不僅大大加深了中國的民族危機，改變了東亞外交格局，也改變了甲申易樞後的政局：孫毓汶、徐用儀等人退出軍機處，直隸總督李鴻章開缺回京入閣辦事；甲申易樞時受挫的恭王奕訢、翁同龢、李鴻藻重返樞垣；另一位滿族官員剛毅後來居上，先榮祿入樞，成為新貴。此時的榮祿，雖未入軍機處，但慈禧對其信任程度毫不遜於樞臣。甲午戰爭時期設立的督辦軍務處，在戰後並未裁撤；身為督辦大臣的榮祿，實際主持督辦處，對戰後營勇裁減、新軍建立、鐵路修建等新政事務，擁有充分的發言權，威望幾乎與軍機大臣相比肩；短短兩年間，他以兵部尚書兼總理衙門大臣，很快升任協辦大學士、大學士，是當時滿漢臣僚中升遷最快的一位。到丁酉（1897）、戊戌（1898）之際，李鴻藻、恭王奕訢先後去世，翁同龢被開缺回籍，榮祿成為最受慈禧信賴的重臣。戊戌政變後，他從直隸總督任上回京入樞，主持大局，並開始編練武衛軍，執掌軍權；庚子兩宮流亡西安期間，甚至一度充任領班軍機大臣。直到光緒二十九年三月去世，榮祿一直是影響清廷內政外交的核心人物。

但是，既往學界對榮祿的研究和評價大多停留在戊戌政變和庚子事變等一些具體問題上，評判也過於簡單，泛論多於實證。不少觀點以訛傳訛，影響迄今。在一般人的觀念中，袁世凱向榮祿告密仍被視為戊戌維新中止的關鍵原因；庚子年（1900）五月榮祿向慈禧呈遞假照會，仍被視為導致清廷對外宣戰的導火線；有論者對榮祿暗中保護使館的作用也明顯有誇大的成分。總之，有關榮祿的總體研究推進得十分緩慢。

有鑒於此，將榮祿一生事跡和經歷貫穿起來，置於大變動的時代背景下

加以考察和分析，尋找其行事的思想和行為邏輯，對其一生經歷做出更加合理的解釋和評判，正是本書所要努力的方向。從榮祿與晚清政局演變的關係來切入，既可知人，又可論世，有助於深化晚清政治史研究。具體而言，可以從以下幾個方面來說明：

第一，榮祿是甲午戰爭後近代軍事改革的大力宣導者和實際主持者。儘管甲午前西化的軍事改革已逐漸成為朝野上下的共識，但推行過程卻十分緩慢。從胡燏棻定武軍、袁世凱新建陸軍到後來的武衛軍，這些新式軍隊的創辦都是在榮祿推動下逐步發展起來的，反映出榮祿致力於近代軍事改革的理想；從這個層面看，他是甲午戰後的主張改革者，簡單地將其視為頑固守舊者與歷史不符，這與康、梁在戊戌政變後的宣傳有很大關係。

第二，榮祿身居中樞，與滿漢、南北、新舊各派政治力量關係微妙，是溝通各派的關鍵人物，特別是在戊戌政變前後調和兩宮關係、維持朝局穩定方面有值得肯定的地方。對此，不能只聽信康、梁的宣傳。榮祿在大膽任用袁世凱等漢族官員的同時，又將兵權牢牢掌握在自己手中，試圖通過加強中央集權，維護滿洲貴族的統治。這與後來載灃攝政時期滿洲年少貴族力圖專權而一事無成有明顯區別。

第三，榮祿與戊戌變法、庚子事變的關係，雖有不少前人的研究成果，但由於史料散亂和一些舊說先入為主的影響，不少細節仍不甚清楚，很多說法以某些私人筆記乃至野史為立論依據，值得重新考察。大量事實表明，政變後榮祿與剛毅之間的矛盾，是解讀這個時期朝局演變的主線索。

第四，以往對榮祿從西安回京後的政治境遇研究很不充分。《辛丑條約》簽訂後，榮祿隨同兩宮回到北京，雖然權勢依然顯赫，但病勢日重，又受到朝野各種政治力量的攻擊，一直碌碌無為。榮祿去世後，受到清廷的恤典雖優厚，但中外輿論對其褒貶不一。此後清廷進入奕劻秉政的預備立憲時期，不少因由需要從榮祿執政時期來追根溯源。

總之，對榮祿這個關鍵人物做全面研究，梳理甲午戰後朝野派系鬥爭的脈絡，對於我們把握晚清政局演變的整體態勢和基本特點具有重要意義。

二　已有研究成果述評

第一，關於榮祿的傳記和總體性的研究。

人物傳記是史學研究的一個重要方面。20 世紀 60 年代，湯志鈞在《戊戌變法人物傳稿》（該書在 1980 年出版增訂本）中，將榮祿作為反對變法的第二號人物立傳，列於慈禧傳之後，引用檔案、報刊、筆記、碑傳文獻等，敘述其一生經歷，但側重戊戌時期，對榮祿做了基本否定的評判。[1]

到了 90 年代初，美國學者 A.W. 恆慕義（Arthur W. Hummel）主編的《清代名人傳略》（*Eminent Chinese of the Ching Period, 1644-1912*）由中國人民大學清史研究所翻譯出版。按，該書英文版 40 年代出版於華盛頓，其中《榮祿傳》係由華裔學者房兆楹所撰。房文對榮祿一生不同時期事跡所做的敘述和概括較為詳細，兼及世人關於榮祿評價的分歧；並依據近人金梁的《四朝佚聞》，指出《景善日記》是偽造的，「目的在於把榮祿打扮成洋人的朋友，從而洗刷他對圍攻使館所負的一切責任」。該傳的結論稱：「老實說，榮祿不是一個偉大的政治家，也未曾想做一個偉大的政治家。他關心的只是個人的利益和地位，而非國家大事。他之起家掌權，並非由於他本人建有殊功，而是由於奕訢（似應是奕譞 —— 引者註）和孝欽皇太后的寵信。奕訢（奕譞？）視之為門下客，孝欽則視之為馴服的工具，他因此而得寵。儘管 1898～1903 年，他本有可能在清廷內部起有益的影響，但他未運用他的權力促進國家的利益，也未能有助於統治集團的利益。」[2] 顯然，也對榮祿做了基本負面的評價。這篇傳文寫作時參考了一些美國外交文獻和外文論著。

20 世紀 80 年代開始陸續出版的戴逸領銜、清史編委會編多卷本《清代人

1　參見湯志鈞《戊戌變法人物傳稿》（增訂本）下冊，中華書局，1982，第 521～528 頁。

2　參見 A.W. 恆慕義主編、中國人民大學清史研究所譯《清代名人傳略》下冊，青海人民出版社，1990，第 426～435 頁。

物傳稿》下編，其中收入了林敦奎所撰《榮祿傳》。該傳側重於戊戌、庚子時期榮祿事跡的評述，基本上從「革命史觀」角度立論，對其持否定態度。[1] 這與房兆楹的視角明顯不同。

知人論世從來都是史學研究的出發點和落腳處。從榮祿與晚清政治這個層面來研究和考量，較傳記更為深刻。對此，張玉芬在 20 世紀 80 年代對榮祿的研究和評價代表了當時學界的基本觀點。文章雖縷述榮祿的簡歷，仍將其政治活動的重點放在戊戌、庚子時期。作者批評榮祿在戊戌政變中站在慈禧一邊，「肆無忌憚地反對康梁的維新變法」，充當慈禧扼殺維新運動的「打手」；政變後又為慈禧出謀劃策，立溥儁為大阿哥，以逐步取代光緒帝；庚子事變中雖不贊成慈禧、載漪等人「對外主戰、對內主和」的決策，但是為了保住權位，採取左右逢源、首鼠兩端的做法，對進攻使館的諭旨陽奉陰違，明攻暗保，為清廷後來的乞和談判留下了餘地。後在談判中與奕劻、李鴻章極力為慈禧開脫，避免受到列強追究，從而更受慈禧信賴。另一方面，作者又指出，甲午戰爭中榮祿主張「先以戰為根本，而後能以和藏事」，提出募重兵、用宿將等措施應對時局；戰後又宣導練兵自強，變通武舉，創建武備學堂、編練洋隊新軍，並取得了實質性的進展，這與頑固派有所區別。[2] 實際上對榮祿參與甲午後的軍事改革給予了比較明確的肯定，這與以往觀點有所不同。

比較而言，王剛的博士學位論文《榮祿與晚清政局》（北京大學歷史系，2014）對榮祿與清末政治及其關係做了比較系統的研究，在資料的蒐集和個別問題的分析方面明顯超越以往；尤其對榮祿與神機營的關係、榮祿與戊戌政變的關係，榮祿幕府及其貪腐情況等探討較為深入，且有創見。當然，也有不少值得商榷和有待深化研究之處。[3]

---

1 參見林增平、李文海主編《清代人物傳稿》下編第 3 冊，遼寧人民出版社，1987，第 43～52 頁。
2 張玉芬：《論晚清重臣榮祿》，《遼寧師範大學學報》1990 年第 3 期。
3 參見王剛《榮祿與晚清政局》，北京大學歷史系博士學位論文，2014。此外，可參考冬烘剛（王剛）《榮祿早期生平考（1836～1879）》，《歷史教學問題》2013 年第 1 期；《榮祿與晚清神機營》，《軍事歷史研究》2013 年第 4 期；《從〈榮祿存札〉看晚清官場請託》，《歷史檔案》2013 年第 4 期。

第二，關於榮祿與戊戌變法和政變的研究。

過去很長時間內，近代史的研究呈現出以政治史和事件史為中心的特點。對榮祿的研究，更多是在戊戌變法時期，把他作為慈禧鎮壓變法的「幫兇」，基本上是反派人物的形象。以往討論較多的是榮祿與政變的關係，即榮祿在袁世凱告密和慈禧訓政過程中扮演的角色，這是一個極富懸念的題目，一直很受關注。幾十年來，台灣學者劉鳳翰、黃彰健和大陸學者孔祥吉、茅海建先後做過相關考訂，都是針對政變過程中榮祿的表現展開的。由於檔案資料的深度利用，該問題的研究在史事層面已有新突破，所謂榮祿接到袁世凱告密的消息後祕密回京策動慈禧發動政變的傳統說法，已被證明不可信；就現有史料而言，榮祿坐鎮天津與京城的慶王奕劻等策劃訓政的史事基本上已經澄清。[1]

值得注意的是，80 年代後期，學界開始探討榮祿的改革思想以及對戊戌變法的態度。胡繩指出，「在當時，所謂變法是有兩種不同的含義的。一種是洋務派的變法，一種是維新派的變法。就前一種含義講，慈禧、奕訢、奕劻、榮祿、李鴻章、張之洞等人並不反對變法，而且是這種變法的主持者。榮祿的黨羽陳夔龍說：『光緒戊戌政變，言人人殊，實則孝欽（即慈禧太后 —— 引者註）並無仇視新法之意，徒以利害切身，一聞警告，即刻由淀園（即頤和園）還京』。說慈禧太后不恨新法，那是指洋務派的新法。」[2] 顯然，胡繩認為榮祿不能簡單歸入守舊一派中。李毅認為，戊戌時期榮祿作為「身兼將相、權傾舉朝的人物」，自始至終有着舉足輕重的地位，他奏請舉辦新政，主張實行軍事、經濟、文教方面的改革，多與康、梁的變法有一致的地方；如果當時清朝統治階級在政治上可以劃分為頑固派和洋務派的話，榮祿更接近於洋務派。他的

---

1 參見劉鳳翰《袁世凱與戊戌政變》，台北，傳記文學出版社，1971，第 139～189 頁；黃彰健《戊戌變法史研究》下冊，上海書店出版社，2007，第 605～661 頁；孔祥吉《康有為變法奏議研究》，遼寧教育出版社，1988，第 390～439 頁；茅海建《戊戌政變的時間、過程與原委 —— 先前研究各說的認知、補正、修正》，《近代史研究》2002 年第 4、5、6 期。當然，個別細節方面各位學者仍有歧見，但不影響這個基本結論的得出。

2 胡繩：《從鴉片戰爭到五四運動》，《胡繩全書》第 6 卷（下），人民出版社，1998，第 561～562 頁。

改革建議主要是在軍事制度方面：一是參酌中外兵制設武備特科，選拔人才；二是用洋操訓練新式軍隊，以成勁旅。此外，還主張興辦學堂、發展農工商業等；又保舉維新派官員陳寶箴為湖南巡撫，支持興建蘆漢鐵路，等等。上述建議和舉措與光緒帝百日維新期間頒佈的新政上諭大致相符，反映的是洋務派的改革內容。但是，作為「后黨的中堅」，當維新運動危及封建統治時，榮祿又與頑固派聯合起來，堅決予以鎮壓。[1] 該文有限度地肯定了榮祿在戊戌時期的改革主張，與胡繩的觀點基本一致，這與將其完全斥為守舊人物加以否定的觀點區別很大。

1998 年紀念戊戌變法一百周年之際，馮永亮利用保存在清華大學圖書館的珍稀文獻《榮祿函稿底本》，對百日維新期間榮祿的政治思想做了細緻的實證性考察，指出榮祿並不反對變法，只是在推進「變法的權力、次序和方法上」與康、梁一派有明顯的分歧；作者還指出，政變後榮祿回京主持軍機處，「努力將政變的衝擊和影響減到最底［低］程度，同時仍有條不紊地將其變法主張和措施付諸實施。清朝末年出現的新政，某種程度上正是循着這一思路、在此基礎上形成的」。[2] 榮祿在政變後繼續主張圖強禦侮，並避免一些改革措施中輟，表明了榮祿高於剛毅等頑固守舊大員的見識。這啟示人們思考這樣的問題：從甲午戰後的軍事改革到庚子新政，對於榮祿而言是否有着一以貫之的改革思想，這也涉及如何評價甲午後的自強新政、戊戌維新及庚子新政三者之間的關係問題。綜合 30 年來的研究狀況，學界對戊戌時期的榮祿基本上擺脫了簡單化評價和基本否定的思路，研究漸趨實證，評價也趨向客觀全面。

第三，榮祿在己亥建儲和庚子事變中的態度和表現。

榮祿在己亥、庚子年間的活動對晚清政局影響很大，學界研究的分歧也最多。因為牽涉的人事關係複雜，私家記述彼此矛盾，論者各執一詞，爭議一直不斷。「己亥建儲」是政變後朝局動盪中的一次標誌性事件。李守孔認為，戊

---

1 參見李毅《榮祿與戊戌變法》，《華南師範大學學報》1987 年第 2 期。
2 參見馮永亮《榮祿與戊戌變法》，《清華大學學報》1998 年第 3 期。

戊政變後守舊諸臣密謀廢黜光緒帝，遭到各國反對，慈禧唧恨之餘，只得聽從榮祿的意見，採取先「立儲」的緩和措施；榮祿此舉非「有愛於」德宗，而是因為畏懼外力之干涉而採取的折中辦法。[1]郭衞東則認為，戊戌訓政後情況有所變化，榮祿從帝黨的反對者一變而為光緒帝位的保護人，因為他已是既得利益者，不願政局再發生變動而出現新的權力分割。他力諫慈禧放棄廢立圖謀，立大阿哥，以延緩廢立，並主張為光緒立嗣「兼祧穆宗」，暗中維護皇帝。庚子年榮祿與載漪等人在政治上出現對壘，與此也有直接關係。[2]

　　史料的辨偽與史實的認定每每相交織。20世紀40年代開始，學者圍繞《景善日記》這份史料真偽的討論也牽涉榮祿與庚子事變的關係。程明洲曾撰文，旁徵博引，指出《景善日記》係偽造：「味其文意，殊多左袒榮祿之嫌」。作者進一步寫道：「察《景善日記》，每述及榮祿，必曲情諛之，主立大阿哥，反對廢帝，一也；允洋人入京保僑護使，二也；不信拳團，三也；力主護送使臣僑民出京，四也；擬議停戰，五也；拒給董軍大炮，六也；同情靜臣，七也；主懲載漪以挽危局，八也；信如是說，則以一柔奸險滑之人，其忠貞竟等許、袁而上之，寧非可哂之事？」[3]言外之意，《景善日記》似是有人為榮祿脫罪而編造的。多年後，毛以亨再次梳理《景善日記》中、英文不同版本的傳播情況，指出程明洲的主要觀點其實源於英國人劉逸生（William Lewisohn）所撰《對所謂的景善日記的一些批評性的意見》一文，該文發表於1937年的《華裔》雜誌（Monumenta Serica，輔仁大學主辦），強調程氏本人的「新發現」並不多。同時，毛氏明確指出，《景善日記》是英國漢學家白克浩司（也譯白克豪斯，巴克斯，或巴恪思，Edmund Backhouse, 1873-1944）受榮祿委託假造的，目的是

---

1 李守孔：《光緒己亥建儲與庚子兵釁》，載《中國近代現代史論集》第13編，台灣商務印書館，1986，第53～71頁。

2 郭衞東：《「己亥建儲」若干問題考析》，《北京大學學報》1990年第5期。

3 參見程明洲《所謂〈景善日記〉者》（此文最早發表於《燕京學報》第27期，1940年），載吳相湘等編纂《中國近代史論叢》第1輯第7冊，台北，正中書局，1956，第229、244頁。

為榮祿開脫罪責，免除戰犯嫌疑。[1] 1981 年，中國社會科學院近代史研究所丁名楠研究員在訪問英國時，借閱了保存於倫敦英國圖書館的《景善日記》原稿，並撰文對此案再做評判，認為日記確係白克浩司造假，但並無刻意為榮祿辯解的意圖；之所以過多描述榮祿，是因為他是慈禧的心腹，「為人機詐、陰鷙、善變，富有統治經驗，善於玩弄權術」，白克浩司為了使日記生動，富有戲劇性，「所以通過景善這個老朽之口把當時處於關鍵地位的榮祿突出出來」。[2] 這個結論受到學界關注。此外，台灣學者戴玄之也對流傳甚廣的羅惇曧《拳變餘聞》中所收《董福祥上榮中堂稟》進行考訂，認為這封意在證明董攻使館是奉榮祿之命的史料是偽造的，目的是嫁禍榮祿而為董洗刷罪名。[3] 史料真偽問題的討論，也使學界對相關問題的探索得以深化。

與榮祿相關的史料爭議還有「假照會」問題。以往論者多依據惲毓鼎《崇陵傳信錄》、袁昶《亂中日記殘稿》、吳永《庚子西狩叢談》《景善日記》等文獻，認為慈禧決定對外宣戰是因為輕信了江蘇糧道羅嘉杰之子向榮祿密呈的「假照會」。林華國則認為，這種說法無可靠的原始材料可資印證，惲氏說法不足為憑，導致清廷宣戰的直接原因還是聯軍對津沽的侵略行徑。[4] 高心湛認為，所謂進呈「照會」之事，各家記述參差紛雜，多有不同，大可視為以訛傳訛，不足為據。[5] 牟安世則認為，該照會是丁韙良受英國公使竇納樂委託起草的，擬交各國公使審定，內有「勒令太后歸政」一條，不料事先走漏消息，為羅嘉杰得知，

1　毛以亨：《所謂景善日記 —— 批評之批評》，載《大陸雜誌史學叢書》第 2 輯第 5 冊，台北，大陸雜誌社，1967，第 35～44 頁。

2　丁名楠：《景善日記是白克浩司偽造的》，《近代史研究》1983 年第 4 期。

3　參見戴玄之《董福祥上榮中堂稟辨偽》，載《大陸雜誌史學叢書》第 1 輯第 7 冊，台北，大陸雜誌社，1960，第 181～191 頁。另見戴玄之《義和團研究》，北京大學出版社，2011，第 164～190 頁。另，掌故學家徐一士也曾指出：「嘗聞人言，此贗鼎也，福祥實無此。細按其文，亦覺不甚類，殆當時惡榮祿者之擬作耳。」見徐凌霄、徐一士《凌霄一士隨筆》第 4 冊，山西古籍出版社，1997，第 1222 頁。

4　林華國：《庚子宣戰與「假照會」關係考辨》，《北京大學學報》1987 年第 2 期。

5　高心湛：《榮祿與庚子事變》，《許昌師專學報》1993 年第 4 期。

密報榮祿呈送慈禧。[1]但作者並未解釋羅是如何獲得照會內容的。可見，該問題仍然疑竇叢生，需要繼續探討。

榮祿指揮攻打使館也是討論的焦點之一。論者通常認為攻打使館開始後，榮祿不敢公開反對，暗中卻採取措施保護使館。林華國認為，榮祿雖不主張攻打，但使館之戰開始後，武衛中軍負責攻打東面，從各種資料反映的情況看，戰鬥其實很激烈。當清廷決定暫時停止進攻並與使館談判時，榮祿又表現出積極主動的態度。所以，榮祿指揮武衛中軍攻打使館是事實，毋庸懷疑。[2]薛正昌對榮祿與董福祥的淵源關係進行了梳理，對榮、董在甲午戰後不同時期的合作與分歧進行了分析和評價。但是，在材料的使用上仍然採信有爭議的《董福祥上榮中堂稟》，難免影響結論的客觀性。[3]

廖一中、李德徵、張旋如等編《義和團運動史》主要敍述義和團興起、發展及反抗帝國主義侵略的歷史，其中也反映出清朝統治集團內部決策的分歧。對於榮祿主張鎮壓義和團，反對向列強開戰，以及在清軍圍攻使館過程中暗中保護使館的種種努力，作者從「仇視人民革命」，「把自己的宦海沉浮和帝國主義在華實力的消長緊緊聯繫」的角度加以評判，對榮祿的評價完全是負面的。[4]李文海、林敦奎合撰《榮祿與義和團運動》一文，則對義和團運動時期榮祿在戰和之爭及剿滅團民問題上的矛盾、遲疑和抉擇進行了細緻考察，還原了複雜環境下榮祿依違於兩派之間，最終屈服於慈禧淫威的動態歷史過程。[5]由於材料記載彼此矛盾，義和團時期榮祿研究仍有謎點，隨着新材料的發現，研究也在向前推進。

第四，從近代軍事史的角度研究榮祿。

---

1 牟安世：《義和團抵抗列強瓜分史》，經濟管理出版社，1997，第 320～325 頁。
2 林華國：《庚子圍攻使館事件考》，《歷史研究》1991 年第 3 期；又見林華國《歷史的真相 —— 義和團運動的史實及其再認識》，北京大學出版社，2002，第 161～164 頁。
3 薛正昌：《董福祥與榮祿析論》，《西北大學學報》1993 年第 4 期。
4 參見廖一中、李德征、張旋如等編《義和團運動史》，人民出版社，1981，第 1、5、7 章。
5 李文海、林敦奎：《榮祿與義和團運動》，載《義和團運動與近代中國社會》，四川省社會科學院出版社，1987，第 539～574 頁。

這個層面的研究是以將榮祿作為改革者為出發點的，台灣學者劉鳳翰的成就最為顯著。作者曾撰文論述戊戌政變後清廷急需編練新軍，經榮祿策劃，慈禧同意將北洋已有新式軍隊分期改造、改編而逐步成軍的歷史過程；[1] 還對武衛軍的組成和擴充、各軍的實力、庚子時期「剿匪」經過以及武衛軍的蛻變等具體問題逐一進行考察。[2] 這些內容也見於作者的專著《武衛軍》一書。[3] 此外作者研究新建陸軍時，也涉及榮祿與袁世凱的關係。[4] 劉春蘭也對榮祿與晚清軍事的關係進行研究，通過一些新史料的披露和使用，提出了新的看法，諸如對榮祿因參加辛酉政變密謀而受到慈禧信任的訛說進行詳盡的辯駁；對於榮祿在甲午戰後的崛起與滿漢勢力消長的意義予以特別的說明，[5] 提示出的意義已超越純粹軍事史研究的範疇。

第五，其他各方面的研究。

台灣學者林文仁探討了光緒初年榮祿與軍機大臣沈桂芬之間的幾次爭鬥，並從兩人的鬥爭、對抗中看出背後所隱含的「南北之爭」與恭、醇之爭的線索。[6] 不過，作者將複雜的政治關係和人事糾葛梳理得過於簡單化，往往與矛盾重重甚至呈現出混沌狀態的朝局不盡吻合；另一方面，一些論斷以野史和私家記述為依據，也有偏頗和侷限。

民國時期的掌故學家徐凌霄、徐一士的《凌霄一士隨筆》、黃濬的《花隨人聖盦摭憶》中談及晚清政局時，都對榮祿的事跡有零星的記述。雖非系統的專門研究，文字也不多，但是，憑藉對清代制度的熟知、深厚的學術功力和廣泛的口碑資料，對榮祿的行事和個人性格都有獨到的定位和評價，可資今人借鑒學習。

1　劉鳳翰：《榮祿與武衛軍》，《中央研究院近代史研究所集刊》第 6 期，1977 年 6 月。
2　劉鳳翰：《晚清新軍編練及指揮機構的組織與變遷》，《中央研究院近代史研究所集刊》第 9 期，1980 年 7 月。
3　劉鳳翰：《武衛軍》〔中研院近代史研究所專刊（38）〕，台北中研院近代史研究所，1978。
4　劉鳳翰：《新建陸軍》〔中研院近代史研究所專刊（20）〕，台北中研院近代史研究所，1967。
5　劉春蘭：《榮祿與晚清軍事》，台灣政治大學碩士學位論文，2000。
6　林文仁：《由沈、榮之爭看影響晚清政局演變的兩個因素》，《史學集刊》1996 年第 4 期。

　　末代皇帝溥儀《我的前半生》對榮祿的敍述也頗受世人關注，因為他是
榮祿的外孫，讀者多視為信史。其實，榮祿死時溥儀尚未誕生，加之溥儀的回
憶錄定稿於 20 世紀 60 年代初，人們看到的榮祿多是貪污受賄、鑽營勾結李蓮
英、策劃政變、「翻雲覆雨中，完全看慈禧的顏色行事」等歷史形象，基本上對
其持貶斥的態度。不過，有些說法可能是醇王府中口耳相傳的故事，可信性反
而很高。如榮祿在勘驗慈禧陵寢受損程度時，揣摩慈禧心思，誇大受損程度，
增加維修費用，深得太后滿意；又如榮祿夫人經常進宮陪侍慈禧，這也是慈禧
信任榮祿的原因之一。[1]

　　台灣學者高陽（本名許晏駢）雖然以歷史小說成名，他的代表作《慈禧
太后演義》早已是家喻戶曉，但是，透過文學表述的層面，必須承認，高陽
不僅熟知清代典章制度，對清朝時期重要人物和史事也有過整體的思考。在
《清朝的皇帝》等後期著作中，「寫實」的特色更加突出，對榮祿曾多處提及。
但也有過分相信稗史之處，如推斷甲申易樞是醇王主導，孫毓汶與榮祿聯手
密謀，[2] 即不盡符合史實。莊練（本名蘇同炳）《中國近代史上的關鍵人物》中
「端王、剛毅與榮祿」一節梳理了庚子事變期間載漪、剛毅等「禍首」的表現；
同時認為，榮祿其實也「附和」了慈禧及載漪的仇外活動，其罪責「僅次於
載漪與剛毅，而應與徐桐、啟秀等人同科」，只是後來未予追究而已。[3] 高陽、
莊練二人文藝、史學兼長，對近代掌故尤為諳熟，他們的觀點和見識依然值
得參考。

---

1 參見溥儀《我的前半生》（全本），羣眾出版社，2007，第 7～11 頁。
2 高陽認為：「去恭王的指使者是慈禧，而總其成者是醇王，主謀者皆知孫毓汶，而我很疑心是榮
　　祿。換句話說，榮祿是參謀長，孫毓汶不過擬作戰計畫的高參而已。」參見《清朝的皇帝》下冊，
　　上海三聯書店，2004，第 1176～1179 頁。
3 參見莊練《中國近代史上的關鍵人物》下冊，中華書局，1988，第 1～73 頁。

三　資料的蒐集與利用

　　研究榮祿與晚清政局的關係，可以查詢和利用的史料範圍比較廣泛，但直接有關榮祿本人的資料較少，且十分散亂。除官書、檔案中所存奏摺外，榮祿本人的文字存世稀少；其事跡只能從大量私人筆記、日記、書信、文集中去找尋蛛絲馬跡，彼此比核，以求實際，藉此恢復榮祿的整體面貌。特別是庚子義和團興起及八國聯軍侵華時期，時局動盪，信息隔絕，訛言盛行，後來私人記述中對庚子時期榮祿的記載彼此矛盾之處甚多，甚至出現了像《景善日記》《董福祥上榮中堂稟》以及許景澄、袁昶三疏等偽造或篡改過的史料。可見蒐集、排比、鑒別材料，仍是榮祿研究中繁重又須謹慎的工作。

榮祿本人及其保存的資料

　　迄今所見榮祿本人的文獻非常稀少。榮祿位於菊兒胡同的豪華府邸在庚子年七月他逃出京城後被焚燬，生平文稿、典籍燬於一旦。現藏中國社會科學院近代史研究所中國近代史檔案館的榮祿檔案，基本上是榮祿逃離北京至回鑾以後病逝期間各地官員給他的公文、函牘等，其中也夾雜着庚子四五月間的零星信件。20世紀80年代，杜春和、耿來金、張秀清編《榮祿存札》（齊魯書社，1986）即是從中選編整理的資料，但個別信函內容有所刪節。2011年，虞和平主編的國家清史修纂文獻項目《近代史所藏清代名人稿本抄本》第1輯（大象出版社）將全部榮祿檔案收入影印出版。[1] 雖非榮祿本人的文字，卻是間接研究榮祿及其思想活動的重要資料。

1　該檔案全宗在1991年即由中國科學院文獻情報中心信息影像技術部製成縮微膠捲4捲，稱《榮祿往來書信檔案》，但流傳不廣，台北中研院近史所有藏。按，這批檔案均為收到的他人來函，並無榮祿本人的函件，稱「往來書信」不如「存札」更切合實際。

　　榮祿的親筆書信十分罕見。中國近代史檔案館藏醇王府檔案中保存有光緒六年榮祿致醇王奕譞的幾封短函和詩文；李鴻藻檔案中也有少量榮祿在西安將軍任內致李的函電。20 世紀 60 年代，吳慰祖所藏榮祿致四川總督奎俊（寫於庚子、辛丑年）的 4 封書信，被收入北京大學歷史系編《義和團運動史料叢編》第 1 輯（中華書局，1964）中，這些書信雖有殘缺，史料價值卻極高。[1] 近年披露出來較多的榮祿書信是藏於清華大學圖書館的《榮祿函稿底本》，計 6 冊，收存 293 封信稿。[2] 這是榮祿任直隸總督期間幕僚起草的信函底本，尚有榮祿修改的痕跡和令「繕」的批示，包括戊戌年五月至八月間榮祿寫給禮王世鐸、李鴻章、劉坤一、胡燏棻、岑春煊、張人駿、崇禮、董福祥、宋慶、馬玉昆、羅嘉杰、沈瑜慶、林旭等人的信函。這些信件雖非親筆，大致也可看出榮祿的思想動態。此外，一些圖書館、科研機構和私人收藏者也藏有零星的榮祿書信。

　　榮祿輯《世篤忠貞錄》（2 卷）也是重要的參考文獻。該書刊行於光緒十二年（1886）前後，是榮祿兄弟等為宣揚祖、父兩代為國死難的「壯烈」精神而編輯的家史文獻，其中下卷匯輯了反映其祖父、伯父、父親「三忠」事跡的各種傳記，上卷則是恭王奕訢、醇王奕譞、文祥、寶鋆、徐桐、景廉、全慶、豫師、翁同龢、李鴻章、曾國荃、曾紀澤、劉銘傳、陳寶箴、潘祖蔭、祁世長、孫家鼐等滿漢官員為《三忠傳》所做題跋、詩讚等，其中不乏諛頌之詞，但對於了解榮祿家世以及同光時期榮祿的交遊有不可替代的價值。此外，榮祿光緒二年所撰《誥封一品夫人先繼妣顏札太夫人行述》對研究其早期歷史也有參考價值。[3]

　　光緒二十九年三月榮祿死後，其後裔、門生曾刊行一冊《榮文忠公集》（即《榮祿集》，見《近代史資料》總 20 號）。該集共 4 卷：卷一為上諭 6 通；卷二為神道碑文、墓誌銘、行狀等；卷三為奏摺 9 通，多與義和團運動相關，均為《義和團檔案史料》所不載者；卷四為電函 4 通，是榮祿寫給袁世凱和奎俊

1　參見北京大學歷史系編《義和團運動史料叢編》第 1 輯，中華書局，1964，第 138～143 頁。
2　《榮祿函稿底本》（6 冊），未刊，清華大學圖書館藏，編號：庚 357.4 / 7187。
3　該資料收入劉家平、蘇曉君編《中華歷史人物別傳集》第 51 冊，線裝書局，2003，第 141～143 頁。

的函電，表達的也是剿辦義和團的內容。榮祿為官數十年，所上奏摺數量不在少數，該集僅僅收錄碑傳、上諭以及庚子四五月間主張剿辦義和團的奏摺、函電，說明這是為應對外界責難庚子年榮祿「首鼠兩端」並有「袒拳」嫌疑而編輯的，是用來為死去的榮祿「正名」的。

一般認為，官方傳記和碑傳文往往詳於履歷，或空洞無物，或充滿諛辭，不能全面反映傳主真實的一生。榮祿的傳記資料也不例外。除《清史稿・榮祿傳》《清史列傳・榮祿傳》外，現在看到的還有陳夔龍撰《贈太傅晉封一等男文華殿大學士瓜爾佳文忠公行狀》、俞樾撰《贈太傅晉封一等男爵文華殿大學士瓜爾佳文忠公墓誌銘》、孫葆田撰《文華殿大學士贈太傅晉封一等男爵瓜爾佳氏文忠公神道碑》，三篇碑傳文獻莫不如此。不過，這些舊傳在與其他文獻的綜合比核中，仍有其獨特價值，也不能全然忽視。

這裏需要特別說明的是，台北故宮博物院圖書文獻館所藏清代傳包中，有關榮祿傳記的相關資料保存基本完整，計有《榮祿傳稿冊》1 份，《榮祿列傳》5 份，《榮祿事跡冊》1 份，《榮祿履歷冊》1 份，《吏部移送〈榮祿履歷片〉文》1 份，《吏部覆榮祿姓氏子嗣無憑查覆片文》1 份，共 10 件。[1] 這些是榮祿死後奉旨事跡宣付史館立傳所形成的各種資料。其中 5 種列傳大同小異，唯個別處有零星改動，應是清季國史館修撰官員不同時期的稿本，今本《清史列傳・榮祿傳》即源於此。另，民初開館修清史，所撰榮祿列傳底本，亦藏台北故宮。該本有撰者按語稱：「榮文忠原傳僅奏議數篇，其生平最大關係之事，皆甚略。茲參考《東華錄》、俞蔭甫所作《墓誌銘》並見聞較確者，皆為補入。如嫌有忌諱之言，即請刪銷。」[2] 由此看來，清史館修榮祿傳也是以原國史館諸本為基礎加以增刪的，今本《清史稿・榮祿傳》應是從該本刪削而來的。台北故宮所藏傳包文獻為考察榮祿官方傳記的形成和修改過程提供了可靠依據。

---

1 《榮祿傳包》，台北故宮博物院圖書文獻館藏（以下簡稱「台北故宮藏」）傳稿傳包，文獻編號 702001629。

2 《榮祿列傳》（清史館本），台北故宮藏傳稿傳包，文獻編號 701007642。

此外，佚名撰《榮相國事實記略》（刊《近代史資料》總 56 號）為已故學者謝興堯收藏的一份抄本文獻，記述光緒二十六年五月初一日至七月二十日期間義和團活動及京城王公大臣態度，據推斷出自榮祿一幕僚之手，雖存在明顯為榮祿辯護的傾向，但也具有一定的參考價值。

檔案、官文書與綜合性資料

清代的官文書和檔案是研究榮祿與晚清政局的基本史料。現藏北京中國第一歷史檔案館和台北故宮博物院檔案文獻處的清代檔案均可資利用。兩地所存硃批奏摺（台北稱為「宮中檔」）和錄副奏摺中保存有榮祿的大部分奏摺；隨手登記檔則可以藉以確定奏摺遞上、到京及奉批的準確時間；電報檔、上諭檔中當然也有關於榮祿的資料。近些年來，隨着國家清史修纂工程的展開，檔案文獻的出版速度明顯加快，遠程查閱利用也日趨便利。迄今為止，海峽兩岸已經出版、可用來研究該問題的檔案資料集有：國家檔案局明清檔案館編《戊戌變法檔案史料》（中華書局，1958），故宮博物院明清檔案部編《義和團檔案史料》（中華書局，1959），中國第一歷史檔案館編《義和團檔案史料續編》（中華書局，1992）、《光緒宣統兩朝上諭檔》（廣西師範大學出版社，1996）、《咸豐同治兩朝上諭檔》（廣西師範大學出版社，1998）、《光緒朝硃批奏摺》（中華書局，1996）、《庚子事變清宮檔案彙編》（中國人民大學出版社，2003）、《清代軍機處電報檔彙編》（中國人民大學出版社，2005）。另有秦國經主編《清代官員履歷檔案全編》（華東師範大學出版社，1997）。中國第一歷史檔案館編輯的《清代檔案史料叢編》（第 10～12 輯，中華書局，1984～1987）也披露了許多原始資料；創刊於 1980 年的《歷史檔案》更是圍繞專題，持續披露原始檔案。[1] 台北故宮也印行了《宮中檔光緒朝奏摺》（台北故宮博物院，1974）。將上

1　中國第一歷史檔案館成立 80 周年之際，《歷史檔案》雜誌社曾編輯《歷史檔案目錄索引（1981～2004）》一書。

述檔案與《清實錄》《清史稿》《清史列傳》《光緒朝東華錄》等官方文書對應查閱，基本上可以獲得完整的有關榮祿的奏疏、上諭等檔案史料。

中國史學會自 20 世紀 50 年代以來以事件史為主題編纂的《中國近代史資料叢刊》及續編一直嘉惠學林。其中《洋務運動》(8 冊)、《中日戰爭》(7 冊)、《戊戌變法》(4 冊)、《義和團》(4 冊)，以及戚其章主編的《中日戰爭》續編(12 冊)，收錄了大量涉及榮祿的檔案、筆記、日記、年譜、報刊等各類文獻。但部分文獻屬於節選，研究中仍有尋找足本參考的必要。北京大學歷史系編的《義和團運動史料叢編》(全 2 輯，北京大學出版社，1964) 和中國社會科學院近代史研究所《近代史資料》編輯組編的《義和團史料》(上下冊，中國社會科學出版社，1982)，路遙主編的《義和團運動文獻資料彙編》(山東大學出版社，2012)，以及 50～80 年代陸續出版的《近代史資料》總 20、32、53、63 號 (中華書局、中國社會科學出版社) 中，很多史料涉及榮祿的活動。清華大學歷史系編的《戊戌變法文獻資料系日》(上海書店出版社，1998) 則以編年的形式彙集了戊戌時期的基本史料，也包含與榮祿相關的線索和信息。

文集、日記、年譜、書信集、筆記等文獻

一些近代人物的文集、日記、書信、年譜、筆記、隨筆等私人文獻是研究榮祿的資料寶庫。文集、全集類文獻包括顧廷龍、戴逸主編《李鴻章全集》(安徽教育出版社，2008)，中國科學院歷史研究所第三所主編《劉坤一遺集》(中華書局，1959)，趙德馨主編《張之洞全集》(武漢出版社，2008)，駱寶善、劉路生主編《袁世凱全集》(河南大學出版社，2013)，汪叔子、張求會編《陳寶箴集》(中華書局，2003～2005) 等。

榮祿與盛宣懷的關係也是晚清史研究中的一個關鍵性問題。除了早已刊行的《愚齋存稿》(民國刊本)，王爾敏、吳倫霓霞合編，台北中研院近代史所出版的《清季外交因應函電資料》(1993)、《盛宣懷實業函電稿》(1993)、《盛宣懷實業朋僚函稿》(1997)，以及上海圖書館陸續整理出版的《盛宣懷檔案資料

選輯之七・義和團運動》（上海人民出版社，2001）等，均可與《愚齋存稿》結合，為還原榮祿與盛宣懷在庚子前後的交往及其與政局的關係，提供了極為豐富的資料。

　　翁同龢與王文韶曾長期在京與榮祿共事。翁萬戈編、翁以鈞校訂《翁同龢日記》（中西書局，2012）對同光之際，尤其是甲午年榮祿回京祝嘏到戊戌年五月翁同龢被罷官時期，榮、翁二人在督辦軍務處、總署商討公務及私人飲宴中的活動都有反映。袁英光、胡逢祥整理的《王文韶日記》（中華書局，1989）對庚子、辛丑、壬寅三年榮祿在中樞的活動和行蹤多有反映。榮、王二人此時同為軍機大臣，日記留下不少局外人很難知曉的內情。北京市檔案館編《那桐日記》（新華出版社，2006）雖然簡略，對榮祿從戊戌政變後到病逝前的行蹤也有所反映。其他如李慈銘《越縵堂日記》（廣陵書社，2004）、《薛福成日記》（蔡少卿整理，吉林文史出版社，2004）、《張蔭桓日記》（任青、馬忠文整理，中華書局，2015）、《沈家本全集》第 7 卷（日記卷，中國政法大學出版社，2000）、《張佩綸日記》（謝海林整理，鳳凰出版社，2015）、《榮慶日記》（謝興堯整理，西北大學出版社，1988）、《翁曾翰日記》（張方整理，鳳凰出版社，2014）中都有關於榮祿行蹤和事跡的零星記載。

　　榮祿與李鴻藻私交甚篤，二人與甲午後政局演變關係至重。李宗侗、劉鳳翰著《李鴻藻年譜》（中華書局，2014）收入部分李鴻藻日記和往還書信。李氏後人李宗侗對榮、李關係也有不少回憶和口碑資料，詳見《李宗侗自傳》（中華書局，2010）和《李宗侗文史論集》（中華書局，2011）二書。

　　信函、電報是私密性極強的文獻，一些涉及政治內幕的消息往往見諸機密信函之中。鄧之誠《骨董瑣記全編》（中華書局，2008）收錄歐陽熙、蔡金台致李盛鐸的一些信函，透露了己亥、庚子時期榮祿與剛毅鬥爭的情形；中國近代史檔案館藏張曾敭檔案、張之洞檔案中也有一些時人信函密電，涉及榮祿與庚子、辛丑政局的關係，具有極高的史料價值。

　　筆記的情況比較複雜。從時人的觀察和記述來看榮祿，往往是很生動鮮活，非其他文獻所能比擬，但個別說法往往不盡符合史實。《夢蕉亭雜記》（北

京古籍出版社，1985）是陳夔龍對從政經歷的回憶，內容包含與榮祿共事的情形，以及榮祿的言行，其參考價值高於其他筆記文獻，但有明顯溢美的傾向。胡思敬《國聞備乘》（上海書店出版社，1997）記載辛酉政變、戊戌政變、庚子拳亂中宮廷祕聞居多，也有傳言失實者；崇彝《道咸以來朝野雜記》（北京古籍出版社，1983）、李岳瑞《春冰室野乘》（山西古籍出版社，1995）、吳永《庚子西狩叢談》（岳麓書社，1985）、吳慶坻《蕉廊脞錄》（中華書局，1990）等筆記史料的特點與價值也大致相似。

此外，樊增祥《樊樊山詩集》（上海古籍出版社，2000）、《翁同龢詩詞集》（上海古籍出版社，2000）、郭則澐《十朝詩乘》（收入張寅彭編《民國詩話叢編》，上海書店出版社，2005）、錢仲聯主編《清詩紀事》（江蘇古籍出版社，1980～1990 年代）中一些詩文或詩話資料，也有助於本書的研究，這也是既往研究中常被忽視的史料形式。

報刊資料與外文文獻

《申報》《中外日報》《國聞報》《同文滬報》《知新報》《清議報》等報刊對京城官場動態、社會新聞以及重大政治事件的報導中，都涉及榮祿與政局的關係；戊戌後各類報刊對榮祿的評論，有不少受到康、梁一派政治攻擊的影響，不盡可信，只能反映當時某種輿論傾向。此外，路遙主編的《義和團運動文獻資料彙編》翻譯輯錄了當時不少報刊對義和團事件的報導，對研究庚子時期的榮祿與政局也極有參考價值。

四 研究結構設計

從既往對榮祿的研究看，人們雖然不否認他是晚清政局中的關鍵人物，但

對他的評價很不全面。大多數學者仍然受到「帝后黨爭」認知模式的影響，認為榮祿是慈禧鎮壓戊戌變法的「幫兇」，是政治上的守舊派，以至對榮祿在近代軍事改革方面的成就也從維護慈禧個人統治的角度立論。其實，從晚清政治格局及其演變的角度，應該更多關注榮祿與慈禧、光緒帝以及醇王、李鴻藻、翁同龢、李鴻章、劉坤一、張之洞、袁世凱、盛宣懷、剛毅、徐桐等滿漢大員之間的政治關係，從派系分合和力量消長的層面把握榮祿在政局變遷尤其是甲午戰後重大事件中所扮演的角色和發揮的作用，做到知人論世，盡量還原榮祿的真實面目。

本書基本結構，除了導言、結語外，共分 11 章。

第一章，主要考述榮祿家世及早期政治生涯，探討家世背景與榮祿崛起的關係。榮祿以難蔭子弟，自觀政戶部開始，逐步成為神機營系統醇王的得力助手，開始進入清季官場，並為兩宮太后所信任，仕途飆升，一時無雙。

第二章，主要探討光緒初年的榮祿宦海生涯。因為受到兩宮皇太后和醇王的寵信，榮祿很快升任步軍統領兼工部尚書、內務府大臣、神機營管理大臣，迭膺重差；同時，依傍軍機大臣李鴻藻，介入南北之爭，開罪沈桂芬，終因受賄嫌疑受到參劾而罷官。

第三章，主要研究榮祿賦閒後的政治活動，他與醇王、翁同龢、李鴻藻的關係，以及在醇王逝後出任西安將軍、積極籌備慈禧萬壽活動等經歷。

第四章，甲午督辦軍務，東山再起。主要研究榮祿從西安將軍任上回到京城，在甲午戰爭期間重獲信任和重用的歷程。在新設立的督辦軍務處中，榮祿以兵部尚書的實職，掌握了甲午戰後軍事改革的大權，袁世凱小站練兵、新建陸軍的設立都是榮祿推動近代軍事改革的直接體現。

第五章，馬關議和後的朝局動盪以及榮祿的應對。主要研究馬關議和後中樞與北洋權力的調整以及慈禧對清議的整肅情況，正是在各派勢力的大調整中，很多當政者開缺，清議也受到重挫，榮祿、剛毅等滿洲官員開始乘機崛起，成為甲午戰後政壇上的新貴。

第六章，督辦軍務處與榮祿權勢的擴張。主要探討榮祿利用督辦軍務處這

個重要平台，參與甲午戰後裁撤營勇、編練新軍與軍事改革等活動，並逐步獲得權勢的過程。榮祿在甲午戰後的新政活動中扮演了積極推動改革的角色。

第七、八章，對膠州灣事件到戊戌政變前後榮祿的政治活動進行了全面的考察。從膠、旅事件前後的外交危機到翁同龢開缺與「明定國是」詔的頒佈，探討了榮祿在戊戌年春間的政治態度和立場。他主張改革卻反對康有為的激進方式。百日維新後期，當激進的新政引起政局動盪時，榮祿與慶王奕劻秉承慈禧旨意，策劃以太后訓政的形式發動政變，中止了戊戌新政。回京入樞後，榮祿又積極調和兩宮，平衡新舊；並創建武衛軍，加強京畿防衛，以防範列強挑釁。

第九章，榮祿與剛毅的矛盾及己亥建儲前後的朝局。戊戌政變後新政中斷，守舊勢力回潮，樞廷中榮祿與剛毅的矛盾也日益突出。圍繞前四川總督李秉衡的復出，彼此鬥爭激烈。己亥建儲前後，榮祿努力維護朝局穩定，但因庚子年春長時間病假，載漪、剛毅等對朝政的影響力有所加強，左右了當時的內政外交決策。

第十章，榮祿在庚子事變中的處境與應對。榮祿在庚子四月前已經深感事態嚴重，並及時提出「剿匪」建議，但與剛毅、端王載漪等意見相左。因慈禧信任端、剛輩，榮祿雖掌握軍權，卻不敢違抗慈禧的旨意，只能委曲求全，坐視事態惡化；津京淪陷，兩宮西狩，時論以為榮祿難辭其咎。九月，榮祿抵達西安，再次得到慈禧的倚重，這是榮祿一生權力達到的高峰。然而，在中外交涉形勢嚴峻、地方督撫矛盾重重的情況下，榮祿主持的朝政了無生氣，新政成效也乏善可陳。

第十一章，榮祿逝世以及各界的評論。自光緒二十七年十一月回京到二十九年三月榮祿病逝，只有一年多的時間，由於武衛軍的失敗以及妻子病亡，榮祿身體和精神連續遭受打擊，病情加重，但是，仍然把持政務。在他病逝後，時論對其功過評價較多，與清廷的褒揚不同，南方輿論對其多持批評譏諷的傾向，這與革命思潮興起的背景有直接關係。

第一章
家世及出仕

〜〜〜〜〜〜〜〜〜〜〜〜〜〜〜〜〜〜〜〜〜〜〜〜〜〜〜〜〜

榮祿以難蔭子弟，自觀政戶部開始，逐步成為神機營系統醇王的得力助手，開始進入清季官場，並為兩宮太后所信任，仕途飆升，一時無雙。

〜〜〜〜〜〜〜〜〜〜〜〜〜〜〜〜〜〜〜〜〜〜〜〜〜〜〜〜〜

　　榮祿，字仲華，號略園，滿洲正白旗人，出生於道光十六年二月二十二日（1836 年 4 月 7 日），病逝於光緒二十九年三月十四日（1903 年 4 月 11 日），[1] 諡「文忠」。榮祿歷經道、咸、同、光四朝，光緒中後期深得慈禧太后信賴，官至大學士、軍機大臣；甲午、戊戌、庚子時期，主持編練新軍，權傾一時，是晚清政壇上發揮過重要影響的滿洲權貴。如同很多政治人物一樣，家世與非同尋常的早年經歷對榮祿後來仕途的發達有着直接或間接的關係，意義不容忽視。

一　家族與家世

　　榮祿的家世和早期經歷，官修《清史稿・榮祿傳》《清史列傳・榮祿傳》及陳夔龍撰《贈太傅晉封一等男文華殿大學士瓜爾佳文忠公行狀》、俞樾撰《贈太傅晉封一等男爵文華殿大學士瓜爾佳文忠公墓誌銘》、孫葆田撰《文華殿大學士贈太傅晉封一等男爵瓜爾佳氏文忠公神道碑》等碑傳文獻中都有反映，但記述大多簡單。榮祿本人輯錄的《世篤忠貞錄》中，收有其祖、父兩代的傳記，對其家族歷史和祖上事跡敍述較詳，但多有溢美之詞。有關情況，尚需綜合各類文獻進行考訂和補正。[2]

　　關於榮祿的家世，《清史列傳・榮祿傳》寫道：「榮祿，瓜爾佳氏，滿洲正白旗人。祖塔斯哈，喀什噶爾幫辦大臣。父長壽，甘肅涼州鎮總兵。」官修傳記，言簡意賅，《清史稿・榮祿傳》也大約相同。榮祿病逝後，其嗣子良揆（字

---

1 本書正文敍述使用年號紀年，每章首次出現不同年號紀年時附註一次西元年代。一般情況下，為避免行文煩瑣，並非所有年號紀年都附註西元時間。另，干支紀年後附註西元紀年，以便閱讀。特此說明。
2 關於榮祿的家世和早期活動，可參見王剛《榮祿早期生平考（1836～1879）》，《歷史教學問題》2013 年第 1 期。

席卿）通過河南巡撫陳夔龍邀請知名學者俞樾撰寫了墓誌銘[1]，又請孫葆田撰神道碑銘。[2] 按照當時的習慣，這些碑傳文的資料均由家屬提供，借名家之筆為傳主揚名，自然多諛頌之詞。陳夔龍所撰《行狀》也大致如此，只是陳為榮祿門下，有知己之遇，二人私交甚篤，故陳撰《行狀》頗為後世所重視。《行狀》云：

> 公諱榮祿，字仲華，略園其別號也。姓瓜爾佳氏，滿洲正白旗人。其先世直義信勇公，諱費英東，懋著勛勣，實佐太祖高皇帝締造鴻業，至順治朝定加封號，所謂四字公也。其爵另支承襲，元勛貴戚，明德流衍，綿綿延延，以迄於今，代有聞人，勿替厥緒。祖莊毅公諱塔斯哈，以幫辦大臣歿於喀什噶爾之役。道光十年奉旨照都統例賜恤。父勤勇公諱長壽，仕至涼州鎮總兵。咸豐二年，與兄天津鎮總兵武壯公諱長瑞同日戰歿於廣西。事聞，文宗顯皇帝賜諭有「忠貞世篤」之褒，均贈提督，恤如例。而季弟諱長泰，復以游擊隨科爾沁忠親王轉戰畿輔，歿於陣。一門忠藎，無忝世臣矣。[3]

這段話將榮祿的族屬和家世情況做了簡潔的描述，特別突出了其祖、父兩代四人效忠清廷、「一門忠藎」的家族歷史。榮祿的家世資料，尚未見到家譜、族譜之類更為原始的文獻。陳夔龍稱費英東為榮祿「先世」，「其爵另支承襲」，言外之意，榮祿這支並非嫡系，故未襲爵。俞樾也稱「其先世有諱費英東者，實佐太祖高皇帝締造丕基，順治初封『直義信勇公』，所謂『四字公』也」。[4] 孫葆田撰文中也提到此事。從瓜爾佳氏同族的角度說，此說有一定的道理；但是，將費英東稱為榮祿「先世」，多少還是有些攀附前賢的嫌疑。

---

1 俞樾：《贈太傅晉封一等男文華殿大學士瓜爾佳文忠公墓誌銘》，國家圖書館普通古籍閱覽室藏，編號 002307474。

2 見《碑傳集補》卷 2，《清代碑傳全集》下冊，上海古籍出版社，1987，第 1266～1267 頁。

3 陳夔龍：《贈太傅晉封一等男文華殿大學士瓜爾佳文忠公行狀》，見《榮祿集》附錄，《近代史資料》總 54 號，中國社會科學出版社，1984，第 27 頁。按，引用時標點有調整。

4 俞樾撰《墓誌銘》中稱榮祿係「滿洲正黃旗人」，誤。

　　瓜爾佳氏是滿洲八大姓之一，為八旗世族之冠。據載，瓜爾佳本係地名，因以為姓，其氏族繁茂，支系眾多，明末清初時已經散處於蘇完、葉赫、訥殷、哈達、烏拉、安褚拉庫等地方，「而居蘇完者尤著」。蘇完瓜爾佳氏，應是瓜爾佳氏中的一支。費英東功名顯赫，其後人繁衍不輟，並有宗譜傳世。[1] 榮祿祖上雖屬瓜爾佳氏，與「蘇完瓜爾佳氏」似乎是兩個分支。同治初年被慈禧處死的將領勝保，姓蘇完瓜爾佳氏，應係費英東的後裔，至少比榮祿的關係更近一些。陳夔龍等人在撰寫碑文時，將榮祿與清初功勛卓著的開國功臣費英東聯繫起來，明顯屬於攀附名人，這種現象在歷代漢族文人編纂家譜、宗譜時早已有之，不足為奇。

　　除了瓜爾佳氏這個世家大姓，榮祿又隸滿洲正白旗。正白旗屬於上三旗（另有正黃旗、鑲黃旗），其地位高於下五旗。上三旗滿洲子弟守衛皇城，隨時護衛御駕，是皇帝最信任的親軍來源；陪王伴駕的滿洲權貴也多是上三旗人。康熙即位時的輔政大臣索尼、蘇克薩哈、遏必隆、鰲拜均出身上三旗。這樣的旗屬，自然也使榮祿祖上比一般旗人擁有更多出仕和投效宮廷的機會。

　　榮祿曾祖名阿洪阿，乾隆時官至副都統，事跡不詳。此前的家族情況更是闕如，說明在其曾祖之前，榮祿家族並不算發達。就詳細的文獻記載來說，其家世的顯赫當自其祖父塔斯哈始。

　　塔斯哈，號秀泉，嘉慶五年（1800），由健銳營印務筆帖式，從征川、楚、豫等省，迭著戰功，交軍機處記名，歷擢至前鋒參領、翼長。道光七年四月，因戰功，特旨賞副都統銜。不久，授鑲紅旗蒙古副都統。八年，充伊犁領隊大臣。十年正月，調喀什噶爾幫辦大臣，督辦新疆軍務。十月，與叛匪接仗時戰歿，命照都統例賜恤，予諡「莊毅」，入祀京師昭忠祠，又賞騎都尉加一雲騎尉世職。經道光帝降旨，其子長瑞，賞三等侍衛，襲騎都尉加一雲騎尉世職；

---

1 成書於民國十年（1921）的《滿洲蘇完瓜爾佳氏全族宗譜》，只是「就世居奉省暨籍隸京師、湖北、浙江杭州各族」，考定各支統系，續為宗譜。參見《滿洲蘇完瓜爾佳氏全族宗譜》，劉慶華編著《滿族家譜序評註》，遼寧民族出版社，2005，第 77～82 頁。

另子長壽賞藍翎侍衞，「以酬忠藎」。[1]

　　榮祿的伯父長瑞，字小泉。道光六年，以健銳營前鋒與其父同時參加征剿張格爾叛亂。因戰功，賞戴藍翎。十年，遷前鋒校，再隨伊犁將軍長齡等出師回疆剿匪，事竣回京。次年，以父蔭襲騎都尉兼一雲騎尉世職，賞三等侍衞。十四年，補四川羖馬營都司，洊升至參將，曾三次署理建昌鎮總兵；後擢阜和協副將；二十九年十二月，經四川總督琦善保奏，授直隸天津鎮總兵。咸豐元年（1851）三月，廣西太平軍勢力東趨，奉旨隨欽差大臣賽尚阿督兵前往湖南「防剿」，旋移師廣西。

　　榮祿之父長壽，字希彭。道光十一年二月百日孝滿引見後，賞藍翎侍衞。道光帝閱騎射，長壽以馬步全中，賞三等侍衞，挑在乾清門行走。十六年二月，升二等侍衞。上三旗為皇帝自將之軍，其達官子弟多由侍衞出身，進入仕途。定制，上三旗大臣子弟，每五年挑選一次侍衞。侍衞分為一、二、三等及藍翎侍衞。因為是近御差使，侍衞一直被旗人視為最榮。二十一年，長壽揀發福建，以游擊用；次年，經揚威將軍奕經等奏留浙江軍營差委，事竣攜眷屬赴閩任職。故榮祿隨祖母一併南下，並在浙江僑居一年。二十八年，長壽升至同安營參將；越年，遷浙江台州協副將。咸豐元年二月，擢甘肅涼州鎮總兵。閩浙總督裕泰以其熟悉閩省情形，奏請調漳州鎮總兵。七月，入覲，因軍情緊急，咸豐帝命馳赴廣西，隨欽差大臣賽尚阿差委，統帶楚、粵、黔三省兵勇，鎮壓太平軍。至此，兄弟二人得以共同效力於廣西軍營。次年二月十九日，清軍圍攻永安州城，追擊太平軍至龍寮嶺時，因雨中山險路滑，遭到伏擊，長瑞、長壽兄弟被困後雙雙戰死。[2]曾與他們同營的華翼綸後來描述說：

1　有關塔斯哈的經歷，參見《塔斯哈列傳》（錄國史館原本）、那彥成撰《塔莊毅公像讚》，均見榮祿輯《世篤忠貞錄》上、下卷，光緒刊本，國家圖書館普通古籍閱覽室藏，編號 002306757。另，《北京圖書館藏家譜叢刊‧民族卷》（北京圖書館出版社，2003）第 35 冊收有榮祿輯《瓜爾佳氏家傳》，實即《世篤忠貞錄》的下卷。
2　參見《長瑞公長壽公家傳》，榮祿輯《世篤忠貞錄》下卷。

　　時官兵已兩日不食，方造飯，都統烏蘭泰促速追賊，賊返鬥，官兵凍且餒，大敗，死傷相望，又路險不能行。希彭（長壽）馬躓，小泉（長瑞）持矛救之，皆遇害。余收其屍，三日，得之山中，無棺，越五日乃得殮。……余啟視公兄弟屍，皆面被十餘創，背無一傷，想見其操戈轉鬥，國爾忘家，徒以事勢相迫，不忍不死，而亦不忍獨生，可哀也哉！　**1**

　　雖是事後敍述，仍可見當時戰事之慘烈。經賽尚阿奏聞，諭命二人均照提督例賜恤。長壽是被咸豐皇帝召見後派往廣西鎮壓太平軍起義的滿洲將領，對其曾寄予重望者。因念其父子、兄弟前後為國捐軀，三月十一日，咸豐帝又特頒恩旨：

　　直隸天津鎮總兵長瑞、甘肅涼州鎮總兵長壽先後派往廣西剿辦逆匪，俱能奮勇出力，屢立戰功，乃因匪眾奔逃，跟蹤追剿，同時遇害，實堪憫惻，業經加恩照提督例賜恤。因思伊父塔思〔斯〕哈於道光十年在喀什噶爾幫辦大臣任內打仗陣亡，今該鎮兄弟復能為國捐軀，實屬忠貞世篤，著俟軍務告竣，即於殉節地方建立專祠，同時陣亡各員一併附祀，以慰忠魂。伊母現在閩省，著賞銀三百兩，由福建藩庫發給，即著該督撫並沿途地方官妥為照料護送回京。該部知道。欽此。　**2**

　　長壽兄弟同時陣亡，因其母與家眷尚滯留福建，咸豐皇帝諭令福建布政使專門撥付銀兩並命沿途地方官照料護送回京，表現出莫大的恩典。尋賜祭葬，長瑞予諡「武壯」，長壽予諡「勤勇」，均入祀京師昭忠祠，均賞騎都尉兼一雲騎尉世職。這樣，長瑞因父蔭所襲騎都尉兼一雲騎尉世職，後由長子、三等侍衛恩祿襲；新賞世職由次子、三等侍衛蔭祿襲；三子承祿也加恩賞給藍翎侍衛。

---

1 華翼綸：《雙忠傳》，見榮祿輯《世篤忠貞錄》下卷。

2 《清文宗實錄》卷 56，咸豐二年三月十一日，《清實錄》第 40 冊，中華書局，1986，第 738 頁。

榮祿在百日孝滿引見後，也以父蔭襲騎都尉兼一雲騎尉世職。這樣，瓜爾佳氏兄弟中，同時有三人襲世職，在當時滿洲世家中十分耀眼。同治二年（1863）六月，榮祿的叔父長泰（字吉庵）在隨僧格林沁鎮壓捻軍時也捐軀陣前。[1] 這為「一門忠藎」的家族又添一層美譽。光緒初年，榮祿輯錄祖、父輩事跡，遍邀滿漢名流題詠，形成一部弘揚家族事跡的文獻集，取名《世篤忠貞錄》，書名即源自咸豐皇帝諭旨中「實屬忠貞世篤」之言。

榮祿生母烏札氏，育有崇祿、榮祿、惠祿（幼殤）三子，道光二十年病逝，時榮祿只有五歲。他是由繼母顏札氏（副都統佛遜之女）撫養長大的。[2] 榮祿因父親各處調轉，自幼在閩生活多年；咸豐元年，兄崇祿病死；父親前往廣西軍營前，又將家眷安置在福建將領饒廷選家。[3] 不久，伯、父陣亡，榮祿隨繼母顏札氏侍祖母扶柩北上，返回京城，這時他已經 16 歲了。祖、父先後捐軀的家史和長期漂泊不定的生活，使榮祿比一般生活在京營的八旗子弟更早體會到生存的艱辛和振興門庭的責任。同樣，藉着清廷給予難蔭子弟的特別恩賞，榮祿進入仕途的起點也高於一般滿洲子弟。

二 難蔭入仕

關於榮祿的入仕，《榮祿履歷冊》記：「咸豐二年十一月初八日，由本旗遵旨帶領引見，奉旨榮祿著以主事用。是年十二月十六日承襲騎都尉加一雲騎尉世職。三年二月，呈請分部學習，十七日由吏部奉奏，奉硃批，著准其分部學

---

1 《游擊長泰公家傳》，榮祿輯《世篤忠貞錄》下卷。

2 參見榮祿撰《誥封一品夫人先繼妣顏札太夫人行述》，見劉家平、蘇曉君編《中華歷代人物別傳集》第 51 冊，第 141～143 頁。

3 何剛德、沈太侔：《話夢集·春明夢錄·東華瑣錄》，北京古籍出版社，1995，第 82 頁。

習，欽此。二十日，籤分工部主事上行走。」[1] 從這段敘述看，榮祿在回到京城不久，短短幾個月後就因難蔭入仕，成為工部主事，並承襲世職。更詳細的情況，吏部尚書柏葰、賈楨等在咸豐三年二月奏報榮祿分部學習當差的奏摺中有說明：

> 據世襲騎都尉候選主事榮祿呈稱：竊職係正白旗滿洲人，咸豐二年十一月初八日奉旨：甘肅涼州鎮總兵長壽之子榮祿著俟百日孝滿後帶領引見，等因。欽此。旋由本旗帶領引見，奉旨：賞給主事，欽此。嗣於十二月十六日復由本旗遵例帶領引見，奉旨：賞給騎都尉世職，欽此。職滿洲世僕，世受國恩，理宜及時圖效，稍報涓埃，可否先行分部學習當差之處，伏乞代奏等情，呈遞前來。查定例，特旨補用人員以奉旨之後不論雙單月，無論保題升選，一併計算五缺之後選用等語。今榮祿，正白旗滿洲人，於咸豐二年十一月初八日該旗帶領引見，奉旨：賞給主事，欽此。應俟服滿後遇有主事缺出，臣部照例銓選，並無分部行走之例。溯查，原任大學士富俊之子恩成，由一品蔭生道光十四年六月奉旨以六部員外郎即補，具呈臣部奏請分部，奉旨允准；又原任河南河北鎮總兵波啟善之子安林，由候補筆帖式咸豐元年四月奉旨賞給主事；又原任陝甘總督裕泰之子長啟咸豐元年十月奉旨以員外郎用，均經呈請分部。臣部奏明，奉旨允准各在案。今榮祿欽奉特旨以主事用，呈請分部學習當差，到部核與從前恩成、安林、長啟成案相符，理合奏明請旨可否，比照成案，准其分部學習行走，抑或專歸臣部銓選之處，恭候欽定。為此謹奏。硃批：著准其分部學習。[2]

---

1 《榮祿履歷冊》，台北故宮藏傳稿傳包，文獻編號 702001629。該履歷冊是榮祿病逝後國史館為他立傳時，由吏部提供的履歷資料，現存榮祿的傳包檔案中。

2 《吏部尚書柏葰、賈楨等奏為代榮祿請旨先行分部學習當差事》，咸豐三年二月十七日，宮中檔奏摺，台北故宮藏宮中檔及軍機處檔摺件，編號 406003425。

可見，從咸豐二年十一月初八日榮祿奉旨百日孝滿引見，到咸豐三年二月十七日，只有短短三個多月的時間。柏葰等吏部堂官以「照例銓選，並無分部行走之例」，乃援引從前恩成、安林等成案，經咸豐皇帝允准，奉特旨准分部學習。三天後，只有 17 歲的榮祿，在工部主事上學習行走。這說明咸豐皇帝對侍衞出身的長壽曾經格外器重，並恩及其子，榮祿在此後得到很多關照與此不無關係。

榮祿的仕途與其婚姻也息息相關。咸豐四年，已經與榮祿訂聘的江寧將軍蘇布通阿之女庫雅拉氏未婚而卒。蘇布通阿，滿洲正白旗人，由鑾儀衞治儀正，於道光三十年補授四川提督，咸豐初年率部到向榮軍營協同鎮壓太平軍，咸豐三年四月署理江寧將軍，次年二月，任江寧將軍。後在七橋甕橋頭督戰受重傷，據稱「被火燒傷，甚至鬚眉皆燎，猶復悉力指揮」，終因傷重而死。聞報，咸豐皇帝賞銀賜恤，諡「果勇」，給予騎都尉兼一雲騎尉世職。[1] 境況與長瑞、長壽兄弟類似。兩家同旗，武將世家，也算門當戶對。咸豐五年，在繼母支持下，榮祿復聘娶御前侍衞、都統衛鑲藍旗漢軍副都統熙拉布之女薩克達氏為室。御前侍衞最受皇帝賞識，滿洲將相多出於此；熙拉布之子瑞林（後改名札拉豐阿）又指婚為壽禧公主（道光皇帝第八女）額駙。薩克達氏與皇室如此密切的關係，對正在走向仕途的榮祿自然大有助益。咸豐六年二月，熙拉布任右翼稅務監督，經他奏請，榮祿被派隨同辦理稅務事宜，[2] 翁婿同差，並不迴避。雖然任期只有三年，但收入頗豐，是一般司員無法企及的優差，這也是咸豐皇帝對榮祿的又一次眷顧。

咸豐七年四月，因孝靜康慈皇太后（恭王生母）奉安禮成，工部司員承辦差務妥當，各有升遷。榮祿奉旨俟補主事後以本部題選員外郎儘先補用。八年

---

1 《禮部尚書麟魁、徐澤醇奏為江寧將軍蘇布通阿剿賊傷亡請旨予諡事》，咸豐四年九月二十六日，硃批奏摺，檔號 04-01-12-0483-100，縮微號 04-01-12-089-2135，中國第一歷史檔案館藏。以下凡該館所藏清代檔案只註檔案編號和縮微號，不再一一註明館藏機構。另，蘇布通阿的旗籍係據咸豐三年夏季《縉紳全書》查出，見清華大學圖書館科技史暨古文獻研究所編《清代縉紳錄集成》第 20 冊，大象出版社，2008，第 487 頁。

2 《右翼稅務監督熙拉布奏報右翼徵收稅課一年期滿正額無虧盈餘短絀情形事》，咸豐七年二月十八日，錄副奏摺，檔號 03-4396-021，縮微號 304-0975。

三月，補授主事；八月二十日即升補員外郎。更加令人豔羨的是，九年三月，又調補戶部銀庫員外郎。[1] 榮祿在短短的六七年間，以工部主事，驟升至戶部銀庫員外郎這樣的優缺，遠遠超過其他滿漢司員的遷升速度。據說，這也出自咸豐皇帝的格外關懷。陳夔龍曾解釋說：「故事：銀、緞匹、顏料三庫郎中、員外郎缺出，由各部堂官取合例司員保送候錄用，至是部臣以公（榮祿——引者註，下同）應選。文宗顯皇帝始識公名，即簡銀庫員外郎，蓋異數也。每常朝儤直，顯皇帝於班中遙見之，必顧問樞臣曰：某是榮祿否？一日命彭文勤公傳至軍機處，問祖父死事情狀，公詳晰敷對，聲淚俱下，文勤具以聞，顯皇帝為動容久之。」[2] 咸豐皇帝對於這位「忠烈」之後始終掛念在心，刻意提攜，應是實情。但陳夔龍說此時才識榮祿名字，恐非事實，似更早一些。彭文勤公即彭蘊章，時任軍機大臣。當時，太平天國起義已經蔓延至江南大部分地區，咸豐帝對陣亡將領子弟的關懷，多少可以反映出清廷對八旗將領寄予的期望，甚至有藉此鼓舞士氣的目的。

文祥

當然，榮祿的迅速升遷，也離不開權貴重臣的汲引。在榮祿入仕後的很長一段時間內，對榮祿賞識並不斷給予提攜的關鍵人物是軍機大臣、戶部左侍郎文祥。文祥（1818～1876），字博川，盛京正紅旗滿洲，姓瓜爾佳氏，後諡「文忠」。咸豐九、十年，文祥以戶部左侍郎任軍機大臣。榮祿升遷迅

1 《榮祿履歷冊》，台北故宮藏傳稿傳包，文獻編號 702001629。
2 陳夔龍：《夢蕉亭雜記》，北京古籍出版社，1985，第 45 頁。

速，並獲戶部銀庫員外郎的優缺，與文祥推動有直接關係。事實上，直到光緒初年，榮祿在仕途上的進步一直是在文祥提攜下實現的。

然而，榮祿任職戶部不久，便遭遇了不小的挫折。他與深受咸豐皇帝賞識的協辦大學士、戶部尚書肅順發生了衝突。確切地說，他捲入了當時激烈的派系鬥爭中。肅順（1816～1861），字雨亭，也作裕亭，滿洲鑲藍旗人，宗室，鄭親王端華之弟。他以敢於任事，深受咸豐皇帝信賴，漸柄朝政，終因行事跋扈，與朝中達官多有齟齬。像榮祿這樣資歷淺顯的司員與堂官不諧，從情理上推斷，過失未必在榮祿身上。榮祿後來在所撰繼母顏札氏行狀中說：

> 先是，不孝（榮祿自稱）任戶部銀庫員外郎時，協辦大學士肅順方管銀庫事，私憤挾嫌，遇事吹求，意在傾陷。不孝亦自恃無他，輒事牴牾，岌岌乎瀕於禍者屢矣。太夫人嚴戒之曰：此兒人也，必自斃，汝速避，勿攖其鋒。促令以道員捐離本任，不旋踵，肅順果敗。[1]

這是榮祿讚揚母親遇事果敢的一段話。肅順因何故傾陷一位司員，他並未詳細說明，只是將化解矛盾、躲避兇險的功勞歸功於慈母的教誨。陳夔龍對此事原委敍述稍詳：

> 肅順任戶部尚書，與陳尚書（按，陳孚恩）均與文忠（榮祿）先德有世交。肅順喜西洋金花鼻煙，京城苦乏佳品。尚書偵知文忠舊有此物，特向文忠太夫人面索。太夫人以係世交，兒輩亦望其噓拂，因盡數給之。尚書即轉贈肅順，並以實告。肅順意未饜，復向文忠索取，瓶已罄矣，無以應付。肅順不悅，以為厚於陳而薄於己。文忠無如何也。文忠好馬，廄有上駟一乘，特產也。肅順亦命人來索，公復拒之。綜此兩因，肅順大怒，

---

1 榮祿：《誥封一品夫人先繼妣顏札太夫人行述》，劉家平、蘇曉君編《中華歷代人物別傳集》第51冊，第142頁。

假公事挑剔，甚至當面呵斥，禍幾不測。公請於太夫人曰：「肅順以薄物
細故，未遂所欲，嫉我如仇。此官不可做矣！」遂援籌餉例開銀庫優缺過
班，以道員候選，閉門閑居以避之。[1]

　　榮祿與陳夔龍的說法都是後來回憶，後者還可能是從榮祿那裏聽來的。肅
順自恃有咸豐皇帝的寵信，屢興大獄，借戶部寶鈔案追查翁心存等戶部堂官，
又慫恿咸豐帝以科場案殺大學士柏葰，開罪於當時滿漢官宦世家者甚多。[2] 辛酉
政變後慈禧、奕訢以謀逆之罪殺之，也是利用了當時的輿情。同治以後士論對
肅順評價甚低，論者至有醜化之傾向。肅順是否借細故刁難地位卑微的榮祿，
係出於一面之詞，尚可存疑。榮祿後來突出強調這一點，則是為了明確立場，
表白對慈禧太后的忠誠。所以，榮祿筆下鄙視肅順的傾向很是明顯。

　　不過，從官場的實際情況分析，肅順對榮祿的排擠，毋寧說是他與另一位
軍機大臣、戶部左侍郎文祥之間的一次較量。當日堂官之間才可能存在勢均力
敵的政治對峙。文祥是辛酉政變後獲准留任的唯一一位軍機大臣，說明他在抵
制肅順專權問題上早有作為，並得到慈禧、奕訢等人的一致認可。由此認為，
榮祿在戶部因傍依文祥而遭到肅順傾軋，大約沒有疑問。榮祿與肅順的矛盾絕
非個人私怨，而是朝中派系鬥爭的反映。

　　榮祿決定離開戶部，大約在咸豐十年（1860）夏秋之際。途徑是向戶部
捐銅局捐輸，報捐道員，呈請離任候選。[3] 戶部員外郎本是優差，榮祿捐輸改官

---

1 陳夔龍：《夢蕉亭雜記》，第 45 頁。陳孚恩（1802～1866），字子鶴，號少默，江西新城人，
　拔貢出身，先依附權相穆彰阿，官至倉場侍郎。咸豐初年在籍辦團練，參加鎮壓太平軍，後回京
　供職，官至兵部尚書、吏部尚書。辛酉政變後因與肅順關係密切，被革職遣戍伊犁。同治五年
　（1866）俄軍佔領伊犁期間殉難。

2 參見高中華《肅順與咸豐政局》，齊魯書社，2009，第 118～178 頁。

3《榮祿履歷冊》，台北故宮藏傳稿傳包，文獻編號 702001629。所謂捐銅局成立於咸豐四年七
　月，是清廷為解決財政窘迫、籌集軍餉而在戶部設立的捐輸機構，曾在該局當差的司員有王文韶、
　額勒和布、李明墀（李盛鐸之父）等。見《呈捐銅局承辦司員忠淳等員請獎名單》，硃批奏摺，檔
　號 04-01-13-0446-010，縮微號 04-01-13-037-1125。時間原註為乾隆朝，誤，應是咸豐朝。

離任，說明他與肅順關係緊張，已經到了非離開不可的地步。此時，英法聯軍侵略津京，京城內外局勢危急。八月，僧格林沁、勝保等人統率京營精銳全軍覆沒，咸豐帝倉皇逃往熱河，命奕訢、瑞常、文祥等辦理京師巡防事宜。據榮祿《履歷冊》稱：「十年八月，辦理巡防事宜，經巡防大臣刑部尚書瑞常等保奏，以道員選用並賞給三品頂戴。咸豐十一年二月，經吏部具奏與例未符，議駁道員以應升之缺升用。復經已革協辦大學士肅順等奏駁，撤去三品頂戴。」[1]可見，榮祿參與巡防事宜應是文祥引介的。後經巡防大臣、刑部尚書瑞常等保奏，請以道員選用，並賞給三品頂戴。而隨駕熱河的肅順，對文祥等人援引榮祿不滿，又奏駁撤去榮祿的三品頂戴。幸運的是，數月後慈禧、慈安兩宮皇太后便聯合恭親王奕訢等發動政變，將載垣、肅順等輔政八大臣捕殺，朝局翻轉。榮祿的仕途也就此迎來了生機。陳夔龍《夢蕉亭雜記》寫道：

　　未幾，八音遏密，肅順由熱河護送梓宮回京，內外臣工參奏，奉嚴旨論斬。行刑之日，文忠（榮祿——引者註）先赴菜市口候之。肅順下車仰天大罵，咆哮不休。狂悖如此，可想見當權時之氣焰。公目睹其就刑，公憤私怨，一旦盡釋，特往酒市一醉。厥後陳尚書（孚恩）因肅順牽累，為御史奏參，查抄發遣，借寓三巍庵僧房。文忠往視，詎寺僧勢利，僅給破房一大間，四方風動。時已冬令，尚書猶着棉袍。謂文忠曰：「肅順獲罪，與我何干？不料亦為人陷害。往時至親密友不少，迄無人來看我。難得世兄雪裏送炭，感激之至。天氣漸寒，身邊尚無皮衣，即日須往新疆，川資全無所出，世兄能為我一謀乎？」文忠慨允之。尚書所住房，以敝幃隔成內外間，尚書夫人在內嚶嚶而泣。文忠請見，夫人曰：「我無顏面見世兄。我早知肅順兇狠，必賈大禍，力勸爾伯父不可與之交往。弗聽我言，至有今日。現在悔已無及，不特家產盡絕，尚要充軍萬

1 《榮祿履歷冊》，台北故宮藏傳稿傳包，文獻編號 702001629。

里。」言訖淚隨聲下，文忠蠱然不樂者數日。尚書後抵伊犁戍所，卒為回匪戕害，論者惜之。[1]

這段描述的文學色彩很強，道出了榮祿早年性情中快意恩仇的一面。陳孚恩是肅順當政期間緊緊追隨其後的漢臣，與榮祿父輩有交誼，辛酉政變後遭到追究。榮祿不避閒言，能夠挺身相助，反映了他待人寬宏的一面。揆諸事實，終其一生，榮祿多次關照、庇護遭受政治打擊、身處逆境的同僚，諸如甲申後慰問屯戍軍台的張佩綸、戊戌政變後設法保全罪臣翁同龢、張蔭桓、李端棻、徐致靖等人，都是很好的說明。「廣結善緣」、不分滿漢是榮祿有別於徐桐、剛毅等滿洲權貴的鮮明之處，而這些品格看來於他入仕之初早已具備。

三　投效神機營　密結醇親王

辛酉政變是晚清政局演變的一道分水嶺。政變後「肅黨」受到清算，慈禧與慈安兩宮太后垂簾聽政，恭親王以議政王輔政，時局安定，朝政出現新氣象。榮祿的命運也由此發生轉折。一些野乘稗史說，榮祿後來之所以飛黃騰達，是因為參與了政變密謀。[2]這種說法實屬不經之談。咸豐末年榮祿雖已嶄露頭角，但資歷尚淺，還不具備參與宮廷密謀的可能性；政變前他雖然已是直隸

1　陳夔龍：《夢蕉亭雜記》，第 45～46 頁。
2　近人許指言在《十葉野聞》中稱：「文宗幸熱河，倉卒駕崩，時載垣、端華、肅順等杖策立幼帝。慈安太后時無意於垂簾干政也，慈禧心不能平，乃與其侄榮祿等設計，宣佈肅順等專擅之罪，駢誅之。」見該書（中華書局，2007）第 49 頁。許指本是清末民初窮困潦倒的舊式文人，將野史筆記與道聽途說者雜糅連綴，以掌故與小說的名目賣文謀生，該書實不可作為史料看待。其將榮祿說成慈禧之侄，尤誤。相關辯駁可參見劉春蘭《榮祿與晚清軍事》（台灣政治大學歷史系碩士學位論文，2000）第 1 章。

候補道，但並未離開過京師。事實上，榮祿仕途上的迅速飛躍，肇始於政變後參與創辦神機營的軍事活動。由此，他與另一位影響政局的重量級人物醇王奕譞建立了密切關係，並直接影響到他後來的政治生涯。

明清之際滿洲鐵騎南下，定鼎中原。清軍入關後，八旗兵丁除部分駐防各地外，近 15 萬旗兵分佈在京城內外，起着拱衞京師、安定京畿的作用。其中健銳營、火器營、前鋒營、護軍營一直是守衞京城的精銳部隊。但是，乾嘉以後承平日久，京營軍備廢弛，八旗勁旅已徒有虛名。自道光以後，朝廷雖然屢屢諭令京師八旗振作，迄無良效。各地駐防和綠營也是如此。在南方，咸豐時期經太平天國之役，江南、江北大營潰敗，八旗、綠營等經制兵基本喪失了戰鬥力；曾國藩的湘軍、李鴻章的淮軍相繼而起，成為清廷鎮壓太平天國和捻軍的主要武裝力量。北方的情況則有些不同。咸豐十年八月，英法聯軍侵犯京津，咸豐帝派僧格林沁、勝保等人統率京營精銳迎戰，在洋人新式槍炮的轟擊下，清軍幾乎全軍覆沒。十一月，議和成，勝保奏請「訓練京兵，以備緩急」，建議「將內外火器營、健銳營及圓明園八旗官兵，專派知兵大員，加以訓練，以期悉成勁旅」。[1] 十二月，恭親王奕訢、桂良、文祥等也奏請訓練京旗禁軍，「若能添習火器，操演技藝，訓練純熟，則器利兵精，臨陣自不虞潰散」，請飭僧格林沁「酌保身經行陣知兵將弁一員來京，督率訓練，專司其事」。[2] 這是清軍遭受英法聯軍重創後，為重振八旗武裝採取的切實舉措。咸豐帝雖然接受了奕訢的建議，卻命勝保酌定練兵章程，主持訓練。辛酉政變後，慈禧決定停止勝保的練兵活動，重整京營，將訓練大權交與奕訢、奕譞等親信王公。這便是神機營的由來。

咸豐十一年十一月十一日，上諭派議政王奕訢、醇郡王奕譞將京旗各營兵

1　中國第一歷史檔案館編《咸豐同治兩朝上諭檔》第 10 冊，廣西師範大學出版社，1998，第 687 頁。

2　《奕訢等又奏請八旗禁軍訓練槍炮片》，《咸豐朝籌辦夷務始末》卷 72，中華書局，1979，第 2700、2701 頁。

丁認真督飭訓練，並令督率都統瑞麟、侍郎崇綸、原任西安將軍福興、貴州威寧鎮總兵遮克敦布先將一切章程「悉心妥議具奏」。十二月初九日，奕訢等擬定《練兵章程》十條進呈。主要內容是：（1）設立公所數處以資操演。將舊有鑄造鐵錢局，改為操演公所。（2）添派專操大臣、幫操侍衛二三員以資統率。（3）行知各旗營挑選精銳兵丁一萬名，以敷操演。（4）擬咨調文案營務委員以專責成。於各衙門調司員章京分任其事。（5）由戶部從海關關稅項下，籌款辦理公費、獎賞銀兩，以資鼓勵。（6）添造各項器械以備應用。（7）咨取火藥鉛丸以備施放。（8）查看八旗漢軍火器營炮位，以便挑揀演放。（9）製造旗鼓號令以申紀律。（10）擬將道光十九年所鑄而未經鈐用之「神機營」印信頒發，以資行移。十二月十八日，上諭允准，並派奕訢、奕譞督率都統瑞麟、侍郎文祥和崇綸、署都統福興、副都統遮克敦布管理神機營事務。神機營印鑰由議政王奕訢佩帶。前後比較可以發現，一個月前未曾奉旨參加草擬章程的侍郎文祥，也被添加為神機營管理大臣，這對榮祿而言非常重要。

除了恭王、醇王外，神機營各級官員的組成包括：神機營管理大臣，無定員，一般是五人左右，特旨從尚書、侍郎、都統、副都統中簡放。營中設協調全營日常事務的「總理全營事務翼長」三人，另設文案處、文移處、營務處、印務處、糧餉處、核對處、稿案處七處，負責具體事務，每處設翼長一人或二人；另設管帶各支隊伍的專操大臣，每隊二人。文案處等各處除翼長外，另設委翼長、幫辦翼長、委員、書手若干人；每隊專操大臣下，設幫操侍衛、營總、帶隊官等若干人。可見，神機營是等級森嚴、組織嚴密的軍事機構。[1] 後來，根據實際需要，又增設了軍火局、軍器庫、槍炮廠、機器局等機構。榮祿的軍旅生涯就是從文案處翼長開始的。

根據檔案，咸豐十一年八月榮祿由戶部報捐道員，離任候選，十月就經神

---

1 有關神機營成立前後的史事原委，參見張能政《清季神機營考述》，《史學月刊》1988 年第 5 期；王剛《榮祿與晚清神機營》，《軍事歷史研究》2013 年第 4 期。「鬼使」指駐外公使隨行人員，「神差」即在神機營當差。

機營王大臣咨調派充文案處翼長。[1] 神機營與總理各國事務衙門都是新衙門，在建制、餉章、經費等方面，條件相對優厚，都屬於兼差性質。人員選用採取咨調的形式，也較為靈活，故到光緒時已有「鬼使神差」之喻，官場中視為終南捷徑。[2] 據說，神機營創建伊始，「八旗京官競往投效，文案處至一百六十餘員，營務處至一百八十餘員，而書手不在此數」。[3] 野史的記載或有誇張，但大體可信。神機營咨調司員都有相應的人脈關係，這一點毋庸諱言。論者多認為榮祿進入神機營與醇王有關，此說不確。榮、醇關係密切是入營之後的事情，榮祿被選入神機營應該出於文祥的舉薦，其岳丈熙拉布也在神機營兼差，自然也有推動。也有筆記說，榮祿因獻出祖上留傳的一些陣圖，以此謁見醇王，才獲得奕譞的信任。[4] 此說不免離奇。進獻戰圖或有可能，僅僅藉此討好醇王，獲得信任，未必可信。榮祿出生將門，一門忠藎，且襲有世職，單憑這些優越的家世背景，投效軍營就遠遠優於一般旗員，更何況樞中還有奧援。

從自強運動或洋務運動的角度看，清廷編練神機營與湘軍、淮軍的建立一樣，都有借鑒外國、實行改革的性質。由於得到慈禧太后的支持，神機營採用西式練兵之法，武器改用洋槍洋炮；又選派八旗兵丁到天津參加訓練，並派兵丁到江蘇巡撫李鴻章處學習軍火、炮彈技術，嘗試自行製造武器。數年後，神機營規模初具，開始成為一支頗具戰鬥力的新型八旗軍旅。參與編練的榮祿等人也受到保舉升遷。同治三年四月，榮祿充全營翼長。因為管理神機營事務大臣多係兼差，為數不多的全營翼長實為直接辦理全營日常事務的實權人物。六月，欽差大臣、西安將軍都興阿奏調榮祿赴陝甘幫辦軍務，上諭未允，命仍留神機營當差。可見榮祿在神機營的角色已經不可輕易替代。七月，經火藥局大臣、工部尚書文祥等保奏，九月再經神機營王大臣保奏，

---

1 《榮祿履歷冊》，台北故宮博物院藏傳稿傳包，文獻編號 702001629。
2 參見陳康祺《郎潛紀聞初筆二筆三筆》，晉石點校，中華書局，1984，第 485 頁。
3 徐珂編《清稗類鈔》第 2 冊，中華書局，1984，第 739 頁。
4 蘇繼祖：《清廷戊戌朝變記》，見中國史學會主編《中國近代史資料叢刊・戊戌變法》（以下簡稱《戊戌變法》）第 1 冊，上海人民出版社，1957，第 353 頁。

醇親王奕譞（中間者）

特詔以五品京堂用。[1] 此時，除了文祥的推動，醇王對榮祿的信任開始發揮明顯的作用。

奕譞（1840～1891），號樸庵，道光帝第七子，年少榮祿四歲。道光三十年正月，奕詝（即咸豐帝）即位，封奕譞為醇郡王。咸豐九年（1859）四月，與葉赫那拉氏（即慈禧之妹）婚禮成，同慈禧形成特殊關係。十一年七月，咸豐帝崩，慈禧與奕訢等發動辛酉政變，奕譞奉懿旨草擬載垣、肅順等人罪狀，並親往拿問肅順。兩宮皇太后垂簾後，與議政王等奉旨管理神機營事務，榮祿

1《榮祿履歷冊》，台北故宮藏傳稿傳包，文獻編號 702001629。

成為其屬下。同治三年七月，奕譞因江寧克復，賞親王銜。同治四年三月，恭王奕訢受到蔡壽祺參奏，被罷免一切差使，後雖重入樞垣，但受到慈禧猜忌，權力受到裁抑，不再管理神機營，醇王奕譞被任命為掌印管理大臣。四月，僧格林沁在山東曹州陣亡，清廷震驚，諭令兩江總督曾國藩攜帶欽差大臣關防率軍北上山東駐紮。同時，為拱衞京師、阻止捻軍北竄，又令神機營力固畿南門戶。五月初一日，上諭命奕譞籌辦京城防範事宜，旗、綠營各均歸節制調遣。七月奕譞上奏，力陳訓練馬隊的重要性：

> ……此項練習馬隊兵丁，若於京營馬兵中揀選前往，恐該兵丁等初學洋人隊法，急切未能領會，轉將舊習技藝漸致拋荒，於計未為兩得。臣等公同商酌，擬即於兩翼威遠步隊內揀選兵丁五百名，由京自帶馬匹，另派營總、隊長等官管帶前赴天津，交崇厚訪延熟悉馬上技藝洋官，仿照前次教練槍隊章程，令其朝夕操演。緣該兵丁等既熟悉洋人步隊之法，則以之練習洋人馬隊，自必易於領會。將來練成之後，亦可仿照槍隊章程，酌調回京，轉相傳習。如此則馬步兩隊相輔而行，中國能盡其所長，洋人即失其所恃。[1]

這次設立馬隊，稱威遠馬隊，即由榮祿統帶訓練。[2] 此前，神機營已經奏准將同治元年（1862）派赴天津接受英國教官訓練的京師八旗滿漢官兵 500 名調回，隸入神機營編制，並添槍兵、炮車入內，設立威遠隊名目，即由榮祿統帶，雖用洋槍，但均為步隊。此次添練馬隊，不啻如虎添翼。在隨後鎮壓捻軍和京畿附近馬賊的戰鬥中，榮祿統帶的「威遠隊」都發揮了特殊的作用。

同治四年（1865）七月，口外馬賊竄入遵化、薊州一帶，肆意搶劫。時咸

1《同治四年七月二十九日總理神機營事務奕譞等摺》，中國史學會主編《中國近代史資料叢刊·洋務運動》（以下簡稱《洋務運動》）第 3 冊，上海人民出版社，1961，第 476 頁。
2 參見施渡橋《晚清首次整軍練兵的思想與實踐述評》，《軍事歷史研究》1996 年第 3 期。

豐皇帝梓宮尚暫安於遵化隆福寺。清廷急命文祥率領神機營馬步隊一千人前往勦捕，榮祿即跟隨前往，督率諸軍進剿，馬賊逃往灤陽，乃留兵屯守遵化、遷安要隘以作防備。榮祿「並往喜峰口、鐵門關察看邊口情形。九月回京，賞副都統銜，管理健銳營事務」。[1] 十月，神機營成軍三年，奕譞上奏保獎。[2] 此時，神機營兵丁數量已達三萬人，因全營操練整齊，屢立戰功，予醇王奕譞優敘，尚書文祥等議敘，榮祿則以督練營兵功，賞戴花翎，並充神機營、健銳營馬隊專操大臣。十一月初六日，又充神機營威遠隊專操大臣。同治五年七月二十六日，榮祿首次受到兩宮皇太后召見，[3] 這是他第一次見到慈禧太后。同治七年正月，西捻軍張宗禹率部由山西竄至直隸廣平境內，神機營奉旨派兵前往迎擊，榮祿統帶神機營隊伍辦理京師巡防事宜。六月初五日，授步軍統領衙門左翼總兵。七月，捻軍起義被平定，賞給頭品頂戴。同治八年三月十七日，補鑲黃旗滿洲副都統。十二月初六日，命管理神機營事務。[4] 至此，榮祿成為統率神機營的武職官員。從咸豐十一年底至同治九年，榮祿從文案處的一名翼長升至副都統、左翼總兵、神機營事務管理大臣，職位已經開始超越他的岳丈熙拉布。他督練的「威遠隊」，無論步隊，還是馬隊，採用西式練兵法，成效顯著，多次外出執行任務，獲得褒獎，這也成為他遷升迅速的政治資本。

與榮祿在神機營練兵的成就相比，十年間他與醇王奕譞之間建立的深厚而密切的關係，對其後半生政治生涯影響更為深遠。辛酉政變後，慈禧與奕訢因權力爭奪而出現的矛盾也時隱時現。同治四年，慈禧曾借蔡壽祺參劾之事，一度開去恭王的差使。後來在惇王、醇王等親貴的懇求下，又命恭王重回樞垣，但革去議政王號。經此較量，恭王的勢力受到很大削弱。同時，醇王與恭王的關係也在發生微妙變化。慈禧有意培植醇王以平衡恭王一派。同治九年五月，

1 《榮祿履歷冊》，台北故宮藏傳稿傳包，文獻編號 702001629。

2 奕譞：《奏為管理健銳營事務榮祿等員辦事練兵奮勉出力擬請獎敘事》，同治四年十月初六日，軍機處錄副，檔號 03-9412-052，縮微號 673-1097。

3 《榮祿履歷冊》，台北故宮藏傳稿傳包，文獻編號 702001629。

4 同上。

天津教案發生，朝野對總理衙門擬定之懲兇、賠款、遣使赴法道歉等決策多有批評。十年正月，奕譞密摺面呈皇太后，批評恭親王、崇厚、董恂等洋務重臣辦理失當。[1]醇王在滿漢朝臣中的威望越來越高。在他的支持和庇護下，榮祿繼續升遷。這時，大學士、軍機大臣文祥也疏薦榮祿，稱其「忠節之後，愛惜聲名，若畀以文職，亦可勝任」。[2]同治十年二月初十日，因恩承出差，上諭命榮祿署理工部左侍郎。十天後，即補工部右侍郎，兼管錢法堂事務，本缺始由武職轉為文官系統，但仍兼神機營管理大臣。[3]顯然，榮祿通過醇王的關係，完全贏得兩宮太后的信任，成為當時引人矚目的滿洲新貴。

1　中國第一歷史檔案館編《咸豐同治兩朝上諭檔》第 11 冊，第 585 頁。奕譞在咸豐帝崩後至年底增加九項差事和職務：十一年七月十七日，恭理喪儀；八月初四日，授為正黃旗漢軍都統；十月初一日，為正黃旗領侍衛內大臣、御前大臣；十月初七日，管善撲營事；十月十一日，署管奉宸院事；十一月初十日，管滿洲火器營事務；十一月，管理正黃旗新舊營房事務；十二月十八日，管理神機營事務。同治元年後至四年三月恭親王被罷斥前增加的職務：同治元年二月初二日，侍皇上學騎射蒙古語言文字；四月，稽查火藥局事務；七月二十八日，崇文門正監督；三年七月初二日，為閱兵大臣。參見王明燦《同治時期恭親王奕訢與諸兄弟政治權力之消長 —— 以職務之任免比較分析》，《大同技術學院學報》第 14 期，2005，第 16～19 頁。
2　王鍾翰點校《清史列傳》第 15 冊，中華書局，1987，第 4494 頁。
3　《榮祿履歷冊》，台北故宮藏傳稿傳包，文獻編號 702001629。

第二章

光緒初年的宦海沉浮

光緒初年，因為受到兩宮皇太后和醇王的寵信，榮祿很快升任步軍統領兼工部尚書、內務府大臣、神機營管理大臣，迭膺重差；同時，依傍軍機大臣李鴻藻，介入南北之爭，開罪沈桂芬，終因受賄嫌疑受到參劾而罷官。

　　同治十年（1871）是榮祿仕宦生涯出現轉折的重要年份。這年初，榮祿補工部右侍郎，管理三庫，以旗籍武職官員，開始兼任文官。從種種跡象分析，榮祿轉任工部，主要是為主持兩宮太后的「萬年吉地」工程。抵任後，從同治十一年例行檢查陵寢，到光緒五年（1879）夏季兩宮太后陵工完竣，榮祿先後奉命承修東陵普祥峪慈安太后陵寢和雙山峪同治皇帝惠陵兩項大差。其間雖仍兼神機營差，但主要職責已不在練兵，而放在陵工上了。同治十二年四月二十六日，榮祿補調戶部左侍郎，兼管三庫事務。這項任命可能也與保障和增加陵寢工程經費有關。同治十三年五月，授正藍旗護軍統領。七月，充左翼監督。這是當時旗員矚目的肥差之一。同月二十九日，又授總管內務府大臣，[1] 為宮廷服務的角色更加明確。經過十多年的磨礪，此時的榮祿已經成為能夠獨當一面的二品大員。隨着地位和權力的提升，也不可避免地捲入複雜的權力和利益爭鬥之中，其中既有滿洲權貴內部的爭奪，也有與漢族官員之間的矛盾，二者明暗交織，情況極為複雜。這是光緒初年榮祿再次遭到政治挫敗的重要背景。

一　迭膺重差

　　修建和維修皇家陵寢在有清一代始終是國之大事。同治皇帝即位後，慈安、慈禧兩宮皇太后的「萬年吉地」也開始提上議程。經過大臣反覆勘測，陵址得以確定。同治十二年三月十九日，清廷決定慈安太后陵寢普祥峪工程的承修大臣為惇王奕誴，慈禧太后菩陀峪工程的承修大臣為醇王奕譞。經惇王、醇王奏請，選派監督，頒給關防，籌備動工。兩宮太后相繼任命榮祿、宜振、春佑、明善負責普祥峪陵工；景瑞、廣壽、全慶等負責菩陀峪陵工，都是工部或

---

1 《榮祿履歷冊》，台北故宮藏傳稿傳包，文獻編號 702001629。

內務府的滿洲官員。比較有趣的是，榮祿本與醇王奕譞私交密切，卻未能獲准與醇王合作，而是被安排在惇王奕誴手下負責慈安太后陵寢的修建。同年八月二十日，兩陵同時破土動工，[1]直到光緒五年兩陵竣工，六七年間，榮祿一直參與其中，是陵寢工程的主要負責者之一。

普祥峪工程名義上是惇王奕誴領銜監修，具體事項多由榮祿操辦。奕誴（1831～1889），道光皇帝第五子，生母為祥妃鈕鈷祿氏。道光十三年（1833）四月，皇后佟佳氏崩，皇帝將奕詝生母鈕鈷祿氏晉皇貴妃，命攝六宮事，十月立為皇后。二十年，皇后鈕鈷祿氏又崩，道光帝不再立后，命奕訢生母博爾濟錦氏代攝六宮，並撫育奕詝。因此，奕詝與奕訢母子皆貴，自幼關係親密。而奕誴則因生母祥妃後降貴人，連帶受到父皇冷遇。二十六年正月，奉旨出嗣惇親王綿愷，襲封惇郡王，失去了被立儲繼位的可能性。同治初年，奉旨執掌宗人府，管理皇族事務，名義上受到尊重，實則職務接近閒散，權位則不及恭王和醇王兄弟。惇王秉性憨直，不拘小節，嗜酒如命，被認為沒有天潢近派的氣質，在宮廷內頗受輕視，故與恭王、醇王關係不很融洽。[2]榮祿是醇王身邊的得力幹將，在惇王手下任事自然難免隔膜。不過，既然是奉旨辦差，表面上的合作始終安然無事。榮祿與奕誴、宜振逐月奏報工程動用銀兩及派駐工地監修人員，事無巨細，及時匯報。在人員管理上，榮祿也顯得秉公無私，因叔父奎俊監修工程疏懶，便加以撤換。[3]十三年三月，榮祿開始赴工住班監視吉地工程。[4]

榮祿受到恩寵之際，正是清廷內部紛爭頻出之時。同治十二年春，同治帝

---

1 鄒愛蓮：《從兩件奏摺清單談東西兩太后及其陵寢的興修》，清代宮史研究會編《清代宮史論叢》，紫禁城出版社，2001，第 480～493 頁。本來榮祿與醇王關係密切，此次陵差將榮祿安排到惇王手下當差，應該是慈禧等刻意所為。醇、惇有嫌隙，榮祿與惇王的關係自然不會很融洽。可以合理推斷，庚子時期榮祿與惇王之子端王載漪的關係微妙，肇因已發在光緒初年了。

2 參見王明燦《奕誴研究》，高雄復文圖書出版社，2007，第 1～9、85～148、275～282 頁。

3 《戶部左侍郎榮祿奏為吉地工程監修奎俊差使怠惰撤飭回衙擬調張殿魁充補監修事》，同治十三年（月日缺），硃批奏摺，檔號 04-01-37-0115-027，縮微號 04-01-37-004-1603。

4 《戶部左侍郎榮祿奏為赴工住班監視吉地工程現修情形事》，同治十三年，硃批奏摺，檔號 04-01-37-0115-017，縮微號 04-01-37-004-1562。

親政，以孝養為名，動議重修圓明園，引發朝野爭論。當時，內憂外患稍有平息，部庫拮据，朝臣極力反對。七月，廣東商人李光昭與內務府官員勾結，虛報木植價格之事被揭發出來，而內務府大臣矇混奏報、中飽私囊，朝野議論紛紛。七月十六日，恭王、醇王與軍機大臣文祥、李鴻藻等一起上奏，瀝陳國帑空虛，反對動用戶部款項，請求停止園工。在巨大壓力下，二十八日，同治帝將內務府大臣春佑、崇綸、明善、貴寶革職，次日又將前三人改為革職留任，並宣佈停工。三十日，任命工部尚書英桂和戶部左侍郎榮祿為總管內務府大臣。這個職位非親信不能履任，榮祿此次獲差說明兩宮太后對他的充分信任。但是，內務府內部矛盾重重，關係盤根錯節。[1] 數月後，榮祿便上疏請求開去內務府大臣，摺云：

> 竊奴才於本年七月二十九日蒙恩補授總管內務府大臣，自履任以來兩月有餘，深悉內務府事務殷繁，必須隨時督飭司員敬謹辦理，方能無誤要需。惟奴才現充神機營管營大臣，所有馬步各隊官兵共計一萬八千餘員名，操演陣式，練習技藝。春秋移操南苑，奴才必須前往駐紮，逐日督操，冬夏撤回各旗營，又須按期前赴各該教場認真校閱。且奴才奉命恭辦普祥峪萬年吉地工程，每遇輪應駐工，亦必動須逾月。以上兩項差使均屬不容稍有懈弛，與辦理內務府一切事務必須隨時督飭之處實屬勢難兼顧。奴才受恩深重，何敢少耽安逸，然若因力有未周，致滋遺誤，則負咎殊深。再四思維，惟有叩懇皇上俯恤下情，開去奴才總管內務府大臣之缺，俾奴才於督操督工各事宜得以專心辦理，以仰答高厚鴻慈於萬一。不勝感激待命之至。謹奏請旨。[2]

---

1 有關同治皇帝親政後興修圓明園引起朝野衝突，參見寶成關《奕訢慈禧政爭記》，吉林人民出版社，1980，第 231～242 頁。

2 《榮祿奏請開去總管內務府大臣差使摺》，同治十三年十月十九日，台北故宮藏軍機處檔摺件，編號 117405。

　　從榮祿的自述看，管理神機營與監修萬年吉地工程，確實牽扯精力很大，內務府大臣事務必然受到影響，提出辭差有其合理因素。不過，主要原因似乎是內務府內部的矛盾。春佑、崇綸、明善等同僚久居內府，勢力盤根錯節，特別是明善更是內務府的靈魂人物。[1]榮祿升遷迅速，兼差甚多，事事順利，不免招來忌恨。榮祿或因不安於位而提出辭差請求。只是兩宮太后表示他「辦事尚屬勤慎」，未准。[2]這次辭差未成，問題也未解決。後來榮祿還是被撤去了內務府大臣一職（詳後），可見滿洲權貴內部的傾軋有多麼嚴重。

　　榮祿深受兩宮太后信任，迭承要差，仕途順暢，與漢族官員結交也開始大開局面。主要表現在他與皇帝師傅李鴻藻、翁同龢的交往上。李、翁出身科甲，屢掌文衡，門生故吏遍天下，在京城士大夫中久享清譽，後均入樞主政。自同治初年開始，榮祿與李、翁結緣，長達數十年的交誼均與時局相關。

　　李鴻藻（1820～1897），字蘭蓀，直隸高陽人，咸豐二年（1852）進士，經大學士祁寯藻舉薦，任同治皇帝師傅，深受慈禧信任。同治四年，簡任軍機大臣。在樞垣中，李鴻藻最受文祥器重。榮祿與李的結交，即與文祥引介有關，二人結為盟兄弟。李鴻藻外孫祁景頤後來提到三人的關係時說：「長白榮文忠（榮祿）追隨公（文祥）有年，為公一手提挈，文正（李鴻藻）與榮定交，即在公所。昔年文正薨，榮文忠曾以文正輓公聯語，用以為輓曰：『共濟溯同舟，直諒多聞，此後更誰能益我；中流憑砥柱，公忠體國，當今何可少斯人？』並言『此蘭兄輓文文忠聯也，今敬以輓蘭兄』云。」[3]可見文祥、李鴻藻、榮祿之間非同尋常的政治關係。李鴻藻去世後，張之洞也曾致函榮祿稱：「猶憶曩在京朝，與故協揆李文正公（鴻藻——引者註）素稱雅故，每聞其談及衷曲，謂

---

1 崇彝在《道咸以來朝野雜記》中記：「內務府世家，數代為總管大臣者，有明元甫善，世稱明『明索』。其子文澍田錫，孫增壽臣崇，三世只此一家。」可見明善在內務府根深蒂固，勢力煊赫。見該書（北京古籍出版社，1983）第13頁。

2 《榮祿履歷冊》，台北故宮藏傳稿傳包，文獻編號702001629。

3 祁景頤：《餳谷亭隨筆》，莊建平編《晚清民初政壇百態》，四川人民出版社，1999，第136～137頁。

平生相知最深、交誼最厚者，遠則文文忠公（文祥），近則執事（指榮祿——引者註）；謂文忠篤棐忠貞，竭誠盡瘁，執事公忠宏達，直道不阿。」[1] 除了略嫌恭維的語氣外，所說三人關係確是實情。很長一段時間內，榮祿始終追隨年長他 17 歲的盟兄李鴻藻，進退相隨，情同手足，由私誼而及政見，對晚清政局影響深遠。

榮祿與翁同龢建立交誼，則是因為醇王奕譞的緣故。翁同龢（1830～1904），號叔平，江蘇常熟人。其父翁心存道咸間官至大學士、戶部尚書。翁同龢於咸豐六年中狀元，早年與榮祿並無往來。雖然乃翁與肅順有過尖銳矛盾，似乎榮祿與翁氏父子同為肅順的政敵，但是，迄今尚未發現咸豐末年翁、榮有過交往的證據。同治初年，翁與李鴻藻同為師傅，在弘德殿授讀幼帝，而奕譞奉旨負責照料皇帝讀書，榮、翁可能已有聯絡。從翁氏日記看，二人交往密切已在同治末年。同治九年二月，榮祿之妻薩克達氏（熙拉布之女）病逝，翁日記有「喟榮仲華金吾失偶」的記載。[2] 是年九月初一日，榮祿續娶左都御史、宗室靈桂之女愛新覺羅氏。翁又記：「飯後入城賀靈香葆師嫁女，又賀榮仲華祿娶妻（靈師婿）。遇醇邸於坐上，稍談即行。」[3] 靈桂，字香葆，宗室，正途出身，翁同龢即出其門下。榮祿與宗室聯姻，正說明其政治前景蒸蒸日上；而翁為靈桂門生，此後榮、翁交往也多了一層關係。同年十一月十二日，翁氏又記：「西城拜客，問醇邸疾，晤談良久，皆深談也。榮仲華在坐。」[4] 翁、醇深談，榮祿並不迴避，可見三人之間的關係已非同尋常。同治十一年正月，翁母靈輿南遷，翁氏記：「送者五六十人，榮仲華少空步行二里許，極可感。」[5] 榮祿此時已升工部右侍郎，與翁算是同官，翁、榮結為金蘭之

1《張之洞函稿》（光緒二十五年至三十一年），中國社會科學院近代史研究所藏，檔號甲 182-215。

2 翁萬戈編，翁以鈞校訂《翁同龢日記》第 2 卷，中西書局，2012，第 785 頁。

3 同上，第 829 頁。

4 同上，第 848 頁。

5 同上，第 936 頁。

好，大約在此前，故對翁母之喪顯得極為恭謹。這些都是榮、翁交誼漸漸加深的反映。

身為內務府大臣，榮祿在同治皇帝患病期間及駕崩後辦理喪儀、勘定陵地各方面都有突出的表現，這既體現了兩宮太后對他的信任，也使他有機會顯示才幹與見識。同治十三年十一月，同治帝患病，一般被認為是「天花」。榮祿對此事十分盡心，翁同龢也常通過他了解皇帝病情。[1] 慈安、慈禧皇太后以皇帝「天花之喜」，曾發佈懿旨賞加榮祿太子少保銜，並賞戴雙眼花翎。[2] 通過為親貴加官的方式來為生病的皇帝「沖喜」，本來是當時的習俗，其中也包含着對榮祿的獎賞和鼓勵。榮祿還尋訪到九十多歲的旗人名醫為皇帝診治，但被御醫勸阻。[3] 十二月初五日酉刻，同治帝駕崩。榮祿自請撤銷翎衛，[4]「宮保」的頭銜還沒有正式叫開，便銷聲匿跡。隨後，在慈禧主持下，醇王之子載湉入繼大統，立為新帝，年號「光緒」。這對醇王本人以及一直追隨醇王的榮祿都有着非同尋常的意義。此時榮祿「以工部侍郎、步軍統領兼總管內務府大臣。內務府一差，權位與御前大臣、軍機大臣三鼎峙」。[5] 陳夔龍稱：「公（榮祿）獨籲請今上生有皇子，即承嗣穆宗，兩宮為之揮涕允行。不數月，廷臣果有統緒大宗小宗之議，幸公言先入，而人心始定。是夜公奉懿旨，迎今上皇帝於潛邸，定策宿衛，公功為多。」[6]「獨籲」也未見得，至少是倡議者之一。這裏陳氏顯然將榮祿發揮的作用誇大了。不過，當時榮祿在宮中深受兩宮太后信任是無可置疑的。

同治帝崩後，榮祿與醇王、翁同龢奉旨前往東西陵，一起勘度同治陵寢選址。光緒元年二月，選定陵址雙山峪。四月，醇王由東陵回京召見，奉

1　翁萬戈編，翁以鈞校訂《翁同龢日記》第 3 卷，第 1116、1117 頁。
2　《榮祿履歷冊》，台北故宮藏傳稿傳包，文獻編號 702001629。
3　參見張方整理《翁同爵日記》，鳳凰出版社，2014，第 311 頁。
4　《榮祿履歷冊》，台北故宮藏傳稿傳包，文獻編號 702001629。
5　陳夔龍：《夢蕉亭雜記》，第 46 頁。
6　陳夔龍：《贈太傅晉封一等男文華殿大學士瓜爾佳文忠公行狀》，見《榮祿集》，載《近代史資料》總 54 號，第 28 頁。

懿旨擇吉興工，除神路及石像生毋庸修建外，其餘均照定陵規制，派醇王奕譞、魁齡、榮祿、翁同龢承修，恭王奕訢總司稽查。[1] 八月陵工正式開始。十二月，翁同龢因奉命在毓慶宮行走，為光緒帝授讀，只得中止差使。而榮祿的責任更加巨大。此前他一直承辦普祥峪工程，此次又負責雙山峪陵工，加之工部堂官本來就有負責各陵寢常年維修和新建陵寢的職責，他對慈禧太后菩陀峪陵寢的修建也負有間接責任。可以說，榮祿是光緒初年清廷陵工的主要承辦者。

事實上，從光緒元年正月繼母顏札氏去世、百日穿孝後，榮祿便前往普祥峪陵工，後承修雙山峪陵工也是竭盡全力。寒來暑往，他經常奔波於京城與工地之間。從他出京請訓、回京請安稟報並時常被賞假休息的情形看，陵差之艱辛可想而知。光緒三年（1877）正月，榮祿又補授步軍統領。清初，步軍統領僅統轄八旗步軍營，後來幾次擴大職掌，又兼管巡捕營，全稱為「提督九門步軍巡捕營統領」，主要執掌京城的治安、門禁，以及平時的刑事案件、街道管理、京郊守衞等。其職掌事務繁多，關係京師安危，較之八旗其他兵營更為重要。自嘉慶四年（1799）起，步軍統領定為從一品，高於前鋒統領、護軍統領的品級；同時，增設總兵二人，左右翼各一，正二品，與步軍統領同堂辦公。榮祿此前已任左翼總兵數年，補授步軍統領也顯得順理成章。十月二十一日，又加恩在紫禁城內騎馬。光緒四年五月初二日，遷左都御史。同月十九日，補授工部尚書。[2] 可見，同光之際榮祿簾眷之深及官運之達，在當時同輩滿洲官員中實屬罕見。然而，迭膺重差，屢蒙優遇，特別是掌控着光緒初年承修陵工 —— 被內務府官員和旗員視為利益淵藪所在，使榮祿很快陷入危疑之中。

---

1 中國第一歷史檔案館編《光緒宣統兩朝上諭檔》第 1 冊，第 92 頁。
2 《榮祿履歷冊》，台北故宮藏傳稿傳包，文獻編號 702001629。

二　北派底色與榮、沈公案

　　光緒四年十二月二十六日，清廷頒佈上諭，忽然開去榮祿所任內務府大臣和工部尚書的職務。這是榮祿在光緒初年仕途一路飆升後遭受的一次重大挫折。對於榮祿的這次受挫，晚清以來的私家記述都歸結為榮祿與軍機大臣沈桂芬之間矛盾激化的結果。論者言之鑿鑿，對後世影響很大。已有學者注意到，榮、沈矛盾與當時軍機大臣李鴻藻、沈桂芬的衝突有瓜葛，帶有「南北之爭」的鮮明色彩。[1] 李、榮為盟兄弟，交誼超越一般的寅僚關係，在政治上，榮祿具有鮮明的北派底色，這是沒有疑問的。但是，僅僅從「南北之爭」的層面解釋榮祿受挫的原因，並沒有揭示出問題的根本。榮祿被開去工部尚書和總管內務府大臣，留下的是步軍統領的職務和神機營管理大臣的差使，聯繫到他長期承辦陵工等宮廷事務，被剝奪的是對陵工的主導權，更深層次的矛盾似乎發生在滿洲權貴之間。當然，榮、沈之間的恩怨也是因素之一。

　　同治初年，恭親王奕訢以議政王身份領樞，軍機大臣中文祥資歷最深，寶鋆次之。同治四年十一月，軍機大臣李棠階病逝，李鴻藻入值；次年十月，李丁憂，汪元方入值；同治六年十月，汪氏病死，沈桂芬入值。同治七年十月，李鴻藻服闋，仍入值軍機處。此後，一直到光緒元年，整整六年間軍機處由恭王、文祥、寶鋆、沈桂芬、李鴻藻五人組成，其中沈、李為漢員。[2] 光緒初年樞廷內部出現所謂的「南北之爭」，主要表現在李鴻藻和沈桂芬的權力鬥爭上。對此，陳夔龍曾概括說：

1　有關南北之爭的研究，參見林文仁《南北之爭與晚清政局 —— 以軍機處漢大臣為核心的探討》，中國社會科學出版社，2005；王維江《「清流」研究》，上海書店出版社，2009。但兩位作者的個別觀點仍值得進一步商榷。

2　參見錢實甫編《清代職官年表》第 1 冊，中華書局，1980，第 151～153 頁。

　　……兩宮垂簾，親賢夾輔，一國三公，事權不無下移。各有聲援，黨禍遂因之而起。同治末年，穆宗親政未久，龍馭上賓。德宗沖幼，仍請兩宮垂簾。彼時恭邸領班，長白文文忠、寶文靖、吳江沈文定、高陽李文正，均一時賢輔。第和而不同，雖為美政，卒至羣而有黨，未克協恭。文忠多病，文靖但持大端。當時推吳江主筆，高陽不肯附和。[1]

　　其中「吳江沈文定」即沈桂芬，死後諡「文定」。沈桂芬（1818～1880），字經笙，順天宛平人，祖籍江蘇吳江。道光進士，授翰林院編修，屢遷至侍讀、侍講學士、內閣學士等。同治二年十月，任山西巡撫。四年六月，丁憂。服闋，七年三月，以禮部右侍郎在軍機大臣上行走。次年十月，又被命為總理各國事務衙門大臣，後官至兵部尚書、協辦大學士。沈桂芬諳悉外情，遇事持重，與直隸總督李鴻章為同年，對總署事務尤有發言權。雖官居一品，每以清節自矜，深受京朝士人讚譽，尤被江南京官視為領袖。

　　由李鴻藻、沈桂芬的對峙而引發的「南北之爭」，必然牽動朝局。因榮祿與李鴻藻的特殊關係，軍機大臣沈桂芬對榮不免有防備之心。光緒二年五月，大學士文祥病逝，榮祿在軍機處失去了強有力的支持者。更為不利的是，光緒三年九月，李鴻藻因本生母姚氏病逝，再次丁憂，暫時退出軍機處。四年正月，沈桂芬援引門生王文韶入樞，對中樞的影響力明顯增強。無獨有偶，光

1　陳夔龍：《夢蕉亭雜記》，第 52 頁。繆荃孫《雲自在龕隨筆》記：「光緒初元，文文忠、寶文靖、沈文定當國，輔佐恭親王，時有『文寶齋』『六掌櫃』『沈師爺』之目。李文正後進，弗能與諸人抗而心憝之。值文忠薨逝，李結同鄉張南皮、張豐潤，借言論以輔之。值太后重言路，而言路之權遂以大張。又翰林講官之言，多於察院。又有『不聞言官言，但聞講官講』之謠。文定薨逝，王仁和不安於位而以終養去，大權全歸文正。」見張廷銀、朱玉麒主編《繆荃孫全集・筆記》，鳳凰出版社，2013，第 7～8 頁。這裏說的是清流勢力興起的淵源。筆者認為所論較為公允。清流形成聲勢與李鴻藻個人有直接關係。李本受文祥器重，在樞中有所依靠，但文祥死後，寶鋆、沈桂芬攬權，李感到危急，乃聯絡講官善言者，自外聲援，自己於樞中操控，彼此呼應，形成一股勢力；而慈禧也乘機藉此牽制恭王等人，此為清流興起之緣由。清流大盛在光緒六年至十年間，此時，沈桂芬已死，李鴻藻權勢最為煊赫。而榮祿受到糾參尚在此前，似與李、沈之爭的背景有直接關係。

緒初年醇王奕譞因皇帝本生父的
關係，也刻意淡出，遠離權力核
心。[1] 這些情況的出現，讓榮祿的政
治生涯開始出現隱隱的危機。不
久，榮祿先是被開去要職，光緒
六年初，再因參劾被降職。通常
認為，榮祿的厄運源自與沈桂芬
的政爭，這種說法見諸清季民初
的多種筆記中，但記載各有異同。

陳夔龍在《夢蕉亭雜記》中
比較詳細地敍述榮、沈恩怨的
由來：

沈桂芬

當穆宗上賓時，夜漏三下，兩宮臨視，痛哭失聲。……樞臣文文忠
祥扶病先至，寶文靖鋆、沈文定桂芬、李文正鴻藻繼到，同入承旨，德宗
嗣立。……御前大臣龕夜迎德宗入宮。恩詔、哀詔，例由軍機恭擬。文定
（沈桂芬）到稍遲，由文文忠執筆擬旨，因病不能成章。文忠（榮祿）倉
卒，忘避嫌疑，擅動樞筆。文定不悅，而無如何，思以他事陷之。文忠亦
知之，防禦尤力，兩端遂成水火。文正（李鴻藻）與文定不相能，頗右文
忠。黨禍之成，非一日矣。[2]

陳夔龍稱榮、沈恩怨起於同治帝崩後榮祿「擅動樞筆」的瑣碎之事，不盡

---

1 醇王在光緒即位後，一直格外韜晦，以免引起議論。同治十三年十二月初九日，醇王次子載湉奉
懿旨承繼咸豐帝為子入承大統為嗣皇帝後，他就以舊疾復發為由，懇請曲賜矜全。太后懿旨以親
王世襲罔替，仍照料菩陀峪工程，所管理神機營事務，隨時悉心會商。奕譞辭世襲罔替，不許。
參見王明燦《奕譞研究》，台灣中正大學歷史系博士學位論文，2002，第 90～95 頁。
2 陳夔龍：《夢蕉亭雜記》，第 46～47 頁。

可信。沈桂芬是平日軍機處承辦草擬詔旨的主持者，以情理論之，同治帝駕崩之際，事在急迫，即使榮祿動筆撰寫詔書，也是徵得其他樞臣或兩宮太后的允准。從直隸總督李鴻章家書反映的情況看，在此前後，沈桂芬也生病請假，[1] 皇帝駕崩時，他匆忙入內，遲到是很有可能的。榮祿擅動樞筆，可能會引起沈的異議，未必是二人關係出現裂痕的誘因。當時，榮祿是內務府大臣，雖然地位顯赫，但論權力，並不能與軍機大臣相比，榮祿也不可能無故開罪於沈。顯然，二人關係不諧，另有原因，還須從「文正與文定不相能」的黨同伐異的派系鬥爭中尋求答案。導致沈、榮積怨難解，可能與榮祿策動兩宮太后外放沈桂芬出任貴州巡撫的計謀有關。陳夔龍回憶說：

> 某月日黔撫出缺，樞廷請簡，面奉懿旨：著沈桂芬去。羣相驚詫，謂巡撫係二品官，沈桂芬現任兵部尚書，充軍機大臣，職列一品，宣力有年，不宜左遷邊地，此旨一出，中外震駭。朝廷體制，四方觀聽，均有關係，臣等不敢承旨。文靖（寶鋆）與文定交最契，情形尤憤激。兩宮知難違廷論，乃命文定照舊當差，黔撫另行簡人。文定謝恩出，惶恐萬狀。私謂：「穴本無風，風何由入？」意殆疑文忠矣，然並無影響也。南中某侍郎素昵文定，與文忠亦締蘭交，往來甚數。文定囑侍郎偵訪切實消息。侍郎遂詣文忠處種種偵視。文忠虛與委蛇。一日，侍郎忽造文忠所曰：「沈經笙真不是人，不特對不起朋友，其家庭中亦有不可道者。我已與彼絕交。聞彼恭君甚，因外簡黔撫事，謂出君謀，常思報復，不可不防。」文忠見其語氣激昂，且醜詆文定至其先世，以為厚我，遂不之疑，將實情詳細述之。侍郎據以告文定，從此結怨愈深。[2]

---

1 同治十三年十一月二十四日，李鴻章寫給兄長李瀚章的信中說：「經笙（沈桂芬）患右頸瘰核，迭次續假，總署公事不免停頓，聞已稍稍活動，可望漸瘥。」看來，在此前後，沈一直生病。見顧廷龍、戴逸主編《李鴻章全集》第 31 冊，安徽教育出版社，2008，第 150 頁。
2 陳夔龍：《夢蕉亭雜記》，第 47～48 頁。

陳夔龍的這些說法可能得自榮祿本人，所謂從榮祿處探得底細向沈桂芬「告密」的南中侍郎，暗指翁同龢。文廷式也記述了慈禧擬放沈桂芬撫貴的前後緣由。他在筆記中寫道：

> 同治末，沈文定秉政，頗專恣。一日，兩宮皇太后召見榮祿（榮祿時任步軍統領，故太后得以時召見之），謀所以去沈者。榮祿曰：此易事，但有督撫缺出，放沈桂芬可也。太后曰：有成例否？榮祿言：近時軍機大臣沈兆霖放陝甘總督，即其例也。無何，穆宗病重，太后復攝政，適貴州巡撫缺出，樞臣請簡。太后曰：著沈桂芬。四列愕然；恭、文、寶諸人為之叩頭乞請。乃簡林肇元……而沈得不出。事後，沈疑翁叔平。未幾，翁與榮祿同奉陵差。途中十日，每日必摘沈之疵謬，且言己與之不合，思所以攻之者。榮祿慨然述太后召見事，謂一擊不中，當徐圖之。既回京，翁乃告沈。越數月，而榮祿以論劾降都司矣。此事志伯愚（按，即志銳）侍郎詢之榮仲華，余亦詢之李高陽，故知之頗確。[1]

陳夔龍和文廷式對此事的敍述似乎都有淵源可循，得到過榮祿本人和李鴻藻的確認，但是，當事人的曲意隱晦和多年後的記憶，細節存在不少訛誤，不盡合理處甚多，此事原委需要進一步考訂。

文廷式稱此事發生於同治末年，不確。同光之交，貴州巡撫易人有兩次，一次是光緒元年九月十三日貴州巡撫曾璧光出缺，上諭令布政使黎培敬升任；另一次是光緒四年十月廿七日，這一天發佈上諭，令貴州巡撫黎培敬來京陛見，命布政使林肇元署理巡撫。從文廷式提到林肇元署理的情節看，應該也是指第二次，他是把兩次易撫混為一談了；此時，文祥已故，李鴻藻丁憂。如此，

1　汪叔子編《文廷式集》下冊，中華書局，1993，第 763～764 頁。

則所謂榮祿向翁同龢透露內情，也不會是光緒元年一起辦理陵差期間。[1] 比較而言，陳夔龍的記述稍微客觀，然也須再做分析。

首先，陳夔龍稱，寶鋆（文靖）與沈桂芬「交最契」，對派沈撫黔「尤憤激」，這裏間接透露出寶鋆與榮祿的關係不洽。文祥與李鴻藻親近，寶鋆則與沈桂芬密切，這是同光之際樞垣中滿漢權力關係的特點之一。

其次，此次事件不只是臣僚之間的恩怨，與慈禧、慈安太后也有關係。文廷式稱「沈文定秉政，頗專恣」，兩宮皇太后召見榮祿，「謀所以去沈者」，說明太后先有將沈調開的考慮。近人吳慶坻《蕉廊脞錄》中的口碑史料也印證了此事。吳氏是庚子前後頗為活躍的翰詹官員，與榮祿、陳夔龍為同時代人。他的說法與陳、文有很大不同，可以啟發世人對這椿公案有新的思考：

> 沈文定在樞廷最久，兼管譯署，值外交艱棘之秋……其持躬清介，為同朝所無。外吏饋贈，多卻而不受。所居東廠胡同邸第，門外不容旋馬。入朝從未乘坐大轎，與後來風氣迥不侔矣。然其官戶部時，以持正幾為榮文忠祿所傾。厥後文忠入政府，孝欽顯皇后恩禮有加，後亦稍稍惡之。嘗因病請假。比疾亟，孝欽一日語善化曰：「榮祿用心太過，有時有偏處，我從前幾受伊欺矇。」善化因從容請太后詳言之，太后曰：「榮祿在內務府時屢言沈桂芬之壞處，且言不將沈桂芬調開不好辦事，吾亦疑沈桂芬太迂謹。一日貴州巡撫出缺，適沈桂芬未入直，我有旨放沈桂芬為貴州巡撫。而寶鋆、李鴻藻堅不承旨，謂本朝從無以軍機大臣、尚書出任巡撫者。沈桂芬在軍機多年，並無壞處，臣等皆深知之。如太后不收回成命，臣等萬不能下去。碰頭者再，我乃允許之。此事實為榮祿欺我也。」

1　金梁輯錄《近世人物誌》記述翁同龢日記光緒元年正月十二日云：「奉命相度陵地，與醇邸、魁、榮兩公請訓偕往。又榮侍郎攜酒同飲，醉矣。」金梁加按語說：「翁、榮交好，醉中榮漏言沈吳江失寵，伊實進言。翁述於恭邸，未幾榮遂斥退。廿載閒散，其怨深矣。」見該書（北京圖書館出版社，2007）第 209 頁。這裏確定了榮漏言的時間，不免想當然。足見私家記述不盡可靠，用於證史，須考訂核實。

善化嘗與榮泛論舊日樞臣，榮頗詆吳江。甚矣，大臣之忮刻也。[1]

文中「孝欽」即慈禧太后，「善化」即瞿鴻禨。瞿、吳均為翰林出身，辛亥後同以遺老身份寓滬上，對舊朝遺聞多有交流。從吳的記述中可以看出，沈桂芬為政比較清廉，在士林中享有清望，所以敍述中難免有褒沈貶榮的傾向。上述說法是吳氏從瞿鴻禨處聽來的，應該源自慈禧的敍說。從種種跡象判斷，榮祿向慈禧（可能還有慈安）說「不將沈桂芬調開不好辦事」，應是指內務府開銷或當時陵工的用度而言，原本也是為兩宮太后獻計，不料遭到樞臣（主要是寶鋆）抵制而未果。慈禧稱求情的還有李鴻藻，當是誤憶。此時李尚在丁憂。

再次，文廷式記述翁同龢從榮祿處探得實情告訴沈氏，雖然有出賣「盟兄弟」的嫌疑，但也是為了澄清沈桂芬對自己的懷疑，這樣的解釋比陳夔龍將翁毫無緣由地說成「賣友」更合乎情理。

此外，榮祿與兩宮商議外放沈桂芬的時間大體應在光緒四年下半年，具體時間也可略作考訂。根據文獻檔案，光緒四年十月二十七日上諭命黎培敬進京陛見，貴州巡撫由林肇元暫署。光緒五年正月二十五日，上諭將黎培敬降三級調用，同時命前江蘇巡撫張樹聲任貴州巡撫。張未蒞任，到閏三月十三日，以岑毓英服闋，授貴州巡撫，張樹聲改任廣西巡撫。實際上，岑毓英抵達貴陽任所已在六月。可見，從光緒四年十月林肇元署理巡撫，到五年閏三月岑毓英授貴州巡撫期間，樞廷對於貴撫人選一直沒有確定。有論者認為，榮祿向慈禧建言派沈桂芬巡撫貴州，發生在光緒四年十月二十六日這一天，這種判斷可能有誤。[2] 根據《邸抄》，這年十月十八日，榮祿陛辭前往西陵，十一月初七日才返回京城。[3] 在此期間，榮祿不可能有進言的機會。不過，十一月初七日回京當天，

1 參見吳慶坻撰，劉承幹校，張文其、劉德麟點校《蕉廊脞錄》，中華書局，1990，第 45～46 頁。此外，羅惇曧也提到這段軼聞，側重榮祿與翁同龢交惡的原因，但細節與文、吳、陳所說相比有不少訛誤，茲不備錄，詳見《羅癭公筆記選》，山西古籍出版社，1997，第 279～280 頁。
2 參見林文仁《南北之爭與晚清政局 —— 以軍機處漢大臣為核心的探討》，第 91 頁。
3 《京報（邸抄）》第 111 冊，全國圖書館文獻縮微複製中心，2003，第 392 頁。

即得到召見。從種種跡象判斷，榮祿向兩宮太后進言可能是在這一天，或者之後。他被開去內務府大臣和工部尚書的時間是十二月二十六日，即向太后獻計一月後。這樣推斷，在情理上也較為符合。總之，無論出於何種原因，擬將沈桂芬簡任貴州巡撫之事確曾發生過，只是由於樞臣抵制而作罷。此事關係沈的切身利害，榮祿先發制人而未果，反而招致沈桂芬的反擊和報復，於是才出現了被開去內務府大臣和工部尚書的要職。陳夔龍記述後來情形云：

> 　　會京師大旱，謠言蜂起，謂某縣某村鎮邪教起事，勾結山東、河南教匪，尅期入京。九門遍張揭帖。貝子奕謨據以面奏。兩宮召見醇邸，詢問弭患方略。醇邸因德宗嗣服，開去一切差使，閒居日久，靜極思動。奏請電調北洋淮軍駐紮京師，歸其調遣，以備不虞。文忠為步軍統領，方在假中，醇邸所陳方略，一切不得知也。以訛言孔多，力疾銷假，出任彈壓。兩宮召見，謂京師人心不靖，浮言四起，誠恐匪徒生心，擬調北洋淮軍入衞。文忠力陳不可，略謂京師為輦轂之地，旗、漢、回、教五方雜處，易播流言。臣職司地面，近畿左右，均設偵探。如果匪徒滋事，詎能一無所知？倘以訛言為實據，遽行調兵入衞，跡涉張惶，務求出以鎮定。事遂寢。醇邸聞之怒甚。文忠後知前議出自醇邸，亟詣邸第，婉陳一切。而醇邸竟以閉門羹待之，交誼幾至不終。內務府大臣一缺，亦遂辭退。文定知有隙可乘，商之文靖，先授意南城外御史條陳政治，謂京師各部院大臣兼差太多，日不暇給，本欲借資幹濟，轉致貽誤要公。請嗣後各大臣勤慎趨公，不得多兼差使。越日，文靖趨朝，首先奏言寶鋆與榮祿兼差甚多，難以兼顧。擬請開去寶鋆國史館總裁、榮祿工部尚書差缺。時慈禧病未視朝，慈安允之。時論謂國史館與工部尚書一差一缺，繁簡攸殊，詎能一例？文靖遽以矇奏，意別有在。[1]

---

1 陳夔龍：《夢蕉亭雜記》，第 48～49 頁。

　　按照陳夔龍的說法，似乎榮祿被撤去內務府大臣一職與奕譞也有關係，是沈、寶利用醇王的氣憤，乘機策動對榮的打擊。事實究竟如何，已難考訂。就當時情形看，醇王與恭王主持的樞垣諸臣關係不算融洽，在光緒四、五年間與大學士寶鋆的關係尤為緊張，曾上書批評寶鋆。[1]相反，醇王與榮祿關係始終密切，很難想像醇王欲調淮軍入衛，會不與掌管京師衛戍的步軍統領榮祿通聲氣。另外，這一天慈安太后一人聽政，寶鋆等乘機「朦奏」，便達到了目的，可見沈桂芬等人是有所策劃的。榮祿被開去重要職務的原因是多方面的，即使因故開罪奕譞，也不可能是主因。陳夔龍稱沈授意「南城御史」參劾，係誤憶，出頭發難的為翰林院侍講學士寶廷，他是宗室。

　　十二月二十六日，寶廷上疏批評朝廷賞罰不嚴、大臣懈怠，條陳六條建議請刷新朝政，其中「專責任」一條寫道：

　　　　一人之才力有限，專則盈，分則絀。強分之，雖勤者亦惰矣。否則仍虛應故事耳。邇來大臣每有一人而兼數劇職者。京中文職以軍機大臣為任至大，武職以步軍統領為事至煩，而寶鋆、榮祿等，或旗務，或部務；或內務府，或營務處，所兼者，不一而足。他部院大臣亦每多所兼，萃文事武備於一身，而欲其皆無曠廢，能乎？竊謂政府總天下事，佐天下理萬機，自中外通商以來，事益劇，迥非二十年前比，所不能不兼者，惟總理各國事務衙門耳。此外各有專司，舉不必兼任，大者不可分以小也。六部惟禮、工事較簡，可他兼，餘部皆難旁及，而尤不可兼者則內務府與步軍統領事，皆至劇也。[2]

　　寶廷此疏批評寶鋆和榮祿兼差甚多，「萃文事武備於一身」，而內務府與步

1　朱壽朋編《光緒朝東華錄》第 1 冊，光緒四年三月初五日，中華書局，1958，總第 568 頁。
2　《翰林院侍講學士寶廷奏為具陳明黜陟等六條管見事》，光緒五年十二月二十六日，軍機處錄副，檔號 03-7424-049，縮微號 552-0486。

軍統領公事繁巨，尤不宜兼領。疏上，皇太后令軍機處開單奏報寶鋆、榮祿二人的兼差情況。當時寶鋆兼實錄館監修總裁、國史館總裁、管理吏部事務、管理戶部三庫事務、翰林院掌院學士、稽查欽奉上諭事件處、鑲藍旗滿洲都統、閱兵大臣等，共八項。榮祿的職務和兼差有工部尚書、總管內務府大臣、步軍統領和管理健銳營、神機營、右翼官學三項差使，共計六項。硃筆在寶鋆職務上圈出「國史館總裁」「閱兵大臣」兩項，在榮祿的職務上圈出「工部尚書」「總管內務府大臣」，命撤去。[1] 寶鋆被撤去的差使相對次要，而榮祿則失去了兩項要職。慈安一人聽政，樞中無人說話，榮祿也只能聽任處置了。對此，翁同龢在當日日記中寫道：「少彭來，聞今日有旨撤寶鋆國史總裁、閱兵大臣差，而撤榮祿工部尚書、內務府大臣，不識何故？意昨日封奏言差使較繁耳。訪晤榮君。」[2] 少彭，即廣壽，時任兵部尚書、內務府大臣，曾任同治皇帝的滿文師傅。翁提到此事，並表示「不識何故」，似乎是局外人的姿態。[3]

還需說明的是，關於榮祿被開去工部尚書和內務府大臣，民初清史館所擬《榮祿傳》中首次披露與觸怒慈禧有關。傳文中提及光緒四年榮祿被擢為工部尚書、內務府大臣後，「力求撙節，不辭勞瘁。慈禧太后欲自選宮監，榮祿奏與祖宗宮中則例未合。太后問於何處見此書。對曰：穆宗大行供張，內廷無事時得恭讀之。至是因病乞假。太后因念其勞，解工部尚書任及總管內務府差使」。[4] 這些記述在《清史稿》定稿時被刪改為：「慈禧皇太后嘗欲自選宮監，榮祿奏非祖制，忤旨。會學士寶廷奏言滿大臣兼差多，乃解尚書及內務府差。」[5] 詞意前後有所變化。到底是「忤旨」，還是太后「念其勞」而解其差，不得其詳，但

---

1 中國第一歷史檔案館編《光緒宣統兩朝上諭檔》第 4 冊，第 413 頁。

2 翁萬戈編，翁以鈞校訂《翁同龢日記》第 3 卷，第 1433 頁。

3 也許，這一筆恰恰說明私家筆記所說翁與沈關係密切並曾「出賣」榮祿的說法不是無稽之談。翁在事後前往「晤榮君」，可能出於消弭痕跡的心理。此後，翁日記中二人交往的記載明顯減少。光緒五年四月十七日（1879 年 6 月 6 日）記云：「傍晚訪晤榮仲華，遊其略園，終嫌富貴氣。」評議之中已經出現了不屑的口吻。見翁萬戈編，翁以鈞校訂《翁同龢日記》第 4 卷，第 1460 頁。

4《榮祿列傳》（清史館本），台北故宮藏傳稿傳包，文獻編號 701007642。

5《榮祿傳》，趙爾巽等：《清史稿》第 41 冊，第 12373 頁。

總與太后有關。聯繫到出主意外放沈桂芬之事，榮祿獻策不周，使太后陷入被動，也可能引起了太后的怨恨。

總之，光緒五年十二月榮祿撤差之事，榮、沈恩怨只是問題的一面，主要原因還要複雜。雖然缺乏佐證，牽涉內務府大臣等滿洲貴族之間鬥爭的可能性很大。榮祿在同治十二年剛剛任內務府大臣幾個月後，便奏請撤差，可見此差實在不易做。從檔案反映的情況看，是太后從開單上圈掉了榮祿的這兩個職務和差使的。[1] 但幕後操縱此事的則是沈桂芬。榮祿被撤銷差使後，協辦大學士、刑部尚書全慶調任工部尚書，而全慶本人也是承修陵工的滿洲大員之一；正黃旗漢軍都統安興阿授總管內務府大臣，補了榮祿撤掉的差使。榮祿先前得到的恩遇太厚，難免招忌，寶廷、沈桂芬等人策劃的撤差計劃，肯定迎合了不少滿洲官員的心理。

三　退出官場

撤去要職只是打擊的開始，榮祿的厄運接踵而至。陵工完竣後，在沈桂芬等人的授意下，科道言官紛紛出動，終於使榮祿在貪腐的名聲下迅速落馬。

派系爭鬥和傾軋最易結怨。陳夔龍稱，榮祿撤差之後，沈桂芬「意猶未屬，復摭拾文忠（榮祿）承辦廟工，裝金草率，與崇文門旗軍刁難舉子等事，嗾令言官奏劾，交部察議。照例咎止失察，僅能科以罰俸，加重亦僅降級留任，公罪准其抵銷。所司擬稿呈堂，文定（沈）不謂然。商之滿尚書廣君壽，

1　參見中國第一歷史檔案館編《光緒宣統兩朝上諭檔》第 4 冊，第 413 頁。王剛博士首先注意到這個細節，見《榮祿與晚清政局》，北京大學歷史系博士學位論文，2014，第 41 頁。

擬一堂稿繕奏，實降二級調用。文忠遂以提督降為副將，三載閉門。」[1]這已經是第二年夏秋間的事情了。

榮祿參與承辦的同治皇帝陵寢（惠陵）於光緒四年九月建成，五年三月二十六日安葬完畢。[2]同年六月，普祥峪萬年吉地工程也告竣。這項工程一直由惇王奕誴和榮祿、宜振負責，耗時七年多。竣工奏上，榮祿奉懿旨賞大捲巴絲緞二匹，並下部優敍。[3]表面上看，陵工完成圓滿，榮祿也得到了獎賞。但是，風波也就此開始。七月二十三日，江南道監察御史甘醴銘率先參奏榮祿在辦理陵工時有徇情濫調的情形。奏云：

> 近年宦途猥雜，奔競成風，遇有勞績差使，往往展轉鑽營，以為保舉地步，而各部院大臣亦多瞻徇情面，如願以償。即如已革北城正指揮韓士俊，以實缺地方官充當萬年吉地工程處供事，非出自鑽營，何以得此？在該革員任意妄為，誠有應得之咎，其徇情濫調之人若不一律懲辦，何以昭公允而服人心？臣聞該革員進身之由原係承修大臣步軍統領榮祿指名札調，以韓士俊昏庸貪鄙，本無材能，且身任指揮，緝捕詞訟，事事皆關緊要，該大臣豈有不知之理？乃任意調派，致令曠官，其為曲徇私情，已可概見。況案經都察院奉旨行查，而該大臣含混移覆，並不將該革員當日因何調工以及駐工日期派工段落據實聲敍，不但瞻徇於前，且又回護於後，情弊尤屬顯然。合無請旨將該大臣徇情濫調之處治以應得處分，以為假公徇私者戒。[4]

---

1 陳夔龍：《夢蕉亭雜記》，第 49 頁。按，陳氏此段回憶有失實處。崇文門旗丁刁難舉人古猷銘一事，發生於光緒八年四月，當時榮祿已經開缺，任步軍統領的是崇禮，為此崇禮還遭到陳寶琛、鄧承修、張佩綸等清流人士的參劾。另，榮祿閉門賦閒也不止三載。該問題承王剛博士提示。

2 據統計，惠陵修建總計開支白銀 435.9 萬兩，見陳景山《短命皇帝載淳的惠陵》，于善浦等著《清東陵》（《唐山文史資料》第 9 輯），1991，第 102 頁。

3《奏為普祥峪萬年吉地工程修竣請飭下前往查驗事》，光緒五年六月二十二日，硃批奏摺，檔號 04-01-37-0119-027，縮微號 04-01-37-004-2059。

4《江南道監察御史甘醴銘奏為特參步軍統領榮祿徇情濫調事》，光緒五年七月二十三日，錄副奏摺，檔號 03-7241-032，縮微號 539-3203。

　　甘醴銘不僅參奏榮祿「徇情濫調」，還牽涉都察院「行查」責任。疏上，上諭稱：「已革指揮韓士俊，前由榮祿派充萬年吉地工程處差使，經何金壽參奏後，業由都察院奏參革職。茲據御史甘醴銘奏，榮祿徇情濫調，且經都察院行查，該大臣含混移覆，請治以應得處分等語。著都察院堂官將前次如何行查，及榮祿如何移覆，有無含混之處，據實詳晰具奏。」[1] 原來，先在六月初八日，翰林院編修何金壽上奏瀝陳時弊，列舉京內外派差、保舉不能破除情面諸弊端，請飭查究辦，其中舉例說到「兵馬司指揮韓士俊貪鄙妄為，人人皆知，都察院堂官何以不加甄別？」[2] 六月初十日，都察院奉旨詳查。十九日覆奏摺上，上諭稱：「北城正指揮韓士俊，身任地方之責，不知加意檢束，乃敢遇事鋪張，勒派錢文，自製扁［匾］額及萬民衣傘；又任意票傳職官，並違禁挾優觀劇；復以實缺人員，充當萬年吉地工程處供事差使，實屬任性妄為，韓士俊著即行革職。」[3] 韓氏本來已經革職，甘醴銘卻又舊案重提，並將矛頭明確指向咨調韓士俊的榮祿，大有受到指使的嫌疑。

　　七月二十八日，因都察院左都御史崇厚出差，署理左都御史志和領銜覆奏稱：都察院並未就韓士俊充萬年吉地工程差使之事行查工程處，工程處亦無移文咨覆，故榮祿不存在「含混移覆」的情形。而且，在都察院參奏韓之前，已將其撤差。[4] 儘管如此，上諭仍認為，韓本屬職官，輒派充供事差使，均屬不合，「榮祿著交部議處」。[5] 雖說吏部奉到了這道交片諭旨，但是，吏部似乎一直沒有做出處理，是拖延不辦，還是難於處置，詳情不得而知。檔案中迄今沒有找到吏部的處分意見。

　　儘管如此，榮祿的處境也是尷尬的。十月十四日，他請假五日，十月十九

1　中國第一歷史檔案館編《光緒宣統兩朝上諭檔》第 5 冊，第 240 頁。
2　《翰林院編修何金壽奏為瀝陳時弊請飭查究辦事》，光緒五年六月初八日，錄副奏摺，檔號 03-5665-031，縮微號 426-1426。
3　中國第一歷史檔案館編《光緒宣統兩朝上諭檔》第 5 冊，第 216～217 頁。
4　《都察院左都御史崇厚等奏為遵旨查榮祿徇情濫調工程處指揮韓士俊派充差使事》，光緒五年七月二十八日，錄副奏摺，檔號 03-5140-094，縮微號 391-2924。
5　中國第一歷史檔案館編《光緒宣統兩朝上諭檔》第 5 冊，第 247～248 頁。

日又續假十日。請假是遭受糾參的官員避風頭的慣技，用以緩和氣氛和爭取消弭事態的時間。榮祿也不例外。十月二十八日，榮祿假期屆滿，因病尚未痊，請求賞假調治，並請旨派署步軍統領。上諭賞假一個月，步軍統領令恩承署理。[1] 十一月二十九日假滿，榮祿上摺以舊疾未痊，需要靜心調養，懇請開缺。疏云：

> 竊奴才前因腰上舊疾舉發，疊次仰蒙聖恩賞假調理，月餘以來，奴才趕緊延醫診治，湯劑之外，兼用敷藥，滿擬少就痊癒，即行銷假當差，惟奴才所患之症自前歲迄今已閱兩載，本年春夏歲間平復而前以服藥過多，正氣早經虧損，近因外感求效過速，誤用峻利之劑，致舊疾復行舉發，現在腫痛雖漸次消減，而濕熱凝滯，脅下作痛，加以少食不寐，氣體益行睏憊。據醫者僉云受病已深，須寬以時日靜心調養始可復原。奴才聞之深為焦灼。伏思奴才祖父伯叔均以效命疆場，累受國恩，稠疊至再，而奴才復仰蒙皇太后、皇上高厚鴻施，疊蒙簡命，凡此異數殊榮，豈捐麋頂踵所能報稱於萬一？無如奴才病體纏綿，醫治之方已遍而犬馬之疾益增，實非旦夕所能奏效。竊查奴才所管步軍統領衙門暨神機營、健銳營於整頓地方、緝捕盜賊、教練士卒、講求武備各事責任極為繁重，關係尤非淺鮮，雖事事躬親督率或慮尚有疏失，倘因舊病未痊致蹈貽誤之咎，更無以仰答高厚之施。再四思維，五內彷徨，莫知所措。惟有瀝情籲懇天恩伏准開缺，俾得安心調理，一俟病體稍癒，即當泥首宮門，求賞差使，萬不敢稍陳安逸，上負生成，無任悚惶待命之至。[2]

這道請求開缺的奏摺言辭平實，在情在理，似乎看不出什麼異常。但是，

---

1 中國第一歷史檔案館編《光緒宣統兩朝上諭檔》第 5 冊，第 368 頁。

2《步軍統領榮祿奏為病體未痊籲懇開缺調理事》，光緒五年十一月二十九日，錄副奏摺，檔號 03-5142-182，縮微號 392-0126。

聯繫到同一天發生御史孔憲穀再次參劾榮祿之事，情況似乎並不簡單。

原來，十月二十日，御史文鏽批評順直吏治敗壞，參過班知州王堃、候補通判石贊臣鑽營獲委署順直州縣，貪婪巧取，雖未指明，暗中卻將矛頭指向順天府兼尹、吏部尚書萬青黎。[1] 旋有旨命沈桂芬與順天府查辦此事。十一月二十九日，御史孔憲穀又上疏，稱順屬吏治敗壞係與萬青黎有關，萬「身任兼尹二十年，平日惟以納賄攬權為事，積至明目張膽，不畏人言」。又指出兵部尚書沈桂芬奉旨查辦王堃一案，竟調派兵部司員季邦楨，而季氏乃萬氏之婿，萬並不申明迴避，「翁婿共理一事，人人竊議」。還歷數萬青黎之門丁勒索規費、賣缺諧價諸事。[2] 同時，筆鋒一轉，以附片參奏榮祿：

> 再，直隸任邱縣馬河圖前以甄別革職，嗣步軍統領榮祿派充萬年吉地監修，以工竣保案得邀請開復，傳言馬河圖以三千金拜於榮祿門下，係梁家園東央道程五峰筆墨店之商人程姓代為關通過付，雖事屬曖昧，非有確據，然承修工程人人能辦之事，而榮祿必派一獲咎之員為之，設法開復，其中隱情昭然可見。況此事雖細，關於吏治民生甚重，此端一開，貪虐各員皆得以苞苴交通，旋參旋復，撓督撫察吏之權，貽閭閻無窮之害。可否請旨將馬河圖保案撤銷，仍飭下直隸總督李鴻章查明該員頑視民瘼確據，再予懲處，以儆效尤。[3]

榮祿請求開缺與孔憲穀參劾發生在同一天，肯定不是巧合。可能是榮祿感

1 《御史文鏽奏為過班知州王堃、候補通判石贊臣詭譎取巧貪婪不職請旨飭部查辦事》，光緒五年十月二十日，錄副奏摺，檔號 03-5144019，縮微號 392-0484。原摺無時間，此時間據隨手登記檔確定。見中國第一歷史檔案館編《清代軍機處隨手登記檔》第 110 冊，第 612 頁。

2 《御史孔憲穀奏為特參兼管府尹萬青黎納賄攬權等情請旨飭下查辦事》，光緒五年十一月二十九日，錄副奏摺，檔號 03-7386-062，縮微號 549-0962。

3 《御史孔憲穀奏為馬河圖保案請旨撤銷仍飭下直隸總督查明懲辦事》，光緒五年十一月二十九日，錄副奏摺，檔號 03-7386-063，縮微號 549-0965。

到情形不妙，想通過先奏請開缺的辦法達到避禍或減輕罪錯的目的。[1]與咨調韓士俊之事相比，孔憲毅的參奏更顯威力。可是，樞垣的處置辦法，令榮祿大失所望。首先，允准榮祿開缺。同時，對於馬河圖行賄之事則窮究不捨。為此，發佈上諭：「御史孔憲毅奏前直隸任邱縣知縣馬河圖行賄開復等語。馬河圖前因辦理工程出力，經王大臣等保奏，欽奉懿旨開復革職處分。茲據該御史奏稱，馬河圖以甄別革職之員派充萬年吉地工程差使，傳言以三千金拜於榮祿門下，由程五峰筆墨店商人程姓代為過付設法開復各情。馬河圖著即撤銷保案。由刑部傳同商人程姓，按照所參各節，確切研訊，據實具奏。馬河圖前在直隸知縣任內，如何玩視民瘼，著李鴻章查明具奏。」[2]按，榮祿任用馬河圖係光緒三年六月二十四日之事，榮祿上奏稱，因監修鑾儀衞云麾使阿明阿本衙門差使較繁，難以兼顧，呈請撤去監修差使，確屬實在情形，已飭令仍回原衙門當差，而所遺監修之缺擬派已革直隸任丘縣知縣馬河圖充補，以資差委。[3]陵工結束後，經王大臣等保奏，已經奉懿旨開復革職處分。顯然，惇王也是知情者。但是，樞垣執意要一查到底。十二月十九日，直隸總督李鴻章奉旨覆奏，稱馬河圖前在直隸任丘縣任內，於境內被災村莊，並未親詣踏勘，殊屬玩視民瘼，是於光緒元年被參革職的。[4]於是，馬河圖案件即被交由刑部審訊，榮祿也牽涉其

---

1 孔氏參劾榮祿也另有原因。原來，光緒四年三月二十日，孔憲毅曾奏請承修萬年吉地工程節省二成銀請撥賑濟事宜，奉旨令承修王大臣查明具奏。同月二十八日，醇王奕譞在與惇王、榮祿等商議後上摺，瀝陳種種不能轉用的理由，否定了孔憲毅的提議。此事可能是孔出奏劾榮的原因之一。參見《浙江道監察御史孔憲毅奏為承修萬年吉地工程節省二成銀兩請撥賑濟事》，光緒四年三月二十日，錄副奏摺，檔號 03-5581-082，縮微號 421-0670；《奕譞奏為孔憲毅奏請撥賑萬年吉地工程節省銀賑濟毋庸置議事》，光緒四年三月二十八日，錄副奏摺，檔號 03-5581-090，縮微號 048-0968。

2 中國第一歷史檔案館編《光緒宣統兩朝上諭檔》第 5 冊，第 412～413 頁。

3 《戶部左侍郎榮祿奏請以馬河圖充補監修之缺事》，光緒三年六月二十四日，硃批奏摺，檔號 4-01-37-0118-016，縮微號 04-01-37-004-1909。

4 《查明馬河圖瀆職片》，光緒五年十二月十九日，《李鴻章全集》第 8 冊，第 560 頁。

中，不得不以開缺大員的身份等待一個全然未知的結論。[1]

從孔憲瑴參摺看，矛頭主要對準吏部尚書、順天府兼尹萬青黎和榮祿，但是又對奉旨查辦事件的沈桂芬也做了蜻蜓點水式的批評。辭連沈氏，同樣為了消弭痕跡。這一點猶如上一年寶廷參奏寶鋆、榮祿兼差過多一樣，寶鋆只是陪襯，重點在於打擊榮祿。這就是陳夔龍所謂沈桂芬「先授意南城外御史條陳政治」的內情，孔憲瑴參劾的幕後主使者應該還是沈桂芬。

刑部對馬河圖行賄案的審訊是在新年之後。光緒六年二月十七日，兵部尚書廣壽、沈桂芬等上奏：

> 經筵講官兵部尚書臣廣壽等謹奏為察議具奏請旨事。光緒六年二月初五日准刑部咨審明已革知縣馬河圖供稱：該革員前在任邱縣任內於光緒二年被參革職，來京在北城青水局投效協司營員辦案，未得保舉，當赴步軍統領衙門稟見榮祿，數次均未得見。三年四月間又求見榮祿，呈請投工效力，遂蒙傳見，飭准留工奏充監修等語。此案已革知縣馬河圖屢次鑽營，希得優保，實屬非分營求，應照律擬杖八十，業已奉旨撤銷保案，免其發落。前步軍統領榮祿於馬河圖謁見干求，不能拒絕，輒准留工，究有不合，係開缺大員，應請旨交部察議等因。光緒六年正月二十四日具奏，奉旨依議，欽此。知照前來。查例載提督、總兵濫將匪人徇情薦舉者，降二級調用，私罪；又內外官員因事被參請旨交部議處，奉旨改為交部察議者，照減等之例議處，應減者降二級調用之案改為降一級仍調用等語。此案前任步軍統領榮祿於已革知縣馬河圖謁見干求不能拒絕，輒准留工，奏充監修，究屬不合，經刑部請旨交部察議。查臣部則例並無恰合專條，

---

1 光緒五年十二月初十日，惇王奕誴與戶部右侍郎宜振合詞奏請，因該工程雖告成，但工程一切用項尚未奏銷，經榮祿奏派之監督、監修人員並榮祿代管春佑所派監督監修人員仍請暫留京檔房會辦奏銷事宜。疏上獲准，由此可見榮祿在辦理陵差事宜中的重要性。見《奕誴、宜振奏請令榮祿暫留京檔房會辦奏銷普祥峪吉地工程用項事》，光緒五年十二月初十日，檔號 04-01-13-0342-067，縮微號 04-01-13-026-1329。

自應比照核議，應請將前任步軍統領榮祿比照提督、總兵濫將匪人徇情薦舉，降二級調用，例議以降二級調用係屬私罪，毋庸查級議抵。惟查官員被參奏請交部議處奉旨改為察議者，例應減等議處，今前任步軍統領榮祿經刑部奏請交部察議，奉旨允准，與官員被參奏請交部議處奉旨改為察議者不同，惟究係奉旨察議之件，得否照減等之例於降二級調用例上改為降一級調用之處，恭候欽定。再，該員現在因病開缺，俟命下之日臣部照例註冊，為此謹奏。[1]

革職人員投效軍營、陵工、河工以圖保案開復，這在清季是司空見慣的事情。但是，樞廷必欲借言官之參，查核原委，這在榮祿看來就是刻意所為。從廣壽、沈桂芬的奏摺看，核查的結果，「榮祿於已革知縣馬河圖謁見干求不能拒絕，輒准留工，奏充監修，究屬不合」，對於如何處分榮祿，刑部則例「並無恰合專條，自應比照核議」，最終在「提督、總兵濫將匪人徇情薦舉，降二級調用」與「內外官員因事被參請旨交部議處，奉旨改為交部察議者，照減等之例議處，應減者降二級調用之案改為降一級仍調用」之間，無法定案，遂上奏「恭候欽定」。疏上，奉旨：「比照提督、總兵濫將匪人徇情保舉，降二級調用例，將榮祿降二級調用」。顯然，選擇了相對重的處分。

榮祿在陵工完成後因馬河圖案受黜，正如陳夔龍所言，可能是沈桂芬在幕後操控。榮、沈矛盾也不可能完全擺脫李鴻藻的因素。光緒六年正月，李服闋，仍在軍機大臣上行走，但是，對榮祿一案已經無力回天。[2] 二月初十日，已經開缺的榮祿又上疏，就籌備邊防預先講求之事表達主張。[3] 可惜，當軸者已沒

---

1 《兵部尚書廣壽等奏為遵旨察議前步軍統領榮祿被參案定擬事》，光緒六年二月十七日，錄副奏摺，檔號 03-5147-081，縮微號 392-1231。

2 翁同龢在光緒六年二月初八日寫給姪子翁曾榮的信中評論說：「當軸大半如來書所言，高陽雖出，亦狂人耳。」簡短一語，可見翁、李（鴻藻）關係之微妙，反襯出翁與沈桂芬的親近。見李紅英《翁同龢書札系年考》，黃山書社，2014，第 207 頁。

3 《前步軍統領榮祿奏為詳陳宜籌固根本等管見事》，光緒六年二月初十日，錄副奏摺，檔號 03-7425-019，縮微號 552-0609。

有採擇的考慮，隨手登記檔的記載是「前步軍統領榮祿摺，敬呈管見由。歸
籤」。[1] 這是榮祿被降級前最後一次上奏。

　　有清一代皇帝萬年吉地工程一直是內務府官員豔羨的優差，一些官員通過
陵工保案實現進階，奉命承修陵工的王大臣也會得到帝后異常的恩寵。特別是
承修官員與商人勾結，普遍虛報成本和工價，損公肥私，撈取巨額錢財。榮祿
自同治末年起主持陵差，為兩宮皇太后所賞識，迭膺重差，一路加官晉爵，不
僅職務升遷迅速，而且積聚了豐厚的財富，生活奢華，聲勢煊赫，當時頗為清
議人士所側目。光緒二年二月，榮祿為母親辦理喪事，翁同龢日記云：「送者
極多，塗車芻靈，窮極奢侈……」[2] 京城名士李慈銘也曾譏諷榮祿的奢靡生活。[3]
金梁稱，「京中舊習，自王公以至優伶，車馬衣服，矜奇鬥豔，莫不以此自豪，
謂之曰闊。……榮文忠公（祿），以衣式稱於時，每日趨朝，常視御服為轉移，
日易一衣，歲不相複。」[4] 據說，榮祿冬季所穿「貂褂」，一日一襲，三個月不重
複；[5] 大學士柏葰之孫崇彝稱，同光之際京城崇尚豪華，先有薩迎阿（字湘林），
後有榮仲華，「晚清奢華之風，半由二公啟其端」。[6] 如此看來，榮祿因貪腐受到
攻擊，不會毫無緣由，因追求奢靡生活而變得貪墨也是情理中的事情。[7] 為官清

1　中國第一歷史檔案館編《清代軍機處隨手登記檔》第 111 冊，中國人民大學出版社，2013，第
　　255 頁。
2　翁萬戈編，翁以鈞校訂《翁同龢日記》第 3 卷，第 1223 頁。
3　李慈銘在光緒十三年六月初六日記云：「花事方濃，比鄰一樓，晶窗華敞，釵光鬢影，滿倚朱闌，
　　尤覺池沼增妍，人花兩豔。聞此宅近歸都統榮祿，月以六十金賃之，安得俸過十萬，移家其間
　　耶。」見《越縵堂日記》第 16 冊，廣陵書社，2004，第 11453 頁。
4　金梁：《光宣小記》，上海書店出版社，1998，第 22 頁。
5　近人易宗夔稱：「榮祿美風儀，有玉人之目。衣裳雜珮，皆極精好。每歲自十一月迄次年之元夕，
　　所服貂褂，日易一襲，無重複者。」見《新世說》，山西古籍出版社，1997，第 460 頁。當然，
　　生活奢侈是當時滿洲貴族的通例，時人稱「滿人最重衣飾，恆自相誇耀，居顯要者，四方進獻，
　　恆量其厚薄以為報酬，不獨榮祿也。」見羅惇曧《羅癭公筆記選》，山西古籍出版社，1997，第
　　245 頁。
6　崇彝：《道咸以來朝野雜記》，第 103 頁。
7　王剛博士認為，榮祿兼任內務府大臣後有一個從清議人士向貪腐轉化的過程。參見其博士論文
　　《榮祿與晚清政局》第 3 章「清流的濁化」。筆者以為，此事還可以再商榷。一些文獻稱榮祿也
　　曾直言敢諫，即便如此，榮祿恐怕也不宜歸入一般意義上時常批評當道的「清流」人士。

正廉潔的沈桂芬，正是抓准了榮祿的這個把柄，乘機發動清議，予以重擊，果然大見成效。另一方面，不少滿洲權貴對佔盡風光的榮祿也有忌恨。「承辦廟工，裝金草率」可能是內務府其他滿洲權貴在慈安太后面前攻擊榮祿的說辭。內務府權貴之間的排擠傾軋是一條不可忽視的暗線。在榮祿開去工部尚書、內務府大臣之事上，同為內務府大臣的兵部尚書廣壽在議覆榮祿罪名時，並無絲毫的回護；更為關鍵的是，領銜負責普祥峪工程的惇王奕諒，儘管陵工完竣後與榮祿一同奏保參工人員，但自始至終沒有出面為因馬河圖保案遭到參劾的榮祿做過一絲辯解，說明二人關係並不融洽。榮祿在同光兩朝追隨醇王，是不折不扣的「七爺黨」。這個問題更深層的含義在於，甲午戰後榮祿重返京城，雖惇王已薨，但其子端王載漪漸入政壇，並受到慈禧器重。庚子前榮祿與載漪的不諧，似可從榮、惇早年關係中找出潛在的因由。

第三章

賦閒與復出

光緒十年發生的甲申易樞,徹底改變了昔日的政壇面貌。在醇王的支持下,榮祿開復處分,重返官場,但其升遷卻顯得異常緩慢。從光緒五年十一月二十九日開缺,到光緒十三年二月再授都统,榮祿經過了七年多的賦閒時期,直到光緒十七年出任西安將軍。

　　仕宦生涯中的挫折，對於大多數像榮祿這樣的滿洲官員來說只是一次不得已的停頓。世事變遷，只需蓄勢待發，機遇可能隨時出現。斗轉星移，光緒十年（1884）發生的甲申易樞，像一場政治地震，徹底改變了昔日的政壇面貌。早已對恭王不滿的慈禧，借盛昱的參劾，一舉將奕訢等全體軍機大臣罷免，代之以禮王世鐸為首的軍機班底；又諭令醇王奕譞遇有緊要事件，「會同商辦」，實際上授之以主持朝政的大權。奕譞終於成為可以左右朝局的核心人物。這對榮祿來說無疑是十分有利的。在醇王的支持下，榮祿開復處分，重返官場，但其升遷卻顯得異常緩慢。從光緒五年十一月二十九日開缺，到光緒十三年二月再授都統，榮祿經過了七年多的賦閒時期，以致翁同龢都有「其罷官幾十年矣」的感慨。[1] 在此期間，中外紛爭頻仍，朝局幾番跌宕起伏。先是伊犁交涉，西南邊疆危機加深，隨即中法戰爭爆發；甲申易樞後，清流勢力又遭到遏制，摯友李鴻藻也經歷了慘痛的挫折；同時，清廷開始創建海軍，加強東北邊防。時局如此，榮祿卻甘心沉默，表現得十分淡定，直到光緒十七年出任西安將軍。這是其政治生涯中最低落的時期。

一　醇王當政與榮祿開復

　　醇王在光緒初年也曾經歷過政治波折。載湉入繼大統後，醇王雖然謹小慎微，儘量避免引起慈禧猜忌，但是，與恭王的政見衝突卻越來越多。在海防、塞防爭議中，他強調重視東北民變及防範俄國，反對購買鐵甲船。[2] 光緒五年閏三月，奕譞上密奏批評恭王和軍機大臣寶鋆辦理政務失當。[3] 六月，又奏懇裁撤

1　翁萬戈編，翁以鈞校訂《翁同龢日記》第 5 卷，第 2133 頁。
2　中國史學會主編《洋務運動》第 1 冊，第 116～118 頁。
3　《奕譞摺》，中國第一歷史檔案館編《光緒朝硃批奏摺》第 2 輯，中華書局，1996，第 919 頁。

差使，家居養疾。結果，奉懿旨安心調理，神機營著毋庸會同商辦。這時，恰恰也是言路頻頻攻擊榮祿之時。榮祿受黜時，醇王的處境同樣不利。光緒六年五月，廷議會議伊犁事件時，醇王主張等待使俄大臣曾紀澤議和有所結果後，再對崇厚定奪處分，重申對俄不能示弱，還表達了督軍、從戎之志。[1]他的建議受到慈禧的重視。十月，醇王奉懿旨重新管理神機營事務，第二次佩帶印鑰。[2]七年三月，慈安太后崩，慈禧與恭王的矛盾更為直接，醇王的地位和作用也顯得更為重要。奕譞開始等待時機，一展抱負。

無論朝局怎樣變動，榮祿與醇王的密切關係則始終如一。陳夔龍稱榮祿與醇王曾有誤會、幾乎絕交的說法實屬言過其實。[3]賦閒後的榮祿與醇王的交往不僅沒有中斷，反而更為頻繁。除了見諸翁同龢日記的零星記載外，中國近代史檔案館藏醇王府檔案中有幾封榮祿給奕譞的書信與詩作，大體可見此時二人密切的關係。茲不妨對這些文字稍做解讀。

榮祿致奕譞第一封函云：

　　敬肅者：昨具寸緘，並小園銘序，仰蒙鈞鑒，鄙俚之詞，務望正疵為禱。祿賦性愚鈍，素不善詩，今搜索枯腸者數日，勉步原韻二律附呈察閱，以博一粲。第瓦缶之音，草蟲之吟，稍罄哀曲，並抒區區感佩之誠已耳。務懇俯賜斧削是幸。肅此，敬請鈞安，伏乞鑒照不莊。榮祿謹肅。

　　江湖回首五雲間，二十年來倦鳥還。自分駑駘終竭蹶，那如鷗鷺共清閒。眼前熱意經泉洗，身外俗情並草刪。神煉一言尤棒喝，此心何處不青山。

　　引領臨風一紙開，繽紛天上朵雲來。過人書妙成垂露，惠我詩清絕點埃。論報久慚青玉案，重遊徒醉碧筒杯。殷殷厚意兼期許，其奈巖阿本棄材。[4]

1 王彥威纂輯、王亮編《清季外交史料》第 1 冊，書目文獻出版社，1987，第 8～10 頁。
2 中國第一歷史檔案館編《光緒宣統兩朝上諭檔》第 6 冊，第 278 頁。
3 陳夔龍：《夢蕉亭雜記》，第 48 頁。
4 虞和平主編《近代史所藏清代名人稿本抄本》第 1 輯第 84 冊，奕譞檔，第 160～164 頁。

榮祿並不擅長詩文，這裏多少可以窺見他的文字功夫。榮祿將所撰詠讚自家園林的銘文送呈醇王「正疵」，並呈上自己的詩作，請予「斧削」，信中充滿謙恭之意，可以感到二人關係的融洽。「江湖回首五雲間，二十年來倦鳥還」一句表達了歸隱山林的志趣，當時醇王也在休養，二人易有共鳴。稍後，醇王覆函並贈送水果，榮祿又致函答謝云：

> 　　王爺爵前敬肅者：前奉手諭，一是謹悉。過蒙厚賜，並山桃園李諸珍，荷種種之拳存，倍依依而心結，感謝無極。承示巨制，連篇累幅，捧誦之餘，感佩奚似？其間寓意懇摯，尤深銘勒。小園自銘首句，仰蒙改「曠」為「隙」，誠哉！一字之師，敬服之至。現綴以序，錄呈鈞政。鄙俚不文，徒貽笑耳。務懇俯加斧削，以指疵謬，是所跂禱。肅此，並申謝臆，敬請鈞安，伏維霽照。榮祿謹肅。[1]

從覆函內容分析，醇王也有應酬作品，並對銘文提出了修改意見。榮祿按照醇王意見將「曠地」改為「隙地」，附上序文，再次抄錄《略園銘》，呈送醇王。該銘文並序云：

> 　　予宅南舊有隙地，於壬申歲略置花木，兼起屋數楹，以供萱闈娛賞之所。因名曰「頤園」。丙子春慈親忽棄養，觸境傷懷，不忍復歷。此洎服闋，昕夕從公，又無片晷暇，何及遊覽？以故亭台竹石，半就荒蕪，粗存大略，不遑料理，園遂以「略」易名。幾有三年不窺園之勢。茲值聖恩寬宥，移疾杜門，靜養之餘，得遂優遊。灌藥蒔花，牽蘿補屋，每一思庚子山小園之賦，情景宛然。又念夫陶淵明歸去來辭「田園將蕪胡不歸」句，此中怡然自適，其趣更無窮也，遂自銘以紀之。

---

1 虞和平主編《近代史所藏清代名人稿本抄本》第 1 輯第 84 冊，奕譞檔，第 152～153 頁。

　　隙地數畝，略為園名。花木手栽，聊以寄情。芙荷滿池，香遠益清。竹籬絡繹，茅屋幾楹。薜荔牆角，幽卉蔓生。柳陰溪岸，燕語蛙鳴。蒼松鬱鬱，芳草菁菁。蕉桐相映，蘭蕙抽萌。綠陰曲繞，佳哉葱葱。小樓聽雨（樓名），林院吟風；望雲（亭名）待月（軒名），快睹晴虹。山石疊翠，館號玲瓏（館名縹渺玲瓏）。縐雲丈二，獨立奇峰。薰風拂拂，流水溶溶。杯酒自酌，蕩我心胸。碧天一色，俯仰從容。瑤琴一曲，皓月當空。拔劍起舞，此心更雄。登山長嘯，霄漢可衝。悠然高臥，醒已日中。爐煙成篆，細雨欣逢。竹聲瑟瑟，花影重重。散步苔階，酒興轉濃。二三童子，飲我黃封。醉與共話，一二園氓。所談者何，問雨課晴。淡治為懷，寵辱不驚。杜門謝客，更免趨迎。閱讀經史，頗有所營。考閱令古，不厭研精。靜趣自得，頓覺身輕。樂夫天命，願祝昇平。[1]

　　從這封信看，榮祿稱醇王「一字之師」，並重新抄錄銘文進呈。[2] 從詩前小序，可知《略園銘》與序文均寫於光緒六年夏季，也就是榮祿被降級後不久，所謂「茲值聖恩寬宥，移疾杜門，靜養之餘，得遂優遊」是也。詩文中表達了榮祿欲效仿庾子山、陶淵明歸隱山林、閉門讀書的志趣，標榜「淡泊為懷，寵辱不驚」的境界，與此時醇王的境遇也頗契合。當然，歸隱只是說辭而已。

　　自光緒八年始，因法國侵略越南，中法兩國開始出現紛爭，中越邊境日益緊張。由恭王奕訢主持的軍機處和北洋大臣李鴻章都採取消極態度，步步退讓，引起朝野輿論的批評。慈禧太后不失時機，利用清流的彈劾，痛下殺手，

---

1 虞和平主編《近代史所藏清代名人稿本抄本》第 1 輯第 84 冊，奕譞檔，第 156～159 頁。按：原引文中雙行小註現改為括註。

2 這封信之外，還有一函云：「敬肅者：前奉鈞函，仰承厪念。復蒙賜詩二律，感謝曷極？拙作韻腳欠妥，並蒙指示詳明，頓開茅塞。今專用八庚，勉湊三十六韻，謹繕呈政，仍望粲削是幸。肅此，敬請鈞安，諸維慈鑒不莊。榮祿謹肅。」這封信也是與醇王討論詩句，因往返信件不全，無法澄清前後原委，時間也不詳。見虞和平主編《近代史所藏清代名人稿本抄本》第 1 輯第 84 冊，奕譞檔，第 154～155 頁。

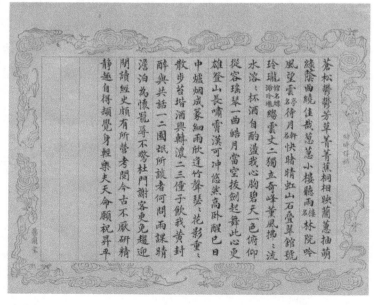

略園銘

導致光緒十年三月發生「甲申易樞」，奕訢、寶鋆、李鴻藻、翁同龢等全體樞臣退出軍機處，成立了由禮王世鐸領銜，閻敬銘、張之萬、額勒和布、孫毓汶組成的新的軍機班底，重大事件由醇王隨時會議，實際上將軍政要事全部交與醇王負責，對法交涉也是如此。近代史檔案館藏榮祿檔案中保存着三封中法戰爭時期醇王寫給榮祿的信，從中可以了解榮祿積極參與謀劃的一些情節。茲將三函再抄錄如下。

函一云：

> 崇論極暢，讀之神正而氣振！糧餉二節與昨飭議暗和，尤所欣歡。本日基隆已報收復。閩事雖危，亦預為之備，但恨援不應手耳。法外部氣焰漸不如前，巴酋黔驢之技，無非爾爾。惟美國仍願調處，不得不少俟。倘日內法夷再肆披猖，則戰局決矣。此覆。即候健佳。大稿留讀。醇親王覆。廿三亥初。[1]

函二云：

> 仲華吾友閣下：夙疾觸寒而作，乃承遣伻，無任欣謝……法越事亟，行將與夷開仗。我之照會已去，不知彼作何態。此為廿餘年中國第一次振作，第結局難逆料耳。……醇親王泐。[2]

函三云：

> 仲華金吾閣下：近要久未握談，殊深馳想，比維興居納祜為頌。法人志在台灣。省三以空炮台誘之登岸。十七夜五路伏起，殲彼盈千；並得

---

1 虞和平主編《近代史所藏清代名人稿本抄本》第 1 輯第 68 冊，榮祿檔，第 709～710 頁。
2 同上，第 711～712 頁。

大炮八，槍二千餘，淡水、滬尾連獲大捷。彼已逃回船上矣。入越之師以蘇元春為最，自十八至廿二戰無不勝。彼以象駝炮衝我，亦被打斃。惟岑軍、劉團尚無接仗佳音耳。王歷碌如常，夙疾未作，可紓錦繫。……醇親王泐。[1]

三封信中，「巴酋」指法國臨時代辦巴德諾，此時正與兩江總督曾國荃談判；省三，即劉銘傳（字省三）；「岑軍」，指雲貴總督岑毓英率領之軍；「劉團」，指劉永福的黑旗軍（團練）。第一封信稱「基隆已報收復」，末署二十三日，因收復基隆在光緒十年六月十六日，故此信寫於六月二十三日。其餘兩封也在此前後。因為榮祿給醇王的信函沒有保存下來，暫時無法全面了解他們討論問題的完整語境。但是，可以看到，在中法交涉問題上，榮祿曾向醇王獻言獻策，醇王覆信說「崇論極暢，讀之神正而氣振」，說明他對榮的見解非常重視。信函中醇王對法國的態度顯得很強硬，與此前恭王主持的軍機處退縮的態度截然不同。

甲申易樞後，醇王掌管全局，榮祿又積極獻策，於是出現了榮祿起用的傳言。八月二十二日《申報》報導說：「醇邸密保前步軍統領榮統帥祿，請旨錄用，已蒙俞允召見。聞統帥以舊病未瘥，固辭不就云。」[2]看來，醇王推動榮祿復出必有其事，只是被榮祿婉拒。陳夔龍也稱，沈桂芬病逝後，醇王篤念舊交，欲奏請起用榮祿，榮「笑卻之」；「適德宗春秋已富，試習騎射，醇邸備有上駟八乘，作為文忠（榮祿）報效。奉旨賞收，加恩開復處分」。[3]醇王急於起用榮祿的用意很是明顯。榮祿開復處分係在光緒十一年，可能與進呈駿馬、教導皇帝騎射相關，但是見諸上諭的，則是報效槍支。光緒十一年底，黑龍江將軍穆圖善奏稱東三省洋槍洋炮不敷，奏請由神機營、北洋酌撥若干資助。[4]乘此機會，

---

1 虞和平主編《近代史所藏清代名人稿本抄本》第 1 輯第 68 冊，榮祿檔，第 713～715 頁。
2 《首善紀聞》，《申報》光緒十年八月二十二日，第 2 版。
3 陳夔龍：《夢蕉亭雜記》，第 49 頁。
4 《欽差大臣會辦東三省練兵事宜黑龍江將軍穆圖善呈擬練兵應辦事宜清單》，光緒十一年十一月初二日，錄副奏摺，檔號 03-9419-052，縮微號 673-2313。

經過管理神機營王大臣的撮合，由榮祿捐輸 1000 桿前膛來福槍、銅帽（子彈）100 萬粒，價值白銀 4000 兩，交由神機營採購。十二月二十五日，奕譞領銜以神機營的名義上奏稱：

> 再，現據頭品頂戴、降二級調用前步軍統領榮祿呈稱：神機營威遠各隊所用來福步槍曾經戰陣，素稱得力，現當東三省練兵之際，需用軍械孔亟，謹擬報捐前膛來福槍一千桿、隨槍銅帽一百萬粒，合值庫平紋銀四千兩，照數備價呈交以濟要需。榮祿世受國恩，萬不敢仰邀獎敍等情。查該員前與臣奕譞等同管營務，於創練洋隊最為著意。今獲咎家居，仍復念切時務，報效急公，臣等公同商酌，援案擬請賞收。溯查神機營曾經代奏前任粵海關監督崇光及都統長善各捐製備軍械銀兩，均邀聖恩優獎。今榮祿所捐銀兩若照數置辦槍支千桿，實屬有盈無絀，雖據呈稱不敢仰邀議敍，亦未便沒其報效微忱，應如何獎勵之處，出自皇太后逾格鴻施。[1]

奏上，慈禧當然不會無動於衷，自然知道「如何獎勵」，即日下旨，開復榮祿降二級調用處分。[2] 看來，此事醇王事先與慈禧已有疏通，報效軍械當然是最合適的理由了，並有前粵海關監督崇光、都統長善捐獻軍械免除處分的先例。這意味着榮祿將會重返官場。事後，《申報》又有報導說：「前步軍統領榮祿自捐銀四千兩呈交神機營購置洋槍。特恩開復處分後，醇邸屢諭其銷假當差，借圖報效。而榮統領以舊疾未瘥，固辭不出，亦以見其淡於寵利也。」[3] 報導對榮多有阿諛。其實，開復處分，僅僅是撤銷降二級調用的處分，榮祿仍在借「養疴」觀察動向，等待時機。當時，清廷籌建海軍，設立海軍衙門，也由

1 《神機營奏為前步軍統領榮祿報效槍支請獎事》，錄副奏摺，檔號 03-6099-057，縮微號 455-1540。按，原摺無時間，應為光緒十一年十二月。
2 中國第一歷史檔案館編《光緒宣統兩朝上諭檔》第 11 冊，第 353 頁。
3 《九重春色》，《申報》光緒十二年二月十二日，第 1 版。

醇王管理，起初便以神機營衙門後院為辦公之地。[1] 海軍衙門成立後，京內又傳言「前步軍統領榮仲華大金吾祿奉旨派在總理海軍事務衙門行走，大金吾前隨醇邸創設神機營，於練兵一切事宜頗有心得，以之襄辦水師不難奏效」。[2] 但是，實情並非如此。除了再次告訴人們榮祿與醇王之間深厚的交誼外，沒有其他可信的信息。

光緒十三年二月，榮祿終於「病痊」，授鑲藍旗蒙古都統。八旗都統，係京旗武職，品秩雖崇，不過掌管各旗稽查戶口、發放俸米等事，幾等於閒職。但是，從職官層級看，已與尚書、侍郎相當。十四年三月十九日，榮祿奉旨充領侍衞內大臣。清制，宮中設侍衞處，也稱領侍衞府，負責保衞皇帝和宮廷，在昭德門外（太和門旁）設檔房辦事，首領為領侍衞內大臣，正一品，定制 6 員，為武官最高品級，以上三旗人充任，其中勳舊世爵為重要入選資格，榮祿適得其選。十五年正月初八日，光緒帝大婚，榮祿又充扈從鳳輿大臣，這都是一般親貴無法獲得的殊榮，說明在醇王的推動下，榮祿又重獲慈禧的信任。同年二月，榮祿充專操大臣，開始重新參與軍務活動，這自然也是奕譞提攜的結果。然而，直到十七年十一月二十八日授為西安將軍，榮祿的仕途才有了新的轉機，不過，這已在醇王奕譞病故一年之後了。

二　與李、翁關係的親疏異同

甲申易樞後數年間，醇王奕譞當政，極關清朝國運的衰微。醇王執政，一切惟慈禧旨意是聽，毫釐不爽，這是他堅定不移的理政信念。禮王世鐸庸碌無

---

1 據薛福成日記稱，新成立的海軍衙門暫借煤渣胡同神機營後院作為辦公場所。見蔡少卿整理《薛福成日記》下冊，吉林文史出版社，2004，第 678 頁。

2 《神京日記》，《申報》光緒十二年四月二十五日，第 1 版。

為，醇王倚孫毓汶為心腹，迎合慈禧，修建園林，朝政懈怠不振。外交方面，則專恃直隸總督李鴻章主持大計。張謇稱：「自恭王去，醇王執政，孫毓汶擅權，賄賂公行，風氣日壞，朝政益不可問。」[1] 這是清議人士對時局的典型評價。雖然榮祿復出得到醇王的支持，但是他卻遠離喧囂，賦閒旁觀，表現得十分淡定。

自同治初年以來，榮祿與李鴻藻（蘭蓀）、祁世長（子禾）、徐桐（蔭軒）、豫師（字錫之）、翁同龢（叔平）、潘祖蔭（伯寅）等京官均有往來，而且形成一個相對穩定的朋友圈，與李、祁尤為莫逆。祁世長乃大學士祁寯藻之子，與李鴻藻為兒女親家；徐桐係漢軍八旗，與李、翁同為同治皇帝師傅；潘、翁為世家子弟，且長期生活於京師；豫師曾擔任過西寧辦事大臣，後開缺回京寓居。他回憶與榮祿相識的情景時說：「光緒己卯（1879），師自西夏捲甲歸里，杜門養疴，與朝士大夫恆鮮往還。李高陽相國，老友也。偶過訪，與仲華都護相遇於中庭。一二語別去。英爽之氣撲人眉宇，識為肝膽士也。高陽為道梗概，欽慕良殷。逾年同飲於直隸先哲祠，促席談讌，相得甚歡。」[2] 因為性情相合，職官相當，他們常常文酒聚會，往來密切。現存李鴻藻光緒七年的日記中留下了這些友朋交往的點滴痕跡：

> 正月十二日　飯後少憩，至仲華處坐談時許，樹南（延煦）處亦久談，出城已暮矣。伯寅（潘祖蔭）來信，未覆。
>
> 二月初十日　卯刻起，為仲華作書，約明日早飯，老田送信，至戌正始歸。
>
> 二月十一日　早間料理請客事，為子禾（祁世長）作書，約其早飯，已正後子禾來，錫之（豫師）繼至，久候仲華，至午初方來，談飲甚樂。[3]

1 《嗇翁自定年譜》，《張謇全集》第 6 卷，江蘇古籍出版社，1994，第 845 頁。

2 豫師：《〈世篤忠貞錄〉後跋》，見榮祿編《世篤忠貞錄》上卷。

3 李宗侗、劉鳳翰：《李鴻藻年譜》，中華書局，2014，第 251、255 頁。按，該年譜是據 1981 年台灣商務印書館出版之《清李文正公鴻藻年譜》為底本重新校訂出版的。

需要指出的是，李鴻藻是這個友朋圈中的核心人物。李對榮的影響至大，特別是甲申易樞後，李鴻藻幾經挫折，處境尷尬，與落職賦閒的榮祿惺惺相惜，患難之中，情誼也更加篤厚。

事實上，醇王對於光緒六年沈桂芬死後李鴻藻操縱清議、積極影響朝政的做法早有不滿。對此，榮祿不會毫無所知，只是他在處理與醇、李關係時顯得更加謹慎。李鴻藻在易樞後遭遇的頓挫，對榮祿也不會沒有影響。李退出軍機處後以尚書降二級調用，直到十一年二月初二日才補授內閣學士兼禮部侍郎銜。不久，署理吏部左侍郎，補吏部右侍郎。當然，像他這樣有威望的重臣，降職只是暫時的。十三年九月初三日，禮部尚書畢道遠開缺，李鴻藻奉旨補授禮部尚書。九月初九日，又奉旨充武英殿總裁。對於李的復職，流戍軍台的張佩綸頗為興奮，在日記中寫道：「閱邸報，高陽授禮部尚書，為之一喜。高陽參政，專以扶持善類為主，及越事罷去，清議惜之。閱三年復長春官，正氣稍伸。於此見二聖之知人。」[1] 在他看來，這是李鴻藻權力上升的信號。可惜，情況並非如此簡單，醇王主導下的樞垣另有計劃。

九月二十四日，上諭派李鴻藻前往鄭州視察河工。當時黃河鄭州河段發生了嚴重的決口，清廷先前已經派刑部左侍郎薛允升就近查看，這次再派李鴻藻前往，命將現辦大工詳細查明，迅速覆奏。[2] 十一月，視河差使結束。正當李氏北上覆命時，十二月初五日，上諭又命李鴻藻留豫督辦河工，責令其與河道總督李鶴年、河南巡撫倪文蔚等「和衷商辦」，早日竣事。[3] 此事完全出乎李的預料。十二月初九日，已在回京途中的李鴻藻在家信中坦言：

> 此等大任，實擔當不起，雖自陳衰病，亦萬不能辭也。汝等着急懸念，可想而知，然事已至此，無可如何，聽之天命而已，萬萬不必驚慌，

---

1 謝海林整理《張佩綸日記》上冊，鳳凰出版社，2015，第 166 頁。
2 中國第一歷史檔案館編《光緒宣統兩朝上諭檔》第 13 冊，第 363 頁。
3 同上，第 464 頁。

惟照常行事最好。我既以身許國，一切禍福，久已置之度外。此皆命中造定，無可怨尤也。今日拜摺後，明日即須折回，此去且看，如萬不能辦，只好告病而歸。早知如此，不如早退，深悔見到作不到也。[1]

他已預感到治河任務的艱巨和自身責任的重大，並做好了將一切置之度外的準備。但是，事情的發展似乎更在預料之外。開始工程進展順利，但到了光緒十四年四月，因水勢驟急，原擬合龍的計劃無法實現，材料接濟也出現問題，款項開始短缺，李鴻藻等人便上疏奏請暫時停工，待秋汛後再續修，結果遭到上諭嚴厲詰責。隨後，工程持續進行，經籌借洋債、各方調集材料，工程又有進展，原擬五月下旬即可合龍。不料，五月二十一日，六百丈缺口只剩三十多丈時，又突發意外，西壩出現塌陷。七月初十日，樞廷接到李鴻藻等人的詳細奏報。這一次，李鴻藻等治河官員受到更為嚴厲的斥責：

> 本日據李鴻藻等奏伏秋汛至，請停緩大工，俟秋汛稍平接辦一摺。覽奏殊深憤懣。自上年八月鄭工漫口，疊諭該河督等迅籌堵築，先後發給工需銀九百萬兩。明旨電諭，三令五申，朝廷軫念民生，籌措不遺餘力。乃該河督等遷延觀望，節經嚴旨催辦，至歲杪始行開工。幸自春徂夏，水勢極平，為向來所未有。前據奏報僅餘六佔未進，不日可望合龍，滿冀早蕆全功，俾數百萬災黎同登衽席。詎自上月二十一日西壩捆廂船失事，阻礙不能進佔，又不先期放河引溜，以致口門淘刷日深；秋汛已臨，不克堵合。該尚書等辦理不善，咎無可逭。但據奏種種棘手情形，若仍令勉強趕辦，終歸無濟。著准其暫行停緩，一面固守已成之工，一面添集料物，俟秋汛稍平，迅速接辦。
>
> 李鶴年身任河督，責無旁貸，陛辭之日，自詡剋日就功。詎到任奏

1　李宗侗、劉鳳翰：《李鴻藻年譜》，第 349 頁。

報，詞氣全涉推諉，嗣後並不竭力催辦，一味敷衍取巧，以致功墮垂成，誤工靡帑，與成孚厥罪維均，縱令留工，難期後效。李鶴年著革去銜翎，與成孚均發往軍台效力贖罪。李鴻藻係督辦之員，倪文蔚係兼轄會辦之員，督率無方，主見不定，亦難辭咎。李鴻藻、倪文蔚均著革職留任，降為三品頂戴。現已簡派吳大澂署理河督，未到任以前，著李鴻藻暫署，俟吳大澂到任，再行來京。[1]

結果，河道總督李鶴年與前河督成孚均革職發往軍台效力；李鴻藻、倪文蔚亦均革職留任，降為三品頂戴。幾經周折，事在垂成，卻換來如此結局，李鴻藻十分沮喪，有「一生艱苦，半載辛勞，俱付之東流」之歎；[2] 對於吳大澂接任，他也不以為然，稱「口門僅剩三十餘丈，令伊來成此大功，真不甘也！」[3] 果然，延至秋冬，河工再開，吳氏奏請改用塞門德土（水泥），工程進度加快，品質提高。十二月十九日，決口終於合龍，獲得清廷嘉獎，賞加頭品頂戴，補授河東河道總督。吳大澂奏言「不敢掠美自居」，請開復前任治河諸臣之處分。疏上，清廷開復李鴻藻革職留任處分，賞還頂戴。事竣後，吳氏立碑紀念，仍以李領銜，並李鶴年、成孚、倪文蔚、吳大澂五人名義，「勒石紀之」。[4] 然而，這種皆大歡喜的形式，卻掩蓋不了一個事實——派李鴻藻辦理鄭工，實為甲申易樞後新的樞垣班底處置清流的餘緒，與張佩綸、陳寶琛督辦海防有異曲同工之處。

李不僅飽嘗辦理河工之艱辛，個人際遇也再經頓挫，甚至遭遇了前所未有的屈辱。李鴻藻自我反省，以為「因我性情急躁，急欲回京，以致如此」，並稱「總因我昏憒糊塗，不能識人，處處為人所累，痛自悔恨，無可說也」。[5] 其實，當時派系鬥爭激烈，並不以李的意志為轉移。自易樞之日起，李鴻藻的出

1　中國第一歷史檔案館編《光緒宣統兩朝上諭檔》第 14 冊，第 210～211 頁。
2　《李鴻藻家書》，光緒十四年七月十九日，李宗侗、劉鳳翰：《李鴻藻年譜》，第 396 頁。
3　《李鴻藻家書》，光緒十四年七月二十五日，李宗侗、劉鳳翰：《李鴻藻年譜》，第 398 頁。
4　參見顧廷龍編著《吳憲齋先生年譜》，哈佛燕京學社，1935，第 173～174 頁。
5　《李鴻藻家書》，光緒十四年七月十九日，李宗侗、劉鳳翰：《李鴻藻年譜》，第 397 頁。

處即與醇王難脫干係。光緒十四年九月初三日，李回到北京，途中連續幾次接到醇王致函慰問，李也覺得「不知何意」，連忙派家人前往告知情況。[1] 雖然沒有確鑿證據，但李、醇王關係不諧大體屬實。無論如何，不能盡將李鴻藻的仕宦頓挫歸結到禮王、孫毓汶等樞臣身上，畢竟，醇王才是幕後操縱局面的實權人物。李鴻藻的尷尬處境，可能是榮祿在復出問題上猶豫不前的原因之一。

榮、李交誼甚厚，從李駐工鄭州期間榮祿關懷其眷屬的活動中再次得到見證。光緒十三年十月，李鴻藻之侄李登瀛在家書中說：「（九月）二十七日豫三爺來書房久坐，與四弟談論，語意諄誠，其情可感，今人中所不多見者也。前榮仲翁來時，即說到書房坐，見四、五兩弟，情願殷殷。打聽一切，甚為周到。」信中的「豫三爺」即豫師，「四、五兩弟」指李鴻藻之子李焜瀛（符曾）和李煜瀛（石曾），「榮仲翁」即榮祿。十一月初，李府管家楊彬也稟告說：「祁親家大人、豫三大人、榮大人情意均甚殷殷；翁大人亦親到一次、差人三次⋯⋯宅中一切平安。」這裏「祁親家大人」即祁世長，「翁大人」為翁同龢。年近新歲，李登瀛函告伯父說，臘月二十二日，榮仲翁來寓，「並送百金給熊官、午官兩弟買點心，不能不收，當時叫午官弟出來面謝，並問午官弟幾歲、唸何書，頗誇他安靜、聰明，情意甚厚」。[2] 信中「熊官、午官」係李焜瀛、煜瀛的乳名。榮祿在新年前特來關照慰問友人家眷，情誼深厚，令李氏家人感慨萬分。同樣，艱難時期，李鴻藻也時常與榮祿通信抒發鬱懷。光緒十四年正月十五日，他在家書中說：「我日坐愁城，不知作何結局也。茲寄去榮仲華一信，登瀛送去面交。」可以想見，二人應該有不少溝通與謀劃。現存李鴻藻光緒十五年的部分日記記錄了回京後他與榮祿等人的交往情況。

---

1 《李鴻藻家書》，光緒十四年八月二十三日，李宗侗、劉鳳翰：《李鴻藻年譜》，第 400 頁。

2 楊彬又在信中稟報說：「廿二日，榮大人至書房，與梅四爺、二爺、四少爺坐談，並於下車時交付百金一封，囑轉呈少奶奶收下，係與哥們過年買吃食的。當與少奶奶斟酌，以其情意殷殷，未便推辭。已請四、五少爺道謝矣。」榮大人即榮祿；梅四爺指梅振瀛，時為李家西席並協助處理文牘事宜；二爺指李登瀛；少奶奶即李鴻藻長子李兆瀛之妻齊氏。見中國社會科學院近代史研究所藏《李鴻藻存札》第 2 函，檔號甲 70-1。

七月初四日：寅正到西苑門，遇柳門（汪鳴鑾）。子開，到仲華直班處略談。

七月初七日：為仲華作書，送荔支並乞煙一壺，有回信。

七月二十一日：遣人持函問仲華疾，有回信。

七月二十七日：今日召見奏對一刻許，二起貴恆，三起志銳。辰刻到仲華處長談。

八月十七日：禮部加班稟事，子刻即醒，寅正到西苑門，仲華、仲山（廖壽恆）後來。卯刻到仲華進班處暢談，談次，師紀瞻（師曾）至，又略坐即行。

八月二十二日：寅正到西苑門，仲華來談，芝葤（麟書）、吟濤（松壽）、鶴樓、貴塢樵（貴恆）後至……到仲華該班處略談。

九月初五日：寅正到西苑門覆命，在芝葤直廬略談。……仲華在寓坐候，談二刻許遂去。

九月十四日：禮部直日，寅正至西苑門，文武考官同日覆命，公所人甚擁擠，在仲華直廬與箴亭（福錕）、芝庵共談。

九月二十四日：寅正至六部公所，卯正後帶兩署引見……散後往弔錫席卿（錫珍），至仲華處久談回寓。午飯後，醇邸來，坐談良久。

十月二十七日：禮部直日，丑初起，寅正至公所，遇仲華銷假，暢談。

十一月十七日：辰刻至松筠庵；錫之（豫師）已先到，僧人學真極意周旋，訪晉賢略談，仲華、蔭軒（徐桐）、伯寅（潘祖蔭）先到，午刻入坐，談宴甚暢。

十二月初一日：巳初赴蔭軒約，伯寅、仲華、錫之後來，子禾（祁世長）因感冒未到，午刻入坐，申初散。[1]

---

1 李宗侗、劉鳳翰：《李鴻藻年譜》，第 412～439 頁。按，部分引文做了省略簡化，括註姓名係引者所加。

　　李鴻藻回京後照常執掌禮部。是時，榮祿已補鑲藍旗蒙古都統和領侍衛內大臣。屢經挫折，名震一時的「高陽相國」已經全然不見當年操縱清流、指點江山的氣魄。他在給浙江巡撫崧駿的信中坦言：「兄老矣，儀部（指禮部）清閒，借可藏拙，惟浮沉可愧耳。」[1]「浮沉」二字應是謙辭。宦海波濤雖然挫敗了他當年的銳氣，但並沒有泯滅他再度出山的信念。和榮祿一樣，李鴻藻也在等待機會。

　　與榮、李關係相比，榮祿與翁同龢雖然也是盟兄弟，但是，在光緒元年前後有過短暫的熱絡後，二人的交往明顯減少，交情開始變淡，彼此已有防範猜忌之心。同治十三年到光緒元年，榮祿與醇王、翁同龢奉旨勘度皇帝陵寢選址和承修陵工期間，二人往還十分密切。辦差途中彼此詩賦唱和、饋贈食物與藥品，情誼迅速加深。回京時，榮、翁與醇王常在神機營商議陵工事務。翁同龢日記中對二人往還也有記述：

> 光緒元年正月二十二日：夜與仲華談至三更。
>
> 二十三日：赴醇邸招，榮侍郎在座。
>
> 二月初四日：夜邀榮仲華同飯，廖君（壽恆）適至，遂入座，痛談而去。
>
> 四月十七日：仲華失子，意極感感……唁仲華，日落歸。
>
> 十一月二十八日：問醇邸疾，遇仲華於座。[2]

　　這些記載都說明二人確實有過一段密切的往來，還有過「痛談」。不過，翁對榮已有敷衍之心。[3]同年十二月，翁同龢因奉旨授讀光緒帝，不再承擔陵工

1 《李鴻藻致崧駿》，光緒十八年正月十七日，李宗侗、劉鳳翰：《李鴻藻年譜》，第 447 頁。

2 翁萬戈編，翁以鈞校訂《翁同龢日記》第 3 卷，第 1137、1143、1163、1209 頁。

3 光緒元年六月翁同龢在給兄長同爵的家書中特別提到與榮祿的關係：「同人水乳。金吾翩翩，多所稱薦，謹謝之，虛與委蛇而已。」「金吾」指代步軍統領，即榮祿。見《翁同龢致翁同爵函》，光緒元年六月二十三日，謝俊美編《翁同龢集》上冊，中華書局，2005，第 218 頁。

差使。帝師身份的確立，無疑使翁同龢開始調整應對各派勢力的立場，他與榮的關係疏遠不少。光緒二年正月，榮祿繼母顏札氏病逝，翁多次前往弔唁和慰藉，主要是出於禮節。五月初五日，翁同龢日記云：「榮仲華來，知文相國竟於昨日申時星殞，不覺驚呼，蓋為國家惜也。此人忠懇，而於中外事維持不少，至於知人之明則其所短也。」[1] 文祥是同治中興之名臣，也是榮祿樞中的靠山。他的病逝對榮祿來說是個很大的損失。不過，翁對文祥的評價中有些微詞，折射出他與榮祿在政治派系上的分野。翁氏既然在文祥病逝後也對其「知人之明」無恕詞，說明他與樞中文祥、李鴻藻一系是有距離的；自然，他與沈桂芬的關係更近一些。

光緒五年底榮祿開缺後，很少與翁主動聯繫；翁對榮的拜訪，則多在榮祿生日或年節，已經屬於京城生活中一般的禮尚往來，很難證明關係的密切。檢查翁氏日記，光緒五年下半年和光緒六年，榮、翁之間似乎蹤跡絕無。如前所述，榮祿的受黜可能與翁難脫干係，至少有間接的關係。另一方面，翁氏有帝傅之尊，且與醇王交密，榮祿也需要體面地維護二人換帖兄弟的情誼。光緒六年十二月三十日沈桂芬病逝，新年正月初二日，翁記：「晤仲華，仲華甚健適也，遇禮王於座上。到沈相國宅，甫入木，周旋良久。」[2] 翁到榮宅賀歲，見到禮王，又到沈宅襄助喪事，可見他靈活周旋於各派之間的本領。光緒八年十一月，翁同龢與潘祖蔭連袂入樞，但次年正月，潘即以丁憂離職，翁則繼續當值。甲申易樞時，恭王賦閒，寶鋆致仕，李鴻藻、景廉降級調用，只有工部尚書翁同龢處分最輕，僅僅是退出軍機處而已，難怪時人猜疑翁事先參與了「易樞」的密謀。自此，翁的官秩後來居上，邁躍李鴻藻，一直平穩晉升，官運遠勝於李、榮。官場的複雜多變，使榮、翁心存隔閡，虛與委蛇，猜忌難除。但是，在一定的條件下，他們仍然存在政治合作的基礎。甲午戰爭爆發後，榮祿回到京城，能夠迅速得到任用，翁氏也曾予以支持，這是無可懷疑的（詳後）。

1　翁萬戈編，翁以鈞校訂《翁同龢日記》第 3 卷，第 1216、1228、1243 頁。
2　翁萬戈編，翁以鈞校訂《翁同龢日記》第 4 卷，第 1576 頁。

三 出任西安將軍

榮祿自光緒十三年二月授鑲藍旗蒙古都統後，一直任職京旗，偶有內廷差使，雖尊貴有加，並無實際權力。光緒十七年十一月初九日，成都將軍岐元病逝，[1] 初十日，上諭命西安將軍恭壽調任成都將軍，陝西巡撫鹿傳霖署理西安將軍。十一月二十八日，授榮祿為西安將軍。這是榮祿首次出任外職。

京旗都統雖與駐防將軍同樣官列武職從一品，但是，前者多閒職，養尊處優而已，將軍則有守土之責，與督撫有相似之處。陳夔龍稱，榮祿外任，是禮親王世鐸、孫毓汶等軍機大臣刻意排擠。[2] 這種判斷未必準確。榮祿與禮王為親家，政見或有參差，尚不至於擠兌榮祿。從劉坤一通過榮祿向世鐸舉薦將才的情況看，榮祿對禮王也有一定的影響力。[3] 醇王逝世後，掌控軍機處的是漢員孫毓汶。但是，禮王畢竟還是樞垣領班，在個別問題上仍有一定的發言權。而孫、榮之間並無往來，卻也沒有孫刻意排榮的確鑿證據。[4] 可以推斷，榮祿在樞中已無靠山，外任將軍也是不得已的選擇，至少可以打破僵局，另尋機遇。事實表明，那一刻在甲午戰爭爆發後終於到來了。

---

1 《四川總督劉秉璋奏為成都將軍岐元病故出缺請旨迅賜簡放事》，光緒十七年十一月十一日，錄副奏摺，檔號 03-5882-107，縮微號 441-2135。

2 陳夔龍：《夢蕉亭雜記》，第 49 頁。

3 《劉坤一遺集》中收入光緒十七年給榮祿的兩封信函。其中一封寫於十一月二十三日，信中建議榮祿精選將才，並引曾國藩所云「得漢人百，不若得旗人一」，舉薦前任浙江杭州知府桂斌，希望榮祿薦於禮王，使其得到重用。見該書第 4 冊（中華書局，1959），第 1998～1999 頁。

4 就目前所見資料而言，榮祿與當軸孫毓汶毫無往來之跡象。黃濬《花隨人聖盦摭憶》中曾引樊增祥光緒十六年九月致張之洞密函，稱：「蘇、鄂對調，由於高密自危，求救於濟寧。高密之弟（現已物故）是濟寧門生，前此高密在京，亦賚緣以弟子禮見濟寧，絕愛憐之。」信中「濟寧」即孫毓汶，「高密」黃濬解釋為榮祿，誤。此處「高密」應指鄧華熙，「蘇、鄂對調」係指光緒十六年湖北布政使鄧華熙（字小赤）與江蘇布政使黃彭年（字子壽）對調之事。清季密信隱語中「高密」一詞多借漢代高密侯鄧禹（字仲華）暗指鄧姓之人，或字號「仲華」之人。此處顯然是指鄧華熙。黃濬在解讀另一封張之洞書札時，曾指出「高密相公」即榮祿，則是準確的。參見《花隨人聖盦摭憶》上冊，李吉奎整理，中華書局，2013，第 363、365、107 頁。

西安練兵 創建威遠隊

　　光緒十七年十二月十四日，剛剛奉旨補西安將軍，榮祿就向西安駐防滿營捐來福槍 1000 桿、銅帽（子彈）100 萬粒，價值 4000 兩。為此，慶王奕劻等神機營大臣奏明：「據新授西安將軍榮祿呈稱：神機營威遠各隊所用來福步槍於戰陣操防，均稱得力。前於光緒十一年十二月曾經報捐一千桿，仰蒙天恩賞收。現聞西安駐防馬甲前鋒額數三千名尚稱精壯，若平時操練加以洋槍，則尤為得力。第該處購辦匪易，擬報捐來福槍一千桿，隨槍銅帽一百萬粒，合值庫平紋銀四千兩，如數呈交，以備購辦。俟到任後查看情形。再行請調。」[1] 這次報捐軍械的目的是要仿照神機營裝備西安旗兵。疏上，奉上諭賞加尚書銜。[2]

　　因西安將軍由陝西巡撫鹿傳霖暫時署理，榮祿在京度過新歲，十八年二月十二日請訓赴任。隨後因患病，又在京停留旬日，二十二日生日過後，才於三月十八日由京起程，四月二十七日接印任事。[3] 距任命之日已過半年。

　　鹿傳霖（1836～1910），字滋軒，直隸定興人。同治元年進士，翰林院庶吉士，散館後授廣西知縣。張之洞姊丈。光緒二年，經兩廣總督劉坤一奏調，赴廣東差遣委用，不久補廣東惠潮嘉道、升福建按察使。七年轉四川按察使，同年升布政使。九年，升河南巡撫。十一年，調陝西巡撫，旋因病解職。光緒十五年，再授陝西巡撫。榮祿抵達西安時，鹿傳霖署理西安將軍已屆半載。關於二人的結識，陳夔龍《夢蕉亭雜記》曾有記述：

　　　　公（鹿傳霖）操守清廉，意見不無偏倚，而於滿漢之間界限尤嚴。然聞善則喜，改過不吝，為他人所不及。當榮文忠以都統外任西安將軍，公適為陝撫。將軍蒞秦之始，巡撫例須出郭跪請聖安，並通款洽。是日公以

---

1 《管理神機營王大臣奕劻等奏為新授西安將軍榮祿報捐槍價請獎事》，光緒十七年十二月十四日，錄副奏摺，檔號 03-5883-029，縮微號 441-2218。

2 中國第一歷史檔案館編《光緒宣統兩朝上諭檔》第 17 冊，第 335 頁。

3 《榮祿履歷冊》，台北故宮藏傳稿傳包，文獻編號 702001629。

病辭，僅令藩司恭代行禮。文忠詣撫署拜謁，復託病不接見。將軍、巡撫同處一城，時已半載，彼此迄未謀面，文忠亦姑置之。嗣因旗、漢互訟，文忠持平辦理，不袒旗丁。又以旗營兵米折價事，一照市價，不為畸輕畸重。公聞之幡然曰：「吾過矣，吾過矣。曩誤聽他人之言，謂榮公夙有城府，不易締交，不圖處分旗、漢交涉之事持平如此。嗣後陝民不受旗丁欺陵，皆所賜也。」即日命駕詣軍署拜謁。軍署材官久不見大府旌旐，至是大為驚詫，即速報知文忠。文忠擬閉門稱謝，而公已排闥直入。相見之下，公首先伏地引咎，自陳誤聽人言，多時未通款洽，此來負荊請罪。並以文忠夫人為宗室鄉生相國靈桂之女，相國充壬戌會試總裁，公出門下，以世誼請見，直入後堂存問，交誼彌敦。秦士大夫兩賢之。[1]

這段記述太過戲劇性。稱鹿傳霖以靈桂門生的身份與榮祿論交，彼此傾心結納，很快建立起情誼，比較符合當時習俗，較為可信，其他則多有失實和不近情理之處。榮祿抵達西安時，鹿因患病未能出郭，或有可能，但是，四月二十八日交接署任，鹿自應親自出面，所謂「半載」未見之說，似不可信。先是，榮祿出京前，禮部尚書李鴻藻專門給鹿傳霖寫了一封信，介紹榮祿，該函稱：「榮仲華係文忠至交，姪與相契多年，其人有血性，而才亦甚長，實庸中佼佼者也。去冬簡放西安將軍，不日即赴新任，人地生疏，一切望從實指教。如有借重之處，並希關照及之，感甚禱甚。」[2]這封信應在榮祿到達西安前後遞到鹿傳霖手中。信中「文忠」指前大學士、軍機大臣文祥（諡文忠），「姪」是李鴻藻自稱，因高陽李氏與定興鹿氏有姻誼，故有此稱呼。「其人有血性，而才亦甚長，實庸中佼佼者」表明李對榮的器重，對鹿傳霖當然也會有影響。從李鴻藻此函不僅可以看出他對榮祿的器重，也反映出從文祥、李鴻藻、榮祿再到鹿傳霖這些先後執掌樞機者的人脈淵源。

---

1 陳夔龍：《夢蕉亭雜記》，第 87 頁。
2 《李鴻藻致鹿傳霖》，光緒十八年二月四日，李宗侗、劉鳳翰：《李鴻藻年譜》，第 571 頁。

　　抵任後，榮祿開始履行將軍職責，他與左右兩翼副都統長春、德溥每月按期親赴教場操練，查閱官兵技藝，點驗軍械馬匹，盤查庫款，認真履行職責。六月初一日，循例上奏匯報，並請增加旗營鰥寡孤獨人口錢糧。[1] 其中，榮祿對奏添練洋槍步隊酌籌餉項等事另片具奏，尤為詳盡。該附片稱：

　　　　再，奴才今年二月陛辭時，仰蒙聖訓諭以地方緊要，操防均須認真整頓。奴才聞命之下，欽感莫名。當於接任後查看旗務、檢閱營伍，西安駐防馬甲前鋒領催共五千名，額數為各省駐防之冠，且馬隊夙稱勁旅。嗣因各省徵調及同治初年回匪猖亂，傷亡者已居大半。當初幼丁刻下均已長成，而舊時操演成法半皆荒廢，若能勤加訓練，足堪驅策。奴才逐一檢閱，除各處堆撥差站及老弱殘幼外，年力精壯者尚可得三千人。現在正練馬隊一千名，備練一千名，其餘一千名內擬選拔五百名專練洋槍步隊，務使馬隊相輔而行，庶於戰守各得其用。夫兵可百年不用，豈可一日不備？陝省地處西陲，界連川楚，且西安城中回民雜居，尤宜壯軍威以資鎮懾。但練兵非難，籌餉為難。查現練馬隊應酌加餉項。並擬由神機營調取令官數員來陝教習，其每月口分及添設旗幟、號衣等項尤須預為籌備，每月約需千兩始數應用，以年計之，總需銀萬餘兩。當此部庫支絀之際，曷敢妄議增加？惟查自兵荒以後，各縣歷年陸續拖欠奴才衙門地租錢已在十四萬八千九百餘串；又藩庫拖欠未發官員空閒地租銀六千一百七十餘兩；又兵丁應領白事賞銀，自同治初年陸續欠發銀四萬八百餘兩，自光緒元年至今又拖欠七萬一千四百餘兩，共核計積欠未發銀十一萬二千二百餘兩。是以旗營官兵倍覺清苦，至歷年積欠之數，或地多荒蕪，或停發有年，其勢一時斷難籌措，若能按年無論何項籌備銀萬餘兩則添練步隊之費，即可有着。奴才近與撫臣鹿傳霖悉心籌商，該撫臣夙抱忠公，力顧大局，不分畛

---

1 《西安將軍榮祿奏請加增鰥寡孤獨人口錢文及照案提撥官兵操演獎賞錢》，光緒十八年六月初一日，硃批奏摺，檔號04-01-01-0984-029，縮微號04-01-01-147-0146。

域，深代謀畫，並督同藩司竭力經營，於司庫款項無可騰挪之中，每月設法可籌備銀千兩，以作練洋槍步隊之需，實於全局大有裨益，除與撫臣另行會奏外，謹將大概情形先行附片奏明。[1]

「馬甲」，指騎兵兵丁；先鋒催領，馬甲之優者，兼司文書事務。這份奏摺說明了西安駐防八旗的基本情況。本來西安駐防兵力居各省駐防之首，然而兵源萎縮，兵餉短缺，兵丁只剩三千餘，是額數的六成，操練仍按舊法，半皆荒廢。按照榮祿的計劃，除練成馬隊 1000 名之外，另挑選兵丁 500 人專練「洋槍步隊」，以使馬隊、步隊相輔而行。他還計劃從京師神機營咨調令官到陝協助訓練，並就籌措餉源做出具體策劃，因撫臣鹿傳霖傾心支持，每月設法從司庫籌備銀千兩，以作練洋槍步隊之需。六月初七日，榮祿的這份奏摺抵京，當日奉旨，著會同鹿傳霖妥籌具奏。榮祿以神機營練兵起家，只要經費充裕，在京外練兵，自然是輕車熟路。

閏六月十五日，榮祿與鹿傳霖聯銜上奏西安練兵情形。稱奉到硃批後，會同副都統長春、德溥於駐防旗兵中挑選年力精壯者 500 人，軍餉則確定每月由巡撫鹿傳霖飭藩司設法籌撥銀一千兩，自洋槍隊成立之日按月支放。榮、鹿奏請飭下神機營王大臣於庫存未用之來福槍撥五百桿，並火藥、鉛箭、銅帽等項寬為籌撥，由西安派員弁前往領取。又請神機營威遠隊選派口號熟悉正副令官各一員、正副分教官各一員等，到陝教練。[2] 新的練兵完全是按照榮祿在神機營時期的經驗展開的，基本上是神機營威遠隊的翻版，因此，新建的洋槍隊也被稱為「西安威遠隊」。當時，《申報》對此也有報導：

1《西安將軍榮祿奏為妥籌西安駐防添練洋槍步隊餉項情形事》，光緒十八年六月初一日，硃批奏摺，檔號 04-01-18-0051-085，縮微號 04-01-18-008-2503。

2《西安將軍榮祿、陝西巡撫鹿傳霖奏為遵旨會同妥籌請撥洋槍調取教習籌備餉項等事》，光緒十八年閏六月十五日，硃批奏摺，檔號 4-01-18-0051-052，縮微號 04-01-18-008-2343。

西安將軍榮仲華軍帥擬於西安滿營駐防旗兵抽調年力精壯兵丁三千餘名，仿照神機營洋槍隊章程，一律改練洋槍洋炮，以備干城之用。業經奏准。至所需外洋槍炮，商由陝撫撥用。惟所練之兵既仿神機營程式，自應由京調取教習，俾資教練，已奏明由神機營捷勝精銳四字洋槍隊中揀擇嫻熟步伐口號、陣式槍枝者，每隊派發令官四員，隊長四名，前赴西安教習，並請由神機營將洋槍新舊各式陣圖頒發。一方即由派出教習攜帶來陝，以資循守。刻由神機營令各該隊保送，約在九、十月間即可首途。[1]

榮祿的計劃奉旨允准，神機營管理大臣慶王奕劻也予以積極支持，派遣教官來教習滿營兵丁，自然是很融洽的。榮祿又聯絡李鴻章、劉坤一等，為教官、彈藥、槍支等事務尋求幫助。十月十四日，神機營所派教官及撥送槍支軍械等物品到陝，包括五百桿洋槍，佩帶五百份，並配給「水確火藥二千斛、鉛丸二千粒、鉛箭二十五萬出、洋銅帽二十五萬粒」及其他軍需品。軍械到位後，榮祿將 500 名旗丁分為 44 隊，「分隊編伍」，並從八旗官員內揀派充補管帶、幫帶、正副令、帶隊辦事等官 34 員，以資管理，取名西安威遠隊，十月三十日正式開始訓練，並刊給管帶官鈐記，以昭信守。[2] 這樣，經過四個月的籌備，500 人的洋槍步隊終於建立起來。

但是，軍餉短缺的問題仍未根本解決。神機營在撥付首批槍械物資時即明確表示，「此後常年所需火藥等項應由該將軍自行酌籌辦理」。因陝西沒有機器局，欲往上海採購又無款項，於是，榮祿不得不函商直隸總督李鴻章，請求北洋籌畫接濟。經核算，「前膛洋槍五百桿每槍月需槍藥一磅，每藥一磅配大銅帽七十粒、鉛丸十五顆，核以打靶操陣均足敷用，統計每年共需槍藥六千磅，大銅帽四十二萬粒，五錢重鉛丸二千八百十二斛半」，李鴻章同意自光緒十九

---

1 《上苑秋光》，《申報》光緒十九年七月二十三日，第 1 版。
2 《西安將軍榮祿奏為分撥隊伍成軍酌核支放餉項揀派管帶各官並開練日》，光緒十八年十月二十六日，硃批奏摺，檔號 04-01-01-0985-029，縮微號 04-01-01-147-0755。

年起由局照數分別籌備，由榮祿派員前往天津領取。上述軍械物資合價庫平銀一千二百六十一兩多，作為北洋協撥之款，無須給價。榮祿對於李鴻章「不分畛域，力顧全局」的做法極為感激，專門上奏裏報。[1] 同時，榮祿對八旗馬隊的訓練也不放鬆，揀派協領全壽、盛海逐日輪帶馬隊訓練，「悉按照健銳營、外火器營陣法規模認真教練」。[2] 看來，不管是洋槍步隊，還是馬隊，他把在京師統領神機營的全部經驗都用在西安了。而其西安練兵的實效，似乎一直延續到甲午戰後的軍事改革時期。[3]

榮祿抵陝後，在給李鴻藻的第一封信中寫道：

> 弟關中作鎮，昀屆新秋，歷茲三月有奇。旗務漸次清釐，將弁亦可就範。滋軒中丞一見如故，頗為款洽。前擬添練洋槍步隊並承飭司籌撥，按月千金，力維大局，以資鎮懾，刻已會奏，均蒙俞允。至如籌賞恤孤各件，不過聊以塞責，冀免狙懸之誚而已。關中夏初天時亢旱，幾至成災。秋後疊獲甘霖，西成可望。刻下軍民安謐，借掩拙疏。頑軀尚奈辛勞，內子暨小兒女均託救平，堪慰雅念，鱗鴻有便，尚望口錫數行，尤所翹企。

---

1 《西安將軍榮祿奏為北洋顧全大局協撥西安添練軍隊常年所需軍火事》，光緒十八年十月二十六日，硃批奏摺，檔號 04-01-01-0985-036，縮微號 04-01-01-147-0793。據這年十一月十二日隨手登記檔，該附片與《西安將軍榮祿奏為委員輪帶西安駐防馬隊演練陣法技藝事》同時發出，撰寫日期應是十月二十六日，隨手中該片事由為「派員赴津領運軍火等由」。見中國第一歷史檔案館編《清代軍機處隨手登記檔》第 136 冊，第 30 頁。

2 《西安將軍榮祿奏為委員輪帶西安駐防馬隊演練陣法技藝事》，光緒十八年十月二十六日，硃批奏摺，檔號 04-01-01-0984-103，縮微號 04-01-01-147-0565。原無日期，係據同年十一月十二日隨手登記檔推定。見中國第一歷史檔案館編《清代軍機處隨手登記檔》第 136 冊，第 30 頁。

3 光緒二十四年十月，西安將軍國俊奏請西安駐防官兵改練洋操、添練走隊，而洋槍無處支領。十一月初四日奉旨命北洋大臣裕祿撥給前膛來福槍 500 桿，配齊藥彈由國俊派人領取。見《西安將軍國俊、西安左翼副都統長春奏為西安官兵由津領回洋槍子藥開練日期並請賞加貼事》，光緒二十五年五月初一日，檔號 04-01-18-0054-037，縮微號 04-01-18-009-0950。軍械交到後，將原來榮祿所設洋槍隊改稱威遠左營，又新增 500 人設立威遠右營，以擴大規模。又經榮祿咨調，從西安滿營挑選 18 歲以上、25 歲以下樸實精壯兵丁 64 人，配齊膘壯口輕馬匹，派協領全壽、榮喜等帶領，前往京城，「編入中軍，以備訓練」。見《西安將軍國俊、西安左翼副都統長春奏報遵挑西安滿營馬隊官兵赴京訓練並起程日期事》，光緒二十五年正月十二日，硃批奏摺，檔號 04-01-18-0054-049，縮微號 04-01-18-009-1046。

肅此佈臆，敬請台安，並頌秋祺。並候闔潭清吉。如弟榮祿頓首。內子率小兒女侍候。[1]

信中所敍公私兼及，所謂「賞恤孤各件」是指榮祿在六月初一日所上的奏請加增鰥寡孤獨人口錢文及照案提撥官兵操演獎賞錢等摺片。[2]可見，榮祿本人所矚目的還是練兵事宜。

光緒十九年九月，榮祿又奏請將西安駐防歷年陣亡官兵（西安滿營昭忠祠）列入祀典；同時，奏請增加西安駐防鄉試文生中額：

> 竊查陝甘合闈鄉試之時，西安、寧夏各駐防應試文生向照定例取中三名。其時寧夏道遠，來者無多。三名之額大半為西安駐防所佔。是以同治八年陝省肅清，前督臣左宗棠奏請特開一科，以寧夏等處回亂未平，議將中額三名以二名撥歸西安，一名留歸寧夏。荷蒙俞允。是陝甘駐防中額本有多寡之別，迨同治十三年左宗棠奏請分闈，蒙恩於兩省駐防原額三名之外加廣一名，陝甘旗營各中兩名，歷科遵班在案。
>
> 奴才到任以來，於整飭行伍外，加意振興八旗書院，添設膏獎，延師訓課，諸生經義蔚然可觀。綜計八旗文生共一百七十九人，而中額限以兩名，近科以來多士，似有遺珠之憾。查寧夏鄉試人數向來少於西安，是以己巳開科三名之額，陝得二而甘留一。迨後額增為四，兩省平分。是寧夏向只一名者，至是獨沐殊恩；而西安向佔兩名者，至是僅符原數。同為世僕，似未忍令其向隅，使文風士氣無可栽培。……仰懇天恩，俯准將西安駐防鄉試中額加為每科三名。如蒙俞允，請自光緒二十年甲午正科為始，以廣登進而勵人才。[3]

---

1 《李鴻藻存札》第 3 函，中國社會科學院近代史研究所藏，檔號甲 70-2。

2 《西安將軍榮祿奏請加增鰥寡孤獨人口錢文及照案提撥官兵操演獎賞錢》，光緒十八年，硃批奏摺，檔號 04-01-01-0984-029，縮微號 04-01-01-147-0146。

3 《西安將軍榮祿奏為西安駐防鄉試文生人數增多籲請加廣中額事》，光緒十九年九月十二日，錄副奏摺，檔號 03-7199-120，縮微號 536-3192。

　　科舉時代增加中式名額被認為是造福一方的德政，榮祿努力增加西安駐防八旗文生的中舉名額，當然受到旗人擁護。為此，榮祿事先致函禮部尚書李鴻藻尋求支持。九月十一日，李鴻藻在日記中寫道：「仲華來信，仍為駐防加額事。」九月十三日又記：「輔廷（詹鴻謨，禮部司官——引者註）來共擬奏稿，駐防加額。」九月十八日記：「卯刻起，為仲華作書，將奏底封入，遣王爭送往本宅，明日即發。」[1]可見，榮祿奏請為西安駐防增加科舉名額前後，早已與李鴻藻溝通妥當。九月二十七日，奏摺抵京，硃批：「禮部議奏」。[2]十月，李鴻藻又覆函：「承示駐防加額，及跋稿均已奉悉。此事尚屬可行，惟鄉試前不便入告，況為來年計，則更無須亟亟。今科放榜後，再稟不遲。原稿擬須稍為刪潤，隨後寄上。」[3]事雖瑣屑，從李鴻藻傾力支持的態度可見二人私交之篤。

預備慈禧萬壽活動

　　光緒二十年本來應該是一個喜慶的年份。這年適值慈禧太后六十花甲。因此，清廷上下動員物力財力為太后祝壽，顯示出祥和的氣氛。更何況除了提前一年任命一批大臣專門籌備慶典外，朝廷也沒有忘記給臣民普施「恩澤」。一是開恩科，士子多了一次考試機會，翰林們多了一次考差機會；二是各級官員會得到不同封賞，對於榮祿來說，自然也增加了新的機會。

　　清廷上下很早就開始準備祝壽活動。光緒十八年十二月初二日，光緒帝頒佈上諭，稱頌慈禧聖德，派禮王世鐸，慶王奕劻，大學士額勒和布、張之萬、福錕，戶部尚書熙敬、翁同龢，禮部尚書昆岡、李鴻藻，兵部尚書許庚身，工部尚書松溎、孫家鼐，總辦萬壽慶典。令該王大臣等會同戶部、禮部、工部、內務府「恪恭將事，博稽舊典，詳議隆儀，隨時請旨遵行」。[4]十九年正月十七

1　李宗侗、劉鳳翰：《李鴻藻年譜》，第 501～503 頁。
2　《西安將軍榮祿奏為西安駐防鄉試文生人數增多籲請加廣中額事》，光緒十九年九月十二日，錄副奏摺，檔號 03-7199-120，縮微號 536-3192。
3　《李鴻藻存札》第 3 函，中國社會科學院近代史研究所藏，檔號甲 70-2。
4　中國第一歷史檔案館編《光緒宣統兩朝上諭檔》第 18 冊，第 324～325 頁。

日又添派軍機大臣、刑部尚書孫毓汶恭辦萬壽慶典。[1]顯然，不論是派員級別之高，還是涉及部門之廣，都足以說明清廷是把慈禧六十花甲之慶作為頭等大事來準備的。而慈禧本人也故作姿態，同年十二月十五日通過皇帝傳達懿旨，聲稱皇帝率天下臣民歡悅祝壽，自己「若卻而不受，轉似近於矯情」，所以，祝壽活動可以舉行，但要遵照舊章（乾隆朝的舊例），力求節約，反對靡費，表示謝絕中外大臣進獻禮物。另一方面，又頒佈懿旨甲午年每省賞銀二萬兩，用以賑濟災民，「均由節省內帑項下給發，用示行慶施惠」。[2]太后率先表示將分發內帑「施惠」，各省將軍、督撫、提鎮為能停止進奉？這明顯是「欲擒故縱」，所以，大規模的進獻活動還是陸續開始了。

榮祿後來在眾多的駐防將軍和督撫中被欽點參加祝嘏活動，說明慈禧對他的恩遇深厚。有野乘稗史稱，榮祿自西安將軍入贊樞密，首捐俸銀廿五萬作為太后壽禮，中外效之，統計數殆億兆。[3]此說不確。當時，疆臣中對慈禧萬壽活動領銜動議並產生實際影響的是直隸總督李鴻章，而非榮祿。

這次慶典遵循的舊章係指乾隆十六年崇慶皇太后六旬萬壽慶典、二十六年崇慶皇太后七旬萬壽慶典、三十六年崇慶皇太后八十萬壽慶典、五十五年乾隆帝八旬萬壽的成案。據此，京內外官員均允進獻財物。在京王公大臣及文武大小官員均在戶部呈繳，其外省文武大小官員所交之款，即於各省藩庫、運庫、織造、關稅等庫，就近存儲，聽候戶部提解，隨時支取備用。又依照乾隆舊例，准許鹽商捐輸報效。除了報效金錢，還要貢獻方物。大臣們嚴格按照乾隆時的成例來操辦慈禧的六旬慶典。從宮廷內外的修繕、陳設的更新，金輦所經道路沿線房屋店舖的裝飾、修葺，到御用物品的置辦等，開銷甚巨。[4]

1　中國第一歷史檔案館編《光緒宣統兩朝上諭檔》第 19 冊，第 16 頁。按，孫毓汶深受慈禧信賴，起初未能參與辦理萬壽事宜，可能與他任職刑部尚書有關，至此也做了靈活處理。
2　中國第一歷史檔案館編《光緒宣統兩朝上諭檔》第 18 冊，第 332～333 頁。
3　許指嚴：《十葉野聞》，第 62 頁。
4　有關慈禧六旬萬壽的研究，可參見翟金懿《儀式與政治的互動 —— 以慈禧太后六旬萬壽盛典為例》，中國社會科學院研究生院碩士學位論文，2011。

提前兩年籌備的慶祝活動開銷巨大，京內外官員的報效原本在預計之列。各地督撫圍繞報效數目、報效程式、進貢物品等細節，函電往還，彼此聯絡，唯恐出現閃失。光緒十九年七月，鹿傳霖致函廣西巡撫張聯桂，稱「明年慶典貢物禮節，弟屢經探詢，毫無端倪，乃承下問，不知所對。榮仲華將軍近在同城，朝夕過從，頗稱契洽。渠久歷通要，當道諸公多其舊好。已託其設法探訪，如得有確音，定當飛速奉佈」。[1] 看來，因為榮祿熟知內務府事務，外地督撫將探聽慶典貢物細節的期望放在了他的身上。八月，劉坤一也曾致信榮祿，打聽如何進貢：「明年恭逢皇太后六旬萬壽慶典，除一切事宜遵照部文外，各省將軍、督撫應否另進禮物？伏祈迅賜示知。聞北洋購置珍玩，極為美備。弟無力附驥，且以地分相懸，未敢冒昧從事，惟與各同寅一律共輸芹獻之忱，以達媚茲之意而已。」[2] 可見，起初在進貢問題上各省茫然無措，而北洋（李鴻章）「購置珍玩，極為美備」，其他省份望塵莫及。從實際情況看，後來各省還是大致做了溝通，彼此持平。先後有過兩次「報效」。第一次的名目是報效慶典，由戶部從各地大小官員當年俸祿中扣除二成五，每省報效數目取決於官員數量，陝西是 29300 兩。[3] 第二次是報效工需，因為當年二月慶典處奏請在萬壽期間，慈禧由頤和園回宮沿途，兩旁街道分段點綴景物，由於內務府經費不敷，直隸總督李鴻章倡議，於前次報效外，會同直隸官員，再報效三萬兩。[4] 結果，各省除了新疆、甘肅兩省一起報效四萬兩外，其他各省一律報效三萬兩。

同年十一月初六日，榮祿致電總署，詢問「明歲皇太后萬壽，將軍督撫應率同本省文武各官專摺具陳報效銀數若干，請賞地段點景，俟奉旨允准，先期檢派道府大員來京隨同辦理一節。以陝省而論，自係將軍巡撫一同具摺奏懇，

---

1 鹿傳霖覆廣西撫台張（聯桂）函，《退軒主人函稿》，中國社會科學院近代史研究所藏，檔號甲 170-1。

2 《覆榮仲華》，光緒十九年八月初四日，《劉坤一遺集》第 5 冊，第 2056 頁。

3 參見李鵬年《一人慶壽 舉國遭殃 ── 略述慈禧「六旬慶典」》，《故宮博物院院刊》1984 年第 3 期。

4 《直隸總督李鴻章奏為報效皇太后六旬慶典銀兩摺》，光緒十九年正月十八日，錄副奏摺，檔號 03-6633-161，縮微號 502-0186。

抑係巡撫單銜奏懇之處，祈即電覆」。[1] 初九日，軍機處覆電「似宜會銜」。經與鹿傳霖協商，率所屬陝西官員總計報效白銀三萬兩。十二月初三日，因戶部咨行內務府會奏稱「分段點設景物及李鴻章以點景經費或有不敷，另籌三萬兩為表率」，榮祿、鹿傳霖乃會同固原提督、兩翼副都統並率各鎮司道，再籌銀三萬兩，「以備添設景物之需」。[2] 這樣，陝西一省總計為慈禧萬壽報效約六萬兩銀子。榮祿是否有私自貢獻，迄今並無證據可言。

二十年正月十八日，上諭命各省將軍、督撫、副都統、提鎮、藩臬內每省酌派二三員來京祝賀，均著於十月初一日前到京恭候，屆時隨班祝嘏。說是各省酌派，其實還要看慈禧的意思。三天後，上諭便公佈欽點來京祝嘏人員名單，包括直隸總督李鴻章、直隸提督葉志超、江寧將軍豐紳、漕運總督松椿、江寧布政使瑞璋、江蘇按察使陳湜、安徽布政使德壽、山東布政使湯聘珍、綏遠將軍克蒙額、山西按察使張汝梅、河南巡撫裕寬、西安將軍榮祿、陝西布政使張岳年、喀什噶爾提督董福祥、浙江布政使趙舒翹、福州將軍希元、福建按察使張國正、江西布政使方汝翼、荊州將軍祥亨、湖北布政使王之春、廣州將軍繼格、廣東巡撫剛毅、廣西按察使胡燏棻、成都將軍恭壽、四川松潘鎮總兵陳金鼇、雲南布政使史念祖、貴州按察使唐樹森等。[3] 總計 44 人，榮祿名列其中。李鴻章、王之春、剛毅、趙舒翹及喀什噶爾提督董福祥等也在其中。獲准來京參加祝嘏的人員，事先應與中樞有過溝通，或樞廷有所考慮。有一點可以肯定，硃筆圈閱的名單不會是隨意性的。代表陝西官員入京祝嘏的只有榮祿和陝西布政使張岳年。[4] 從種種跡象看，榮祿得以進京祝嘏，是經過預先活動的，畢竟入京祝嘏對榮祿而言，確屬一次難得的機遇，甚至有留京任職的可能性。

1 榮祿：《為皇太后萬壽慶典擬陝西會銜或單銜奏懇事》，中國第一歷史檔案館編《清代軍機處電報檔案彙編》第 8 冊，中國人民大學出版社，2005，第 69 頁。
2 《西安將軍榮祿、陝西巡撫鹿傳霖奏為皇太后六旬萬壽報效工需銀兩事》，光緒十九年十二月初五日，錄副奏摺，檔號 03-5558-038，縮微號 419-2062；《榮祿、鹿傳霖奏為續請報效，稍盡微忱，恭摺會陳籲懇天恩仰祈聖鑒事》，台北故宮藏，文獻編號 408010174。
3 中國第一歷史檔案館編《光緒宣統兩朝上諭檔》第 20 冊，第 38 頁。
4 同上，第 41 頁。

劉坤一在甲午年三月十三日給榮祿的信中就推測說：「節從此行，必然內用；或者量移優缺，亦未可知。唯是西安練兵已經就緒，另換生手，能否恪守成規，時局維艱，關陝地重，未可以整軍經武，視為緩圖也。」表面是從擔心榮祿留京，西安練兵事宜會半途而廢的角度來說的，其實是對榮祿可能回京升職提早表示祝願。[1] 從後來的實際情況看，改變榮祿境遇的不是歌舞昇平的祝壽活動，而是一場硝煙瀰漫的戰爭。

榮祿奉到進京上諭後，便開始籌畫安排。六月初五日，以入都隨班祝嘏在即，奏請派員署理將軍印務。[2] 七月初三日奉旨，西安將軍著鹿傳霖署理。八月初二日，榮祿束裝北上。[3] 此時，京城內部早已因對日和戰之事陷入緊張和混亂之中。

四　甲午戰前與漢族官員的關係

同光之際的榮祿長期供職神機營，並辦理陵差，雖然一度任職戶部、工部，但大部分精力和時間都用於內廷事務；從光緒六年到十七年外任西安將軍期間，或賦閒，或任京旗衙門都統，但他的交往並不只限於滿洲、旗人之間，與漢族京官和地方督撫也有不少交往。前述他與李鴻藻、翁同龢、祁世長、潘祖蔭、鹿傳霖等漢族官員的交誼就頗能說明問題。不過，甲午戰爭後的情況就大為改變了。榮祿開始逐步進入決策中心，與京城內外各派系、滿漢官員的關係出現全面的調整。因此，對甲午戰前榮祿與漢族官員關係進行一番梳理，有助於

1 《覆榮仲華》，《劉坤一遺集》第 5 冊，第 2082 頁。
2 《西安將軍榮祿奏為遵旨入都隨班祝嘏請派員署理將軍印務事》，光緒二十年六月十八日，硃批奏摺，檔號 04-01-14-0090-046，縮微號 04-01-14-013-1925。
3 《西安將軍榮祿奏報交卸將軍印務啟程北上日期事》，光緒二十年七月二十九日，硃批奏摺，檔號 04-01-14-0090-038，縮微號 04-01-14-013-1885。

理解他在戰後政局變遷中處理滿漢關係及中央與地方關係時所扮演的重要角色。

　　榮祿在童年時代隨父輩任職，滯留閩浙多年，甚至還會閩南語，[1] 這可能是他能與漢員親近並信任他們的原因之一。身為滿洲權貴，榮祿在用人方面極少有滿漢偏見。甲午前與榮祿交往的漢族官員主要是京官，督撫只佔少數。從光緒十四年前後榮祿刊行的《世篤忠貞錄》大體可見其交遊的範圍。從光緒二年開始，榮祿邀請一些朝貴達官、名臣文士及友朋為其祖、父家傳（《三忠傳》）題詩作跋，計有恭王奕訢、醇王奕譞、文祥、寶鋆、景廉、瑞聯、那蘇圖、全慶、三壽、豫師、翁同龢、李鴻章、曾國荃、曾紀澤、劉銘傳、陳寶箴、董恂、殷兆鏞、童華、徐桐、潘祖蔭、祁世長、孫家鼐、許彭壽、員鳳林、徐延旭、楊泗孫、黃鈺、呂朝瑞等。這些題詩、題跋無不對榮祿家世及其本人的為官治事極力褒揚，多有溢美之詞，大部分屬於應酬之作。但部分文字也反映出榮祿的活動事跡，以及與一些官員的交往線索。

　　榮祿在同光時期與曾國荃、曾紀澤叔侄都有交誼。曾國荃（1824～1890），湖南湘鄉人，字沅甫，貢生出身。湘軍統帥曾國藩之弟。同治年間歷官浙江按察使、江蘇布政使、浙江巡撫、湖北巡撫等。光緒八年署理兩廣總督，十年署理兩江總督，不久，實授。光緒十三年正月，曾國荃在為《世篤忠貞錄》所撰題記中寫道：

　　　　同治甲戌年，國荃奉詔入都。趨朝之暇，訪謁忠謹有聞譽之仁人賢大夫，因得與榮仲華大司空相接，側聞官戶部及管內務府時崇儉黜奢，直言敢諫，聖主為之動容，荃益歆而慕之。司空以國荃自辛苦百戰中來，亦特垂青相視，彼此稱莫逆焉。越十年癸未，荃由東粵到京陛見，相與往還，共訴晨夕。司空出其所著《世篤忠貞錄》示余，並囑余謹書簡末。比以人事紛擾，未暇報命，然未嘗一刻去諸懷也。又三年，得司空寓書，促余題

1　閩人何剛德曾回憶與同鄉無意中用閩語調侃榮祿，反被榮祿聽懂的趣事。參見何剛德、沈太侔著《話夢集．春明夢錄．東華瑣錄》，第 81 頁。

跋，其言曰：「吾家死事之跡，受國之重，咸著於是編。汝宜為我申之以詞，以紓吾不匱之思。」余以夙諾未踐，愧怍不遑，乃重取而讀之……[1]

同治十三年甲戌（1874），曾國荃以湖北巡撫身份進京陛見，慕名拜訪榮祿，二人遂訂交。曾氏稱「側聞官戶部及管內務府時崇儉黜奢，直言敢諫，聖主為之動容」，實際上是對榮祿後來受黜原因的一種委婉解釋，多少有些諛頌之意。有感於鎮壓太平軍和捻軍起義期間曾氏兄弟、族人也有二十餘人戰死疆場，情景與瓜爾佳氏同，曾國荃在為《三忠傳》題跋時，力讚榮祿家族一門忠貞的精神，也是對自家身世的感慨。如果說題詞僅僅是一種應酬，還難以反映二人真實關係的話，榮祿與其侄曾紀澤則情誼綿長，有據為證。

曾紀澤（1839～1890），湖南湘鄉人，字頡剛。曾國藩長子。同治九年（1870）以蔭生補戶部員外郎，立志學習西語西文，考察各國強弱情偽以求致用。光緒三年，父憂服除，襲侯爵。光緒四年七月，派充駐英、法欽差大臣，旋補授太常寺少卿、大理寺少卿。六年正月，兼署出使俄國欽差，改訂條約，與俄國另簽《伊犁條約》。十年，晉兵部右侍郎，改兵部左侍郎。十二年任滿回京，兼總理衙門大臣。十三年正月，調補戶部右侍郎。曾紀澤是晚清世家子弟中熟悉外情，又有實幹精神的洋務官員，榮祿與他結識的時間不可考，但是，自曾氏以蔭生補官後，即與榮有往還。查閱曾紀澤日記有不少記載。如光緒三年八月十一日：「飯後榮仲華來一談。」十月初四日：「辰初起，校三忠事跡題詞，飯後復校良久。」十月二十二日：「榮仲華來久談。」十一月十七日：「榮仲華來談極久。」十一月二十八日：「申初至榮仲華處，留談至夜，飯後乃歸，期間遇崇文山上公，同談良久。」光緒四年正月十五日：「拜榮仲華，談甚久。」二月初十日：「申正至榮仲華處久談。」[2] 每次與榮見面，都是「久談」，足見交

---

1 曾國荃：《〈世篤忠貞錄〉題記》，榮祿輯《世篤忠貞錄》上卷。
2 劉志惠點校輯註，王澧華審閱《曾紀澤日記》中冊，岳麓書社，1998，第 685、698、703、709、711、722、728 頁。

情不淺。特別是光緒十二年底曾紀澤出洋回京，榮祿已在賦閒之中。但是，二人情分不減。曾氏日記是年十一月二十日記：「拜客，或晤或否。未正至榮仲華家，談極久，索飯食之。」不顧失禮，直接在榮祿府中索要食物，正說明二人是真朋友。此外曾氏還記載，十三年三月初一日，「至榮仲華、奎星齋……處賀升任，均不晤」。同年三月二十八日，「拜榮仲華，久談」。光緒十五年九月初八日，「在吏部公所，與榮仲華談極久」。同年九月十五日，「至榮仲華家赴宴，觀劇，仲華、高摶九為主人」。[1] 這些零星記錄雖不能反映全貌，但足以反映出榮祿與曾紀澤的熱絡關係。

曾紀澤立志探究西學，榮祿則投身於神機營的西法練兵，他們對學習洋人都有比較開放的態度。需要特別指出的是他們與英國傳教士醫生德貞（字子固，John Dudgeon，1837-1901）的交往。光緒三年，曾紀澤在京結識德貞。這年春天，榮祿腰部生了一個瘻瘤，開始還像米粒大小，後蔓延潰爛，延請中醫診治，療效甚微。曾紀澤遂將德貞推薦給榮祿。據榮自述，當時「以中華之醫但能奏效，即無須重煩德君，故遲遲未果」。次年冬季，病情加重，痛苦到了「不堪言狀」的地步，遂請德貞手術，並拒絕使用西醫麻醉，兩次手術共計 19 刀，割去腰部腐肉，[2] 70 天後傷口平復。光緒十年（甲申），德貞將同文館授課的解剖學教材《全體通考》送交榮祿寫序時，榮祿欣然領命，稱讚德貞醫術「精深絕妙」。[3] 榮祿對西醫的接受和頌揚，應該與曾紀澤的影響有很大關係。

李鴻章（1823～1901），字少荃，安徽合肥人，淮軍創辦者，洋務領袖，是同光時期的重臣，以大學士總督直隸二十多年，清廷倚為柱石。榮祿與李鴻章的聯繫應始於管理神機營時期，當時因武器、訓練、設置機器局等事務與北洋多有聯繫，可惜，目前尚未見到二人早期交往的直接資料。在恭王主政

---

1 劉志惠點校輯註，王澧華審閱《曾紀澤日記》下冊，第 1548、1575、1583、1826、1828 頁。
2 翁同龢在光緒四年十二月初一日日記中寫道：「訪晤仲華。仲華腰疾，延洋人刀割，出血數盂，壯哉！」見《翁同龢日記》第 3 卷，第 1428 頁。
3 德貞：《全體通考》，「榮祿序」，光緒丙戌（1886）同文館聚珍版，相關研究參見高晞：《德貞傳：一個英國傳教士與晚清醫學近代化》，復旦大學出版社，2009，第 187～191 頁。熊月之研究員與章清教授或提示問題，或提供相關資料，謹此致謝！

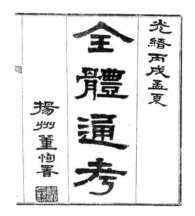 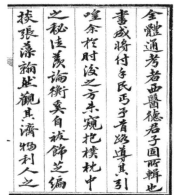 

榮祿為《全體通考》作序（部分）

時期，軍機大臣文祥、寶鋆對李鴻章均極力支持，軍機大臣沈桂芬更是李的同年，對其洋務外交決策在樞中常起疏通作用。相反，李鴻章對榮祿的盟友李鴻藻則頗有微詞。光緒六年四月初五日，他在給曾紀澤的信中說：「目下禧聖肝疾未癒，月餘不能臨朝；安聖敷衍其事，不甚作主。沈相因保薦崇公使俄，致叢眾謗，懊惱成疾，已請假一月。樞府只高陽秉筆，洋務甚為隔膜，時局亦大可虞。」[1]「禧聖」指慈禧，「安聖」指慈安。此時榮祿已經開缺，沈桂芬負氣請假休養，而剛剛服闋重返樞垣的李鴻藻則大顯身手，只是合肥對高陽並不看好。當時在二李之間做疏通工作的則是張佩綸。觀照到上述複雜的人脈關係，榮祿與李鴻章的關係一直很微妙。從目前掌握的情況看，他們之間的交往仍限制在一般公務層面或純粹的私人關係，與當時朝局無多牽連。

光緒三年，華北災荒，榮祿身任步軍統領，在京城辦理救濟，因事務關聯，與直隸總督李鴻章多有聯繫。九月，李鴻章負責招商運糧入京平糶，當時天氣已冷，封河在即，李鴻章急忙派道員朱其昂設法趕辦，陸續運米五六

1《覆曾頡剛星使》，光緒六年四月初五日，《李鴻章全集》第 32 冊，第 544 頁。

李鴻章

萬石至津，並由陸路轉運入京，豈料御史張觀准上書參奏朱「私買京倉」，並請步軍統領衙門查核。為此，榮與李曾有聯絡。李鴻章認為這是言官毫無根據的「妄吠」，向榮祿解釋。另一方面，榮祿身負管理神機營的職責，他通過惲祖祁向李鴻章聯繫，「神機營添設機器局」，請李派員襄助，李鴻章推薦江南製造總局的升用知府華蘅芳，稱其「精通機器製造，堪以委任，屆時酌量咨調亦可」。[1] 光緒初年的災荒持續數年，平糴之事持續到

四年三月，京城所需糧食仍由招商局購運。從這件事情看，榮祿與李鴻章合作還算融洽。

此時，又發生了禮王世鐸在淶水的圈地佃戶欠交地租的爭端。禮王因懿親身份攸關，自然不便出面，由榮祿向李鴻章說明，並寄來「禮邸圈地圖二紙」，希望派員核查。[2] 李鴻章很快派員前往淶水，督同淶水縣令，解決爭端。似乎禮王府也做了讓步，同意「酌減新租，緩催陳欠」，「該佃戶等仰戴寬仁，感激悅服。以後租項，諒可年清年款，不至仍前拖延」。事竣，李鴻章專門致函禮王詳述原委。[3] 榮祿的堂兄蔭祿（字士奇）由世職捐通判，長期在直隸候補，後來曾任寧河、建昌、邯鄲知縣等。光緒九年十月，榮祿為其兄請託，以「高堂日暮，望切倚閭」，希望李鴻章設法安置，李承諾令子壽（黃彭年）廉訪「設法

---

1 《覆榮侍郎》，光緒三年十一月初二日，《李鴻章全集》第 32 冊，第 162 頁。
2 《覆戶部左堂榮》，光緒四年三月二十五日，《李鴻章全集》第 32 冊，第 282 頁。
3 《覆禮親王》，光緒五年正月，《李鴻章全集》第 32 冊，第 398 頁。

妥結」。[1] 豈料，尚未有結果，蔭祿突然病逝，李鴻章專門致函榮祿表達慰問。[2] 光緒十四年九月，李鴻章陪同醇王檢閱海軍後，患病，榮祿也致函問候。[3] 二人一直保持良好的關係。榮祿復出後，李鴻章告誡其子經方，抵達京城後，「凡與我交情親密者⋯⋯不妨先往拜，泛泛者宜少應酬，無益且恐有損」。「葉［榮］仲華交好二十年，晤時問伊腳氣好否，洋醫有效否。爾須稱老伯、小侄，不作官話。」[4] 這些細緻的交代真實反映了榮、李二十年的交誼。光緒十七年，榮祿外任西安將軍後，李鴻章也專門致函祝賀。甲午戰爭前，李鴻章的地位、對內政外交的影響力都遠遠超過榮祿，只是甲午戰後，李鴻章運勢大衰，榮祿權勢蒸蒸日上，彼此的關係才開始發生變化。

　　兩江總督劉坤一與榮祿在甲午後交誼篤厚。其淵源當可追溯到劉坤一此前幾次進京述職之時。光緒十六年十月，兩江總督曾國荃卒，湘軍大將凋謝殆盡，因參案而賦閒十年的劉坤一被重新起用，補授兩江總督。[5] 據說，當時傳言繼任者或是雲貴總督王文韶，或是山東巡撫張曜，而總署則屬意於湖廣總督張之洞，不料，卻是劉坤一重新出山。[6] 實際上，太平天國被鎮壓下去後，湘軍主力長期駐紮江南，兩江總督基本上由湘系漢員出任。此時，左宗棠、劉長佑、彭玉麟等湘系元老相繼故去，劉坤一成為最佳人選。十七年二月他進

---

1 《覆前工部大堂榮》，光緒九年十月初三日，《李鴻章全集》第 33 冊，第 305 頁。按，榮祿的另一位兄長承祿（字季瀛）於光緒九年八月二十日因鄖陽命案經卞寶第參劾被撤任。光緒十九年二月，吳大澂奏調承祿，稱：「候選知府承祿，滿洲正白旗人，前在湖北鄖陽府任內因公被議，士民惜之。臣經辦鄭州大工時，訪知其辦事樸誠，無外省官場揣摩習氣，奏調赴工委辦築壩事宜，實心實力，頗資指臂之助。當時保請開復，奉旨允准在案。現聞選班擁滯，得缺無期，該員以有用之才，沉淪不遇，殊為可惜。故請送部引見。」見《湖南巡撫吳大澂奏為舉薦遇缺即補道劉森、候選知府承祿請旨送部引見事》，光緒十九年二月二十二日，錄副奏摺，檔號 03-53-3-097，縮微號 401-1385。可見，當初吳大澂奏調承祿辦河工，就是為了開復處分，此事可能與李鴻藻有關。

2 《加覆前工部大堂榮》，光緒九年十月二十六日，《李鴻章全集》第 33 冊，第 321 頁。

3 《覆鑲藍旗蒙古都統榮》，光緒十四年十一月十四日，《李鴻章全集》第 34 冊，第 453 頁。

4 《致李經方》，光緒十六年三月初十日、十三日，《李鴻章全集》第 35 冊，第 42、43 頁。

5 中國第一歷史檔案館編《光緒宣統兩朝上諭檔》第 16 冊，第 285 頁。

6 《郭嵩燾日記》第 4 卷，光緒十六年十月二十日，湖南人民出版社，1983，第 969 頁。

京入覲，三月抵江寧接任。江南富甲天下，是有清一代賦稅和漕糧的主要來源區，咸豐末年開始的釐金制度推行後，江蘇的釐金收入為全國之冠，成為清廷財政依賴的重點省份，屢屢奉命籌鉅款解京師。另一方面，劉坤一在處理地方與中央財政關係時也常常大費躊躇。甲午後榮祿與劉坤一的關係與兩江總督的重要地位有直接關係。從現存劉坤一書札看，復出後的劉坤一與榮祿的關係十分融洽。也就在同年十一月，榮祿也有西安將軍之任命。兩人在官場中都曾經過一段磨難和挫折，重新出山，不免互勉有加。是年底，劉坤一致函榮祿，除談及吏治民生、練兵籌餉、洋務通商等公務外，對榮祿幼子綸厚的讀書也倍加關心，寄去金陵官書局所印《四書》《五經》各讀本，並稱：「綸哥體氣佳勝，讀書必能進功，是在師長循循，不可過於督責；小學各章，務須講解數次，但使漸有領會，獲益良多，內聖外王，實基於此。」[1] 種種關切和問候表明，二人私交已深；榮、劉均因參案而開缺賦閒多年，先後起復，自然多了幾分親近。

榮祿抵達西安後，二人也有通信。光緒十九年正月，榮祿致函為道員陶森甲說項，劉承諾「如得改捐來江，自當刮目。……公好士如此，愛才如此，弟與該道同鄉，敢不留意耶？」[2] 八月，二人通信討論東三省防務，劉坤一稱：「……東三省為根本所繫，非我公莫能當此重任；自惟封疆外吏，不敢造次進言。今來書謙讓未遑，只合權作罷論。」[3] 似乎有向清廷舉薦榮祿執掌東北軍務的動議，但為榮祿勸止。二十年三月，劉坤一再應榮祿之請，同意調撥洋槍及彈藥，對西安練兵予以支持。[4] 上述信函可以證明，榮祿與劉坤一之間穩定密切的關係已經建立起來，並深深影響了甲午後的朝局。

另一位與榮祿情誼甚厚的漢族官員是陳寶箴。陳寶箴（1831～1900），字

---

1 《覆榮仲華》，光緒十七年十一月初九日，《劉坤一遺集》第 4 冊，第 1992 頁。
2 《覆榮仲華》，光緒十九年正月十五日，《劉坤一遺集》第 5 冊，第 2039 頁。
3 《覆榮仲華》，光緒十九年八月初四日，《劉坤一遺集》第 5 冊，第 2056 頁。
4 《覆榮仲華》，光緒二十年三月十三日，《劉坤一遺集》第 5 冊，第 2082 頁。

右銘，江西義寧州人，咸豐元年舉人。時太平軍起，參加團練。同治三年，以功敍知府，留湘候補，歷官知府、道員。光緒六年，授河南河北道。八年秋，擢浙江按察使，赴京召對。因「王樹汶案」降三級調任，復託病還鄉。十二年，應兩廣總督張之洞奏調，至廣東任緝捕局事。十三年，經河南巡撫倪文蔚奏調，赴鄭州辦理河工，奉公盡職，為督辦河工的李鴻藻所賞識。次年，黃河合龍，陳寶箴復告假回籍。十五年，經湖南巡撫王文韶奏保，奉旨引見，十六年夏抵京，與榮祿結識即在此時。陳寶箴應邀為《三忠傳》題詩，其詩序有云：「光緒十有六年夏，寶箴既被命來京師。嘗從高陽李尚書數聞長白榮仲華都統之賢，並聞都統在穆宗朝忠鯁亮直、立回成命及裁抑諸貴近數事，由是益心儀其人。既與都統相見，上下其議論，英姿瑰略輝如也。」又云：「寶箴不敏，竊窺都統負荷世業，志意鬱然，所以恢張先烈為國倚畀者甚深無窮，而都統識略幹局，行且有以副之，用抒凡陋，聊效一篇，詠歌其事，亦以揭都統繩繼不忘之誼云爾。」[1] 可以看出，陳寶箴同樣是經李鴻藻引介與榮祿結識的，對榮祿「忠鯁亮直」「裁抑諸貴」之事多有讚譽。十月，陳寶箴補授湖北按察使，離京赴任。榮祿外放西安將軍後，曾致函陳寶箴表達心志，稱：

> 古人云：「平生得一知己，可以無憾。」知我如君，照見肝膽肺腑，此所以始而感也；我兄以國士視弟，又引為楷模，自顧不才，曷克當此，所以繼而慚也。來書於地勢、時艱，拳拳注意，預為固本之謀，老臣憂國深遠如此，玩味至再，不禁距躍三百、曲躍三百，欽佩之極，拍案而起舞矣！
>
> 弟之稟質本未過人，中年又少學問，一身將老，自分上不能仰報朝廷、力圖建樹，下不能澤躬爾雅、增采名山，感事撫時，徒深愁慮。竊聞范文正（范仲淹）作秀才時，便以天下為己任，以故逢時展佈勛名，與山嶽爭高。方今時事艱難，凡有志報國者無不欲披肝自效，而一二練達之士或從而阻撓

1　陳寶箴：《〈世篤忠貞錄〉詩並序》，見榮祿輯《世篤忠貞錄》上卷。

之，奈何？今天子不以祿為迂拙，命鎮關中，中夜以思，實深悚惕。……

　　岳武穆有云：「文官不愛錢，武臣不惜死，何患天下不太平？」誠哉是言！固知足國之計不在斂財而在節用，猶欲卻病者宜先培元氣也。足下有心時事，籌之必已爛熟，長跽問公，何以策之？祿每念時艱，不覺奮袂而起，披肝膈為知己道，不敢與俗人言也。[1]

　　陳寶箴致榮祿原函今天已經看不到，但彼此以「國士」「知己」相稱，可見推重之深。榮祿稱，時事艱難，有志報國者卻遭「一二練達之士」阻撓，隱約流露遭人忌恨的情形，可見，他未能早日復出是有原因的。榮祿的書信傳世不多，如此坦陳心跡、表達志向和見解的信件更是難得一見。從榮祿的覆信可以感受到，榮、陳二人均有立志報國、共濟時艱的志向。對榮而言，有些話多

陳寶箴

了一些標榜的意味。但是，在甲午戰後的新政中，他們都屬於身體力行、謀求實政改革的一類官員，這一點也不可否認。

　　甲午戰爭前夕，雲貴總督王文韶與湖廣總督張之洞也是疆臣中的重要人物。王文韶（1830～1908），字夔石，浙江仁和人。咸豐二年進士，以主事用，曾與榮祿同為寅僚。同治六年二月，左宗棠「督剿」回民軍，檄辦西征後路糧台。後經沈桂芬援引入樞。光緒四年二月，署理兵部侍郎；同年七月，命在總理衙門行走。

1　汪叔子、張求會編《陳寶箴集》下冊，中華書局，2005，第 1653～1654 頁。按：編者另有校註，此略。

光緒五年命在軍機大臣上行走。光緒
八年，王文韶因雲南報銷案降兩級調
用，後任湖南巡撫、雲貴總督。張之
洞（1837～1909），字香濤，河北南
皮人，同治二年探花，光緒初年追隨
李鴻藻，成為清流核心人物。後出任山
西巡撫、兩廣總督、湖廣總督。榮、
張各自與李鴻藻私交甚篤，二人之間
卻毫無交往。由於甲午戰爭引發的政
局變化，榮祿回京督辦軍務，逐漸參
與軍政決策，王文韶、張之洞等督
撫，不論先前是否與榮祿有淵源，彼
此之間的關係都開始發生重要變化。

張之洞

　　榮祿在西安將軍任上結緣鹿傳
霖的同時，也結識了鹿的幕僚樊增祥。樊氏當時地位雖不高，但對後來局勢有
特殊影響，故也略加說明。樊增祥（1846～1931），字嘉父，號雲門，別署樊
山，湖北恩施人。同治六年舉人，為湖北學政張之洞賞識。光緒三年中進士，
改庶吉士，散館後任陝西宜川縣令。旋丁母憂，服闋，經巡撫鹿傳霖薦為渭南
縣令，任內為政尚嚴，聽訟判案，洞幽燭微，以能吏名於當時。[1] 經鹿引介，
榮祿與樊增祥結識。榮祿在西安任內，樊增祥有《上榮將軍》詩云：

> 朱軒華鼓鎮關中，鑾輅親承下九重。玉節暫行留鑰事，紫袍仍帶尚書
> 封。秦王藩府施行馬（今滿城為前明秦藩舊邸），渭上屯田養臥龍。黑髮
> 三公今六十，後凋真似華山松。

---

1 錢海岳：《樊樊山方伯事狀》，涂曉馬、陳宇俊點校《樊樊山詩集》下冊，附錄二，上海古籍出
　版社，2004，第 2052 頁。

出入三朝久典兵，尚方服御亦經營。諸王玉牒皆姻婭，上相黃扉總弟兄。進奉官家親授記（故事，尚方宣索皆有圖記，其後浸用白紙。公筦內務府，奏覆其舊），傳宣妃主不呼名。惠陵一去龍髯遠，說着宮車淚滿纓。

忠讜平生第一流，兩宮側席獎英謀。御前貂珥皆廝養，帳下偏裨盡列侯。御殿斜封曾繳進（指簾子庫事），香山佛寺罷焚修（歲乙亥，兩宮議修香山諸寺，估工六十萬，公一言而止）。名臣言行當編錄，史筆今誰嗣弇州。

起家宿衛近鉤陳，裘帶風流見性真。少日春秋俱上口，貴來琴麈不離身。指麾西域諸蕃將，調護東林舊黨人（謂幼樵）。屢謁軍門捫虱語，心知景略在風塵。[1]

詩中不乏諛頌之詞。但所說榮祿與皇室多重聯姻，深受兩宮器重，均屬實情；勸止修建香山諸寺，可能也有所據；至於調護清流，為馬江之敗和因保舉唐炯受黜的張佩綸說情，證以其他文獻，也是可信的。榮祿雖與李鴻藻交深情密，與張並無交往。但是，榮祿可能受李之託向醇王為張佩綸之事進行過疏通。張日記中的點滴記載有蛛絲馬跡可尋。[2] 樊增祥在已亥年（1899）來京參武衛軍幕，庚子事變中被公認為榮之心腹幕僚。[3] 兩宮抵達西安，榮祿掌樞，再倚樊增祥掌文牘，宣佈實行「新政」的詔書，非出於軍機章京之筆，而是樊氏之手。

此外，與榮祿交往深厚的漢族官員至少還有袁世凱、盛宣懷、董福祥等，但他們與榮祿的結識及密切往來已在甲午戰爭之後了。

---

1 涂曉馬、陳宇俊點校《樊樊山詩集》上冊，第 417 頁。

2 光緒十二年正月初七日，流戍張家口的張佩綸在《邸報》得知榮祿以報效槍支銀兩開復降二級處分，在日記中曾有記錄。同年八月初七日，榮祿託人贈送果餅給張之兒輩，張日記中又寫道：「余與榮無交，屢致殷勤，不解所以。」見謝海林整理《張佩綸日記》上冊，第 96、115 頁。榮祿對張「屢致殷勤」說明他對張還是很敬重的，由此推斷他可能為張佩綸之事與醇王講過情。庚子、辛亥之際，李鴻章在京議和，力促張佩綸重新出山，榮祿也曾予以支持。

3 樊增祥有《同僚書札多改雲門為禹門又訛禹為雨近更有作榮門者感賦》一詩，見涂曉馬、陳宇俊點校《樊樊山詩集》上冊，第 558 頁。同僚將「雲門」戲改「榮門」，有調侃之意，卻也說明榮對樊的器重。

第四章

甲午督辦軍務

在新設立的督辦軍務處中，榮祿以兵部尚書的實職，掌握了甲午戰後軍事改革的大權，袁世凱小站練兵、新建陸軍的設立都是榮祿推動近代軍事改革的直接體現。

　　光緒二十年爆發的中日甲午戰爭，不僅是影響中日兩國歷史、改變東亞政治格局的重大事件，也是晚清政治史的一道分水嶺。這場戰爭大大加深了中華民族的危機，促使國人猛醒，奮發圖強，從而揭開中國近代史上新的一頁。同時，也改變了甲申易樞以來清廷的政治格局。戶部尚書翁同龢、禮部尚書李鴻藻批評中樞在對日和戰決策上的失誤，很快喚起大批京官的積極附和，聲勢浩大的清議勢力再次興起，成為影響朝政的重要力量。[1]慈禧和光緒帝的分歧與矛盾也開始顯現。在朝野輿論的推動下，經過慈禧允准，九月初，恭王奕訢復出主持大局，甲申以來的軍機班底遇到前所未有的挑戰和危機。在政局撲朔迷離之際，前來參加萬壽祝嘏的榮祿抵達京城。在各派政治勢力的角逐和重組過程中，榮祿擔綱重任，贏得了新的歷史機遇。

一　提督九門　督辦軍務

　　榮祿於八月初二日自西安束裝東行，九月十二日抵達京城。《申報》對榮祿到京後的活動報導說：「西安將軍榮仲華尚書祿遵旨入京祝嘏，循例暫假阜成門內南順城街呂祖宮歇宿。繕具安摺膳牌，於九月十二夜齎往西苑門，由奏事官遞入。十三日寅刻，尚書趨詣西苑門，先於六項公所與廷臣小敘，然後至宗人府茶房謁見恭邸，談論許久。軍機處發出傳單，榮祿頭起備見。尚書遵即步入西苑，觀天顏於勤政殿，碰頭行禮。上詢以時政數端。尚書明晰條奏畢，即

---

1 「清議」也稱「清流」，這個概念有很多含義。參見王維江《「清流」研究》第 1、2 章。本文特指當時部分科舉出身的中下層京官，其中以科道言官和翰詹講官為核心，他們秉承傳統士大夫以天下為己任的直諫精神，敢於批評朝政。中法戰爭前後的清流，與軍機大臣李鴻藻的援引直接相關；甲午戰爭爆發後，清議再起，他們的核心主張是積極主戰、反對講和，一般認為是帝傅翁同龢主導的，但與李鴻藻也有牽涉。事實上，在特定的歷史條件下，清議又有相對獨立的一面，被視為清議「領袖」的翁、李有時也不能完全掌控住這股政治力量。

出殿與近臣小敍寒暄，乃回南鑼鼓巷局兒胡同本宅。」[1] 這段平淡的報導，只是敍述了榮祿抵京後例行公事的情形，其實，這次回京還有一段鮮為人知的幕後故事。

　　儘管還缺乏充分的文字佐證，但已有種種跡象表明，榮祿此次入京前已經與京師密友頗有謀劃。九月初九日，獲知榮祿即將抵京，李鴻藻派心腹家人楊彬專程攜帶信函前往長辛店迎接。這並非普通的友朋間的迎來送往，而是要向榮祿傳達最機密的政治消息。李氏函云：「日來正深殷盼，適劉紀來，詢知驂從於初十日抵長辛店，敬惟途中百凡安善為慰馳忱。此處近事想有所聞，茲命小價楊彬代躬奉迎，並面陳一切。即頌勛安，不盡欲言萬一。愚兄鴻藻頓首。重陽寅刻。」[2] 李鴻藻清晨寫信，並派自己的親信前往「面陳一切」，自然是為了避人耳目，向榮祿傳達機密消息。無獨有偶，翁同龢也同樣急迫地想見到榮祿。十二日，翁氏日記云：「與高陽在公所談至未初，因榮仲華今日入城，欲往候而遲遲不來，只得散去。」次日又記：「見仲華於廷中。」[3] 榮祿在陛見後才陸續見到昔日的僚友。鑑於戰局糜爛，和戰皆不可恃，急需羣策羣力，挽救大局。榮祿的回京已經預示着某種意義，關注他的不止翁同龢一人。[4]

　　榮祿抵京前，京城內部因和戰問題已經出現了較大分歧，翁同龢、李鴻藻為首的一批官員，對孫毓汶、徐用儀等中樞的決策提出批評，並得到以其門生為核心的大批京朝官員的呼應，形成一股強大的清議勢力，朝局開始持續發生變化。七月十六日，禮部侍郎志鈞參劾孫、徐把持朝政，摺子呈慈禧御覽，奕劻面對達七刻之久。次日，光緒帝以原摺示孫、徐，「溫語慰勞，照舊辦事，仍戒飭改過云云。」[5] 這是戰爭爆發後官員首次嚴參樞臣。清議再起，與翁同龢、李鴻藻的扶持有直接關係，但是，此刻翁、李已經奉旨參與決策，清議又開始

---

1 《御爐煙篆》，《申報》光緒二十年十月初五日，第 2 版。

2 盧和平主編《近代史所藏清代名人稿本抄本》第 1 輯第 68 冊，榮祿檔，第 214 頁。

3 翁萬戈編，翁以鈞校訂《翁同龢日記》第 6 卷，第 2782 頁。

4 本日，那桐到榮祿處看視。見北京市檔案館編《那桐日記》上冊，新華出版社，2006，第 158 頁。

5 翁萬戈編，翁以鈞校訂《翁同龢日記》第 6 卷，第 2764～2765 頁。

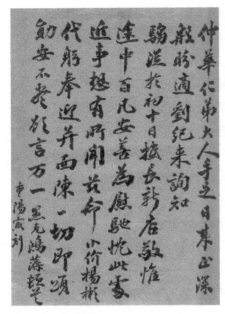

李鴻藻致榮祿函

責難翁同龢「不能博採羣言，一掃時局」，對翁「非我所能及」的實際處境也不諒解。

由於受到清議的壓力，翁、李也愈來愈激烈。七月二十五日，御史易俊、高燮曾上疏要求懲處海軍提督丁汝昌。翁、李「謂不治此人罪，公論未孚。乃議革職帶罪自效」。翁氏在日記中寫道：「既定議，而額相（額勒和布）猶謂宜令北洋保舉替人乃降旨，余不可。孫君（毓汶）謂宜電旨，不必明發，余又不可。乃列奏片，謂丁某遷延畏葸，諸臣彈劾，異口同聲云云」。翁稱此事「極費口舌，余亦侃侃，不慮丞相（指額勒和布）嗔矣」，[1] 表現得非常堅決。此時翁、李雖未入樞，但奉旨會議「韓事」，與樞臣意見時有衝突。三十日，翁生病，孫致函稱，「上命」待翁出再議也。[2] 八月初五日，「電積七八日，殆數十件，且有多至六七十開者」，翁萬戈編，翁以鈞校訂《翁同龢日記》第 6 卷，第 2771 頁。軍務緊急，孫毓汶等竟然不處置，專等翁氏參與，彼此已有意氣之爭。八月十八日，知平壤不能守，諸臣會議時，「高陽抗論謂合肥（李鴻章）有心貽誤，南皮（張之萬）與爭，他人皆不謂然」。翁則「左右其間，曰高陽正論，合肥事事落後，不得謂非貽誤，乃定議兩層：一嚴議，一拔三眼花翎，褫黃馬褂，恭候擇定」。[3] 可見，在處分李

---

1 翁萬戈編，翁以鈞校訂《翁同龢日記》第 6 卷，第 2767 頁。
2 同上，第 2768 頁。
3 同上，第 2775 頁。

鴻章的問題上，雙方意見不一。此刻，孫毓汶等軍機大臣又集體上摺辭差，皇帝不准。樞中內訌時起，遂有清議人士創議起用恭王奕訢之說。

　　事實上，早在七月初，禮部左侍郎長麟就曾上摺請起用恭王奕訢，[1] 七月十七日，御史王鵬運再次奏請恭王「總統海疆軍務」，[2] 均被留中。八月二十八日，南書房行走李文田等上摺請起用恭王，當天，翁同龢、李鴻藻也推波助瀾，擬奏片稱「恭親王勛望夙隆，曾膺巨任，前經獲咎，恩准養痾，際此軍務日急，大局可憂，恭親王懿親重臣，豈得置身事外？李文田等所奏各節，不為無見」，請召用恭王。這一切顯然是有預謀的。但是，慈禧對此並不同意。這天下午，在召見翁、李時，對他們建議任用奕訢之事「雖不甚怒，而詞氣決絕」，雖翁、李勸諫再三，「凡數十言，皆如水沃石」。[3] 可見慈禧對恭王積憾之深。先前恭王請求在慈禧萬壽時隨班行禮，曾遭拒絕。無奈，光緒帝又召見南書房翰林陸寶忠，命聯絡翰林科道上「公摺」請用恭王，並有「吾今日掬心告汝，汝其好自為之」之語。陸氏奉命後，積極活動，就連徐桐也被邀參與其中，[4] 當年參奏恭王的宗室盛昱，此次也以繫鈴人的身份出面「解鈴」，全力推動奕訢復出。[5] 當時，盼望奕訢出山挽救危局幾乎成為朝野的共識。輿情如此，慈禧也不得不順應。九月初一日，慈禧頒佈懿旨，命奕訢管理總署，並總理海軍衙門事務，應對軍政事務。而此前，慈禧已命翁祕密前往天津，與李鴻章商議與俄公使討論共保朝鮮事，翁氏九月初二日抵津，兩天後返回。

　　恭王復出，自然帶來了新氣象，首先表現在用人方面。恭王復出時，榮祿尚在路途中，但是，榮祿回到京城便被任命為步軍統領，這是恭王收拾局面的

---

1 翁萬戈編，翁以鈞校訂《翁同龢日記》第 6 卷，第 2760 頁。後來長麟成為督辦軍務處成員，可能與此有關係。該摺見戚其章主編《中國近代史資料叢刊續編‧中日戰爭》（以下簡稱《中日戰爭》續編）第 1 冊，中華書局，1989，第 45 頁。

2 《御史王鵬運奏請任恭親王總統海疆軍務摺》，光緒二十年七月十七日，戚其章主編《中日戰爭》續編第 1 冊，第 89 頁。

3 翁萬戈編，翁以鈞校訂《翁同龢日記》第 6 卷，第 2777～2778 頁。

4 參見寶成關《奕訢慈禧政爭記》，第 355～357 頁。

5 祁龍威：《從奕訢出入軍機看前後「清流」的悲劇》，《光明日報》1963 年 5 月 22 日。

恭親王奕訢

重要舉措之一，並得到李鴻藻、翁同龢的一致支持。步軍統領衙門在清代官文書中往往被稱為步軍營，是從一品的衙門。其首領官簡稱為「步軍統領」，或「九門提督」，由皇帝特簡親信大臣擔任，全銜為「提督九門步軍巡捕五營統領」，並設左翼總兵和右翼總兵各一人，以佐理其事。統領的兵士分為兩部分，一部分為選自滿洲、蒙古、漢軍八旗的步兵，組成步軍營，防守內城；一部分為京城綠營的馬步兵，組成巡捕五營，防守外城及京郊地區。這支隊伍構成負責京城地區衛戍警備的主要軍事力量，同時負責京城地面治安，有審理刑名案件的職責。[1]

關於步軍統領的更換，早在光緒十九年十月十九日，御史王鵬運就曾上摺指出：近來京城盜風日熾，案件迭出，雖然大學士兼步軍統領福錕「公忠體國，任事實心」，但其所兼各衙門如戶部、內務府、總理衙門等均係繁劇要差，事事分任，即使精力充沛，也難免顧此失彼，致使步軍統領衙門將弁因循，捕務弛廢；況且，前原大學士文煜、英桂等皆補授大學士後即開去步軍統領差使，故建議另簡大員充步軍統領。[2]該摺反映了當時的實際情況，但被留中未發。榮祿回京後，京師防務吃緊，福錕職務繁多，經恭王力薦，榮祿接任步軍統領成為自然。九月二十九日上諭稱：「步軍統領管理地方事務，責任綦重，福錕差使

1 俞玉儲：《步軍統領衙門及其檔案》，北京市檔案館編《檔案與北京史國際學術討論會論文集》，中國檔案出版社，2003，第122～135頁。

2 《江西道監察御史王鵬運奏請另簡步軍統領以重捕務事》，光緒十九年十一月十九日，檔號03-5312-054，縮微號401-3252。

較多,深恐未能兼顧,著開去步軍統領之缺,步軍統領著榮祿補授。」[1] 從此,榮祿在危難之際擔當起了京師禁戒保衛的重任。關於榮祿回任步軍統領,陳夔龍在《夢蕉亭雜記》中寫道:

> 甲午萬壽慶典,特令(榮祿)來京祝嘏。維時中日戰起,京師震動,居民紛紛遷徙,流言遂多。步軍統領福相國錕病不治事,人心皇皇。恭邸重領樞廷,揚言於眾,謂:「九門提督非借重仲華不可。」公(榮祿)謂提督一差,十年前曾任過,方今國家多難,本不敢辭。但昔以寶(鋆)、沈(桂芬)媒蘗朦奏,先開去工部尚書。今如以尚書兼差,始能承命。否則,願回西安本任。遍時無尚書缺出,不得已奏請以步軍統領兼總理各國事務大臣。[2]

陳夔龍的回憶不盡準確。榮祿九月出任步軍統領出於恭王建議,大約準確;李、翁係恭王昔日舊僚,也會全力支持。但榮祿兼職總署稍晚,是在十一月十九日。從情理上說,榮祿內心或有怨氣,此時似不敢以尚書兼差為就任步軍統領的先決條件,況且,總署只是兼差,他已是尚書銜,得尚書缺只是時間早晚問題。[3]

十月初四日,榮祿與左翼總兵英年、右翼總兵長麟上奏,陳急固根本之策,這是他任職後首次建言獻策。略言:「馭夷不外和、戰二事,然必先以戰為根本,而後能以和藏事。光緒十年法人之役,越南諒山一勝,始能講解,未有不受懲創而能成和者也。用兵不外戰、守二事,然必先以守為根本,而後能

---

[1] 中國第一歷史檔案館編《光緒宣統兩朝上諭檔》第 20 冊,第 485 頁。

[2] 陳夔龍:《夢蕉亭雜記》,第 49 頁。

[3] 榮祿在次年補授兵部尚書時,報章曾報導說:「昆中堂現丁內艱未滿期歲,照例停升停轉,當禮部進中堂本時,中堂預自口敘明白;榮仲華大司馬本任步軍統領,例不兼轄兵曹,當補授尚書時曾面辭恭邸。此二公卒轉恊揆、兼夏曹者,蓋一以品學優長,一以政事諳練,故皆蒙帝心,簡在破格著顧云。」見《禁苑秋聲》,《申報》光緒二十一年七月十二日,第 1 版。此時榮祿尚面辭尚書,則甲午年更不可能索要尚書,陳夔龍這裏所記絕不可信。

以戰施功。如咸豐、同治年間，粵、捻之役，畿輔先固，賊勢漸衰，未有不固畿輔而能言戰者也。」故請於同治初年開始訓練的五營精壯兵 3000 名中，分撥 2500 名，選派五營將官帶領，於本營所屬附近地帶扼要駐紮，認真防範，「晝則盤詰往來，夜則巡邏地方」，其餘 500 名仍令在營照常訓練以備隨時更替。並請飭戶部每月給每兵口分二兩以示體恤。具體的佈置方案，一是請仿效咸豐十年（庚申之變）和同治七年（鎮壓捻軍）成案，設立「京師巡防處」；二是徵調「大枝勇營於近畿設防，以資拱衞」。[1] 疏上，諭命著照所請行：「該統領等務當督飭派出將官實心經理，隨時分段盤詰奸宄，巡邏地面，毋得有名無實。仍不時派員密查，如有空誤疏懈，立即從嚴參辦。至所稱此項操兵所得口分不足以資餬口，著每月每名賞給口分銀二兩，由戶部按月照數發給，以示體恤，俟軍務平定即行停止。」[2] 榮祿等同時另上附片稱：「官兵以器械為先，必須精利適用，現查五營所用之刀矛鳥槍等項，雖經隨時修補，第逐日演練，致仍有殘缺不齊，擬即趕為置辦，亦恐緩不能待，奴才等聞得神機營尚有餘存軍械，合無仰懇天恩准由奴才衙門行取神機營所存前膛洋步槍五百桿，並隨槍銅帽鉛箭什物等項，攢竹長矛六百桿，裏布竹竿槍二百桿，得勝刀二百把，刺刀二百把，分配各營，以備巡防之用。」[3] 疏上，同樣允准。榮祿在同光之際已有過辦理京城防衞事宜的經驗，這些舉措對榮祿來說早已得心應手。

掌管步軍統領衙門只是開始，早年治兵資歷成為榮祿臨危受命、擔當重責的優勢所在。隨後的人事調整中，榮祿又獲得了新的職責，開始進入決策圈，逐步成為應對危局的重要人物。

十月初五日，按照以前「京師巡防處」的思路，清廷成立督辦軍務處，派

---

1 《榮祿等奏請分撥五營練兵扼要駐紮以資巡緝》，光緒二十年十月初四日，台北故宮藏軍機處檔摺件，編號 136037。該摺又被擬名為《步軍統領榮祿奏請設巡防處並派程文炳等近畿設防摺》，收入戚其章主編《中日戰爭》續編第 1 冊，第 478 頁。

2 《清德宗實錄》卷 351，光緒二十年十月初四日，《清實錄》第 56 冊，第 525 頁。

3 《榮祿等奏請將神機營所存武器分配練軍五營以備巡防之用片》，光緒二十年十月初四日，台北故宮藏軍機處檔摺件，編號 136038。

恭親王督辦軍務，所有各路統兵大員均歸節制，慶親王奕劻幫辦軍務；戶部尚書翁同龢、禮部尚書李鴻藻、步軍統領榮祿、右翼總兵禮部左侍郎長麟會同商辦。同日，設立巡防處，仍派恭王等六人「辦理巡防事宜」。[1] 又派兵部尚書敬信、工部尚書懷塔布、禮部右侍郎李文田、工部左侍郎汪鳴鑾，會同五城御史辦理團防事宜。[2] 這一系列的部署是相輔相成的。據說，成立巡防處出於榮祿的建議：「時日本構釁，榆關內外防軍失利，都城震動。……因請依咸豐三年、同治七年故事，特設巡防局，領以親王，專決軍務，簡大臣督理五城團防，以安輦轂；用宿將前任湖北提督程文炳、甘肅新疆提督董福祥、涼州鎮總兵閃殿魁，募重兵駐京畿，以備緩急。」[3] 查，同治七年為防捻而設巡防局，恭王主持其事，榮祿是參與者之一；此次獻策成立巡防處，正可以施展自己的才幹，也是恭王重用榮祿的主要原因。不過，此時的戰爭形勢遠比「剿捻」時嚴峻。不僅成立巡防處，還成立了針對全局性的軍事決策的督辦軍務處。由於巡防處與督辦處人員重合，事實上督辦處已經包含巡防的功能，榮祿身任步軍統領，更是主要負責任者。巡防處即設在神武門提督衙門公所，[4] 這裏自然也是督辦軍務處的公所。

第二天，清廷又調整了軍機處。上諭命翁同龢、李鴻藻、剛毅在軍機大臣上行走。[5] 先設立督辦軍務處，確定人選，再調整軍機處，命翁、李身兼二者，這樣便可協調軍機處與督辦處的公務關係，這個決策說明此刻慈禧對奕訢仍有戒心，不敢放心使用。十月十九日，額勒和布與張之萬奉旨退出樞垣，中樞暫時完成了一次調整。同時，榮祿以西安將軍補授步軍統領，與舊例有違。通常步軍統領例由部院尚書兼署，為此，十月十五日吏部請旨應否簡派部院堂官

1 《清德宗實錄》卷351，光緒二十年十月初五日，《清實錄》第56冊，第525頁。
2 中國第一歷史檔案館編《光緒宣統兩朝上諭檔》第20冊，第98頁。
3 《榮祿傳》，杜春和、耿來金、張秀清編《榮祿存札》，齊魯書社，1986，「附錄」，第415～416頁。該傳也是清季國史館所修榮祿傳的一種。
4 翁萬戈編，翁以鈞校訂《翁同龢日記》第6卷，第2791頁。
5 《榮祿履歷冊》，台北故宮藏傳稿傳包，文獻編號702001629。

「協理」，上諭稱「毋庸添派」，[1]說明形勢急迫，榮祿備受倚重，故不為舊例所限制。十月二十二日，榮祿奉旨補授正白旗漢軍都統，正式進入京職系列，總算是與例相符。

為了應對局勢變化，中樞調整的同時，地方督撫也有所變更。先是，九月初十日，清廷聽取翰林院編修徐世昌的建議，命湖廣總督張之洞來京陛見，傳聞將入樞。十月初五日，成立督辦軍務處的當天，清廷又改變方針，命劉坤一來京陛見，兩江總督著張之洞署理，命張迅赴署任，毋庸來京。十月十一日，張之洞抵達南京，十六日接兩江署任。十二月初一日，劉坤一北上到京，次日，授欽差大臣，奉旨節制山海關內外防剿各軍（包括淮軍在內）。十六日，翁日記記：「午赴督辦處。未初，劉峴莊來，兩邸及李、榮二公與余趣其調隊出關援宋，余提筆寫數條，議遂定。」[2]新年（光緒二十一年，乙未）正月十三日，劉坤一遂率部自天津赴山海關，所部馬步兵約二十一萬，而此時另一位奉命北上督師的湖南巡撫吳大澂也抵達田莊，與遼東日軍進入作戰狀態。同時，奉旨來京陛見的雲貴總督王文韶亦抵京，並與榮祿有過機密會談，[3]稍後奉命幫辦北洋軍務，可見清廷已對李鴻章不能完全信任了。上述人事調動都是恭王復出後採取的舉措，甲申易樞後的權力格局出現了新變化。

榮祿之外，甲午年十月入樞的剛毅是另一位開始崛起的新貴。自此直到庚子年間，榮、剛關係成為影響政局的重要因素，特別是在戊戌政變後，甚至成為支配政局走向的關鍵因素。

剛毅（1834～1900），字子良，滿洲鑲藍旗人，同治五年，以筆帖式補刑部主事，至光緒五年，一直供職刑部，諳悉案例，經手審理浙江餘杭楊乃武案，平反冤獄，為時論所譽。光緒六年，因京察一等，外放廣東惠潮嘉道，屢

---

1 《榮祿履歷冊》，台北故宮藏傳稿傳包，文獻編號 702001629。
2 翁萬戈編，翁以鈞校訂《翁同龢日記》第 6 卷，第 2812 頁。
3 王文韶在乙未正月初二日日記中寫道：「仲華來深談，始知此次叫來之由。」見袁英光、胡逢祥整理《王文韶日記》下冊，中華書局，1989，第 868 頁。

有遷轉，歷任廣西按察使、廣東布政使、雲南布政使等職，光緒十一年繼張之洞之後任山西巡撫。十四年十月，調江蘇巡撫，十八年，調廣東巡撫。剛毅是光緒中葉較為著名的廉吏，深得朝野的讚譽。與榮祿一樣，剛毅也是硃筆圈點的來京祝嘏官員。從種種跡象看，剛毅留京入樞似與翁同龢的援引有一定關係。他曾是翁任刑部堂官時的司員，二人有私交。[1] 據翁日記，九月二十五日，剛毅到京後即與翁長談；十月初六日入樞當日夜裏，又來翁宅密談。[2] 翁氏援引剛毅大約無疑，近代以來的私家記述中也有反映。[3] 不僅如此，剛毅在入樞問題上，還曾與榮祿有過暗爭。據軍機章京王彥威披露的內情，起初慈禧命恭王選擇一位滿員入樞，恭王擬在榮祿與剛毅之間選擇其一，翁同龢向恭王建言，剛毅「木訥可任」，遂擇剛入值，王彥威：《西巡大事記》卷首，王彥威纂輯、王亮編《清季外交史料》第 4 冊，第 3992 頁。機敏的榮祿與翁資歷相當，卻被拒之於樞垣外。從翁、榮表面交好、內存隔閡的關係看，這種可能性是存在的。果然，甲午後榮、剛的關係一直不融洽，甚至不斷惡化，根源之一當起自甲午入樞之爭。以往學界多關注漢臣之間的派系爭鬥，而對甲午戰後朝局中滿洲權貴之爭的留意明顯不夠，殊不知，滿臣間的權力之爭對政局的影響更為關鍵。[4]

---

1 翁同龢在戊戌政變後曾對人云：「子良（剛毅之字）前充刑部司員，由余保列一等，得以外簡。厥後以粵撫入京祝嘏，適額相奉旨退出軍機，余即力保子良繼入樞垣。雖不敢市恩，實亦未曾開罪。不知渠乘人之危。從井下石如此！」見陳夔龍《夢蕉亭雜記》，第 63 頁。

2 翁萬戈編，翁以鈞校訂《翁同龢日記》第 6 卷，第 2786、2791 頁。

3 翁同龢的門生文廷式稱：「廣東鑄銀元局，歷年所餘近六萬元。大小各數萬，式甚精妍。剛毅入京祝嘏，飾以錦匣，為進奉之品，大稱旨，其實則公款也。常熟援之，遂有軍機大臣之命。」見汪叔子編《文廷式集》下冊，第 734 頁。既提到進獻財物，也言及翁之提攜。高樹也曾提到剛毅向慈禧進奉財物得以入樞，他在《金鑾瑣記》詩註中稱：「剛毅由粵撫入京，祝太后壽，獻各國大小金銀錢於李閹，約計千餘元，全球略備，無一雷同，大得閹歡心，遂為太后寵任。」見錢仲聯主編《清詩紀事》第 19 冊，江蘇古籍出版社，1989，第 13291 頁。這裏又說向李蓮英進奉外國金銀幣（集幣），大約慈禧也不能免。筆者以為，當時，兩江外廣東最為富庶，粵海關監督並督撫貢獻內府較他省為多，歷任廣東督撫均如此，剛毅也不能免，況在慈禧六旬萬壽之際？剛毅入樞的主要原因恐非此，此論可能是庚子後世人醜詆剛毅的說法。

4 戊戌年春翁同龢開缺後，曾有榮祿入樞之議，據說因剛毅抵制而未成；政變後，榮祿由直隸總督任回京入樞，二人衝突就此開始。詳見後文。

二 反對漢納根練兵

　　督辦軍務處成立之初，和議決策仍不明朗。當時，積極備戰仍是朝野關注的一件大事。德國人漢納根的練兵方案就是在這種背景下提出的。是否要聘洋人練兵、擴大戰事，榮祿與翁同龢意見不同，甚至產生激烈的衝突。由於在漢納根練兵問題上，光緒帝完全聽信於翁氏，直接導致慈禧做出停撤書房差使和加派恭王奕訢入樞的重大決定。

　　漢納根（Constantin Von Hanneken，1855-1925），德國軍官，天津海關稅務司德璀琳之婿。光緒初年受李鴻章之聘，供職北洋幕府，曾參與修築旅順、威海衛炮台，因功授予寶星、頂戴。甲午九月，參加大東溝海戰，由於「奮勇效力」，表現優異，經李鴻章奏保，受到賜寶星並加提督銜的褒獎。[1]九月二十五日，光緒帝電諭李鴻章，召漢納根進京。三十日，奕訢等總理衙門大臣接見漢納根，面詢救時之策。漢納根提出了三條建議，其中之一，是「另募新兵十萬，以洋法操練」，並強調「捨此無以自立矣」。[2]恭王對這個練兵計劃很是謹慎，十月初三日，首次和皇帝見面時，就力阻皇帝召見漢納根，翁同龢、李鴻藻也表示贊同。次日下午，翁、李在總署接見漢納根，聽其闡發練兵十萬、購船八隻及購槍械之事，判斷其所言「雖有條理，究無良法」。可是，初五日，翁與恭王、慶王、李鴻藻一起召對時，卻極力保舉漢納根。[3]於是，光緒帝頒旨，令直隸按察使胡燏棻會同漢納根著手「召勇教練」，洋槍隊之事進入實際籌備階段。李鴻藻也對漢納根練兵很支持，胡燏棻就是翁、李推薦的。翁同龢、李鴻藻希望藉助洋將練兵扭轉戰爭頹勢，與既往堅決的主戰傾向是一致的，光緒帝深受影響。但是，當時形勢之下已經沒有繼續擴大戰事的可能了。

1　《海戰請獎恤西員片》，光緒二十年九月二十三日，《李鴻章全集》第 32 冊，第 467～468 頁。
2　翁萬戈編，翁以鈞校訂《翁同龢日記》第 6 卷，第 2789 頁。
3　同上，第 2791 頁。

　　事實上，自八月平壤之戰清軍失利，被迫退守鴨綠江，朝鮮全境為日軍所佔，形勢日益惡化。慈禧開始出而問政，接連召見禮王、慶王商議辦法。奕訢復出後，秉承慈禧旨意積極謀求列強出面調停，設法及早停止戰爭。儘管清議人士紛紛進言，痛斥議和之非，並極力抨擊樞臣和李鴻章的「誤國」行徑，對任何議和活動都表現得異常憤怒，但是，隨着日軍渡過鴨綠江，清軍在九連城大敗，金州、旅順口告警，京城內外人心惶惶，主戰者也無計可施了。恭王等開始致電各駐外使臣，加快尋求謀和途徑。十月，駐美公使楊儒來電，報告美國政府有意在中日間充當調停者。十月初六日，恭王與美國公使田貝會晤，就中日停戰談判問題交換意見。在這種背景下，翁同龢堅持將練兵十萬之事交由一個洋將負責，招致很多同僚反對，榮祿態度最為激烈。

　　十月十七日，督辦軍務處會議漢納根練兵方案。翁氏日記云：「赴督辦處，兩邸（恭、慶）皆集，議洋隊事，仲華力爭不可，乃發電致胡臬（燏棻），謂三萬最妙，至多不過五萬，非余意也。」[1]因為榮祿反對，漢納根練兵人數被減少一半，翁仍不滿意；而督辦處其他同僚，「兩王（奕訢和奕劻）及高陽（李鴻藻）均無可如何」。[2]按照翁的想法，這次漢納根練兵十萬、購艦八隻，要求每年籌餉三千萬兩，他已做好準備，不惜代價，只要漢納根練兵「四月可成」，就值得去做。[3]十八日，光緒帝明諭督辦處王大臣：「詳察漢納根所議，實為救時之策，著照所請，由督辦王大臣諭知漢納根：一面迅購船械，一面開召新勇，召募洋將即日來華，趕速教練成軍。所有一切章程均責成臬司胡燏棻會同該員悉心籌畫，稟明督辦王大臣立予施行，不令掣肘！至一切教練之法，悉聽該員約束。」[4]從這道諭旨看，光緒帝全盤接受翁的建議，仍然支持漢納根在短期內選

1　翁萬戈編，翁以鈞校訂《翁同龢日記》第 6 卷，第 2795 頁。
2　《榮祿致鹿傳霖便條》，中國史學會主編《中國近代史資料叢刊・中日戰爭》（以下簡稱《中日戰爭》）第 4 冊，上海人民出版社，1957，第 576 頁。
3　參見翁萬戈編，翁以鈞校訂《翁同龢日記》第 6 卷，第 2796 頁。
4　《奉旨詳察漢納根所議實為救時之策著照所請購船練兵事》，光緒二十年十月十八日，中國第一歷史檔案館編《清代軍機處電報檔案彙編》第 1 冊，第 318 頁。

洋人練兵十萬的計劃；「不令掣肘」，明顯是針對榮祿而言的。[1]光緒帝、翁同龢主張擴大練兵規模，而恭王、慶王和孫毓汶等人則全力推動停戰、對日議和，二者意見針鋒相對。

對於中樞分歧，胡燏棻十分清楚。十月二十九日，胡氏上疏報告籌辦諸事情形，認為「時勢急迫，十萬人未能驟集」，按照督辦處之意與漢納根定議，減為「先練三萬人，再購五萬人之械，並募洋將八百員」，請中樞先籌付一千四百萬兩之鉅款，然後始能與漢簽訂合同正式開辦。同時又提出籌餉、購械、求將弁「三難」，聲明所需款項巨大，倉促之間恐難成事。此外，胡燏棻指出，漢納根購船是為牟利起見，所僱洋員過多，將來恐難於駕馭。[2]胡的奏報非常務實，表面上是奏報練兵方案，實際上強調種種困難和漢納根不可信任，與榮祿的態度十分接近。很快，漢納根的方案就擱淺了。

翁同龢在漢納根練兵問題上的執着和「挾天子以令諸臣」的行為，令榮祿十分不滿。十一月初三日在給陝西巡撫鹿傳霖的信中寫道：

> 一，常熟（翁同龢）奸狡性成，真有令人不可思意〔議〕者；其誤國之處，有勝於濟南〔寧〕，與合肥可並論也。合肥甘為小人，而常熟則仍作偽君子。刻與其共事，幾於無日不因公事爭執；而高陽老矣，又苦於才短，事事為其欺朦，可勝歎哉！

> 一，日前常熟欲令洋人漢納根練兵十萬，歲費餉銀三千萬，所有中國練軍均可裁撤，擬定奏稿，由督辦軍務處具奏。鄙人大不以為然，力爭之；兩王及高陽均無可如何，鄙人與常熟幾至不堪，使暫作罷議。及至次早，上謂必須交漢納根練兵十萬，不准有人攔阻，並諭不准鄙人掣肘云云，是午間書房已有先入之言矣，奈何！妙在刻下據漢納根云：十萬不能

---

1 翁同龢十月二十一日日記記：「至督辦處，諸公皆在，惟未見仲華。」可能翁氏也意識到榮祿對此事的介意，才有此記載。見翁萬戈編，翁以鈞校訂《翁同龢日記》第 6 卷，第 2796 頁。

2 《光緒朝中日交涉史料》卷 25，《中日戰爭》第 2 冊，第 125 頁。

練，可先練三萬；先須招洋將八百員，以備教練，然須先發聘價四百萬安家；然後令中國募三萬人備練，仍須先發其一千萬兩等語。明是攪局之語；而常熟自覺辦不動，從此即不提起矣。諸如此類種種不盡情形，不能盡述。當爭論時，鄙人謂：「中國財富已屬赫德，今再將兵柄付之漢納根，則中國已暗送他人，實失天下之望。」渠謂「此係雄圖，萬不可失之機會」等語，不知是誠何心！豈堂堂中國，其欲送之於合肥、常熟二子之手耶！幸此事未成。鄙人仍擬竭力徵兵，冬末臘初，兵力可恃，即擬力主戰事云云。初三日寅初。付丙。[1]

這封要求「付丙」（燒掉）的密信中，「常熟」即翁同龢；「濟南」係「濟寧」之誤，指孫毓汶；「合肥」即李鴻章；「高陽」即李鴻藻。該信不僅敍述了榮、翁十七日爭論的內情，也透露出督辦軍務處設立後，李無為，翁主事，與榮有衝突的基本態勢。更重要的是，榮祿對翁「諸如此類種種不盡情形不能盡述」，暗示翁在很多問題上影響皇帝的決策。翁「每早先至書房，復赴軍機處，頗有各事先行商洽之嫌」，就連李鴻藻也對翁的毓慶宮「獨對」大有微詞。[2]

此時，在恭王主持下依靠美國進行調解的活動也在展開。十一月初六日，樞廷決定再次派總理衙門大臣張蔭桓前往天津與李鴻章商議有關議和的具體問題，不料，光緒帝卻對他另有囑託。初七日，張蔭桓突然被皇帝召見，詢問敵情及漢納根練兵事與戶部籌餉事。隨後，慈禧又要宣召張氏。練兵之事已經擱置，皇帝重新提議，令恭王十分緊張。他急忙趕來詢問張氏，「今日上諭究有何事？」張蔭桓詳言之，「並無隱瞞」。恭王大概擔心帝、后意見不一，出現誤會。稍後，慈禧召見張氏，面授機宜，令其再往天津與李鴻章商議事項，並告以「曾商諸皇上，可無須請訓」，[3] 足見太后已有獨斷主和之意。

1 《榮祿致鹿傳霖便條》，中國史學會主編《中日戰爭》第 4 冊，第 576 頁。
2 祁景頤：《絢谷亭隨筆》，莊建平編《晚清民初政壇百態》，第 131 頁。
3 任青、馬忠文整理《張蔭桓日記》下冊，中華書局，2015，第 549 頁。

　　張蔭桓抵達天津後，對光緒帝囑託的漢納根練兵之事，仍不敢怠慢，與李鴻章商議後，一致認為不切實際，計劃中止。張蔭桓日記云：

> 　　十一月十一日　巳正，傳相約漢納根、胡雲眉（即胡燏棻——引者註）來商買槍炮事……席間詢傳相漢納根練兵事，傳相言雲眉向不知兵，又升轉在邇，豈會以此相累？至漢納根，雖有才而不易駕馭，不圖內間撫番至此。
>
> 　　十一月十二日　飯後漢納根來，面呈所擬練兵辦法及上督辦軍務處章啟，內多贅言。余告以練此大軍本係創舉，中國不能操縱，練之何用？若不予爾兵權，爾亦難教練，此中分際尚費斟酌。漢納根言現招洋員百人，如其到津可令先練營哨千人，將來分教各營便有武□，余領之。告以槍炮價回京即撥，漢納根稱謝而去。……飯後傳相手書上恭邸密啟，交余帶去……寫畢緘封，傳相即睡。余閱雲眉與漢納根辨駁各件，覆雲眉一書，亦即就枕。[1]

　　張蔭桓對漢納根練兵事件的處理意見與恭王、榮祿基本相同。李鴻章也認為胡燏棻已受命留駐天津辦理東征糧台，「升轉在邇」，不會無端受此大累。漢納根「雖有才而不易駕馭」，既然「中國不能操縱，練之何用？」十六日，回京的張蔭桓受到皇帝召見，「上復詢漢納根練兵事，當就津門所聞以對，上領之」。[2] 看來，經過張的解釋，光緒帝終於決定放棄漢納根的計劃了。二十三日，在榮祿等人主持下，督辦軍務王大臣奕訢領銜上摺，請暫停洋員漢納根招練洋隊訓練之事。奏疏指出：「招練洋隊一事，始則乏人應募，成軍甚難，繼則需餉太多，經費無出，臣等熟思審計，與其中途而輒止，孰若先事而豫停……況緩不濟急，寡不勝多，事理甚明，自應以暫行停辦為是。」[3] 當然，此時清廷已經

1　任青、馬忠文整理《張蔭桓日記》下冊，第 551～552 頁。
2　同上，第 553 頁。
3　《督辦軍務王大臣奕訢奏為洋員漢納根招練洋隊請暫停練事》，光緒二十年十一月二十三日，錄副奏摺，檔號 03-9427-027，縮微號 673-3216。

決定派遣張蔭桓、邵友濂前往廣島議和。

　　榮祿反對漢納根練兵，不僅為了防止洋人控制清廷軍權，也是為了把練兵權力掌握在自己手中，這是他自參與神機營練兵以來二十多年未曾忘懷的宏偉志向。十二月二十七日，清廷命胡燏棻編練定武軍，歸督辦軍務處統轄，此為清末編練新軍之始。這是榮祿統掌練兵權力的第一步。

三　清議與宮闈之爭

　　甲午戰爭爆發後，清廷內部發生嚴重的分裂和派系爭鬥。剛剛返回京城的榮祿審時度勢，巧妙因應，成為權力結構演變中最大的受益者。欲明此事，必須對戰爭開始後朝局的變化進行梳理。

　　中日戰爭爆發後，因局勢變化莫測，決策成敗關係大局，不僅軍機大臣們深知利害，慈禧太后更是深明此道。仔細研讀翁同龢日記，大致可以發現，慈禧對戰和很少有明確意見，而她在根本問題上與光緒帝並無二致。戰爭初期，光緒帝在翁同龢、李鴻藻等人支持下要求加強戰備、積極主戰，慈禧並未反對。但是，由於清軍在戰場上節節敗退，特別是戰火從朝鮮燒至鴨綠江邊後，局勢頓時變得被動，京師和遼東陵寢的安全受到威脅，慈禧才開始頻頻出現，參與重大決策，諸如奕訢復出、軍機處改組、督辦軍務處成立，無一不是經過慈禧的首肯。太后甚至親自安排翁同龢祕密前往天津，指示李鴻章與俄國公使商議干預日本之事。這些情況說明，在對日決策問題上，慈禧是根據情況變化隨時進行調整的，並非一開始就是主張議和的。榮祿身為步軍統領、督辦軍務大臣，也主張「必先以戰為根本，而後能以和戢事」。[1] 顯然，即使不得已議和，

1《步軍統領榮祿奏請設巡防處並派程文炳等近畿設防摺》，光緒二十年十月初四日，戚其章主編《中日戰爭》續編第 1 冊，第 478 頁。

也要重視戰備。十一月擬派張、邵東渡時，榮祿仍擬四處調兵，趁冬末臘初兵力可恃之時，力主戰事，[1]並未因為議和而放鬆戰備，這似乎與兩宮及樞臣的決策並無衝突。

然而，兩宮之間不可能沒有一點分歧，朝臣議論紛雜，決策中遂產生了誤會，宮闈之爭也開始公開化。在此過程中，積極主戰的清議人士施加了重要影響。榮祿經歷了這一系列的風波，但是，他只是一位謹慎的旁觀者。

十月二十九日，慈禧突然降懿旨，以瑾妃、珍妃「近來習尚浮華，屢有乞請之事，皇帝深慮漸不可長，據實面陳，若不量予儆戒，恐左右近侍，借為貪緣蒙蔽之階，患有不可勝防者，瑾妃、珍妃均著降為貴人」。[2]但是從翁同龢日記看，這是慈禧自己的獨斷，並非皇帝的本意：

> 皇太后召見樞臣於儀鸞殿。先問旅順事，次及宮闈事。謂瑾、珍二妃有祈請、干預種種劣跡，即著繕旨，降為貴人等因，臣再三請緩辦，聖意不謂然。是日，上未在坐，因請問：上知之否？諭云：皇帝意正爾。命即退，前後不及一刻也。回直房，余與萊山（孫毓汶）擬稿，似尚妥協，遞上，傳散。[3]

在中日和戰局勢危急的時刻，宮廷出現風波，必然會影響軍政決策。局內的樞臣深知利害關係，或謹慎從事，或積極調和，採取寧人息事的態度，最大限度地化解兩宮隔閡。但是，氣勢日益高漲的清議人士卻無所顧忌。自七月志銳嚴參樞臣後，十一月初一日，侍讀學士文廷式再次上疏嚴參樞臣孫毓汶，指責孫與李鴻章勾結，欺矇君上，攬權謀和，力請誅之，以振朝綱。據翁同龢稱，光緒帝看到該摺「亦不甚怒也」。等到軍機見起時，孫毓汶「辨語懇切」，

1　《榮祿致鹿傳霖便條》，中國史學會主編《中日戰爭》第 4 冊，第 576 頁。
2　中國第一歷史檔案館編《光緒宣統兩朝上諭檔》第 20 冊，第 523 頁。
3　翁萬戈編，翁以鈞校訂《翁同龢日記》第 6 卷，第 2799 頁。

「上云：但盡心竭力，不汝責」。次日，太后召見樞臣時的態度則完全不同，慈禧表示「言者雜遝，如昨論孫某，語涉狂誕（孫今日赴總署，不在列）。事定當將此輩整頓」，表達了要整頓清議的決心。十一月初二日，珍妃位下的親信太監高萬枝被處死。翁氏日記云：「入見於儀鸞殿，論兵事……次及二妃，語極多，謂種種驕縱，肆無忌憚。因及珍妃位下內監高萬枝，諸多不法。若再審問，恐興大獄，於政體有傷。應寫明發，飭交刑部，即日正法等因。臣奏言：明發即有傷政體，若果無可貸，宜交內務府撲殺之，聖意以為大是，遂定議。退寫懿旨，封固呈覽發下，交內務府大臣，即日辦理。」[1] 既要處分二妃，又不能「家醜外揚」，翁同龢為此也頗費心思。初四日，御史高燮曾又上疏論二妃獲罪，責備樞臣之不能匡救。慈禧見摺大怒。翁氏日記云：

> 午正，皇太后召見樞臣於儀鸞殿，首指高摺，以為離間，必加辯駁，慈容怫然，諸臣再三勸解，臣謂：明無弗照，聖無弗容。既調護於先，何必搜求於後？且軍務倥傯，朝局囂凌，宜以靜攝之，毋為所動。聖意頗回……諭曰：姑從汝等請，後再有論列者，宜加懲創；否則門戶黨援之習成矣！時孫毓汶奏：言者結黨陷害，夙習已然，請鑒悉。二刻退。[2]

珍妃、瑾妃降為貴人原本是宮闈中事，與外朝無關，然而事隔兩天，文廷式便請殺太后信任的樞臣孫毓汶，明顯是針鋒相對，挑戰慈禧的權威；而高燮曾等又責樞臣不能匡救，無疑火上澆油，令慈禧大為惱怒，甚至處死珍妃位下的太監以泄憤；孫毓汶等乘機以黨爭論之，將矛頭指向翁同龢等。正在此時，又發生了翁鼓動皇帝支持漢納根練兵之事。於是，慈禧決定正本清源，釜底抽薪，從根本上打擊清議勢力。十一月初八日，慈禧召見軍機，召回在熱河練兵的志銳，調充烏里雅蘇台參贊大臣。又諭令撤去滿、漢書房，意在切斷翁與皇

1　翁萬戈編，翁以鈞校訂《翁同龢日記》第 6 卷，第 2799～2800 頁。
2　同上，第 2800 頁。

帝獨對的機會，徹底阻斷翁對皇帝的影響，同時，命恭王奕訢入樞。翁聞命後，力爭之，但同僚無人應和。[1] 第二天，光緒帝命恭王在太后前說情。據翁日記，初十日恭邸奏，「昨皇太后召對，論及書房事，亦尚在輟不輟之間」。隨後，慈禧召見翁氏，翁言：「臣力陳講不可輟。太后諭曰：此恭親王所陳，前日余所諭太猛，今改傳滿功課及洋字均撤。漢書不傳，則不輟之意可知。汝等仍於卯初在彼候旨，或傳或否，或一人或二人，皆不拘可也。」[2] 慈禧召見翁氏，意在籠絡，又將自己前日做過頭的事情，歸結到「恭王所陳」。此前命奕訢入值樞垣，說明經過一段時間的考驗，慈禧已經打消了對恭王的顧慮，並命其統轄樞垣與督辦處，保持決策的一致性，而其更直接的目的是抗衡翁氏對光緒帝的實質性影響。

儘管翁氏毓慶宮差使暫時被保留，榮祿與恭王、禮王、李鴻藻等人忌恨的「書房獨對」仍然存在，但是，翁同龢不得不稍加收斂。十二月初二日，御史安維峻又上封奏，「請殺李鴻章，劾樞臣無狀，而最悖謬者，謂和議皇太后旨意，李蓮英左右之，並有皇太后歸政久，若遇事牽制，何以對祖宗天下之語」。光緒見摺震怒，必欲嚴懲，翁日記云：

> 初二日⋯⋯照常入，封奏七件⋯⋯惟安維峻一件未下，比至小屋，始發看，則請殺李鴻章，劾樞臣無狀，而最悖謬者，謂和議皇太后旨意，李蓮英左右之，並有皇太后歸政久，若遇事牽制，何以對祖宗天下之語。入見，上震怒，飭拿交刑部議罪，諸臣亦力言，宜加懲辦。臣從容論說：以為究係言官，且彼亦稱市井之言，不足信，良久，乃命革職，發軍台。四刻退，到書房覆論前事，退擬旨。午初散。[3]

1　翁萬戈編，翁以鈞校訂《翁同龢日記》第 6 卷，第 2801 頁。
2　同上，第 2802 頁。
3　同上，第 2809 頁。

當日上諭曰：

　　近因時事多艱，凡遇言官論奏，無不虛衷容納。即或措辭失當，亦不加以譴責。其有軍國緊要事件，必仰承皇太后懿訓遵行，此皆朕恪恭求治之誠心，天下臣民，早應共諒。乃本日御史安維峻，呈遞封奏，記諸傳聞，竟有皇太后遇事牽制，何以對祖宗天下之語，肆口妄言，毫無忌憚，若不嚴行懲辦，恐開離間之端。安維峻著即革職，發往軍台，效力贖罪，以示儆戒！……再向來聯銜封奏，必有言責者，方准列名。此外部院各官，均由堂官代奏。乃近來竟有一二人領銜、糾集不應具摺之員，至數十人之多，殊乖定制，以後再有似此呈遞者，定將列名具參，概行懲處！ [1]

　　安維峻參劾李鴻章是甲午戰爭爆發後清議人士上疏最為嚴厲的一次。從日記看，翁同龢對安維峻予以庇護，處罰也止於革職發往軍台效力。翁參與擬定的上諭，措辭嚴峻，表達的不僅是對安本人的斥責，也涉及所有清議人士。尤其對一般臣工附名聯銜上疏嚴格限定，顯然開始裁抑清議人士。就此看來，面對慈禧的打壓，翁已有所退讓。

　　對於甲午戰爭爆發後兩宮關係的緊張，清議人士有直接的責任。他們與慈禧針鋒相對的鬥爭，不僅沒有成效，反而使光緒帝陷入尷尬境地。後世所謂「帝后黨爭」由此而來，實則這與清議的介入有直接關係。十二月二十一日，即將率部出關的劉坤一受到太后召見。事後，他記述相關情形說：

　　二十一日，出京請訓，仍召見養性殿，慰勉甚至。嗣因論及安御史前奏，太后以其辭涉離間，怒甚。至追念文宗、穆宗不勝悲感，數數以袖拭淚。坤一奏曰：言官措辭過激，意在納忠，或者借沽直諫之名，斷不敢

1　中國第一歷史檔案館編《光緒宣統兩朝上諭檔》第 20 冊，第 600 頁。

稍涉離間。臣所慮者，不在外庭而在內庭。寺宦多不讀書，鮮知大義，以天家母子異居，難免不以小忠小信，往來播弄是非，不可不杜其漸。語未畢，太后諭曰：我不似漢太后，聽信十常侍輩，爾可放心，但言官說我主和，抑制皇上不敢主戰，史臣書之，何以對天下後世？對曰：和戰，國之大事，太后、皇上均無成心，天下後世無不共諒。但願太后始終慈愛，皇上始終孝敬，則浮言自息，因歷述宋英宗，明神宗兩朝事。太后諭曰：聽爾所言，我亦釋然矣，皇帝甚明白，甚孝我。每聞軍前失利，我哭，皇帝亦哭，往往母子對哭。我甚愛皇帝。在前，一衣一食，皆我親手料理。今雖各居一宮，猶復時時留意，爾可放心。爾如此公忠，誠宗社之福。[1]

　　劉坤一的這段記述大致接近實際。慈禧、光緒母子之間或有隔閡，卻並非不可調和，而然輿情駁雜，直欲將議和名義加在慈禧名下，太后自然不允。十二月二十四日，翁同龢拜訪劉坤一，歸後在日記中寫道：「（劉）留余深談宮禁事，不愧大臣之言也。瀕行以手擊余背曰：君任比余為重。」[2]說的正是調停兩宮之事，劉希望翁能肩負起這個重任。從戊戌政變後，劉坤一致電榮祿，力言「慈孝相孚」，可見他調和兩宮的立場從未改變，這一點，劉、翁、榮三人大體一致。兩宮關係依賴於重臣的調和，這是光緒朝後期政局變遷的特徵之一。可惜，因為政變的發生和剛毅、徐桐的介入，形勢發生逆轉，榮祿成為能夠接續這一重責的關鍵人物。

1　劉坤一：《恭紀慈諭》，歐陽輔之編《劉忠誠公（坤一）遺集·補過齋文集》，沈雲龍主編《近代中國史料叢刊》第 26 輯第 259 冊，台北，文海出版社，1966，第 8672～8673 頁。
2　翁萬戈編，翁以鈞校訂《翁同龢日記》第 6 卷，第 2814 頁。

第五章

馬關議和後的朝局動盪

　　馬關議和後，在中樞與北洋權力的大調整中，很多當政者開缺，清議也受到了慈禧的整肅，榮祿、剛毅等滿洲官員開始乘機崛起，成為甲午戰後政壇上的新貴。

　　甲午戰爭期間的朝局動盪直接引發樞垣調整及其他一系列人事變動，這個過程一直持續到第二年四月《馬關條約》簽訂後。在此期間，已經歸政數年的慈禧太后開始更多參與重要決策；翁同龢、李鴻藻和京城清議人士，與孫毓汶、李鴻章、徐用儀等實際主持對日議和的官員明爭暗鬥，結果兩敗俱傷。這給重返京城的榮祿帶來了新的機遇。他受命衛戍京師，督辦軍務，審時度勢，獲得慈禧的充分信任，逐漸恢復了光緒初年失去的恩寵和地位，成為朝野矚目的重要人物。

一　中樞與北洋權力的調整

　　自甲午年十一月命戶部左侍郎張蔭桓、湖南巡撫邵友濂為全權委員，前往日本廣島議和，清廷的決策已經傾向於與日本妥協，盡快尋求結束戰爭的途徑。雖然劉坤一、吳大澂率部仍在山海關、遼東一帶防衛和作戰，但此時的湘軍與淮軍一樣，暮氣已深，基本喪失戰鬥力。光緒二十一年正月，威海失陷，北洋海軍覆滅，日軍氣焰更加囂張。因京津門戶洞開，盛京陵寢危急，清廷被迫加快議和的步伐。先是，日方以全權不足為由，拒絕接待張、邵。不久，清廷任命直隸總督李鴻章前往議和。二月二十三日，李鴻章到達馬關，次日開始談判。三月初七日，日本提出清廷承認朝鮮獨立，割遼東半島及台灣、澎湖列島，以及賠償鉅款、增開商埠、允許日本商務利益等和談條件。消息傳來，朝野震驚。中樞內部對於割地問題再起爭議。三月初十日，翁同龢日記記云：「上意總在速成，余力陳台不可棄，與二邸語不洽。……孫公力爭，並言戰字不能再提。」[1] 樞臣們認為戰爭無法繼續，列強調停也不可盡恃，只得同意日方條件。

1　翁萬戈編，翁以鈞校訂《翁同龢日記》第 6 卷，第 2836～2837 頁。「二邸」指恭王、禮王，「孫公」指孫毓汶。

二十三日，李鴻章奉旨在草約上簽字。隨後，俄、法、德三國干涉還遼，一度引起朝野主戰人士的幻想。二十九日，光緒帝命奕劻、榮祿、孫毓汶見俄國駐華公使喀西尼，希望俄國干預。但是，直到四月十二日，「仲華（榮祿）從俄館來，喀使仍云未得本國電」，[1] 依靠俄國的幻想徹底落空。顯然，榮祿也是最後階段外交努力的執行者之一，對個中滋味頗有體會。

《馬關條約》簽訂後，激起朝野的強烈反響。從三月下旬條約草簽後，直至四月中旬正式換約為止，清廷朝野上下，上至王公大臣，下至翰、詹、科、道，以至部、院司員，紛紛單銜或聯銜上疏，堅決反對和約。前敵將帥劉坤一與署理兩江總督張之洞等疆臣，也皆紛紛致電樞廷，反對割地。在京參加會試的各省舉人羣情激奮，也串聯起來，上書都察院，反對和約。廣東舉人康有為發動的「公車上書」更是後來被歷史學家稱道的歷史事件。論者紛紜，割地賠款的危害自不待言，強調此後將大失人心，內亂會接踵而起；更有甚者，稱列強將紛紛效尤，瓜分之禍迫在眉睫。四月十六日，光緒帝頒佈硃諭，對簽訂和約的原委進行了說明：

> 　　近自和約定議以後，廷臣交章論奏，謂地不可棄，費不可償，仍應廢約決戰，以期維繫人心，支撐危局。其言固皆發於忠憤，而於朕辦理此事，兼權審處，萬不獲已之苦衷，有未能深悉者。自去歲倉猝開釁，徵兵調餉，不遺餘力；而將少宿選，兵非素練，紛紜召集，不殊烏合，以致水陸交綏，戰無一勝；至今日而關內外情勢更迫，北則竟逼遼瀋，南則直犯京畿，皆現前意中之事。陪都為陵寢重地，京師則宗社攸關，況廿年來慈闈頤養，備極尊崇，設一朝徒御有驚，則藐躬何堪自問！加以天心示警，海嘯成災，沿海防營，多被沖沒，戰守更難措手；用是宵旰彷徨，臨朝痛哭，將一和一戰，兩害熟權，而後幡然定計。此中萬分為難情事，乃言者

---

1 翁萬戈編，翁以鈞校訂《翁同龢日記》第 6 卷，第 2846 頁。

章奏所未詳，而天下臣民皆應共諒者也。茲當批准定約，特將前後辦理緣由，明白宣示。嗣後我君臣上下，惟當堅苦一心，痛除積弊，於練兵、籌餉兩大端，盡力研求，詳籌興革，勿存懈志，勿騖空名，勿忽遠圖，勿沿故習，務期事事核實，以收自強之效，朕於中外臣工，有厚望焉。[1]

　　這道上諭不僅對簽訂和約的無奈做了解釋，也對清軍失敗的原因做了分析，承認歷來「將少宿選，兵非素練，紛紜召集，不殊烏合，以致水陸交綏，戰無一勝」。既然戰敗，只得接受屈辱的條件；至於「廢約決戰」，更是禍患無窮。於是，「兩害熟權」，幡然定計。作為事後的總結，這道上諭多少說出了清廷左右為難的實情，進而發出改革的信號，號召臣民臥薪嚐膽、奮發圖強，「務期事事核實，以收自強之效」。當然，是否能真正實現自強，仍取決於朝野上下的認同和努力。

　　儘管對日和談告一段落，但是朝局的動盪卻正在升級。戰爭中迅速重新聚集起來的清議勢力，依然保持着強大的聲勢，由此引起慈禧打壓清議的一場鬥爭。戰爭剛剛結束，中樞和北洋權力結構的調整便提上議事日程。圍繞該問題，各種力量開始角逐。在複雜的局勢中，榮祿巧妙應對，保持了節節進取的勝利者的態勢，成為甲午戰後政治博弈的最大受益者。

　　甲午戰爭改變了甲申易樞以來的中樞權力結構。翁、李六月「會議韓事」，已經釋放了可能易樞的信息。九月，恭王復出主持全局，中樞的調整已是呼之欲出，只是時間早晚問題了。十月，翁、李、剛三人入樞，張之萬、額勒和布退出軍機處；十一月，恭王重新領樞，舊的樞臣已成強弩之末。孫毓汶、徐用儀早已對自己的出處有所準備。次年，和局既定，孫、徐再次成為清議攻擊的主要目標。五月初九日，孫毓汶請假一月，至閏五月初四日，假期將滿時告病，請開缺，慈禧未許，再准假一月。至六月初五日假滿，再次請求開缺，光

---

1 《清德宗實錄》卷 366，光緒二十一年四月十六日，《清實錄》第 56 冊，第 780～781 頁。

緒帝已知太后無意挽留，遂予允准。

　　孫毓汶請假以後，其追隨者徐用儀在中樞已孤立無助，翁同龢幾次與之動色相爭。憤怒之餘，徐用儀亦稱病請假十日。但是，清議屢屢抨擊，徐已有自危感。他在給孫毓汶的信中說：「鄙人時遭白眼，動輒得咎。既不相容，何必隱忍留戀，只好追隨高躅，自潔其身，第辜負聖恩，實難辭罪耳。此乃實情，切勿為外人道。」[1]其實，此時已不是徐是否「戀棧」的問題，而是走投無路了。六月十一日，御史王鵬運參劾徐用儀，疏稱：「近日孫毓汶病請開缺，皇上特允所請，莫不仰讚聖明，以為昇平可冀。何也？害馬不去，則騏驥不前；污穢既除，則良苗自植，理之常也。今日政府之所謂害馬與污穢者，孫毓汶外，則為侍郎徐用儀。該侍郎貪庸奸慝，誤國行私諸罪狀……自來權臣竊柄，去之最難。其巧佞足以動人主之矜憐，其詭譎足以杜同僚之非議，非聖明洞燭其奸，則用舍鮮不為所惑。」[2]這位敢言者堅決要求將徐罷黜。光緒帝先單獨召見翁同龢，商議對策。隨後，召見軍機大臣時，恭王和李鴻藻都為徐辯解，以為「實無劣跡」，翁也為之申辯，顯然是擺樣子。[3]光緒帝對徐不假辭色，「令其姑遲數日不入直，靜候十五日請懿旨也」。[4]六月十六日，經慈禧同意，命徐用儀退出軍機處和總理衙門。

　　樞垣換人牽動了一系列的人事變動，諸臣的職責也發生變化，這是兩宮與恭王等商議的結果。六月初十，孫毓汶退出的兵部尚書由左都御史徐郙調補，許應騤升任左都御史。十六日，麟書補授大學士管理工部事務，昆岡以禮部尚書協辦大學士。同日，徐用儀罷職，命禮部左侍郎、長期任領班軍機章京的錢應溥在軍機大臣上學習行走；而孫、徐辭去的總署大臣差使則命翁同龢、

1　《徐用儀致孫毓汶函》，虞和平主編《近代史所藏清代名人稿本抄本》第 1 輯第 41 冊，孫毓汶檔，第 231 頁。

2　王鵬運：《樞臣不職請立罷摺》，張正吾等編《王鵬運研究資料》，灕江出版社，1996，第118～119 頁。

3　據孔祥吉先生研究，王鵬運參劾幕後確有翁同龢幕後活動的影子。參見孔祥吉《康有為變法奏議研究》，遼寧人民出版社，1988，第 131～135 頁。

4　翁萬戈編，翁以鈞校訂《翁同龢日記》第 6 卷，第 2867 頁。

李鴻藻接任。[1] 這次調整是經過周密考量的。其時，恭王等鑒於翁一貫在對外交涉中立場強硬，決心安排其入總理衙門當差，令其體會個中滋味。但翁極力抵制，已入總署的榮祿，則深知恭王用意，一力推波助瀾。翁日記六月初十日記：「……到督辦處。恭邸屢在上前奏請欲余至總署，余力辭，今日乃責余畏難。余與辯論，不覺其詞之激。仲華亦與邸相首尾，余併斥之。」[2] 十四日記：「見起三刻，恭邸以譯署事有所舉薦，恐吾儕不免矣。」十六日又記：「恭聞恩命，臣與李鴻藻均在總理各國事務衙門行走，即碰頭謝訖。前此固嘗一辭再辭，語已罄竭，無可說也。」[3] 翁同龢在無奈之下肩負起了外交重任。從後來的結果看，辦理外交不善確實是翁氏受到罷黜的重要原因。

在新的人事變動中，榮祿的官職同樣發生了變化。六月十九日，戶部滿尚書熙敬改吏部尚書，兵部尚書敬信改戶部尚書，榮祿遂升兵部尚書兼步軍統領，這完全符合部院大臣兼步軍統領的舊例。此時榮祿以兵部尚書兼步軍統領、總理衙門大臣、督辦軍務處兼練兵大臣。而此前上諭已命其參與「辦理借款事宜」。[4] 可見，在新的中樞調整完成後，榮祿雖非樞臣，但是憑藉慈禧的恩寵、恭王的信任、李鴻藻的配合，實際主持督辦軍務處，從而獲得了相當的權力和地位。

比較說來，劉坤一和張之洞的回任問題稍費周折。這裏牽涉李鴻章、王文韶和劉坤一三人的出處問題。清代以兩江總督調補直隸總督似是慣例，曾國藩、李鴻章均有此經歷。甲午九月，清廷調任劉坤一北上主持軍務，已有傳言稱，劉將補任直隸總督。楊銳致汪康年信中說：「新寧奉召北上，兼督湘淮諸軍，將來或代直督。」[5] 和約簽訂後，劉坤一於乙未五月十六日上摺，請

1 中國第一歷史檔案館編《光緒宣統兩朝上諭檔》第 21 冊，第 244、251 頁。

2 翁萬戈編，翁以鈞校訂《翁同龢日記》第 6 卷，第 2866 頁。

3 同上，第 2868 頁。

4 被派參與借款事宜的王大臣還有恭王奕訢、慶王奕劻、戶部尚書翁同龢、兵部尚書孫毓汶、吏部左侍郎徐用儀、戶部左侍郎張蔭桓、戶部右侍郎長麟。

5 見上海圖書館編《汪康年師友書札》第 3 冊，上海古籍出版社，1987，第 2406 頁。

位於京城東堂子胡同的總理衙門

求開缺回籍養病，不僅請求開去欽差大臣差使，連同兩江總督底缺也一併開去，給假半年，回籍養病。[1] 同時又致函翁同龢，希望「鼎力矜全，代懇聖慈，俯如所請」。這當然是故作姿態了，甚至是一種試探。此時，榮祿則勸劉「勿遽求退」，並向劉透露了其可能轉任直隸總督的內幕消息。劉坤一覆函曰：

> 或謂北洋之事，出於有意，未免深文；但老年志荒，而不知止足，以致公私交困，其將何以自解？時局至此，詎可由弟再壞？我公不為交情計，獨不為世道計耶？弟於朝貴，素鮮聲援，所恃以無恐者，聖明在上，王在軍機處，公在督辦處，得以通誠，冀蒙體恤。擬俟防軍裁留就緒，重

---

1 《懇准銷差開缺摺》，光緒二十一年五月十六日，《劉坤一遺集》第 2 冊，第 867～868 頁。

申前請。倘我公不能為地，朝廷強以所難，惟有抵死固辭，甘受大戮，必不敢貿貿然為之，致如今日之合肥受人唾罵，昔日之湘陰受人揶揄，自辱辱君，並以辱友。公知弟者，得以盡言，幸勿責其過激。[1]

　　劉坤一語氣如此決絕，表明他堅決不移督直隸。榮祿暗中勸劉或有由來，表明此刻他已經介入重要的人事決策中了。閏五月二十四日，劉又上疏以久病難支。經直隸總督王文韶奏請允准，劉坤一於七月十九日抵達天津養病。此時，李鴻章繼續坐鎮北洋已經不太可能，清廷已決定另行考慮直督人選了。北洋海軍和淮軍慘敗，使李氏聲名掃地。自馬關回國後，他一直養傷津門。假滿後又受命與王文韶續商有關中日和約事宜。然而，京城中的清議人士仍不甘休，堅決要求將其治罪、罷黜。七月初九日，李鴻章入京陛見。光緒帝召見時仍有責難。更為可懼的是，翰林院代遞六十八人連銜摺，嚴參李鴻章，[2] 這恐怕是有清一代絕無僅有的大參劾了。清議人士傾集出動，這與掌院學士徐桐的支持慫恿有關。是日有旨，李鴻章留京，入閣辦事，王文韶授直隸總督、北洋大臣。

　　隨着直隸總督一缺塵埃落定，另一個敏感的問題凸顯出來。那就是劉坤一和張之洞的安置問題。戰爭結束後，署理兩江總督張之洞積極活動，試圖留任兩江，與劉坤一暗中展開較量。擁戴張之洞的一批清議人士，以江寧推行的新政剛剛開始，不可半途而廢為由，為其留任搖旗吶喊，製造聲勢；而劉坤一的屬下則對張以新政為名，在江寧虛擲國帑、不計實效的改革提出批評。九月初八日，劉坤一再次奏請銷差，開去兩江總督本缺，回籍養疴，並請進京覆命。十一月初，金州、旅順日軍撤退，劉坤一奉旨入都。[3]

---

1 《覆榮中堂函》，光緒二十一年閏五月十七日，《劉坤一遺集》第 5 冊，第 2159 頁。

2 《吏部尚書麟書奏為代遞編修丁立鈞等條陳時務呈文摺》，戚其章主編《中日戰爭》續編第 3 冊，第 542～545 頁。

3 《遵旨入都陛見恭報起程日期摺》，光緒二十一年十一月十二日，《劉坤一遺集》第 2 冊，第 903～904 頁。

十三日抵京，召見三次。十一月
十八日上諭著劉坤一回兩江總督
任，張之洞回湖廣總督任。

劉坤一

　　關於劉、張二人回任問題上清
廷內部的爭論和決策內幕，鮮有確鑿
材料。但是，私家記述中可見一些痕
跡。十一月十八日，慶王與榮祿請
訓，赴菩陀峪陵寢。[1]這一天恰好劉、
張奉旨回任。有資料顯示，在劉回任
問題上，榮祿曾暗中予以支持。文廷
式曾說：「劉坤一治兵既無效，而營
求回任之心至亟，內則恭親王、榮祿
主之，然上意殊不謂然也。乃遣江
蘇候補道丁葆元入都，糧台以報銷餘款十萬繼之，遂得要領。余告李高陽（鴻
藻），高陽以為事所必無。不數日而回任之旨下。高陽又謂余曰：汝前所言之
事，乃真實語也，丁者，何名，信有神通耶？余曰：非某知之，有門人籍寧波
者，言四恆前月已出票，故敢告也。」[2]也有時人稱，劉坤一通過上海機器局總
辦、候補道員劉麒祥打通關節，促成回任。早在九月十九日，張之洞的幕僚姚
錫光在與陳慶年等交談中聞知，「聞此次劉峴帥得回兩江任，賂洛中權貴，費銀
至卅萬兩，而慈聖所用李太監得銀最多」。[3]可見，張氏幕僚中間有關劉坤一通過
賄賂手段得以回任的說法已在流傳。不管怎麼說，劉、張回任是當時京城高層
爭論後的結果。

1 翁萬戈編，翁以鈞校訂《翁同龢日記》第 6 卷，第 2908 頁。
2 汪叔子編《文廷式集》下冊，第 735 頁。
3 王凡、汪叔子整理《姚錫光江鄂日記（外二種）》，中華書局，2010，第 41 頁。

二 慈禧對清議的整肅

甲午戰爭期間清議勢力大振，主戰拒和的呼聲，響徹雲宵，對中樞造成極大壓力。因言論波及兩宮關係，引起慈禧憤怒，發誓「定當將此輩整頓」。[1] 被視為清議領袖的翁同龢和他的追隨者相繼受到整肅。對於這段歷史，康有為在政變後稱：「自強學會開後，海內移風，紛紛開會，各國屬目。自封禁後，漸諱新政。方當西后杖二妃，逐侍郎長麟、汪鳴鑾、志銳之時。至逾年二月，撤毓慶宮，逐翁同龢、文芸閣，殺寇良才，將築圓明園以幽上，於是開新之風掃地矣。」[2] 康氏將這一系列事件與新政變法相聯繫，不過是為他政變後的保皇活動尋找歷史依據。其實，這些事件的發生，根本上還是甲午戰爭後派系鬥爭的延續，本質上反映的是慈禧對清流的反擊。這場鬥爭從乙未年（1895）十月萬壽節後開始，一直持續到丙申年（1896）二月以後。這期間李鴻章重新受到重用，翁黨受到打壓，清議勢力受到重創。

汪、長革職事件

乙未年十月十七日，吏部左侍郎汪鳴鑾、戶部右侍郎長麟被指「離間兩宮」，遭到革職永不敘用。上諭稱：

> 朕敬奉皇太后宮闈侍養，夙夜無違，仰蒙慈訓殷拳，大而軍國機宜，細而起居服御，凡所以體恤朕躬者，無微不至，此天下臣民所共知者也。乃有不學無術之徒，妄事揣摩，輒於召對之時，語氣抑揚，罔知輕重，即如侍郎汪鳴鑾、長麟，上年屢次召對，信口妄言，跡近離間。當時本欲即

---

1 翁萬戈編，翁以鈞校訂《翁同龢日記》第 6 卷，第 2799 頁。
2 樓宇烈整理《康南海自編年譜（外二種）》，中華書局，1992，第 32 頁。

行宣播，因值軍務方棘，恐致有觸聖懷，是以隱忍未發。今特明白曉諭，使諸臣知所儆惕。戶部右侍郎長麟、吏部右侍郎汪鳴鑾，均著革職，永不敘用。[1]

這道諭旨是翁同龢參與草擬的。翁日記云：「見起遞摺畢，上宣諭吏部侍郎汪某、戶部長某離間兩宮，厥咎難道，著革職永不敘用。臣等固請所言何事，而天怒不可回，但云此係寬典，後有人敢爾，當嚴譴也。三刻退，擬旨。未到書房。午初始散。」[2] 從翁氏的記載看，皇帝似有難言之隱，並未與樞臣坦言，而且沒有像以往那樣與翁在書房見面，可見內有蹊蹺之處。第二天，翁在督辦軍務處曾與榮祿「深談」，詢問的可能也是此事，但未記詳情。

汪、長革職在當時朝野引起不少議論。但迄今為止，尚缺少翔實可靠的資料說明內幕詳情。汪鳴鑾（1839～1907），字柳門，號郎亭，浙江錢塘人，同治四年（1865）進士，選庶吉士，散館後授編修。歷遷至工部左侍郎。光緒二十年奉旨在總理衙門行走，二十一年改吏部右侍郎，始終是翁同龢的門生和追隨者。長麟（1864～?），字石農，滿洲鑲藍旗人。光緒六年翻譯進士，選庶吉士，散館後授編修。後由少詹事、內閣學士於十八年遷禮部右侍郎。二十年十月，恭王復出，成立督辦軍務處，會辦軍務，同年十二月改戶部右侍郎。在慈禧萬壽節之後，突然發生兩侍郎革職事件，而且原因歸結到「上年」，多少有些令人匪夷所思。對於其真實原因，近代以來私家筆記多有記述，然也莫衷一是。事發十天後，楊銳在京城打探到消息，於十月二十八日致電張之洞稱：

萬壽後家宴三日。兩宮禮意甚洽。十四日封還二妃，佛先以此慰上意，乃譴汪、長，意似不再推求。長為提督，屢忤慈旨。今年三月廿九與汪同論性惡，註曰荀，被申斥，排陷即由此也。鑒圜近來懿眷頗回，屢荷

1　中國第一歷史檔案館編《光緒宣統兩朝上諭檔》第 21 冊，第 396～397 頁。
2　翁萬戈編，翁以鈞校訂《翁同龢日記》第 6 卷，第 2900 頁。

召對賞戲，朝局或尚無翻動。[1]

這封電報是楊銳向張之洞匯報汪、長革職情況的急電。電報中「兩宮」指慈禧太后、光緒帝，「佛」指慈禧，「二妃」指珍妃、瑾妃，「鑒園」係恭王（號鑒園）。事件發生在慈禧萬壽期間，兩宮關係融洽，慈禧恢復二妃名號，同時對長、汪採取行動，似乎與皇帝有所交易。電報中「今年三月廿九與汪同論性惡，註曰荀，被申斥」一句，借用荀子主「性惡說」，暗指長麟與汪鳴鑾在御前攻擊孫毓汶之事（古時「荀」通「孫」）。查閱翁同龢日記，乙未年三月二十九日正是《馬關條約》文本送到京城、朝野上下對割讓台灣和遼東半島爭論激烈之時。[2] 據文廷式記載：「上召見汪侍郎鳴鑾曰：孫毓汶逼我畫押，徐用儀和之。鳴鑾對曰：上言及此，天下之福。孫毓汶悍惡不可用信。有大事，翁同龢、李鴻藻較可任。上曰：然。」[3] 看來，汪、長被革職的根源仍在馬關議和之爭，他們都曾向皇帝面參過孫氏。

因為汪、長均為翁門弟子，且與和戰爭論有關，時人多認為此事是針對翁同龢的。李鴻藻外孫祁景頤回憶說：二侍郎革職時，翁、李雖在樞府，都不知具體原因。據李鴻藻了解到的情況，「觀復、略園，日夕有所策畫，欲易朝局，而矢的加於蝴翼，彼尚不知詳委。汪、長召對時，雖微露所聞於德宗，為內奄竊聽，陳於孝欽后。后詰德宗，故忿怒出此。其實，二侍郎所言，尚無違礙也」。李鴻藻自言：「與樂道主持鎮靜、調和，心力交瘁。樂道此番再起，不甚負責，余亦耄年多病，有一分心即盡一分力，他非所問。向與諸公皆多年夙好，觀復性固不易進言；略園明敏，與交尤篤，時有所諷，伊頗動聽。」文中「觀復」指協辦大學士徐桐；「略園」，榮祿的別號；「蝴翼」，翁同龢的齋名；「樂

1 《楊銳致張之洞電報》，乙未年十月廿八午刻發，廿九午刻到，虞和平主編《近代史所藏清代名人稿本抄本》第 1 輯第 135 冊，梁敦彥檔，第 410～411 頁。
2 翁萬戈編，翁以鈞校訂《翁同龢日記》第 6 卷，第 2841～2842 頁。
3 汪叔子編《文廷式集》下冊，第 797 頁。

道」，恭王奕訢晚號「樂道」。就此看來，馬關議和後，徐桐、榮祿等人一直圖謀變更朝局，恭王復出後，不甚負責，李鴻藻則耄年多病，二人力求鎮靜，努力調和各種紛爭，這使榮、徐的企圖難以實現。榮祿經李鴻藻曉以利害，還能納諫；徐桐則頑固不化。所以，聯繫到後來的己亥建儲，祁景頤稱：「其後觀復與略園自謀廢立，意見不和。略（榮祿）頗有世界眼光，知各友邦之不易與，不願盲從；馴致縱拳仇外，亦始終未能贊同，聰穎處誠不可及，在滿洲尤為難得。惜其人固寵保位，不能銷患於無形中，誠足惜也。」[1] 這段文字對榮祿的評判較為中肯。按照祁景頤的說法，汪、長是因為知道榮、徐謀翻朝局的圖謀而向皇帝透露消息，才被廢黜的。這只是一說。軍機章京郭曾炘之子郭則澐記述說：

> 相傳妃貶後，尋復位號。德宗喜甚，詣謝。母子歡然。太后曰：「帝近來甚盡孝，果如是，余復何說？其從前疏闊，必有人間之，盍言其人？」意謂常熟也。德宗不忍舉常熟，又無以塞慈意，適前日召見侍郎長麟、汪鳴鑾，因以二人對。長、汪遂以離間兩宮斥譴。召對時，固未及此，亦無由自剖。然上倚常熟甚重，遇事仍就咨，益拂慈聖意。[2]

這裏更加直接說明了汪、長事件與翁的關係。光緒帝召見汪、長二人，八月、九月兩個月中，召見汪五次、長兩次，[3] 也不算頻繁。可見，革黜二人與近期召見沒有必然聯繫。從其他材料反映的情況看，準備對翁採取打擊的不僅是慈禧、榮祿、徐桐，還有在戰後失勢的李鴻章、孫毓汶等一派。文廷式筆記中稱：

1　祁景頤：《餉谷亭隨筆》，莊建平編《晚清民初政壇百態》，第 129 頁。

2　郭則澐：《十朝詩乘》，張寅彭編《民國詩話叢編》第 4 冊，上海書店出版社，2002，第 745 頁。

3　光緒帝於八月十一日、二十五日，九月初六日、十七日、二十五日，總計 5 次召見汪鳴鑾；於八月十九日、九月十三日兩次召見長麟，兩個月內召見汪似稍多，但也不是很顯眼，當時在兩個月內被召見過三四次的官員很多。見《邸抄》，北京圖書館出版社，2004，第 70 冊，第 36438、36504、36552、36626、36685、36714、36774 頁。

李仲約侍郎臨終前一日，執余手言：合肥與李蓮英日日相見，圖變朝局，汝等當小心。既而曰：吾不能與常熟款語，然合肥、濟寧各懷不逞，以吾親家張蔭桓為樞紐，二人一髮千鈞，皆在張一人，胡為至今不去也？忠誠之心，將死彌篤，乃至不避至親，迨今思之，可為流涕。[1]

查翁同龢日記，李文田病逝於十月二十日戌刻。[2]時間正在汪、長革職之後，按照李文田的說法，此事背後還有李鴻章、孫毓汶等人的推動，而戶部侍郎張蔭桓也曾參與密謀。儘管上述說法有所差異，但是，共同的一點是，汪、長被黜是戰爭期間派系矛盾的延續，而此時翁同龢處境極為被動，不僅受到李、孫的反撲，也受到榮、徐的暗算。

汪、長二人被革職後，十九日上諭命王文錦調吏部右侍郎，吳廷芬升兵部右侍郎，關鍵是入軍機後始終以侍郎候補的剛毅，得以補戶部右侍郎。十一月二十二日，翁日記云：「晚柳門來深談，燈後去，有味哉，其言也。」[3]這是事情過去一個月後二人的一次交流，可惜，翁日記中對談話內容沒有一絲流露。

查封強學會與翁同龢的態度

十二月初七日，緊接着發生了查禁強學會事件。此事被認為是對清議的又一次打擊。幕後操縱者是李鴻章。在他的支持下，御史楊崇伊以「京官創設強學會大干法禁」上摺糾參。摺云：

竊自東洋事起，熱中者流急於自見，遇事生風，往往連章執奏，惑亂聽聞，時局艱難，遂致日甚一日。夫多事之際，諸臣謀猷入告，必期有益

---

1 汪叔子編《文廷式集》下冊，第 747 頁。
2 翁萬戈編，翁以鈞校訂《翁同龢日記》第 6 卷，第 2901 頁。
3 同上，第 2909 頁。

軍國，若於目前局勢，未能了了，僅憑報館橫議，逞其筆鋒，亦復於事何補？況報館之毀譽，定於賄賂之有無，任意抑揚，憑空結撰，豈可信以為真？乃近來台館諸臣，自命留心時事，竟敢呼朋引類，於後孫公園賃屋，創立強學書院，專門販賣西學書籍，並鈔錄各館新聞報刊，印《中外紀聞》，按戶銷售。計此二宗，每月千金以外。猶復藉口公費，函索各省文武大員，以毀譽為要脅。故開辦未久，集款已及二萬。口談忠義，心薰利慾，莫此為甚。且目前以毀譽要公費，他日將以公費分毀譽，流弊所極，必以書院私議干朝廷黜陟之權，樹黨援而分門戶，其端皆基於此。相應請旨嚴禁，並查明創立之人，分別示懲，以為沽名罔利之戒。[1]

楊崇伊（1842～1909），字莘伯，江蘇常熟人。光緒六年進士，選庶吉士，散館後為編修。與翁同龢為同鄉，又與李經方為兒女親家。光緒二十一年十月，他剛剛補用江西道監察御史，便上摺言事，這次參劾果然引起波瀾。

強學會，又作強學書局，是部院京官在八月間醞釀，十月才正式創建起來的一個互通聲氣、研習西學的組織，被視為清議勢力活躍的象徵。關於該會的建立情況，八月初三日，梁啟超給夏曾佑的信中說：「此間數日內袁慰亭、陳仰垣諸人開一會，集款已有二千（以後尚可通達官，得多金），擬即為譯書刻書刻報地步，若能成亦大佳也。」[2]袁慰庭即袁世凱，陳仰垣即陳允頤，當時均在督辦軍務處當差。從梁的敍述看，袁、陳是該會的主要發起人。八月十九日，內閣中書汪大燮在寫給汪康年的信中說：「京城士夫擬聯強學會，已賃屋後孫公園，微有眉目，章程尚未定。」[3]九月二十四日信中又說：「京中同人近立有強學會，亦名譯書局，下月開局，先譯日報，凡倫敦《泰晤士》《代謨斯》報，先日出一冊，約十頁等。……同人延兒及梁卓如為主筆，下月當移寓後孫

1　《江西道監察御史楊崇伊奏為特參京官設立強學書院植黨營私大干法禁請旨嚴查事》，光緒二十一年十二月初七日，錄副奏摺，檔號 03-5338-089，縮微號 403-1277。
2　梁啟超致夏曾佑信，丁文江、趙豐田編《梁啟超年譜長編》，上海人民出版社，1983，第 42 頁。
3　上海圖書館編《汪康年師友書札》第 1 冊，第 710 頁。

公園安徽館間壁……其經費有香帥五千金，袁觀察千餘，及零星之款，將來當可推廣。惟現在係張巽之翰林孝謙主其事。巽之作事無甚經緯……會中陳次亮、沈子培、丁叔衡皆有正董之名，沈子封、文芸閣等皆有副董之名，其餘褚伯約、姚菊仙等無不與會事。」[1]信中「梁卓如」即梁啟超，「香帥」指張之洞，「袁觀察」即袁世凱，「張巽之」即張孝謙，「陳次亮」即陳熾，「沈子培」即沈曾植，「丁叔衡」即丁立鈞，「沈子封」即沈曾桐，「文芸閣」即文廷式，其中大半為翁同龢門生。可見，到了九月，強學會的籌備工作大體完畢，還選舉陳熾、沈增植、文廷式等為總董、副董。經費則由張之洞、袁世凱等官員贊助，主事者是翰林院編修張孝謙（字巽之）。強學會編譯資料，出版《中外紀聞》，由汪大燮、梁啟超作主筆，附在《京報》中送到訂閱的京官寓所。這在當時令人耳目一新。

不過，如汪大燮憂慮的那樣，強學會剛剛開始活動，內部矛盾就出現了。實際主持事務的張孝謙、丁立鈞、熊亦奇等，彼此意見不一。據吳樵後來稱：「是時丁、熊、張諸人為政，有欲開書坊者，有云宜專賣國朝掌故書者，有云宜賣局版經書者。間數日一聚，聚輒議論紛紜而罷。」[2]而且，「與會諸人官氣重而本領低，私意多而急公鮮，議論亂而本旨悖」。[3]對於這個京官組織，一些局外人士也不看好。十一月十二日，到強學書局參加議事的葉昌熾評價說：「眾喙紛龐，京朝士大夫又未盡化華夷之見，此局之設，亦如麒麟楦而已。」[4]強學會的渙散狀態和內部紛爭，引起李鴻章及其追隨者等「彼黨」的側目。[5]他們抓住有利時機，對這批正在內耗的清議人士採取打擊行動。這

1　上海圖書館編《汪康年師友書札》第 1 冊，第 712、714～716 頁。

2　《吳樵致汪康年》，光緒二十二年二月二十一日，上海圖書館編《汪康年師友書札》第 1 冊，第 472 頁。

3　《吳樵致汪康年》，光緒二十一年十一月十二日，上海圖書館編《汪康年師友書札》第 1 冊，第 460～461 頁，

4　葉昌熾：《緣督廬日記》第 4 冊，江蘇古籍出版社，2002，第 2369 頁。按，唐朝人稱演戲時裝假麒麟的驢子為「麒麟楦」，比喻虛有其表而無真才者，這裏譏諷入強學會諸人。

5　《吳樵致汪康年》，光緒二十二年二月二十一日，上海圖書館編《汪康年師友書札》第 1 冊，第 472 頁。「丁」指丁立鈞，「熊」指熊亦奇（字餘波，翰林院編修），「張」指張孝謙，「彼黨」指楊崇伊等反對強學會的人士。

就是楊崇伊參劾的背景。

關於楊參劾強學會的原因，有幾種說法。一是強學會拒絕李鴻章贈款。據說，「合肥自願捐金二千入會，同會諸子擯之，議論紛紜。楊崇伊參劾之釁遂始於此」。[1] 又言：「合肥以三千金入股，屏之（次亮之意），已含怒矣。」[2] 另據日本外交官蒐集的消息，「傳聞御史楊崇伊因不出會費而欲為會員被拒絕，懷恨在心，以種種理由構陷其事，遂及彈劾」。[3] 意思大約相同。其實，這些都是枝節原因，主要問題還是清議與李鴻章在甲午戰爭中結下的政治怨恨。

二是認為楊氏參劾強學會與翁同龢有關。據光緒二十二年正月初六日吳樵寫給汪康年的信中所說：「京會聞發難於卓如之文。渠有《學會末議》一篇，甚好，脫稿後曾以示樵，不知局中誰人獻好，聞於政府（聞係常熟），遂嗾楊崇伊參之。而楊與合肥之子為兒女親，因此亦可報復。」[4] 另一封信中說：「楊崇伊者，揣政府之意（卓如有《學會末議》三紙，甚切實，曾以示樵，他人未見也，不知其黨何人告於政府，內有易相之意，與公見同），迎合李、孫，欲藉此以興大獄，遽以聚黨入奏。」[5] 究其所云，似乎是翁同龢唆使楊崇伊參劾強學會，並迎合李、孫。這種說法似不可信。據翁氏次年七月日記中說，在胡燏棻家見楊崇伊，「數年未見」。[6] 多年與楊沒有聯繫，自然不存在與楊密謀的可能性；況且，強學會主持者多為自己的門生和追隨者，翁是不會如此痛下殺手的。吳樵所聞可能是誤傳。但是，在查禁強學會問題上，翁同龢確實不像以前那樣挺身而出，為清議說話。楊崇伊疏上，光緒帝頒佈上諭：

1 上海圖書館編《汪康年師友書札》，第 320 頁。
2 同上，第 265 頁。
3 林董公使致西園寺公望代理外相報告：《關於封禁強學書局始末》，1896 年 2 月 5 日，1896 年 2 月 25 日收到，《外務省記錄》1-6-1-4-2，「各國關係雜纂」第 1 冊，日本外交史料館藏。轉引自茅海建《從甲午到戊戌》，第 147 頁。
4 上海圖書館編《汪康年師友書札》，第 1 冊，第 463 頁。
5 同上，第 472 頁。
6 翁萬戈編，翁以鈞校訂《翁同龢日記》第 6 卷，第 2975 頁。

　　御史楊崇伊奏，京官創設強學書院，植黨營私，請旨嚴禁一摺。據稱
近來台館諸臣於後孫公園賃屋，創立強學書院，專門販賣西學書籍，並鈔
錄各館新聞報，刊印《中外紀聞》，按戶銷售。猶復藉口公費，函索外省
大員，以毀譽為要脅。請飭嚴禁等語。著都察院查明封禁。原摺著鈔給
閱看。[1]

　　這一天入值的軍機大臣有恭王、禮王、翁同龢、剛毅等，李鴻藻於十二
月初四日與端王載漪一起前往菩陀峪萬年吉地勘查工程（十四日才返回），故
未入值。[2] 據翁日記，查禁是軍機大臣召見時決定的。日記中寫道：「言者以城
南強學會為結黨斂錢，大干法紀，有寄諭令都察院封禁。盈廷之是非如此。」[3]
看上去他對楊的參劾和中樞的處置方式頗有怨言。像恭王、禮王、剛毅等一
貫對清議不滿的樞臣，必然支持查禁。但翁這次顯然沒有提出異議。翁之所
以保持緘默的態度，與他此刻的處境有關，鑒於汪、長事件的教訓和慈禧的
種種警示，他已不敢公開支持清議人士。十二月二十七日汪大燮在給汪康年
的信中說：「當初七事起，高陽（李）赴陵差未回，常熟（翁）嘿不一言，至
有此事。次日常熟見人，推之兩邸（恭、禮），而為諸人抱屈。閱數日，壽州
（孫家鼐）言：事無妨，上已詢彼，力言其誣，且謂事實有益。上悔行之不當，
而常熟亦欲挽回矣。望日，高陽歸，常熟往見，屬合力扶持。」[4] 翁氏在初七日
「嘿不一言」，事後又將責任推給兩邸，為清議抱冤，不免有些進退失據。在
孫、李的參與下，取得光緒帝支持，三人又開始同心挽回。強學會被查禁半

1 《清德宗實錄》卷 381，光緒二十一年十二月初七日，《清實錄》第 56 冊，第 986～987 頁。
2 翁萬戈編，翁以鈞校訂《翁同龢日記》第 6 卷，第 2913 頁。譚嗣同在致歐陽中鵠信中稱：「強
　　學會之禁也，乃合肥姻家御史楊莘伯所劾，知高陽必袒護清流，乘其赴菩陀峪始上疏。諸公不知
　　所為，竟允其請，因之貽笑中外，在京西人面肆譏詆，遂至流播於新聞紙。朝廷深悔此舉，高陽
　　尤憤，適有胡公度請重開之奏，遂降旨准其重開。」見《譚嗣同致歐陽中鵠》，光緒二十二年正
　　月二十八日，《譚嗣同全集》（增訂本），中華書局，1981，第 457 頁。
3 翁萬戈編，翁以鈞校訂《翁同龢日記》第 6 卷，第 2913 頁。
4 上海圖書館編《汪康年師友書札》第 1 冊，第 721～722 頁。

個月後，十二月二十二日，由御史胡孚宸出奏，「書局有益人才請飭籌議」，旨派總理衙門議奏。後經張蔭桓等人努力，二十二年正月十二日，總署議覆摺奏上，擬援照八旗官學之例，建立官書局，欽派大臣一二員管理，聘訂通曉中西學問之洋人為教習，「常川駐局，專司選譯書籍、各國新報及指授各種西學，並酌派司事譯官收掌書籍，印售各國新報，統由管理大臣總其事，司事專司稽察。所需經費由總理衙門於出使經費項下每月提撥銀一千兩，以備購置圖籍儀器、各國新聞紙及教習、司事、翻譯薪水等用……」[1] 二十一日，光緒帝命孫家鼐為官書局管理大臣，開始制定章程，將原來強學書局諸人依舊任用辦事。同為師傅，在乙未年十二月挽救強學會問題上，孫家鼐表現得尤為主動。汪大燮稱：「此次壽州極難得，請假數日，意欲請開缺，聞有覆議，而後銷假，有以去就相爭之志。常熟進退失據，進書房則有愧於壽州（孫），列軍機則有慚於高陽，入譯署復有怍於南海（張），而仍不能見好於其同鄉（楊崇伊），此真無以自解矣。」[2] 看來，翁同龢在查禁強學會問題上的退縮和推諉，使得其在清議中的威望一落千丈，在同僚中的處境也十分尷尬。[3] 考慮到甲午以來翁氏不斷受到打壓的境遇，他的明哲保身也在情理之中。可是，他的退縮沒有換來政敵的寬宥，反而招致了更嚴厲的打擊。就連自己援引入樞的剛毅也看准了翁的失勢，開始落井下石。乙未年十二月十九日，剛毅在與傳教士李提摩太談話時，對自己在山西、廣東、江蘇巡撫期間的政績極為肯定，自以為做到了「兩袖清風」，聲稱「漢族官員是中外建立友好關

---

1 （總理衙門）《奏覆書局有益人才請飭籌議以裨時局摺》，光緒二十一年十二月二十二日（誤，應為光緒二十二年正月十二日），《戊戌變法》第 2 冊，第 398 頁。

2 《汪大燮致汪康年、汪詒年》，光緒二十一年十二月二十七日，上海圖書館編《汪康年師友書札》第 1 冊，第 721～723 頁。

3 文廷式記：「翁叔平尚書與余素善，余疏落，要不常相見。然比者以一人而兼任師傅、軍機、總理衙門、督辦軍務處，又領戶部，皆至要之職，而猶謂不能辦事，又不欲居權要之名，一彼一此，迄無定見。以此召亂，誰能諒之？嗟呼！張茂先我所不解也。」（《聞塵偶記》，汪叔子編《文廷式集》下冊，第 726 頁）張茂先，即張華，字茂先，西晉人，這裏借指翁氏。

係的阻礙者，而不是滿洲人。漢人是固執的排外者」。[1] 剛毅又對李提摩太的祕書稱，「他（剛毅）對皇帝沒有任何影響力，因為翁一手遮天。在內閣（應指軍機處 —— 引者註）裏，漢族官員獨行其是，甚至恭親王和禮親王都無足輕重。他聲言，翁同龢把皇帝引進了一團黑暗裏，蒙蔽了他的雙眼」。[2] 這番言論充滿了對翁的不滿和仇視，甚至流露出對漢族官員羣體的敵視，而剛毅排斥漢員的傾向在後來徹底暴露出來。

李鴻章使俄與翁、文受黜

強學會事件暴露了清議人士內部的嚴重矛盾，翁同龢處境更為艱難。當時，清廷有派李鴻章使俄之議，清議頗有異議，而此時的慈禧則鼎力支持。同時，接連發生了翁同龢被撤去書房行走、文廷式被革職驅逐回籍之事，這是慈禧對清議的再次重擊。慈禧施展分化策略，拉攏李鴻藻，打擊翁同龢。

光緒二十二年丙申（1896）俄國沙皇尼古拉二世加冕，清廷決定派員前往祝賀，並乘機與俄聯絡，共同對付日本。原本派王之春前往，但俄國認為王資望不足，乙未年十二月二十七日，慈禧下懿旨改派李鴻章為正使、邵友濂為副使前往。自回京入閣辦事後，李鴻章一直奉命處理中日議和的遺留問題，心情苦悶，處境尷尬。此次出使俄國，正是他在政治上打翻身仗的良機。但是，清議對李攜帶其子李經方和羅豐祿為隨員極力反對。二十九日李鴻章上奏謝恩摺時，以附片堅請以李經方隨行：

> 臣以衰年遠使異域，仰蒙朝廷軫念，特命臣子李經述隨侍前往……
> 臣子李經述隨任讀書多年，謹飭自愛，向未學習洋務，此次隨臣前往，於

---

1 《親歷晚清四十五年 —— 李提摩太在華回憶錄》，李憲堂、侯林莉譯，天津人民出版社，2005，第 240 頁。
2 同上，第 240～241 頁。

臣起居動履自能盡心侍奉，惟於應接外事只可借資歷練。臣子李經方幼曾
兼習西國語言文字，嗣充駐英參贊，遊歷法、德、美各邦，旋充出使日本
大臣⋯⋯籲懇天恩，俯念臣老朽多病，准令李經方一併隨行⋯⋯再，馬
關之役，勢處萬難，所有辦理各事，皆臣相機酌奪請旨遵行，實非李經方
所能為力。局外不察，橫騰謗議，應邀聖明洞鑒⋯⋯[1]

新年（丙申）正月初九日，清廷明發諭旨：「大學士李鴻章奉使遄行，精
神強固。惟年逾七旬，遠涉重洋，朝廷良深廑係。伊子李經述著賞給三品銜，
隨侍前往，以示優眷。」[2]結果，不僅李經方要隨行，李經述也獲准隨行，表明
慈禧對李的支持。正月初十日，李鴻章與李鴻藻為李經方、羅豐祿隨行之事辯
論甚久，「合肥謂非此二人不可」。[3]因邵友濂請辭不就，正月十三日，李鴻章奏
請隨帶人員于式枚等十人、洋員參贊柯樂德等五人，並請頒發赴俄所攜禮品，
光緒帝當日下諭批准。[4]

就在這一天，慈禧頒佈懿旨，撤書房（毓慶宮行走）。這意味着翁同龢、
孫家鼐失去與皇帝單獨接觸的機會。是日翁同龢在日記中稱：「懋勤殿首領傳
旨曰書房撤。余問長撤耶抑暫撤也？答曰長撤。余入見時奏此事，想懿旨所
傳，上領之。」[5]慈禧在宣佈李鴻章使俄的同時，撤去翁的差使，一揚一抑，
表達了鮮明的政治態度，明顯是給清議人士看的。據李鴻藻後人流傳下來的

---

1 《李經方隨往片》，光緒二十一年十二月二十九日，《李鴻章全集》第 16 冊，第 78 頁。
2 《清德宗實錄》卷 411，光緒二十二年正月初九日，《清實錄》第 57 冊，第 7 頁。
3 翁萬戈編，翁以鈞校訂《翁同龢日記》第 6 卷，第 2925 頁。據隨手登記檔，十四日，御史胡景
　桂上奏「道員馬建忠、武（伍）廷方（芳）請勿令隨李鴻章出洋片」，光緒帝下旨「存」，並將
　該片送慈禧太后；正月十八日，又有翰林院侍讀張百熙上奏「請旨切責李鴻章不准攜其子經方為
　隨員摺」，光緒帝下旨「存」，並送慈禧太后。可見，清議人士仍不就此罷手。參見中國第一歷
　史檔案館編《清代軍機處隨手登記檔》第 144 冊，第 428 頁。
4 《清德宗實錄》卷 411，光緒二十二年正月十三日，《清實錄》第 57 冊，第 9 頁。
5 翁萬戈編，翁以鈞校訂《翁同龢日記》第 6 卷，第 2926 頁。這年八月初四日，翁最後將留在毓
　慶宮的書籍等檢齊交出，帝師生涯畫上句號，「從此巢痕掃盡矣」。見翁萬戈編，翁以鈞校訂《翁
　同龢日記》第 6 卷，第 2978 頁。

口碑資料，原本慈禧是想將翁同龢開缺，命其回籍，但是，李鴻藻認為翁畢竟是三朝老臣，不忍心驟然解甲，故出面說情，只以罷毓慶宮行走了事。對此，榮祿不認同，以為手軟，「便宜了」翁。[1]其實，無論如何，在清議領袖的層面，李、翁也有相通的地方，雖然忌其「獨對」之權，但在樞中仍然是可以爭取的同盟者。

正月十六日，兩宮與諸臣在頤和園共度元宵節，翁同龢日記稱：「至排雲殿宮門，羣臣跪迎三叩首，皇太后紆步，顧臣與李鴻藻，論以天寒，可入帳房，問已飯否。」[2]這番噓寒問暖，對李或許真實，對翁則是敷衍。正月十八日，慈禧下懿旨，恭王、李鴻章、李鴻藻令內監扶掖。如此細小之事，釋放出了重要的政治信息：遭到清議圍攻的合肥相國，如今簾眷仍隆；李鴻藻也很受太后關照，冷落翁的意圖十分明顯。據文廷式稱，慈禧在宣佈撤書房時還吩咐，「嗣後如有擬題等事，即傳孫家鼐云」。[3]連科舉考試代皇帝擬題的差事都指明由孫來做，可見對翁的排斥。至此，從甲午年十一月就曾實施的撤書房計劃，如今終於塵埃落定。翁同龢對朝政的影響力大大受到限制。

對於李鴻章出使俄國、翁氏出毓慶宮前後的朝局，張之洞在京城的坐探楊銳寫給張的密信中透露了不少情節：

1　李宗侗在《我的先世與外家》中稱：「……另一件與此相類的事情，就是撤銷毓慶宮書房的事，據說那一次孝欽的原意不止撤銷書房，並且將翁文恭驅逐回籍，那如戊戌年的情形那樣，這是聽見我父親說的。這件事發生的時期，榮文忠（祿）恰好奉命到東陵去，他回來以後就來看我祖父，恰好我祖父病了，不能到客廳去，就在臥房接見他，我父親就陪着他進去侍立在旁邊，所以聽見他們倆的談話。文忠說：『這件事情太便宜了常熟，四哥為什麼幫助他說話？』因我祖父同文忠是盟兄弟，所以稱他為四哥。我祖父就回答說：『無論如何常熟總是一個多年的老臣，我覺得對老臣不應該如此，所以我幫他說話。』文忠就歎息說：『四哥真是君子人也！』這是聽我父親親口說的。」（原載台北《傳記文學》第 5 卷第 4 期，1964 年，後收入《李宗侗自傳》，中華書局，2010，第 25 頁）這段口碑也有不確之處，當時，榮祿並未離京。翁同龢這天記云：「午正偕李公到督辦處，約仲華議事，值其感冒不能來。」見翁萬戈編，翁以鈞校訂《翁同龢日記》第 6 卷，第 2926 頁。看來，榮祿也是罷翁預謀的參加者，這天請假也許有原因。
2　翁萬戈編，翁以鈞校訂《翁同龢日記》第 6 卷，第 2927 頁。
3　《聞塵偶記》，汪叔子編《文廷式集》下冊，第 720 頁。

前數日，旨賞內監扶掖入內三人，恭邸、高陽及合肥也。高陽公素荷慈知，上眷亦好，與邸尤浹洽。此近事之可喜者。聞其每晨入內時，飲燒酒一二盞。初到直廬，論事最勁直，同列相戒勿與爭。迨面奏下，則和易近人，可以商榷矣。內珰輩呼為戆李。然舉朝均諒其無他，不施機械，不似虞山之動輒荊棘也。

合肥去後，商約交張蔭桓辦。言路諸臣深慮其不妥，然無敢論之者，以近日傳言慈意將召濟寧復出，為訂商約故也。此事果有，必合肥與李蓮英所為。渠日盼翻朝局，其黨昌言謗及聖躬，有「望之不似人君」語。真可髮指。

……（殘缺）去，亦怨之次骨，而合肥、濟寧又內通珰寺，日謀所以撼之，宜其重干佛怒也。不特退出講幄，此後尚恐別有風波。虞山一生尚巧，乃卒以巧誤。可畏哉。

十二日，佛駕幸頤和園。上十五往請安，十七始回。緣十六日賞內外大臣在湖聽戲故也。（十七日再賞飯，並派恩佑帶領諸臣遍遊頤和園）近來兩宮禮意甚洽。五日一請安，必晨出晚回，侍膳，聽戲，然摺奏往往有積壓數日不批者，漸不如去年聽政之勤也。恭邸於十二日即隨往湖，每日賞戲及看煙火，廿後始得歸。其所住之園，佛派人先為供張，為立兩庖。服物器具，皆須先過目，然後賞用，以黃龍袱罩之。恭邸先有病，在假中，其子瀅貝勒苦勸無出，並求榮祿力阻。恭邸告之曰：佛為我安置如此，雖欲不出，其可得乎？其去也，攜花炮值二萬金者以往。故近來諸事稟承佛意，無異於醇邸在時也。

合肥使俄，係出慈命。邵友濂不願往。公電到，恭邸曰：「不知皇上敢向太后說否？」高陽曰：「有何不敢說？不說，如何辦法？」胡侍御景桂、丁編修立鈞摺請飭勿帶李經方、羅豐祿、馬建忠數人。其日有旨賞李經述三品銜，隨侍其父前往，蓋為沮經方故也。合肥以此與高陽忿爭。十三日再摺，仍請帶李經方去，有云「馬關之約係奉朝命，無知之徒，妄生謗議」；並「臣有難言之隱」等語。旨莫能奪也。渠謝出使及伊子三品

銜恩，又十三日遞摺，均未召見。十六日，慈聖召見園中，賞銅器十二件。十八請訓，上乃召見。張侍講百熙有疏糾之，留中。[1]

這封長信透露了不少重要信息。第一，慈禧派內監扶掖恭王、李鴻章、李鴻藻，雖是細小之事，表明了籠絡恭王、李鴻藻，信任合肥的意圖。正月十五燈節前後，慈禧即命恭王前往海淀園中居住，安排十分周詳。[2]二月初七日，又賞假半個月，直到二十七日，慈禧召見後才銷假入值。此時的恭王與以前的醇王一樣，事事秉承慈禧之意。第二，慈禧對清議視為靠山的翁、李，採用分化手段，拉攏李鴻藻，冷落翁同龢，將毓慶宮行走撤去，對李則恩賞有加。第三，與李鴻藻「不施機械」相比，翁被認為是「動輒荊棘」、事事取巧，然「一生尚巧，乃卒以巧誤」，在清議人士中聲望大跌。第四，翁同龢受黜也與孫毓汶、李鴻章聯絡李蓮英向慈禧施加影響有關，甚至有孫復出的傳言，為的是報復甲午清議攻擊之事。

正月二十日，李鴻章離京南下。正月二十一日，總理衙門奏，設官書局，選刻中西各種圖籍，並選譯外報印行，命孫家鼐管理。強學會也算有了一個皆大歡喜的結局。但是，政潮尚未息落。二月十六日，御史楊崇伊再上封奏，嚴參文廷式，並牽涉編修李盛鐸。其摺云：

　　竊見侍讀學士文廷式，詞章之學，非不斐然可觀，而素行不端，穢聲四播。少時久居廣東，慣作槍替。通籍之後，諂事文姓太監，結為兄

1　《楊銳致張之洞密函》，《張文襄公家藏手札》，中國社會科學院近代史研究所藏，檔號 182-264。

2　據翁同龢日記，正月二十七日，慈禧又下懿旨，恭王賞假十五日在園養病，有要事著軍機大臣寫片與商。二月初八日，又賞假半個月，直到二十九日，慈禧召見後才銷假入值。見翁萬戈編，翁以鈞校訂《翁同龢日記》第 6 卷，第 2930、2932、2937 頁。文廷式稱：「正月以來，恭邸以病不能眠，迭蒙太后賞假，已歷一月，聞異常優禮，近日尚未就痊云。按（文氏原按 —— 引者註），恭邸請假不見邸抄，故特記於此。又聞恭邸屢次假期皆出自太后特賞，毋煩奏請，故不見邸報。」汪叔子編《文廷式集》下冊，第 720 頁。可見，這個時期慈禧對恭王十分優容。

弟，往來甚密。東洋事起，羣言龐雜，皆由該員主持。御史安維峻之摺，亦聽其指使。故遣戍之日，該員廣為勸募，贐者盈萬，躁妄險詖，於斯已極。記名御史編修李盛鐸，昔隨父任，溺於聲色，恣為奸利。登第後，刊印大題文府，以便士子夾帶，獲利巨萬，大干功令。現在請假回籍，而久居上海，與軍機章京陳熾電報往來，希圖經手洋債，以肥私橐。似此惟利在圖，他日豈勝風憲之任？二人生同鄉貫，互相標榜，梯榮干進，遇事生風。常於松筠庵廣集同類，議論時政，聯名執奏，博忠直之美名，濟黨援之私見，大臣畏其黨類，事事含容。幸值聖明在上，不至貽誤大局，而他日之事，有不得不為過慮者。該二員去秋在滬聲言，本不欲出山，由軍機大臣電催北上，藉口招搖，若使身列要津，更不知若何貪縱。應請旨速予罷斥，以儆官邪而端士習。[1]

是日光緒適陪侍慈禧駐蹕頤和園。十七日頒佈上諭：

> 御史楊崇伊奏詞臣不孚眾望請立予罷斥一摺。據稱翰林院侍讀學士文廷式，遇事生風，常於松筠庵廣集同類，互相標榜，議論時政，聯名執奏，並有與文姓太監結為兄弟情事等語。文廷式與內監往來雖無實據，事出有因，且該員於每次召見時語多狂妄，其平日不知謹慎，已可概見。文廷式著即革職，永不敍用，並驅逐回籍，不准在京逗留。此係從輕辦理，在廷臣工務當共知儆戒，毋得自蹈愆尤。[2]

這道上諭完全是秉承慈禧的旨意發佈的，只是懲處文氏，對李盛鐸毫無提及。翁同龢是日日記云：「昨楊崇伊參文廷式摺，呈慈覽。今日發下，諭將文廷

---

1 楊崇伊：《奏為特參侍讀學士文廷式記名御史編修李盛鐸貪鄙任性請旨查究事》，光緒二十二年二月十六日，錄副奏摺，檔案號 03-5338-089，縮微號 403-2257。
2 中國第一歷史檔案館編《光緒宣統兩朝上諭檔》第 22 冊，第 52 頁。

式革職,永不敍用,驅逐回籍。」又記:「聞昨日有內監寇萬才(連材)者戮於市。或曰盜庫,或曰上封事。未得其詳。楊彈文與內監文姓結為兄弟,又主使安維峻言事。安發譴,斂銀萬餘送行。」[1]從翁日記看,楊崇伊的奏摺十六日早遞上後,經慈禧覽閱,次日光緒才發佈上諭,將文革職。

有證據表明,楊崇伊彈劾強學會背後仍然是李鴻章的慫恿,參劾文廷式也有李的支持。此時李鴻章已在赴俄途中。張謇曾提到:「聞二月李鴻章臨俄時請見慈寧,摺列五十七人,請禁勿用。第一即文道希。李出京而御史楊崇伊抨彈文道希之疏入矣。」當然,張謇本人也被列入了李鴻章的「黑名單」。[2]二月中旬,李鴻章抵達香港,其幕僚沈能虎致電李鴻章云:「速送李中堂。十七奉旨,文廷式即行革職……係莘伯所彈也。」盛宣懷也急忙電告李鴻章,稱楊崇伊劾文廷式通內監,奉旨永不敍用,驅逐回籍。[3]李鴻章及其幕僚如此關心文廷式革職事件,加之楊、李之間的密切關係,足見糾參文廷式的計劃蓄謀已久。而且,與翁同龢受黜密切相關。

與文廷式革職同時發生的是太監寇連材被殺事件,傳言寇太監因為上書而死,因而激起京城士大夫的悲憫,於是京城出現了「寇太監從容臨菜市,文學士驅逐返萍鄉」的聯語。二月二十一日吳樵致汪康年信中說:「自毓慶撤後,盤遊無度,太上每謂之曰:咱們天下自做乎,抑教姓翁的做?……常熟日內皇皇自危(伯唐言),恐將來獲咎,必更甚芸閣。」[4]「太上」,指慈禧;「伯唐」,汪大燮,當時在張蔭桓家做西席。「芸閣」,即文廷式。可以看出,慈禧對翁同龢利用書房授讀的機會影響皇帝決策之事始終耿耿於懷,雖然已經撤去書房,仍不能釋懷,戊戌年翁氏再次受黜,原因仍在此。

翁氏後來在自撰年譜中曾對二次入樞後仍可「書房獨對」做過一番解釋。

---

1 翁萬戈編,翁以鈞校訂《翁同龢日記》第 6 卷,第 2934 頁。

2 《嗇翁自定年譜》,《張謇全集》第 6 卷,第 381 頁。

3 沈能虎、盛宣懷致李鴻章電,轉引自錢仲聯《文廷式年譜》,《中華文史論叢》1982 年第 4 期,第 300 頁。

4 上海圖書館編《汪康年師友書札》第 1 冊,第 466~467、480~481 頁。

他說：「自念以菲才而當樞要，外患日迫，內政未修，每中夜彷徨，慽不能自斃。講帷職事，僅有數刻。最難處者，於樞臣見起之先，往往使中官籠燭宣召，及見則閒話數語而出。由是同官側目，臣亦無路可以釋疑。嘗叩頭奏：昔聞和珅曾如此，皇上豈欲置臣於死地耶？終不能回，亦奇事也。」[1]光緒二十一年乙未又記：「是年，書房進講，不過一刻許，是不能有敷陳。」[2]其實，這番解釋是蒼白的。不管時間長短，翁同龢利用在書房獨對的機會向皇帝施加影響總是不證自明的事實，而這恰恰是慈禧最不能容忍的事情。後世過多強調翁氏在甲午後通過影響皇帝「隱持政權」，其實也不盡然。[3]

三月初二日，大學士額勒和布致仕。四月二十三日，經慈禧首肯，協辦大學士昆岡升大學士，榮祿升協辦大學士。翁在日記中說：「昆岡有服而大拜，榮祿在後而協揆，皆異數也。」[4]似乎是驚訝，其實是不平。清制，協辦大學士二員，不分滿漢。榮祿資歷原不及翁氏，自甲午回京，仕途一路飆升，而翁則迭受打擊，難免有此感慨。

仔細觀察即可發現，在甲午戰後慈禧整肅清議的過程中，榮祿始終是幕後參與者，也是受益者。翁同龢遭到慈禧忌恨，李鴻藻病衰，與翁、李資歷相近的榮祿受到太后信任，影響力越來越大。當然，督辦軍務處這個權力平台為他帶來的便利條件也不可忽視。

---

1 朱育禮整理《松禪手訂年譜》，《近代史資料》總 86 期，中國社會科學出版社，1994，第 39 頁。

2 同上，第 43 頁。

3 比較有戲劇性的一幕是同年九月李鴻章回京，因為擅入圓明園受到上諭詰責。據當時士大夫之間的傳言，是軍機大臣翁同龢暗中所為。王照後來即稱：「丙申文忠歸自歐美，翁氏仍（乃）以私遊頤和園（應為圓明園 —— 引者註）之細故，張大其詞，使皇上明發上諭，斥辱甫息徵驂之老臣。」見王照《方家園雜詠紀事》，榮孟源、章伯鋒主編《近代稗海》第 1 輯，四川人民出版社，1985，第 16 頁。

4 翁萬戈編，翁以鈞校訂《翁同龢日記》第 6 卷，第 2951 頁。

第六章

督辦軍務處與榮祿權勢的擴張

利用督辦軍務處這個重要平台，榮祿參與了甲午戰後裁撤營勇、編練新軍以及軍事改革等活動，並逐步獲得權勢。他在甲午戰後的新政活動中扮演了積極推動改革的角色。

　　研究甲午至戊戌間榮祿政治地位的上升及其與朝局的關係，必須對督辦軍務處及其功能在甲午戰後的變化進行研究。原本督辦處是一個戰時統籌軍事的機構，戰爭結束後其使命自然終結，但事實上，戰後督辦處一直被保留，先是負責裁勇、編練新軍，隨後與國防建設相關的調整兵工企業、修建鐵路也都由督辦處統籌決策。督辦處一定程度上分割了原屬軍機處和總理衙門的部分職能，扮演了統籌新政的特殊角色，這一點很容易被督辦大臣或兼軍機，或兼總署的現象所掩蓋。正是憑藉督辦軍務處的權力平台，甲午戰後榮祿的權勢得以迅速擴張。不僅如此，通過榮祿的練兵活動，湘軍、淮軍興起後漢族地方督撫執掌軍權的局面出現了微妙的變化，清廷中央和滿洲權貴重新獲得統掌軍權的主動權。

一　裁勇與軍事改革

　　隨着戰爭的結束，軍事改革日益提上日程。甲午戰爭給中國社會各方面都帶來了慘痛的教訓，從而激發了改革軍事的迫切性。這些很自然地仍然由督辦軍務處承擔起來。隨着東北戰場恢復平靜，京城防衞戒嚴也解除。《馬關條約》簽訂後，督辦軍務處即奏請將上年十一月間神機營撥派分駐近城之黃村、盧溝橋、清河、八里橋、墨石口、西大紅門、東壩、馬駒橋八處，由將軍永德、豐紳總統巡緝的馬步練兵撤回；至總統並管帶官員除原在神機營者仍回營當差外，其綏遠城將軍永德、江寧將軍豐紳、錦州副都統崇善、察哈爾副都統吉升阿、青州副都統訥欽等五員應請旨飭回本任以重職守。[1]五月二十三日，督辦處「將

---

[1] 《軍機大臣奕訢等奏為防務漸定請將前派神機營分紮各處隊伍酌撤事》，光緒二十一年五月初八日，錄副奏摺，檔號 03-6045-02，縮微號 452-0328。

應裁各營作公函致劉峴莊」。[1] 五月二十四日，電旨命令劉坤一與李鴻章、王文韶將津、沽、山海關一帶駐軍「詳細斟酌，分別汰留裁併，奏明辦理」。[2] 這項任務也是由督辦軍務處具體負責的。劉坤一建議將軍隊並為大枝，以成勁旅，裁汰後的淮軍可留二十五營至三十營，由聶士成統率，防衛津沽沿海；胡燏棻所練定武軍十營劃為北洋大臣親兵；至於湘軍，則因水土不服，地域不宜，可全部裁汰；山海關外則以宋慶所部毅軍為主力，留兩萬，駐錦州，八旗練軍再酌留若干，其他皆逐步遣撤歸併。但是，督辦處對於全部裁撤湘軍並不同意。閏五月初九日，翁同龢以草擬摺稿「商諸公，皆以為然」。次日，榮祿又做了削改修訂。[3] 可見榮祿在裁軍問題上的主動態度。十三日，督辦處正式覆奏，主張湘、淮、毅三軍各留三十營，分別由魏光燾、聶士成、宋慶統率。湘軍駐山海關，淮軍駐津沽，毅軍駐錦州。此外，沿海炮台守軍及北洋大臣親兵等，則汰弱留強，力求精幹。營勇整編事宜於九月初大致完成，十一月初，遼東日軍撤盡。

　　中日戰後東北完全暴露在俄、日的窺視之下，東北練兵問題變得更加急迫。為了編練勁旅，督辦軍務處確立了裁撤練軍、節省經費，再採用西法精練新兵的方案。閏五月初九日，督辦軍務處在上奏中指出，東三省練軍十年以來所費練費餉計逾千萬，而臨事竟不得力。「……臣等懲後懲前，不得不為易轍之圖，作補牢之計。請飭下奉天、吉林、黑龍江將軍悉心酌核，將練軍撤回遣散，每年騰出餉項即以之另練新兵。」「查練兵之法以西法為最善，既用西法，非將中國舊法掃除而更張之，則視聽不專，進退止齊必不能觀若畫一。臣等公同商酌，擬請先懸一令，兵則選用華人，將則兼用洋弁，一切教練之方皆採西國新法，務使器械精良，餉糈充足，速成一枝勁旅，然後逐漸擴充。應由臣等訪求西洋上等將弁延聘來華，俾之教練，先在奉天省練成一軍以為程式，所需

---

1 翁萬戈編，翁以鈞校訂《翁同龢日記》第 6 卷，第 2855 頁。峴莊，也作硯莊，為劉坤一字。
2 《清德宗實錄》卷 368，光緒二十一年五月二十四日，《清實錄》第 56 冊，第 813 頁。
3 翁萬戈編，翁以鈞校訂《翁同龢日記》第 6 卷，第 2859～2860 頁。

餉項即由東三省裁撤調練兵丁項下按季籌給，一轉移間可以變無用為有用，而餉需亦無待另籌。」[1] 這是戰後較早關於編練新軍的計劃之一，當時看來主要是為了解決東北的防務問題。

督辦軍務處所做的另外一件大事就是要求南洋和湖廣等處槍炮廠統一槍械技術標準。從外洋直接購買槍支器械不僅價格高，還受洋商盤剝。故軍務處建議槍炮製造必須以自造為主：

> 查南洋機器局造有快利槍一種，上年道員劉麒祥帶來數支，經臣等試驗，與外洋之小口毛瑟槍遠近遲速不相上下。又湖北槍炮廠亦有一種快槍解送督辦軍務處，亦經檢驗過，與小口毛瑟槍無異。以上兩項若能添購機器，廣為製造，只供各省新立洋隊之用，其合膛子彈令北洋及各省機器局如式鑄造，源源接濟，如此則中國新造之槍改成一律，不論何營何隊，入手輒即合宜，較之購自遠方臨時學演者，其得失何啻天壤？相應請旨飭下南洋大臣、湖廣總督將新製槍式彼此較準畫一辦理，所用子彈輕重大小亦須分毫不爽，再由臣等隨時調取細加比較，倘有參差不如式者，惟承辦之員是問。[2]

這是軍事改革的重要基礎。

督辦軍務處在甲午戰後主持的一次最大規模的軍事活動是調任甘肅提督董福祥率甘勇返回西寧，鎮壓河湟回民變亂。榮祿與董福祥所建立的密切關係，與這次征戰活動有很大關係。

董福祥（1840～1910），字星午，甘肅固原人，同治初年，聚眾起兵反清，為湘軍將領劉松山降服，受命率部與回民軍戰，戰功卓著。光緒初年，又隨劉

---

1 《督辦軍務王大臣奕訢奏為請裁東三省練兵事》，光緒二十一年閏五月初九日，錄副奏摺，檔號 03-5757-031，縮微號 433-1657。

2 《督辦軍務處奕訢等奏請飭下南洋大臣湖廣總督將新制槍式較准畫一辦理事》，光緒二十二年七月十三日，錄副奏摺，檔號 03-7127-017，縮微號 532-2328。

錦棠轉戰天山南北，南疆收復，論功賞
穿黃馬褂，賜雲騎尉世職、贈巴圖魯勇
號，題奏提督。光緒五年，左宗棠收復
伊犁後，奉命屯兵和闐、葉爾羌，後官
阿克蘇總兵。翌年，擢喀什噶爾提督。
二十年，慈禧六十壽辰，董福祥以「久
膺重寄，卓著勳勞」，被賞加尚書銜，
赴京祝壽。有說法認為榮祿在西安將軍
任上與董結交，恐不確。曾任總理衙門
章京的李岳瑞稱，董福祥先與禮王世鐸
有舊，榮、董結識當在甲午年。李岳瑞
寫道：

董福祥

　　福祥既入都，會榮祿以西安將軍亦祝嘏還朝。榮固久蓄非常之志者
也，得福祥則大喜，羅而致之門下，折節與為昆季交。福祥亦激昂感慨，
願為知己用。慶典未行，遼禍已棘。榮力薦福祥可大用，乃留京弗令去，
俾召集舊部，鎮護畿疆……乙未春，湘軍又敗績，福祥乃抗疏請出關自
效。榮祿以京師宿衛單弱，尼其行。一時士大夫稱道董軍，至擬之王鎮
惡、檀道濟，而惜其不得出一戰。[1]

　　可見，中日戰爭爆發，調甘肅馬步八營，命其統帶，入衛京畿，都出自榮
祿的建議。「東事既定，西回繼變，乃敕福祥帥所部西征，始改授甘州提督，且
得專摺奏事，與總督平行。」[2] 閏五月二十四日，上諭命董福祥援助甘肅地方鎮

---

1 李岳瑞：《悔逸齋筆乘》，《清代野史》第 4 卷，巴蜀書社，1998，第 1783 頁。按，王鎮惡、
　檀道濟為南北朝時期的名將。

2 李岳瑞：《悔逸齋筆乘》，《清代野史》第 4 卷，第 1783 頁。

壓回民起義。二十六日，榮祿等督辦軍務大臣與董面商拔隊赴甘之事。數日後便率部前往。[1]董臨危受命，不負眾望，數月後，叛亂被鎮壓。兵部尚書榮祿在覆奏陝甘總督為董請獎時，極力支持。[2]這說明，此時榮祿已經開始重視這支特殊的隊伍，並極力拉攏董福祥，後來不斷擴充兵力、提高董的實力皆源於此。

二 袁世凱編練新軍

　　甲午戰後新政最突出的成就就是編練新軍，這也是榮祿平生影響最大的事業。甲午戰爭中漢納根練兵動議雖然遭到否決，但是，編練「洋隊」已是督辦處諸公共識。於是出現廣西按察使胡燏棻編練定武軍十營之事，但是，這個階段很短，很快清廷確定由浙江溫處道袁世凱接手編練新建陸軍，從而拉開了近代軍事改革的重要步驟，這既是袁世凱的新起點，也是榮祿的新起點。

　　袁世凱與榮祿本無淵源。袁依附李鴻章淮系勢力而起，長期駐在朝鮮；榮祿則為滿洲權貴，駐防西安，二人結緣也是甲午戰爭之後。袁世凱（1859～1916），字慰庭，別號容庵，河南項城人。同治初年捻軍起事，其生父袁保中在籍辦團防，嗣父胞叔保慶則長期跟隨從祖父袁甲三、毛昶熙等軍中，又與淮軍將領劉銘傳、吳長慶等善。袁世凱八歲出嗣，十二歲嗣父喪，以後遂至北京，先後隨從叔保齡、保恆讀書數年，後應鄉試不售，只得另謀出路。光緒七年入吳長慶軍幕府，隨赴朝鮮定壬午之亂，因勇於任事，治軍有效，為吳所倚任。甲申中法戰起，吳長慶奉調回國，留兵三營駐朝鮮，袁世凱受命總理營務處。不久，朝鮮發生甲申之變，袁氏採取果斷措施，率部平定，大受讚

---

1 翁萬戈編，翁以鈞校訂《翁同龢日記》第 6 卷，第 2863、2867 頁。

2 《協辦大學士兵部尚書榮祿等奏為遵旨核議河州解圍出力各員請旨獎敘事》，光緒二十二年十月十五日，錄副奏摺，檔號 03-5347-034，縮微號 404-1004。

譽，為李鴻章所激賞。光緒十一年中日《天津條約》簽訂後，雙方協商撤回在朝鮮的駐兵，袁以道員任總理交涉商務委員。光緒十九年，補授浙江溫處道。甲午戰起，奉調回國，與周馥辦理糧台事宜。乙未四月，始交卸回天津。[1] 經歷甲午一役，袁世凱萌發了重振軍威的志向。他上書李鴻藻，闡發軍事改革設想，主張力懲前非，汰冗兵，節靡費，退庸將，以肅軍政；並廣設學堂，精選生徒，延西人著名習武備者為之師，嚴加督課，明定升階，始可造就威武之師。李鴻藻是

袁世凱

袁保慶之師，對袁世凱這位「小門生」的主張，也是另眼相看。閏五月初三日，劉坤一、李鴻章和王文韶又聯名上摺保奏袁氏，遂奉旨由督辦軍務處差遣。[2] 可見，袁世凱在甲午戰後已嶄露頭角。

胡燏棻練兵本來是由李鴻藻推薦的，在漢納根洋兵計劃破產後，只得接手練兵事宜；但是在聘用洋將、採用西法練兵方面，他的見識和策略都不能與袁世凱相比。從四月份開始，袁世凱就向李鴻藻宣揚自己的練兵宏圖，並得到高陽的首肯。另一位督辦軍務大臣翁同龢因漢納根練兵計劃的失敗，也對胡燏棻頗有微詞。開始見到袁世凱時，認為袁「開展而欠誠實」，經過多次溝通後，

---

1 關於袁世凱的經歷，參見劉鳳翰《袁世凱與新建陸軍》（台北中研院近代史研究所，1967）一書。

2 王伯恭在筆記中說，袁世凱欲攀附榮祿，得知榮與豫師交好，便也通過種種關係認識閻文介（閻敬銘），再「由文介以見豫師，由豫師以見榮文忠，層遞納交」，遂執贄為榮祿之門生。此係訛誤。閻敬銘甲午前已經病逝。況且，豫師、李鴻藻與榮祿私交甚篤，李的引薦已是一言九鼎，恐不會再有託豫師進言之事。參見王伯恭《蜷廬隨筆》，山西古籍出版社，1999，第 25～26 頁。

也改變了對袁的看法，認為袁世凱「家世將才、嫻習兵略」，「此人不滑，可任也」。[1] 積極保薦袁世凱的還有劉坤一。乙未年（1895）春劉坤一率部出關時，袁世凱正奉李鴻章之命前往前線辦理糧台供應事宜。由於對前方戰況和淮軍弊端多有了解，劉對袁也開始重視。抵達山海關後，劉坤一即調袁從前線返回，詳細探詢前敵實情，二人關係十分投契，袁世凱甚至拜劉為師，以致落下「叛淮投湘」之嫌。閏五月，劉坤一又附片密保賢員，稱袁世凱「名家之子，於軍務及時務均肯留心講求，前在朝鮮多年，聲績懋著，早在朝廷洞鑒之中」；又稱其「膽識優長，性情忠篤，辦事皆有條理，為方面中出色之員」，[2] 奏請朝廷能夠重用。在督辦處計劃編練新軍之際，劉坤一的建議與榮、李、翁如此一致，當非偶然，應該有過溝通。因此，以袁世凱代胡練兵的考慮，開始在督辦處醞釀。[3] 袁世凱受到光緒帝召見後，榮祿命他就編練新軍的方案盡快上條陳，袁即寫了《上軍務處稟》，得到榮祿的欣賞。

在李鴻藻創議下，經榮祿、翁同龢支持，反覆醞釀後，督辦處決定命袁世凱新練一軍，仿效德國，提高士兵待遇，採用西式訓練，以收實效。七月初一日，督辦軍務處將袁所上條陳代奏。袁世凱在其中提出了練兵的十二條建議。但是，對於袁練兵也有反對者。張佩綸在乙未七八月間，即致函李高陽，認為袁不可信任，對李之「目其為奇才」表示異議。[4] 翁同龢也認為練兵經費開支太大。九月十九日，袁世凱來談練洋隊事，七千人，每年需百萬兩之多。但是，最終仍定議由胡燏棻修路、袁世凱練兵，這兩項都是督辦處重點推動的新政所在。翁同龢日記對於這段時間督辦處討論練兵、修路事宜有零星記載，也可看

---

1 翁萬戈編，翁以鈞校訂《翁同龢日記》第 6 卷，第 2864、2867 頁。

2 《密保賢員片》，光緒二十一年閏五月初三日，《劉坤一遺集》第 2 冊，第 874 頁。

3 丁士源稱，袁世凱的練兵計畫和方案是由北洋幕僚王修植（字宛生）代擬的，以英使練兵說帖為藍本。後袁「求榮文忠遞之。榮文忠逐條詳詢，袁亦逐條回答。榮遂攜袁同見恭、慶兩邸。兩邸詢袁，袁亦明白答覆，較胡燏棻所答較為詳明」。見丁士源《梅楞章京筆記》，榮孟源、章伯鋒主編《近代稗海》第 1 冊，第 431～432 頁。此事應係督辦軍務處定議，非僅與恭、慶商議，私人記述不免有細節差異，但是大體應符合實情。

4 張佩綸：《致李蘭蓀師相》，《澗於集·書牘》卷 6，民國刊本，第 11～12 頁。

出榮祿的態度。

　　十月初三日　午到督辦處，李、長兩君先來，恭邸亦至，所定者三事：一胡燏棻造鐵路；一袁世凱練洋隊；一蔭昌挑定旗兵入武備學堂也。劉麒祥上海機器局事尚未議了。

　　十月十二日　午正到督辦處看鐵路奏稿（恭邸，李、長二公）。晤胡雲楣談，伊欲暫回津，駁之。袁世凱亦到，未談。

　　十月二十日　午後至督辦處，恭、李皆至，榮先散，胡雲楣、袁慰亭皆見。

　　十月二十一日　至督辦處，恭邸、李、榮二公皆集，議粵商承辦鐵路事，榮公不欲速定。[1]

　　十月二十日，督辦處奏請令胡燏棻督修天津至盧溝橋鐵路。十月二十二日，督辦軍務處上疏奏報為變通兵制，擬在天津新建陸軍，並請任用袁世凱負責督練。該摺云：

　　查歐洲各國專以兵事為重，逐年整治，精益求精，水師固其所長，陸軍亦稱驍勇。中國自粵捻削平以後，相沿舊法，習氣漸深，百弊叢生，多難得力。現欲講求自強之道，固必首重練兵，而欲迅期兵力之強，尤必更革舊制。臣等於去歲冬月軍事方殷之際，曾請速練洋隊，仰蒙簡派廣西臬司胡燏棻，會同洋員漢納根在津招募開辦，嗣以該洋員擬辦各節事多窒礙，旋即中止，另由胡燏棻請練定武十營，參用西法，步伐號令均極整齊，雖未盡西國之長，實足為前路之導。今胡燏棻奉命督造津盧鐵路，而定武一軍接統乏人。臣等公同商酌，查有軍務處差委，浙江溫處道袁世凱，樸實勇敢，曉暢戎機，前駐朝鮮，頗有聲望。因令詳擬改練洋隊辦

1　翁萬戈編，翁以鈞校訂《翁同龢日記》第 6 卷，第 2896、2899、2901～2902 頁。

法，旋據擬呈聘請洋員合同及新建陸軍營制餉章。臣等復加詳核，甚屬周妥。相應請旨飭派袁世凱督練新建陸軍，假以事權，俾專責任。現在先就定武十營步隊三千人、炮隊一千人、馬隊二百五十人、工程隊五百人以為根本，並加募步隊二千人、馬隊二百五十人，共足七千人之數，即照該道所擬營制餉章編伍辦法辦理，每月約支正餉銀七萬數千兩。至應用教習洋員最關緊要，應由臣等咨會出使德國大臣與德國外部選商聘訂，其人數、銀數均按該道所擬合同辦理，一切軍械即在去歲漢納根購到大批軍火內撥給。月支餉銀及新軍應用制辦各件價值均由戶部籌定核發。果能著有成效，尚擬逐漸擴充。悉裁無用之勇營以供新軍之餉糈，務期養一兵得一兵之力，庶足以裨時局而振頹風。[1]

奏上，當日諭下照準。諭云：

據督辦軍務王大臣奏：天津新建陸軍，請派員督練一摺，中國試練洋隊，大抵參用西法，此次所練，係專仿德國章程，需款浩繁，若無實際，將成虛擲。溫處道袁世凱既經王大臣等奏派，即著派令督率創辦；一切餉章，著照擬支發。該道當思籌餉甚難，變法匪易，其嚴加訓練，事事核實，倘仍蹈勇營習氣，惟該道是問，懍之！慎之！[2]

次日，袁世凱便辭行前往天津。[3] 袁氏接統定武軍後，即擴大招募，派員前往淮、魯、徐、豫等處，選募壯丁，在原先十營步隊三千人、炮隊一千人、馬隊二百五十人、工程隊五百人基礎上，步馬各隊增至七千人，每月約支正餉

---

1 《督辦軍務處大臣奕訢等奏請派員督練天津新建陸軍事》，光緒二十一年十月二十二日，錄副奏摺，檔號 03-5758-035，縮微號 433-1804。

2 翁萬戈編，翁以鈞校訂《翁同龢日記》第 6 卷，第 2902 頁。

3 《御史胡景桂奏為風聞浙江溫處道袁世凱性情謬妄擾害地方請旨特派大員查辦事》，光緒二十二年四月十六日，錄副奏摺，檔號 03-5913-039，縮微號 443-1540。

銀七萬餘兩。十一月初，所聘德國教官到營，訓練開始，一支新式軍隊由此誕生。負責營務處的文官是翰林院編修徐世昌，他是袁世凱早年摯友，二人配合默契，小站練兵拉開序幕。

然而，小站練兵開始後數月，津門士紳，嘖有煩言。光緒二十二年四月十六日，御史胡景桂（字月舫）上疏參劾袁世凱。胡疏云：

> 臣風聞浙江溫處道袁世凱在天津練兵學習洋操，凡兵丁衣帽營官服色、營房規制悉仿泰西。如此更張粉飾外觀，非徒尚虛文而何？聞該軍營弁哨每營不下四五十員，得此差者不論才略之高下，但論情面之大小，饋遺之多寡，以致武備學堂中人咸抱不平，每兵增訂月餉甚優，而層層剝扣，到兵者不過三兩，該道自訂公費每月千金，而一切雜支尚不在內，較之宋慶幫辦軍務時所領尚多四百餘金。自得如此之豐而猶營私蝕餉至於此極……在天津自以為欽差大臣，告示官銜用欽命督辦軍務處練兵大臣字樣。又云建造營房強佔民田等。[1]

當日，光緒帝發佈上諭：「著榮祿馳赴天津，將該員督練洋操一切情形，詳細查明，能否得力，斷不准徒飾外觀，毫無實際。其被參各節，是否屬實，一併秉公確查。據實具奏。原摺著鈔給閱看。將此諭令知之。」[2] 四月二十三日，榮祿又以兵部尚書任協辦大學士。榮祿上摺謝恩，同時奏調隨員，準備二十五日起程赴津。隨行司員有兵部員外郎裕厚、兵部候補主事陳夔龍、步軍統領衙門學習筆帖式廷夔。[3] 關於這次查辦事件的內幕，陳夔龍後來回憶說：

> 甲午中日之役失敗後，軍務處王大臣鑒淮軍不足恃，改練新軍。項

---

1 《清德宗實錄》卷 389，光緒二十二年四月十六日，《清實錄》第 57 冊，第 70～71 頁。
2 《赴津查辦營務欽差大臣榮祿奏為遵旨赴津查辦新建陸軍營務擬帶隨員奏聞事》，光緒二十二年四月二十三日，錄副奏摺，檔號 03-5996-082，縮微號 448-2827。
3 陳夔龍：《夢蕉亭雜記》，第 64 頁。

城袁君世凱，以溫處道充新建陸軍督辦。該軍屯兵天津小站，於乙未冬成立。當奏派時，常熟不甚謂然，高陽主之。詎成立甫數月，津門官紳嘖有煩言，謂袁君辦事操切，嗜殺擅權，不受北洋大臣節制。高陽雖不護前，因係原保，不能自歧其說，乃諷同鄉胡侍御景桂，摭拾多款參奏。奉旨命榮文忠公祿馳往查辦。[1]

李鴻藻雖是高陽人，但母家乃天津殷實鹽商姚氏，自幼在天津母家生活讀書，津沽士紳視其為朝中依靠。津紳對袁練兵的反應自然會受到他的重視。看來，胡景桂參劾完全可能是李鴻藻授意；而派榮祿查辦，又可控制主導權，大概也是李鴻藻的如意算盤。這種現象在晚清官場不足為奇。四月二十七日，榮祿到津，與直隸總督王文韶「晤談一切」。王氏很快知道，「星使之來，係袁慰庭、傅懋元（雲龍）均有被劾之事，本日已次第行查矣」。[2]隨後，榮祿先往小站查閱，五月初二日回津，向王文韶「咨覆袁道參案」。初五日，又在王陪同下，「閱看機器局，並至水師學堂調閱體操、算學」。隨後，前往蘆台校閱聶士成軍，初九日返回天津。[3]初十日，「仲華辭行，午後往送，均暢談。陸程有阻水處，須由水陸赴通也」。[4]袁十一日，榮祿回京。此行通過聶士成所部淮練各軍與袁世凱新建陸軍的比較，榮祿更加認定了編練新軍的必要性。離開天津時，他將有關查辦結果先期派人送入京中。其中，對胡景桂參袁世凱各節逐條解釋，為袁開脫。奏摺稱：

1 袁英光、胡逢祥整理《王文韶日記》下冊，第 947 頁。
2 同上，第 947～948 頁。
3 同上，第 949 頁。
4 《兵部尚書榮祿奏為遵旨查明督練新建陸軍道員袁世凱被參各節據實覆奏事》，光緒二十二年五月十一日，硃批奏摺，檔號 04-01-16-0248-063，縮微號 04-01-16-046-1310。但是，據陳夔龍說，李鴻藻對榮祿的這番覆奏並不滿意。他說：「時高陽已病，仍力疾入直，閱文忠摺，拂然不悅。退直後，病遂增劇。嗣後遂不常入直，旋即告終。足見其惡之深矣。」見陳夔龍《夢蕉亭雜記》，第 65 頁。李鴻藻為何改變對袁的看法，尚不清楚。不過，從李鴻藻死後袁世凱與其子李符曾、李石曾關係密切的情況分析，陳夔龍的說法值得懷疑。

查該道血性耐勞，勇於任事，督練洋操，選拔精銳，尚能不遺餘力，於將領中洵為不可多得之員。惟初膺總統之任，若有人節制之、策勉之，庶使多加磨練，日久自不至啟矜張之漸，冀可備國家折衝禦侮之材，抑之者正所以成之也。督辦軍務處原係暫局，恐未能久設。查督臣王文韶公忠貞著，資望最深，且近在咫尺，便於考核，可否將該道新建陸軍統歸該督節制，至該軍操練之法，應責成該道仍舊督飭在營各員實力練習，以期精益求精，庶可兩得其宜，是否之處，出自聖裁。所有奴才遵旨查明道員袁世凱被參各節詳細情形，據實覆陳，伏乞皇上聖鑒訓示。[1]

這篇摺稿據說出自陳夔龍之手。[2]當初得知參案後袁驚恐萬分，不啻「當頭棒喝」，「所有夙志，竟至一冷如冰」。[3]然而，因為榮祿積極祖護，頃刻間冰消雪融，轉危為安。同時，榮祿又奏報查閱新建陸軍營伍情形事一片，對編練新軍的意義作了進一步闡釋。該片云：

　　再，新建陸軍之設，為中國切己自強之至計。當此強鄰逼處，事急勢迫，若再不變法，認真講求，則後患何堪設想。每思及此，五內如焚。是以去歲督辦軍務處原議奏撤東三省練軍餉項每年九十萬兩，為新軍月餉之需，一轉移間，化無用為有用，法至善也。既效西法，餉項經費不得不略加優裕，果能練成勁旅，朝廷亦何惜此費用耶。若只襲其皮毛，不求實際，徒飾外觀，貽笑中外，是不若早為裁撤，另圖良法，以節虛糜。奴

---

1 直隸籍官員、刑部主事唐烜在日記中説：「閱榮仲華協揆查辦天津袁慰亭世凱、傅雲龍觀察被參覆奏摺片。袁為天津新建陸軍總統，傅為機器局總辦……唯傅道呈交部議處，袁則參款均無其事，著毋庸議。其摺由隨員兵部主事、總理衙門章京陳夔龍所擬也，詞意猥雜泄遝，殊堪齒冷。不知欽差相公何以一無刪潤，竟爾入告也。」見唐烜《留庵日鈔》，未刊，中國社會科學院近代史研究所藏，檔號甲 143。這條資料是王剛博士最先發現使用的。
2《致徐世昌》，光緒二十三年五月三十日，《袁世凱全集》第 6 卷，第 53 頁。
3《兵部尚書榮祿奏為查閱新建陸軍營伍情形事》，光緒二十二年五月十三日，硃批奏摺，檔號 04-01-18-0053-154，縮微號 04-01-18-009-0657。

才奉命詳查，於初一日由津馳赴小站，悉心校閱。查該營練軍七千人，除出差及現患時症者二百餘人，其患病者仍抬至操場備驗。奴才率同司員、差弁等按排逐一詳細查閱，該軍勇丁均年在二十歲上下，身體魁梧，一律雄健，無一老弱殘幼充數。以奴才近年所見各軍，尚無出其右者。據道員袁世凱聲稱，定武軍四千餘人，現已更換，另募三千餘人。是該道之挑選認真已可概見。復查閱分統營哨各官弁，亦皆勇往將事。洋員魏貝爾、曼德、高士達三員，確係盡力教練。其營制規模井井有條，號令賞罰亦極嚴肅。步隊操演，身段步伐，攻守埋伏，槍炮接應，馳驅進退，均能合式。馬隊則跳躍溝濠，亦能如格，惟馬上尚未執槍，戰馬僅有二百餘匹，該道擬請派員赴口採買八百匹，其馬價擬於現存馬乾截曠項下一萬一千餘兩內動撥。至炮位則以北洋所領之格魯森炮為佳。漢納根所購之炮，質小車大，不適於用，將來仍擬由北洋軍械局內撥用。其自造水雷、旱雷演放，亦均可用。查該營自二月成軍，每日三操，迄今三月餘，已屬可觀，若能一氣呵成，始終不懈，一二年後定成勁旅，尚非徒飾外觀也。奴才仰承簡命，事關大局，斷不敢稍涉敷衍。謹附片據實具陳，伏乞聖鑒。謹奏。[1]

從榮祿的奏報看，他對於督辦軍務處選擇袁世凱在小站編練新軍的決定予以全面肯定，對袁世凱的練軍辦法也予以肯定，並對一兩年內練成勁旅充滿信心。陳夔龍說：

文忠馳往小站。該軍僅七千人，勇丁身量一律四尺以上，整肅精壯，專練德國操。馬隊五營，各按方辨色，較之淮練各營，壁壘一新。文忠默識之，謂余曰：「君觀新軍與舊軍比較何如？」余謂：「素不知兵，何

---

1 陳夔龍：《夢蕉亭雜記》，第 64～65 頁。

能妄參末議。但觀表面，舊軍誠不免暮氣，新軍參用西法，生面獨開。」
文忠曰：「君言是也。此人必須保全，以策後效。」迨參款查竣，即以擅
殺營門外賣菜傭一條，已干嚴譴；其餘各條，亦有輕重出入。余擬覆奏
稿，請下部議。文忠謂，一經部議，至輕亦應撤差。此軍甫經成立，難
易生手，不如乞恩姑從寬議，仍嚴飭認真操練，以勵將來。覆奏上，奉旨
俞允。[1]

　　陳的說法大致不差。袁世凱門人所編《容庵弟子記》中也寫道：「二十二
年三月，御史胡景桂論列小站兵事……政府派榮相到營察視，並查考訓練有
無進步。公（袁世凱）槖鞬相迓，請榮相閱操。校閱既畢，榮相大驚異。蓋未
料成軍才百餘日，而隊伍之精整，陣法之變化，竟擅曲端縱鴿之奇也。回京之
後，據實稱譽，遂蒙溫諭，德宗（光緒帝）並擬恭奉孝欽後（慈禧）蒞津親
自校閱。」[2] 可以看出，榮祿的天津之行，雖為查辦參案，但其連續幾次奏報
所反映出的基本態度，則是對袁世凱和編練新軍的肯定，這些無疑對後來清
廷堅定練兵的決心及榮祿在軍政決策中地位的強化，都起到了意想不到的作
用。而且，很可能回京後榮祿就萌生了奏請兩宮檢閱新軍的想法，而這個考慮
在兩年後馬家堡至天津火車通行、榮祿出任直隸總督後，變得越來越可行。戊
戌年四月兩宮確定於九月前往天津閱兵，與榮祿的此次天津之行應該有很大關
聯。光緒二十三年六月，袁世凱升任直隸按察使，仍統新軍，成為榮祿信任的
主要將領。

---

1 沈祖憲、吳闓生編《容庵弟子記》卷2，第8頁，1913年刊本。而對曾經參劾自己的胡景桂，
　袁世凱很是大度。光緒二十五年底袁署理山東巡撫，胡適為山東按察使，唯恐袁報復，頗不安於
　位，曾通過徐世昌向袁做疏通。袁覆函徐：「月舫事已揭開說和，以安其心。此人甚明爽，的
　係好幫手。」參見《致新建陸軍營務處徐世昌函》，光緒二十五年十二月初六日，駱寶善、劉路
　生主編《袁世凱全集》第5卷，河南大學出版社，2013，第42頁。
2 《筆記》（上），汪叔子編《文廷式集》下冊，第723頁。

三　榮祿權勢的驟升

　　甲午慘敗之後，「不行新政無以自強」成為朝野上下的共識。文廷式曾說：
「和議既成，舉國爭言洋務。請開鐵路者有之，請練洋操者有之，請設陸軍學
堂、水師學堂者亦有之。其興利之法，則或言銀行，或言郵政，或請設商局，
或請設商務大臣。諸人非必無見，諸說亦多可行，然天時人事則猶有所待也。」[1]
大致反映了當時的真實情形。閏五月二十七日光緒帝痛定思痛，宣諭臣民，力
圖自強。該諭云：

> 　　自來求治之道，必當因時制宜，況當國事艱難，尤應上下一心，圖
> 自強而弭隱患。朕宵旰憂勤，懲前毖後，惟以蠲除痼習，力行實政為先。
> 疊據中外臣工條陳時務，詳加披覽，採擇施行，如修鐵路，鑄鈔幣，造機
> 器，開礦產，折南漕，減兵額，創郵政，練陸軍，整海軍，立學堂，大抵
> 以籌餉、練兵為急務，以恤商惠工為本源，皆應及時舉辦。至整頓厘金，
> 嚴核關稅，稽查荒田，汰除冗員各節，但能破除情面，實力講求，必於國
> 計民生兩有裨益。著各直省將軍督撫，將以上諸條，各就本省情形，與藩
> 臬兩司暨各地方官盡心籌畫，酌度辦法，限文到一月內分晰覆奏……[2]

　　發佈這道上諭的同時，軍機處同時繕寄了徐桐、胡燏棻、張百熙、陳熾、
康有為、信恪、準良等人的奏摺，上諭命各省督撫閱覽後，結合實際暢所欲
言，就自強新政提出切實辦法覆奏。半年之內各督撫的覆奏陸續返回，雖然一
些官員仍舊強調「節靡費」「杜中飽」的老辦法，但是，大部分官員都主張切實

1　《清德宗實錄》卷 369，光緒二十一年閏五月二十七日，《清實錄》第 56 冊，第 837～838 頁。
2　孔祥吉先生稱這次督撫奉旨覆奏為「一場關於中國社會發展前途的大論戰」，對當時各種變法思
　　想和建議做了梳理。參見孔祥吉《康有為變法奏議研究》，第 97～108 頁；趙樹貴、曾麗雅編《陳
　　熾集》，中華書局，1997，第 341～344 頁。

推行練兵、鐵路、郵政、礦務、商務、學堂、書局等改革措施。[1]因此，這道自強上諭，與戊戌年六月定國是詔、庚子年十二月「新政」詔書一樣，都具有里程碑式的意義，其內涵是一脈相承的。新政推行後，練兵自然是督辦軍務處的首要任務，而與軍事和國防相關的鐵路建設，也進入督辦處的決策範圍。

在處理軍事和新政事務決策方面，事實上，督辦軍務處與軍機處和總理衙門出現職能上的部分重疊。原來凡涉及洋務都由總署處理，但是，此次鐵路問題均歸督辦處決策。三處的人員差使也交叉重疊。這種狀態下，榮祿獲得了參與各種決策的權力。

光緒二十二年丙申（1896）至二十三年丁酉（1897）間，督辦軍務處事務最為重要。這時的軍機大臣是恭王、禮王、翁同龢、李鴻藻、剛毅，總理衙門大臣是恭王、慶王、敬信、榮祿、翁同龢、李鴻藻、張蔭桓、吳廷芬、李鴻章、廖壽恆、崇禮、許應騤，[2]關督辦軍務處大臣是恭王、慶王、翁同龢、李鴻藻、榮祿（孫毓汶、長麟相繼開缺、革職）。此外，甲午年九月任命的負責辦理借款事宜的大臣是恭王、慶王、翁同龢、孫毓汶、榮祿、徐用儀、長麟和張蔭桓等八人，後來增加了李鴻章。這些王大臣中，能夠參與軍事、借款、外交、鐵路等重要事務的，除了恭王、慶王、翁、李之外，只有榮祿。剛毅雖然入樞，但是樞中班秩最後，且不兼總署、督辦處。像李鴻章這樣功勳卓著的老臣，也只是棲枝總署，無權參與軍政決策。可見，榮祿雖不入樞垣，卻有權參與大政決策，加上兩邸不具體過問政事，翁同龢受到猜忌而變得謹小慎微，李鴻藻年邁多病，榮祿倚仗慈禧的信任，[3]成為這個時期隱操政柄的關鍵人物。

督辦處咨調的提調、文案，也多是榮祿的門生舊黨。督辦軍務處成立後，

1 於吳、崇、許三人入值時間，參見錢實甫編《清代職官年表》第 4 冊，第 3024～3025 頁。

2 20 世紀 60 年代，位於京郊的榮祿墓遭到破壞，發掘出慈禧賞賜的二兩多重的金葫蘆一枚，上刻「丙申重陽皇太后賜臣榮祿」，可見君臣關係之密切。見邵天《榮祿墓》，胡玉遠主編《春明敘舊》，北京燕山出版社，1999，第 483 頁。原文稱是榮祿六十歲生日時所賜，誤。

3 《督辦軍務處奕訢等奏請為翰林院編修李盛鐸內務府員外郎常山調軍務處差委事》，光緒二十年（無月日），錄副奏摺，檔號 03-5899-111，縮微號 442-2233。由此或可推斷，丙申二月楊崇伊參劾文廷式和李盛鐸時，文受黜而李得免，或與榮庇護有關。

開始奏調司員，翰林院編修李盛鐸即由榮祿奏調為文案。[1]還有袁世凱、陳允頤、達斌、裕庚，他們大部分是榮祿的親信。在榮祿身邊開始形成一股新勢力。當然，對於督辦軍務處的作為，也有不同意見者。督辦處成立後，總理衙門章京張元濟就認為於時局無補，評論說：「榮公聞尚有血性，亦頗知外事，然旗人習氣終未能免，且所接者無非昏憒之徒，亦難望其有濟也。其人攬權納賄，素所不免。夫納賄而能攬權，固為今日之人材矣。惜乎其所攬之未當也。」[2]他從旗人習氣責難榮祿好財的積習，也不否認其「有血性」「知外事」。乙未年十月前後，對於江南製造總局是否調歸督辦處管轄，朝野議論紛紛。二十三日，給事中張仲炘上奏稱：

> 上年欽奉上諭，派恭親王督辦軍務，於是有督辦處之設。現在軍務已平，甘肅回氛無須該處督辦，因仍不撤，顧名思義，殊覺非宜。況恭親王、翁同龢等皆直樞廷，所辦仍是一事，徒多奔走之勞。奕劻、榮祿均在總署，如有洋務亦非不得與聞。何必聚談於此。聞一切用人行政多在此處商量，不惟漏泄溢多，實大啟夤緣捷徑。相應請旨將督辦軍務處即行裁撤，歸併軍機處辦理，以免紛歧而杜流弊。[3]

他認為，督辦軍務處可以合併到軍機處去，免得讓一些人視為夤緣奔競的途徑。從榮祿實際主持督辦處的情形看，這是針對榮祿的。後來文廷式也稱：「褚給事成博（誤，應為張仲炘 —— 引者註）奏請撤督辦軍機處，不允。其實督辦軍務處諸臣，除兵部尚書榮祿外，皆軍機大臣也，不知何用復設此署，圖開倖門，未聞實際。遼東之役以和約終，甘肅之亂至今未靖，豈以劉麒祥之機

1《張元濟致汪康年函》，《張元濟書札》（增訂本）中冊，商務印書館，1997，第 627 頁。

2《掌江南道監察御史張仲炘奏為請旨將督辦軍務處即行裁撤歸併軍機處事》，光緒二十一年十月二十三日，錄副奏摺，檔號 03-5613-008，縮微號 423-1437。

3《筆記》（上），汪叔子編《文廷式集》下冊，第 725 頁。

器，袁世凱之練兵，遂盡督辦軍務之宏恉乎？然則於前者海軍衙門亦可無責已。」[1] 言談之間，就是針對榮祿一人去的，所謂「圖開倖門」主要指榮祿支持劉麒祥主持上海製造局、任用袁世凱編練新軍之事。同時，盛宣懷創辦中國通商銀行和督辦鐵路之事，雖然得到翁同龢支持為多，但是，榮祿的鼎力支持也大有關係。[2] 這些情況說明榮祿利用督辦處獲得了參與各項軍政決策的機會。

與此同時，榮祿對於總理衙門事務則缺乏主動參與的精神。不僅如此，據總署章京汪大燮丁酉年（1897）二月聽到的消息，榮祿曾有辭總署差的打算。[3] 總理衙門大臣都是各部院大臣兼差，因精力所限，職責不明，很容易貽誤公事。對此，早有言官提出批評，但是，直到辛丑年在列強壓力下設立外務部之前，該問題始終未能得到重視。從翁同龢的日記看，榮祿在總理衙門十分低調，對交涉活動很少建言，到總理衙門的次數也不多。只有在外國公使呈遞國書、呈遞寶星（勛章）的觀見儀式中，才會出現他帶班、押班的身影。[4] 當然，會議重要事件，他會親自參加。據翁日記，光緒二十二年四月初七日、十五日，總署諸臣討論《中俄密約》，榮祿均前往參加，但同樣看不到他的任何建言。

榮祿在總署很少發表意見，原因可能有三點。第一，總理衙門由慶王長期負責主持，榮祿不願多發言。奕劻（1838～1917），字輔廷，乾隆皇帝第十七子慶僖親王永璘之孫。道光三十年襲輔國將軍。咸豐二年（1852）封為貝子，十年正月，晉貝勒。光緒十年（1884），恭王奕訢等被慈禧罷斥，奕讓隱操朝

---

1 汪大燮在丁酉二月十一日給汪康年的信中寫道：「徐晉齋來信言，彼聞盛杏蓀得鐵路銀行兩事，頗以為奇，真不識時務矣。渠在京時，榮大金吾頗親之，彼則暢所欲言，而榮亦稱之，彼以為果親己也，其實則見其上此條陳必非無資之人，親之或有以俾我也。楊藝芳在京候缺非一日矣，忽報榮即見明效，天下事尚可為哉？」徐晉齋即徐壽朋，楊藝芳即楊宗濂。其意也在批評榮祿之好賂。見上海圖書館編《汪康年師友書札》第 1 冊，第 758 頁。該條史料承張海榮博士提示，在此致謝！
2 光緒二十三年二月十一日汪大燮在給汪康年的信中說：「常熟與高陽言欲歸田，詞甚懇切云。榮協揆辭譯署，皆不可解之事。」見上海圖書館編《汪康年師友書札》第 1 冊，第 758 頁。
3 翁同龢是晚清重臣中唯一留下長期日記的人，後世從其瑣碎的日常記載中，可以找到很多官員的活動蹤影，榮祿的蹤跡即有不少反映。
4 祁景頤：《鞠谷亭隨筆》，莊建平編《晚清民初政壇百態》，第 131 頁。

政，奕劻授命管理總理各國事務衙門大臣，後會辦海軍事務。光緒十六年醇王死後，又管理神機營。雖是遠支王公，卻深受慈禧信任，晉至親王。榮祿與慶王彼此結納很深，甲午後榮祿練兵，慶王主持外交，權力各有側重，他們更是滿洲權貴中深受慈禧信任的左膀右臂。榮祿在外交問題上基本上聽從於慶王，很少有立異之時。第二，總署通常有一位有過出洋經歷的漢大臣主持日常事務，曾紀澤之後是張蔭桓，已經形成慣例；但是，李鴻章入署後，時常與翁、張產生矛盾，榮祿不願介入其中，或有可能。第三，對外交涉最易出現失誤和爭議，很多官員都因辦外交而弄得聲名狼藉，這是榮祿潔身自好、遠離外交的根本原因。乙未年六月，翁同龢不願兼差總署，也是同樣的心理。榮祿重視軍事改革，對於外交稍嫌疏忽，庚子年榮祿決策帶來負面影響與此取向不無關係。

除了練兵，甲午戰後榮祿傾注精力的另一樁大事是慈禧菩陀峪陵寢工程的修復，這是極討慈禧歡心的事情，對其權勢增強極為關鍵。祁景頤稱：「丙申（似是乙未 —— 引者註）冬，孝欽（慈禧）菩陀峪工程，原為醇邸所承修，年久傾滲甚多，乃命徐相（桐）、敬文恪（信）、慶邸、榮文忠兩次勘估，又命文正與端王續估。德宗有時局甫定，庫藏不充，力事從儉之諭。孝欽則意在大加修葺。」[1] 可以肯定，慶王、榮祿應該是主張全修、大修的王大臣。而翁為戶部尚書，可能主張節約款項，自然不為慈禧所滿意。像從前一樣，慈禧太后將勘察、修復菩陀峪陵寢工程的重任再次交給慶王和榮祿。

乙未年九月，菩陀峪萬壽吉地開始勘修。先是派大學士徐桐為勘估工程大臣，開單呈覽後，慈禧懿旨令慶王奕劻、榮祿為承修大臣。因天氣寒冷，決定先行擇吉動土，明春再開工興修，以保證效果。同年十一月十八日，奕劻與榮祿請訓離京，二十二日行抵東陵，二十四日達菩陀峪，連日率領監督軍將應修各項工程，按照原估清冊，詳細查看，並對油飾脫落、沉陷、裂縫等問題提出

1《慶親王奕劻、兵部尚書榮祿奏為公商菩陀峪萬年吉地工程請擇吉期開工事》，錄副奏摺，檔號 03-7162-026，縮微號 534-2121。

修整的建議。[1]次年二月二十五日，修繕工程正式開工。[2]修繕數月後，九月十八日，慶王與榮祿再次前往東陵查驗，將菩陀峪萬年吉地大殿簷柱、金柱、鑽金柱、大小枋板、枋檁、檁椽等糟朽、裂縫情形，重新估價拆卸、修理，提出了修理方案。[3]據溥儀回憶錄稱，榮祿乘機誇大醇王督辦慈禧陵寢工程的缺失，讓慈禧痛恨醇王，對自己更加信任，[4]這種說法不可信。醇王對慈禧的忠誠是毋庸懷疑的，榮祿與醇王的情誼甚篤，從情理上說不會做出這種未見得能討好慈禧卻又對醇王不敬的事情。其實，只要增加修建陵寢的經費，就已經使慈禧很滿意了。實際上也是如此。

甲午後榮祿多次出京查辦事件。光緒二十二年十月二十四日，奉上諭與許應騤一起前往密雲查辦密雲副都統謙光、密雲縣知縣殷謙被參各款。三十日請訓，十一月初一日率同隨員陳夔龍等啟行，初二日抵密雲。十一月初九日具摺覆命，初十日返回京城。雖說與軍政關係不大，但是欽使身份足以表明榮祿的地位。更為關鍵的是，榮祿與許應騤共同查辦事件，彼此加深了友誼，二人交誼與後來時局也大有關係。

正當榮祿政治地位迅速上升的時候，他長期的政治盟友李鴻藻卻因健康原因漸漸離開權力中心。自光緒二十二年五月十四日中風，李氏身體左側半身不遂，語言頗謇，不斷請假、續假。七月初八日續假一月，請署缺，上諭以許應騤署禮部尚書。八月初八日再續假一個月。九月初八日銷假，慈禧太后召見於仁壽殿，賜藥八盒，以示體恤。因氣體尚未復原，光緒帝又賞假一個月，命安心調理。十月初六日銷假入見。十月初九日入值，但是跪拜不能起立，均由翁力攙扶。[5]時值慈禧太后萬壽，李鴻藻堅持參加慶賀賜宴、聽戲等慶賀活動。此

---

1 《慶親王奕劻、兵部尚書榮祿奏為菩陀峪萬年吉地工程料儲照案請飭馬蘭鎮派兵彈壓事》，錄副奏摺，檔號 03-7162-044，縮微號 534-2160。

2 《慶親王奕劻、兵部尚書榮祿奏為詳陳菩陀峪萬年吉地拆卸各工木植情形等事》，光緒二十二年九月二十八日，錄副奏摺，檔號 03-7162-081，縮微號 534-2266。

3 參見溥儀《我的前半生》（全本），臺眾出版社，2007，第 7～11 頁。

4 翁萬戈編，翁以鈞校訂《翁同龢日記》第 6 卷，第 2996 頁。

5 中國第一歷史檔案館編《光緒宣統兩朝上諭檔》第 22 冊，第 279 頁。

後時斷時續，仍不能正常入值。

先是，九月十四日，大學士張之萬致仕。十月二十八日，徐桐授大學士管理吏部，上諭李鴻藻以吏部尚書協辦大學士。[1]翁氏日記記：「蘭蓀（李鴻藻）調天官，因請行走班次，命毋庸更動，退而書於樞垣之冊。此上體恤舊輔之意也，惟臣自覺僭妄耳。」[2]本來翁之班秩在李之上，而李卻升為協辦大學士且調任吏部尚書，翁氏內心自然不能平衡，光緒帝特命中樞行走班次「毋庸更動」，以示關懷，但這與體制不符。這次調整後，孫家鼐調禮部尚書，許應騤補工部尚書，錢應溥調左都御史。獲得協揆的李鴻藻因行走困難，軍機入見時「掖不能起」，翁等同僚「夾持之猶立不穩」。[3]因跪拜不便，索性不參加召對，上朝只坐在直房，伴食而已。[4]十二月二十六日見起後，「兩人掖之起，猶不能行」，只得告假。[5]光緒二十三年二月，病情加重，「語謇而流涎」。三月二十三日，再請假一月，由孫家鼐署吏部尚書。四月二十五日，兩宮派熙貝勒看視，又派莊守和、張仲元等御醫看脈。[6]六月二十五日丑刻，李鴻藻病逝。時值光緒帝萬壽花衣期。七月初三日，遺疏才遞上，諡「文正」。隨後，孫家鼐接任吏部尚書，許應騤升禮部尚書，錢應溥升工部尚書，廖壽恆由倉場侍郎轉左都御史，奉旨並在總理衙門行走，又有一番人事變化。八月十五日，翁同龢以戶部尚書協辦大學士，補了李鴻藻的缺，這是皇帝請懿旨的結果。為此，恭邸和榮祿特意送如意表示祝賀。[7]與榮祿、李鴻藻這些資歷相當的舊寅相比，翁同龢在甲午後屢受裁抑，官運停滯，其心情可想而知。慈禧採取「揚李抑翁」的手段，取得了顯著效果，高陽死後，遲遲到來的協揆在翁的心目中已經沒有太重的分量了。

對於李鴻藻的評價，其外孫祁景頤說：

1 翁萬戈編，翁以鈞校訂《翁同龢日記》第 6 卷，第 3001 頁。
2 同上，第 3002 頁。
3 同上，第 3003 頁。
4 同上，第 3015 頁。
5 翁萬戈編，翁以鈞校訂《翁同龢日記》第 7 卷，第 3049 頁。
6 同上，第 3082 頁。
7 祁景頤：《鮦谷亭隨筆》，莊建平編《晚清民初政壇百態》，第 122～123 頁。

　　高陽李文正公鴻藻，秉性剛直，遇事不甚變通。學問工於應試文
字……甲午中日事亟，又與常翁［熟］再入政府，若恭忠親王以委蛇從
事，無復從前謇諤之風，久病未退，亦嫌戀位。平心而論，文正不失為正
人，而才識短淺，性情執拗，無知人之明，中為清流利用，不免黨援。南
北之見甚深，卒以此剝削元氣不少……余夙承公愛，所以為此言者，不敢
以私害公，仍執春秋之義者巳。**1**

　　這番評價出自後裔之口尤為難能可貴。同樣，祁景頤對於榮、李關係的描
述也大致公允：

　　榮與文正交久，極致傾挹。文正素持南北之見，其甚不得已用南人，
則當擇較善者。榮狃於文正，亦牢不可破，所引之人，皆文正之戚友門
生，甚源流派，則相信甚深。文正薨，文忠輓之曰：「共濟溯同舟，直諒
多聞，此後更誰能益我；中流憑砥柱，公忠體國，當今何可少斯人。」款
字云：「此蘭兄輓文文忠聯語也，今即用輓蘭兄。」大致措語如此，可見
於文正傾許甚矣。**2**

　　祁景頤所論不差。與榮祿關係融洽的漢官如鹿傳霖、許應騤、陳寶箴、吳
重熹、瞿鴻禨、袁世凱均與李鴻藻有淵源，**3** 榮祿當政期間的用人明顯承繼了李
鴻藻的人脈關係。

　　這年年底，李鴻藻後裔運其靈柩回籍。《申報》報導說：

---

1 祁景頤：《詢谷亭隨筆》，莊建平編《晚清民初政壇百態》，第 131～132 頁。
2 文廷式稱：「李蘭蓀尚書復入政府，而張人駿、張曾敭驟擢布、按，邵積誠又張人駿之姻親也；
其他則直隸人及甲戌會試門生，得意者居十之九。翁叔平尚書，權不及李，然惲祖翼、翁曾桂亦
驟至布政使。其督撫中，則邊寶泉、鹿傳霖等，李所舉也；任道鎔、史念祖等，翁所舉也。雖資
望尚非極劣，而取材半出鄉閭。至洋務人才，李以甲戌門生而用胡燏棻，翁以鄉里世交而任盛宣
懷。胡貪鄙而盛儇薄，其成效可睹矣。」見汪叔子編《文廷式集》下冊，第 747～748 頁。
3 《相國舉襄》，《申報》光緒二十三年十二月二十一日，第 2 版。

高陽相國李蘭孫協揆之靈柩於十一月二十四日回籍，道出廣安門，沿途祭棚十數座，翁叔平協揆與相國最相契，直送至距城二十餘里之大井始灑淚致祭；徐蔭軒中堂及裕總憲亦出城十數里設筵奠送。京西肥城更有紳民公設祭筵叩奠。順天府府尹胡雲楣京兆派出官役四名赴前站，置備公館，步軍統領榮仲華大金吾飭南營六汛每汛武弁一員，兵丁四名為之護送至京汛四十里交界之長辛店始遄返。靈柩載以駱駝，獨龍大杠前導，儀仗鼓樂如儀，御賜祭文碑銘則异以黃亭兩座。聞協揆之公子於下窆後尚須於年內攜眷返京都云。[1]

李死後，翁有「為朝廷惜正人，為吾儕悲直道」的評語。[2]從這段報導看，出城為李鴻藻送行的有翁同龢、徐桐、裕德。胡燏棻、榮祿則以管理地面的官員給予了充分的關照。翁氏灑淚致祭老友的時刻，正是中德膠州灣交涉艱難之際。很快，他又陷入新的紛爭中。不久，翁氏受到參劾而罷官，榮祿則再次獲得升遷，這是戊戌年春季仕途枯榮最顯著的表徵。

透過甲午戰後朝局的變動，可以清晰地發現，翁、李等漢族官員的勢力受到很大程度的抑制，李鴻章的影響只限於外交領域；慈禧對朝政的掌控比戰前有明顯的加強。更為重要的是，滿洲權貴榮祿和剛毅的權力逐漸滋長；而榮祿雖不入樞，卻大權在握，這是戊戌維新開始前清廷朝局的基本特點。

---

1 翁萬戈編，翁以鈞校訂《翁同龢日記》第 7 卷，第 3068 頁。
2 參見《德國外交檔有關中國交涉史料選譯》第 1 卷，孫瑞芹譯，三聯書店，1960，第 116～120 頁。

第七章

膠、旅事件前後

戊戌變法作為近代史上一個重要的歷史階段，以往研究受到康、梁宣傳的影響，在認識上存在偏頗。榮祿這樣舉足輕重的人物，一直被斥為頑固保守的后黨分子，然而，以現有資料來看，這與史事不盡符合，需要做更細緻的研究和評判。

　　晚清之際每一次嚴重的外患都成為影響政局並引發社會深層矛盾變化的誘因，這幾乎成為規律。咸豐庚申事變、甲申中法戰爭、甲午中日戰爭無不如此。而光緒二十三年（1897）底發生的德佔膠州、俄侵旅大事件，同樣產生了巨大而深遠的影響，在近代史上留下深刻的印痕。

　　膠、旅事件加深了民族危機，清議力量再次抬頭，朝野上下的改革氛圍日益濃厚。戊戌年（1898）春軍機大臣翁同龢遭到參劾，被開缺回籍；光緒帝在戶部左侍郎張蔭桓等人影響下，試圖採用更有力的手段進行變法，四月頒佈「明定國是」詔，實行廢八股、裁冗署、興工商、開學堂等新政措施，並擢拔、任用倡言變法的工部主事康有為等小臣，以示堅決維新的決心。然而，這次急促的改革，並未取得朝野的普遍支持，光緒帝與軍機大臣的矛盾也日益激化，使慈禧出面訓政；康有為、譚嗣同等新進官員鋌而走險，策劃「圍園」密謀失敗，導致「六君子」被殺，政局出現了甲午以來最大的逆轉。戊戌變法作為近代史上一個重要的歷史階段，以往研究受到康、梁宣傳的影響，在認識上存在偏頗。榮祿這樣舉足輕重的人物，一直被斥為頑固保守的后黨分子，然而，以現有資料來看，這與史事不盡符合，需要做更細緻的研究和評判。

一　外交危機與翁同龢開缺

　　光緒二十三年十月發生的德國侵佔膠州灣事件猶如導火索，引發列強租借港口、劃分勢力範圍，企圖瓜分中國的侵略狂潮。甲午戰後列強爭奪修築鐵路、舉借外債權利的角逐也愈演愈烈，在戊戌年春季達到高潮。換言之，《馬關條約》簽訂後，清廷在外交上的失敗和被動在戊戌年春達到空前的地步。因而，應對外交危機是戊戌年春的主題，改革呼聲再次掀起熱潮與此有直接關係。所以，導致戊戌年春政局變化的直接原因仍然是外交上的慘敗，新舊政見之爭處於從屬地位，並非主導因素。

　　甲午戰爭後，為了擴張在遠東的勢力，德國屢次向清廷索取海港，但遭到拒絕。實際上，德國遠東艦隊司令蒂爾皮茨（Admiral Tirpitz）經過勘察認為，位於山東半島的膠州灣最宜於建立海軍基地，向德皇建議及早佔領。[1] 德國決定採取製造事端 ── 乘機強佔膠州灣 ── 脅迫清廷承認租借的方式，實現其建立軍港的目的。為此，在訪問俄國時，德皇威廉二世徵得沙皇尼古拉二世對德國在膠州灣建立軍港的默許。[2] 光緒二十三年十月初七日，兩名德國傳教士在曹州巨野被殺，德皇聞訊乘機命令德國艦隊從吳淞口駛往膠州灣。十月二十日，德軍陸戰隊強行登陸，搶佔要隘，佈置防務。清廷得知消息，急命膠州守將章高元「不可輕啟兵端」。次日，總署大臣李鴻章訪問俄國代理公使巴布羅甫（也作巴甫洛夫），請求俄國「相助」。十一月二十三日，俄艦隊「應邀」以同盟者的名義開入旅順口，聲稱這是臨時措施，一俟膠州事件解決當即撤退。實際上，俄國以承認德佔領膠州灣為條件，暗中換取對方對佔領旅大的支持；同時，又與英、日兩國討價還價，達成默契。一個月內德、俄兩國幾乎兵不血刃，佔領了膠州灣和旅大，令朝野上下羣情激憤，軍機處和總署面臨馬關簽約以來最大的一次考驗。

　　面對列強利用武力威脅強佔港灣的事實，總理衙門大臣卻畏懼責任，不能和衷共濟。自光緒二十二年（1896）九月進入總署，李鴻章一直與此前長期主持總署日常事務的張蔭桓有分歧和矛盾，在籌措第三次大借款主導權問題上爭奪激烈，致使償期迫近，借款卻遲遲不能落實。德佔膠州灣後，光緒帝命翁同龢、張蔭桓負責對德交涉，德國公使海靖提出六條款項。正在討論中，李鴻章竟然將內容透露給英、俄，引起其他列強爭議，招致海靖抗議，談判一度中斷。[3] 稍後李鴻章又不顧其他同僚反對，執意託俄署使巴布羅甫「代索膠澳」，並

1　《德國外交文件有關中國交涉史料選譯》第 1 卷，第 138～139 頁。

2　參見林文仁《派系分合與晚清政治：以「帝后黨爭」為中心的探討》，中國社會科學出版社，2005，第 360～371 頁。

3　高陽整理《松禪老人尺牘墨跡》，台北故宮博物院，1978，第 224～225 頁。

稱「我一人主意，有亂子我自當之。」¹因為李鴻章「拆局」，十一月十六日，張蔭桓以翁、張二人名義草擬電稿給駐德公使許景澄，稱「已派某二人與海（靖）商辦，此後如非該大臣之電，國家不承認云云」，試圖阻止李鴻章插手。但是，翁同龢以為此電「太訐直」，沒有採用。翁的態度如此，令張大為失望。十九日翁氏日記中說：「張君與余同辦一事，而忽合忽離，每至彼館則偃臥談笑，余所不喻也。」²二人關係也發生微妙變化。十一月二十七日，李鴻章又派薩蔭圖赴旅順當俄翻譯，翁同龢批評李「不謀於眾，獨斷獨行！」³總之，在對德、對俄交涉方面，翁、李、張等總署大臣不能齊心協力、羣策羣力，未能及早識破俄、德勾結的陰謀，以至事態發展越來越不利。十二月初六日，翁同龢日記記：「俄巴使來晤，先以松花江章程請立刻商定，語亦極橫。李相詰以旅大退兵當在何日，伊反詰膠州如何辦法，言外膠若德踞，我常泊彼也，可恨，可恨！李索其暫泊照會，伊云可。是日問答多失體，余未措詞。戌初乃歸，憤懣之至。」⁴由於強佔膠、旅已成事實，談判迄無進展，清廷被迫同意俄德要求。光緒二十四年二月十四日，翁、李代表清廷與海靖簽訂《膠澳租借條約》；三月初六日，李鴻章、張蔭桓與巴布羅甫代表中、俄兩國簽訂《旅大租地條約》。⁵

在膠旅交涉過程中，恭王、慶王、敬信、崇禮、許應騤等總署王大臣面對敵強我弱的現實，無計可施，往往保持緘默，很少發表意見，榮祿也是如此。翁同龢日記丁酉（1897）十月二十三日記：「未初赴總署，本約各堂會議，而二邸、榮、敬皆有事不到，亦無可議。」⁶此後的很多會議，雖兩邸羣公畢集，也很少看到榮祿表達己見，至少翁同龢、張蔭桓日記中看不到榮祿主動參與的影子。與此同時，為了趕在戊戌年閏三月十七日（1898 年 5 月 7 日）前一舉償還

1　翁萬戈編，翁以鈞校訂《翁同龢日記》第 7 卷，第 3116～3117 頁。
2　同上，第 3120 頁。
3　同上，第 3123～3124 頁。
4　關於德、俄與清廷談判的詳細過程，可以參見丁名楠《帝國主義侵華史》第 2 卷，人民出版社，1986，第 39～48 頁。
5　翁萬戈編，翁以鈞校訂《翁同龢日記》第 7 卷，第 3108 頁。
6　參見馬忠文《張蔭桓與英德續借款》，《近代史研究》2015 年第 3 期。

對日賠款，總署一直策劃第三次大借款，最終在張蔭桓與總稅務司赫德的積極促動下與匯豐、德華兩銀行達成《英德續借款》。這次借款談判是背着李鴻章，由翁同龢、張蔭桓、敬信等戶部堂官主持，在祕密狀態下完成的，不僅折扣高達八三扣，且以宜昌等地鹽釐作抵，允稅務司代徵，喪失了不少利權，很快就招致輿論的抨擊。[1]戊戌年春，主持對外交涉的翁同龢、張蔭桓、李鴻章等遭到連續參劾，其猛烈程度絲毫不亞於乙未年清議對孫毓汶、李鴻章、徐用儀的抨擊。一場新的政潮開始了。

光緒二十四年三月二十九日，體仁閣大學士徐桐奏請調張之洞來京面詢機宜。奏云：

> 臣竊見數月以來，俄德兩國日益恣橫，強踞北洋海口，要脅情形，層見疊出。英法各國羣起效尤，或相爭競，皆為我切膚之患。此次德人佔據膠澳各情，實中外通商以來所未有之變，只以事處萬難，不得不隱忍完事。然謂德人並不侵佔土地，則非也；且俄人並無端而亦索我旅大矣。將來俄人西伯利亞鐵路造成，禍有不堪設想者。此正求賢共治之秋，而並非萬無可為之日也。臣思待外國之道，但可令有均沾之利益，不可使有獨佔之權利。在樞廷、譯署諸臣躬任艱難，固已心力交瘁，然事機至危，變幻莫測，尤當虛懷博訪，庶幾共濟時艱。查湖廣總督張之洞久膺沿江沿海疆寄，深悉交涉情形。聞昔年在湖北晴川閣上宴俄太子，禮儀不卑不亢。去年四月，德人遣人遊歷湖北，皆意存尋釁，張之洞悉察其來意，從容遣之。皇上軫念目前艱危，可否電召該督迅速來京，面詢機宜。現在交涉情形頃刻萬變，多一洞悉洋情之人，庶於折衝禦侮之方，不無小補。[2]

---

1 《大學士徐桐奏為時事日亟請召湖廣總督張之洞來京面詢機宜事》，光緒二十四年三月二十九日，檔號 03-5357-071，縮微號 404-3390。

2 《清德宗實錄》卷 417，光緒二十四年閏三月初二日，《清實錄》第 57 冊，第 460 頁。

　　儘管說辭委婉，但請召張之洞來京重用的用心昭然若揭。光緒帝將此摺呈給慈禧後允准。閏三月初二日，電旨命張之洞來京陛見。[1] 這天翁同龢日記記：「令湖督來京陛見，從徐桐請也，蓋慈覽後，聖意如此。」[2] 並告知正在病中的恭王奕訢。關於張入京的原因，時人稱，「戊戌新學之士漸起，言論過激」，內閣中書楊銳等京官，「慮朝士水火，非得學有經術、通知時事大臣居中啟沃，弗克匡救」，遂有引張之洞入樞之議。[3] 當時，張之洞也認為榮祿是慈禧非常信任的重臣，就託在京的王之春向榮祕密疏通關係，意在入樞。榮祿表示：「南皮公忠可敬，無如常熟一掌遮天，兩邸皆病不治事，容當緩圖。」[4] 儘管沒有得到榮祿肯定的支持，但得知榮對翁不滿的信息對張之洞亦是鼓舞。不久，在張授意下，其幕僚楊銳「乃與喬樹枏說大學士徐桐，並代作疏薦張」。[5]

　　據相關資料確認，徐桐的這篇奏摺是由楊銳、劉光第、喬樹枏等人密謀後代擬的，[6] 也有學者認為，張之洞對此似乎不知情。[7] 儘管如此，張氏聯絡同黨掀起「倒翁」政潮的居心不可否認。閏三月初八日，安徽布政使于蔭霖上疏奏彈劾李鴻章、翁同龢、張蔭桓。奏摺批評翁同龢「獨任私智，釀成巨禍」。認為對日賠款「約定六期分還，期寬易籌，或可不至借貸，即使借貸，為數不甚巨，則所索必不甚多」。可是，翁卻「惑於張蔭桓之言，遽借英、德商款，

1 翁萬戈編，翁以鈞校訂《翁同龢日記》第 7 卷，第 3165 頁。

2 黃尚毅：《楊叔嶠先生事略》，閔爾昌編《碑傳集補》卷 12，《清代碑傳全集》下冊，上海古籍出版社，1987，第 1334 頁。

3 蔡金台致李盛鐸書，戊戌九月二十五日，鄧之誠：《骨董瑣記全編》下冊，中華書局，2008，第 634 頁。

4 黃尚毅：《楊叔嶠先生事略》，閔爾昌編《碑傳集補》卷 12，《清代碑傳全集》下冊，第 1334 頁。

5 黃尚毅在《楊叔嶠先生事略》中提到，楊銳與喬樹枏「說大學士徐桐，並代作疏薦張，得旨聞見」。（閔爾昌編《碑傳集補》卷 12，《清代碑傳全集》下冊，第 1334 頁）原文將時間說成是伊藤博文來華之時，顯然是回憶錯誤，但喬樹枏與楊銳、劉光第皆為同鄉好友，他參與其事應無疑問。

6 茅海建教授認為，徐桐保舉張之洞，張事先可能並不知道。閏三月初六日，張給楊銳和張彬的電報中稱：「聞徐相奏請召僕入京接待德王，怪極！原奏究何措施，務速確詢詳示。」參見茅海建《戊戌年張之洞召京與沙市事件的處理》，《戊戌變法史事考》，三聯書店，2005，第 186～218頁；《戊戌變法的另面 —— 張之洞檔案閱讀筆記》，上海古籍出版社，2014，第 1 章。

7 于蔭霖：《請簡用賢能大臣並陳五事以救時局摺》，《悚齋奏議》卷 3，都門 1923 年刻本。

全數還倭，以江蘇、江西、浙江、湖北四省貨厘鹽厘作抵，事定之後，一紙公文責令四省督撫遵辦，事前並不商量，更不問此四省以後度支如何應付」。這些言論與張之洞所說如出一轍。于蔭霖建議明頒諭旨，建議「速用公正大臣」，任以事權，並舉薦徐桐、崇綺、邊寶泉、陶模、張之洞、陳寶箴「以挽國是」。[1]先有徐桐請召見張之洞，隨後就有于蔭霖參奏李、翁、張，對鹽厘作抵大加痛斥，完全是張的口氣；而所薦賢員又是徐桐、崇綺、張之洞、陳寶箴等。可見，于蔭霖的發難，是對徐桐薦張計劃的默契配合，目的就是要「倒翁」和「易樞」。某種程度上說於、張、徐串通一氣，也非毫無根據。但是，光緒帝見到于摺後，卻做了「留中」處理。同時，命樞垣致電張之洞，迅速起程來京「有面詢事件」。輿論普遍認為張此次入京，必將入樞，張本人也躊躇滿志，甚至致電湖南巡撫陳寶箴、署理湖南按察使黃遵憲，詢問施政大計，儼然是為主政樞、譯做準備的。黃遵憲坦誠建議，到京「如入參大政，必內結金吾，外和虞山（翁同龢），乃可以有為」。可見，此時，「金吾」（榮祿）的權勢已經不可小覷。

　　但是，情況完全出乎包括張之洞在內的很多人的預料。閏三月十九日，湖北沙市意外發生民人械鬥事件，衝突中放火燃及海關和日本領事住宅。日方提出抗議，翁同龢「乃與張蔭桓密謀」，借辦理沙市交涉為由，阻張入京。[2]當時，清政府因旅大、膠州灣事件仍在談判之中，唯恐再生外交事端，遂於閏三月二十四日旨令張之洞回湖廣總督本任，「俟辦理此案完竣，地方一律安靖，再行來京」。[3]當時，張已至上海，只得返任。至此，徐桐等密謀策劃的張氏入京之事擱淺。[4]

1 黃遵憲致張之洞電，光緒二十四年閏三月十六日辰刻發，酉刻到，抄本《張之洞電稿》第36冊，《各省來電三（湖廣）》，中國社會科學院經濟研究所圖書館藏。轉引自茅海建《戊戌變法的另面：「張之洞檔案」閱讀筆記》，第255頁。

2 黃尚毅：《楊叔嶠先生事略》，閔爾昌編《碑傳集補》卷12，《清代碑傳全集》下冊，第1334頁。

3 《清德宗實錄》卷417，光緒二十四年閏三月丁丑，《清實錄》第57冊，第234頁。

4 關於該問題的研究，可參考茅海建《戊戌年張之洞召京與沙市事件的處理》，《戊戌變法史事考》，第186～218頁。

　　就現有資料看來，密謀阻止張之洞入京的應該是翁同龢、張蔭桓和剛毅，但他們的動機各不相同。得知張之洞來京的消息後，張蔭桓十分恐慌。閏三月初十日，李鴻章給李經方的信中說：「徐蔭軒以時事日棘，疏薦張香濤熟悉洋務，請備顧問。兩宮密商，迭有電旨，催令北上。恭邸病篤，恐不能久，香濤必兼樞譯……樵野恃寵而驕，聞香來，岌岌不自保矣。」[1]以張之洞的資歷和學識，捐班出身的張蔭桓自然不是對手，以沙市事件為由阻張，可能出於張蔭桓的建議。此時，剛毅也對張充滿敵視，對地方督撫把持厘金尤有意見，在批評張氏「疏闊」「虛擲國帑」方面，與翁立場完全一致；當然，張之洞一旦入樞譯，對剛毅而言同樣是有力的對手。近人稱，張「生平獨立無奧援，惟高陽相國李鴻藻稍左右之，李卒，政府皆不以所為為然。剛毅、翁同龢尤惡之。戊戌景帝召將內用，翁以留辦教案阻之，中途折回」。[2]聯繫到剛毅一貫仇視漢官的傾向，在阻張之事上他與翁應有默契，而且這可能是二人的最後一次成功的合作。

　　翁、張等暗中阻止張之洞來京的行動，引起激烈的反彈。閏三月二十七日，即張回任諭旨頒行的第四天，大學士徐桐親自上摺嚴參張蔭桓「奸貪誤國」，言辭極為激烈，稱：「前因北洋重整海軍，購買戰艦，由伊經手，浮冒至六十萬兩之多。本年借英款一萬萬兩，該侍郎假託洋商勒捐為名，八三折扣，外加使費，致我中國吃虧二千萬兩，該侍郎與洋商分肥入己。此等奸贓事跡，本無佐證，人言傳播，斷非無因。」[3]要求將張監禁終身。此時的翁同龢也對張

1 《致李經方》，光緒二十四年閏三月初十日，《李鴻章全集》第 36 冊，第 177 頁。

2 陳衍：《張相國傳》，閔爾昌編《碑傳集補》卷 2，《清代碑傳全集》下冊，第 1270 頁。張之洞去世後，《神州日報》刊文説：「斯時，德宗皇帝已下詔變法，而先期降旨召公入都，以公為孝欽顯皇后手擢之人，且為言新者領袖，既可彈壓羣倫，且能調和兩宮故也。公聞召，行抵上海。翁同龢譖公，謂不可恃。值湖北有小教案出，遂有廷命命公還任。」見苑書義等主編《張之洞全集》第 12 冊，附錄三，河北人民出版社，2000，第 10732 頁。另，蘇繼祖也記述云：「今春上既決意革故圖新，乃召張公來京，輔翊新政，守舊大臣，恐張異己，百計阻尼，得借沙市教案令回兩湖本任。時人多惋惜之……」見《清廷戊戌朝變記》，《戊戌變法》第 1 冊，第 334 頁。

3 《徐桐奏為特參戶部侍郎張蔭桓貪奸誤國事》，光緒二十四年閏三月二十七日，錄副奏摺，檔號 03-5359-082，縮微號 405-0027。

的操守開始產生懷疑，甚至不顧冒犯天顏，刻意疏遠張蔭桓。四月初九日，徐桐八十壽辰，翁贈詩「能扶正氣調元手，不墮頑空擔道肩」，極力諛頌。[1] 儘管如此，翁無法撇清與張共同參與外交決策的關係。四月初十日，御史王鵬運上疏彈劾翁、張，用詞更為激切：

　　近日辦理外交事件，皆係翁同龢、張蔭桓二人主持，其奸庸誤國，狼狽相依，非立予罷斥，後患亦無法可弭……借洋款一事，李鴻章始與俄人商定借款九四扣，翁同龢、張蔭桓以所扣太多不借。繼則英國家願借銀無折扣，唯以三事相要，翁、張又以三事不可從不借，卒之三事皆勉許英人，而所借則英商八三扣之一萬萬兩。夫九四扣誠多，視八三為何如？三事既以盡從，何為不借無扣之款？聞此事皆張蔭桓與赫德在翁同龢私宅訂立合同。洋報謂此次華借商款，該銀行費銀二百六十萬兩於中國經手之人，果誰氏耶？然則不借俄及英國之款，其故可知矣。[2]

　　言辭之間，王鵬運暗指翁、張有「朋謀納賄」之嫌。二十一日，給事中高燮曾奏加增海關經費有失政體，稱每年海關徵稅 2100 多萬兩，而海關經費支銷即達 180 萬兩（實際已達 196.8 萬兩——引者註），尚不包括郵政局開銷；海關十幾處，洋員落落可數，薪水遠遠超過華員，赫德收入優厚，更為「歐人所豔羨」，但海關經費每年仍要新增 120 萬兩，此事由張蔭桓一意主持，而戶部竟不敢駁議，「不知是何心肺？」[3] 言辭極為尖刻。翁同龢在日記寫道：「高摺意斥余而未明言，但指張某為主。」[4] 一個月內，翁、張連續遭到彈劾，聲勢越

---

1 《壽徐蔭軒相國八秩》，朱育禮校點《翁同龢詩詞集》，上海古籍出版社，1998，第 159 頁。

2 《江西道監察御史王鵬運奏為特參總署大臣翁同龢張蔭恆權奸誤國請立予罷斥事》，光緒二十四年四月初十日，錄副奏摺，檔號 03-5360-045，縮微號 405-0162。按，原題「張蔭恆」應為張蔭桓。

3 《給事中高燮曾奏為戶部籌撥鉅款加增海關經費大失政體請移給聶士成練軍月餉以濟要需事》，光緒二十四年四月二十一日，錄副奏摺，檔號 03-6145-033，縮微號 458-0326。

4 翁萬戈編，翁以鈞校訂《翁同龢日記》第 7 卷，第 3181 頁。

來越猛烈。慈禧和光緒帝對這些情況十分明瞭。四月二十七日，在一片彈劾聲中，軍機大臣、戶部尚書翁同龢被開缺回籍。五月初二日，御史胡孚宸又上疏嚴參張蔭桓，再次指明，翁、張在英德續借款中「私分」回扣達 260 萬兩之巨，翁既開缺，如不嚴懲張，則無以對翁。[1] 這種對張蔭桓窮追猛打，與乙未年王鵬運參劾徐用儀如出一轍。所不同者，孫、徐始終同心同德，而翁、張已各懷猜忌。[2] 慈禧對於光緒帝屢次庇護張蔭桓極為不滿，直接命步軍統領衙門抄張蔭桓家，後因滿洲朝貴從中緩頰，張氏才暫免殺身之禍。[3] 但是，朝局就此開始發生根本性變化。

翁同龢開缺的實質是再一次「易樞」。由於翁與光緒帝的特殊關係，此事顯得非同尋常。翁氏開缺實際上是膠州灣事件後內外交困的形勢所決定的，在這一點上，他與兩年前的孫毓汶十分相似：身為中樞主持者，在輿論的攻擊下，必然要承擔最大的責任。況且他早已簾眷大衰。四月初十日，恭王病逝，兩宮加速了對樞垣調整的步伐。關於翁同龢開缺的原因，近代以來有過不少爭論，或言出於慈禧的旨意，逼迫光緒將翁趕走；也有論者以為出自皇帝本人的決定；或言是樞垣同僚剛毅的刻意傾陷。[4] 上述觀點雖各有所據，但似乎都有可以商榷之處。

首先，翁氏開缺並非偶然，是清廷在膠旅事件後為改變困境而採取的應對措施之一，需要從甲午戰後清廷派系鬥爭的發展延續中予以觀察。原本翁同龢

1　翁萬戈編，翁以鈞校訂《翁同龢日記》第 7 卷，第 3185 頁。
2　同上，第 3185 頁。
3　鹿傳霖在戊戌年的家書中說：「張蔭桓幾乎查抄，乃吐出借洋債分成頭之二百萬報效修工獲免。翁六吃洋債成頭並為王幼霞所劾，又以諫上帶寶星、用文廷式觸怒，遂被斥去。榮相本議入樞，裕代變督直，乃有人以其與禮邸姻親、同樞不便為辭，擠之使出，裕竟入樞。純是一班唯諾敷衍之人，國事真不可聞……我秋間擬赴津謁晤榮相，尚未甚定。」見《鹿傳霖任川督時函札》，中國社會科學院近代史所藏，檔號甲 170。按，該檔案所收函札不止鹿任川督期間的，也包括戊戌、己亥年的信函。
4　參見戴逸《戊戌變法時翁同龢罷官緣由辨析》；俞炳坤《翁同龢罷官緣由考辨》；侯宜杰《略論翁同龢開缺原因》，上述文章均收入常熟市人民政府、中國史學會編《甲午戰爭與翁同龢》（中國人民大學出版社，1995）一書。此外尚有謝俊美《關於翁同龢開缺革職的三件史料》（《近代史研究》1993 年第 5 期）、楊天石《翁同龢罷官問題考察》（《近代史研究》2005 年第 3 期）。

已受到徐桐、榮祿的排擠，慈禧早已對其失去了信任，翁氏暫時得以留任樞中與恭王、李鴻藻等人堅持有關，這樣做可能是為了尊重皇帝的感受。但此時樞中已無人再替翁說話。

其次，翁氏受到各種勢力的攻擊和排擠，已陷入四面楚歌、孤助無援的境地。徐桐、張之洞聯手「倒翁」，是這次易樞的明線；剛毅在慈禧面前對翁進行傾陷；榮祿暗中也推波助瀾；此外，張蔭桓也可能在光緒帝面前對翁有過詆毀。

有充分的材料說明，戊戌年春張蔭桓對光緒帝的影響力超過翁同龢。時論稱「南海張侍郎曾使外洋，曉然於歐美富強之機，每為皇上講述，上喜聞之，不時召見」。「啟誘聖聰，多賴其力。」[1] 政變後梁啟超也說：「（張）久遊西國，皇上屢問以西法新政。」[2] 據張蔭桓日記及《諭摺匯存》，僅戊戌年正月至五月間，張氏被單獨召見即達十五次之多。王照稱，「張蔭桓蒙眷最隆，雖不入樞府，而朝夕不時得參密沆，權在軍機大臣以上」，「是時德宗親信之臣，以張蔭桓為第一」。[3] 張氏不僅趨新，而且在辦理外交時較為主動，較之翁氏謹慎、退縮乃至推諉，明顯受到皇帝欣賞。[4] 當張蔭桓受到言官糾參時，光緒帝命翁代為辯解，結果遭到翁的拒絕，為此皇帝十分生氣。因此，翁之開缺，

翁同龢　　　　　　　　張蔭桓

1　蘇繼祖：《清廷戊戌朝變記》，《戊戌變法》第 1 冊，第 331 頁。

2　梁啟超：《戊戌政變記》，《戊戌變法》第 1 冊，第 283 頁。

3　王照：《禮部代遞奏稿》「按語」，《戊戌變法》第 2 冊，第 356、355 頁。

4　在《旅大租地條約》簽訂前，光緒帝召見李鴻章、張蔭桓時稱，總理衙門事「責成爾兩人」，表明對翁已有成見。詳見任青、馬忠文整理《張蔭桓日記》下冊，第 580 頁。

也被懷疑與張蔭桓推動有關。

最後，翁氏開缺是慈禧和光緒帝充分商議後的結果，是對整個中樞和北洋班底進行調整的舉措之一。四月二十二日，上諭命榮祿升大學士管理戶部，地位更加重要，所遺協辦大學士、兵部尚書由剛毅接任，崇禮接任刑部尚書、步軍統領。四月二十七日，翁同龢開缺回籍，直隸總督、北洋大臣王文韶「來京陛見」，榮祿署理直隸總督、北洋大臣。又命已經北上的四川總督裕祿迅速來京陛見。五月初五日，王文韶補戶部尚書，兼樞譯，接替了翁的職責；五月二十三日，裕祿署理鑲藍旗漢軍都統，在軍機大臣上行走。新的樞垣班底組成，他們是禮王世鐸、剛毅、錢應溥、廖壽恆、王文韶、裕祿。翁同龢所遺協辦大學士由他的摯友孫家鼐升任。五月二十七日，軍機處電告張之洞「毋庸來京陛見」，「易樞」問題終於落幕。這次權力結構的大調整，從根本上說，原動力來自於膠旅事件後外患加深，應該是兩宮協商後的結果。從種種跡象判斷，令光緒帝十分遺憾的是他認為明白西學的張蔭桓未能入樞，為此，兩宮可能曾有過協商。[1] 無論如何，樞垣人選的決定權始終控制在慈禧手中，這是無可懷疑的。

比較弔詭的是，當初嚴參孫毓汶、徐用儀的御史王鵬運，三年後同樣對翁施以重拳。翁雖有「清流」之目，但是，王鵬運等人毫不留情，正說明翁同龢的開缺與其位居津要卻「貽誤」政事的情形有關。

翁同龢的開缺，榮祿似無主動的推動。康有為在自訂年譜中提到與翁的關係時說：「吾累書勸其力辭總署之差，常熟不能從。後以割膠事為罪謗所歸，榮祿嗾其私人劾之，常熟卒以是逐。常熟去官後云，悔不聽我言也。」[2] 這段敘述誇大了他自己與翁關係的密切程度，又將榮祿說成是彈劾翁的幕後操縱者，也與事實不盡符合。因為，此時剛毅對翁的排擠早已是迫不及待了。

在翁開缺之事上，榮祿是以局外人姿態出現的。榮的升遷與翁的罷黜屬於

1　當時已經有傳言稱，張蔭桓利用接待德國親王之事「借為要重之地」，似指入樞一節。見王慶保、曹景郕《驛舍探幽錄》，《戊戌變法》第 1 冊，第 501 頁。
2　樓宇烈整理《康南海自編年譜（外二種）》，第 32 頁。

同一批缺位調整。但這不能直接說明榮祿對翁有過排擠。翁本人也不認為與榮祿有關，而是將原因歸於剛毅。據稱，翁開缺的諭旨即由剛毅所擬，宣旨之日適為翁氏六十九歲生辰，實因「先有成見以辱之者」。[1]

甲午戰後的樞垣，恭王、禮王雖地位較高，但事權則歸諸翁同龢、李鴻藻等漢官，剛毅因資歷淺顯，對決策很難有發言權。平時樞臣討論軍政事宜，恭王等亦多與翁商議，剛毅常常受到冷落。剛毅偶有過失，翁氏「恆面規之」，[2]似不留情面，缺乏同僚間應有的尊重。這些平常不易為人重視的小小過節，久而久之積成了難以釋懷的個人恩怨。剛毅對翁的成見，甚至帶有鮮明的滿漢之見。[3]四月二十九日，葉昌熾就聽說，「虞山（翁同龢）之去，木訥令兄（剛毅）實擠之，或云與郎亭師（汪鳴鑾）同一案」。[4]五月十二日，翁即將離京，孫家鼐（燮臣）、徐郙（頌閣）兩位老友前來話別，孫、徐似乎向翁氏透露了什麼消息，使翁顯得感慨萬千。他在這天的日記中寫道：「晚燮臣、頌閣來話別，直至戌正二（刻）乃去，真深談矣。余何人，彷彿謝遷之去耶？為之一歎！」[5]翁氏借用明朝嘉靖年間內閣輔臣楊一清用計策排擠資歷深厚的謝遷，暗指自己遭到了剛毅的傾陷。[6]翁離京後，其侄孫翰林院編修翁斌孫向葉昌熾透露，翁之開缺，「木訥令兄（剛毅）有力焉」。[7]這說明翁同龢認定自己是遭剛毅排擠而罷官的。翁氏門人沈曾植《寄上虞山相國師》詩云：「松高獨受寒風厄，鳳老甘當眾鳥侵。」又云：「睚眥一夫成世變，是非千載在公心。」[8]所謂「睚眥一夫」亦指剛毅。唐文治也認為翁之開缺係剛毅從中作祟。[9]

---

1 王崇烈：《翁文恭公傳書後》，轉引自謝俊美《有關翁同龢開缺革職的三件史料》，《近代史研究》1992 年第 3 期，第 279 頁。

2 同上，第 278 頁。

3 《親歷晚清四十五年 —— 李提摩太在華回憶錄》，第 240～241 頁。

4 葉昌熾：《緣督廬日記》第 5 冊，第 2688 頁。

5 翁萬戈編，翁以鈞校訂《翁同龢日記》第 7 卷，第 3186 頁。

6 參見黃彰健《戊戌變法史研究》上冊，第 171 頁。

7 葉昌熾：《緣督廬日記》第 5 冊，第 2718 頁。

8 錢仲聯校註《沈曾植集校註》上冊，中華書局，2001，第 202 頁。

9 唐文治：《茹經堂文集》，《戊戌變法》第 4 冊，第 252 頁。

　　翁氏離京前，榮祿已抵達天津赴任，仍前後兩次派人到翁府慰問，並贈送厚禮，翁氏開始堅持謝絕，但最終還是接受了這位盟兄弟的饋贈，[1]並於五月十一日再次致函答謝。[2]可見，戊戌年春朝局中翁同龢與榮祿的關係完全不像康有為說的那麼緊張。當然，這不等於榮對翁沒有成見，在徐桐、張之洞等人發起的「倒翁」政潮中，榮祿也曾批評翁「一掌遮天」，實際上是支持徐、張的，只是沒有更深介入而已。

二　榮祿與戊戌年武科改革

　　膠州灣事件後，朝野變法圖強的輿論再次高漲，光緒帝深受鼓舞，開始傾心變法，戊戌維新的序幕由此拉開。以往學界對戊戌維新的研究，主要集中在四月二十三日「定國是詔」頒佈到八月初六日慈禧訓政為止的「百日維新」期間，其中又以康有為的政治活動為主線索。這樣的取向是存在偏頗的。事實上，戊戌年春光緒帝主持下開始的改革，很多措施接續了洋務官員宣導的改革主張。胡繩就認為，光緒帝執行的其實是洋務派的路線。[3]參加戊戌年變法的不僅有康、梁這些下層官員士子，也有很多朝官。一些變法主張在「定國是詔」頒佈前就已經提出。其中就包括榮祿奏請武科改革問題。

　　膠州灣事件後，身為朝廷重臣的榮祿，肩負軍事防衛重任，同樣受到了深刻的刺激。鑒於中國面臨的嚴峻形勢，榮祿提出了加強軍事防衛和防禦對外入

1 參見翁萬戈編，翁以鈞校訂《翁同龢日記》第 7 卷，第 3184、3185 頁。

2 翁同龢此函云：「日來憧憧，舳艫之戀與邱壟之思一時並集。徂暑不得不早發。今擬趁早車直走唐沽矣。惟不得一詣衙齋握手數語為憾。修攘兼籌，晝夜無暇，惟望若時自衛以慰遠懷。此行深仗康濟勿念羈棲。敬上。略圖相國隸台閣下。同龢頓首，五月十一日。」見孔祥吉《晚清史探微》，巴蜀書社，2001，圖版插頁。此信似乎沒有發出，現存於翁萬戈先生保存的「翁氏家藏文獻」之中；或因當時政局複雜，翁氏游移再三，未能發出。

3 胡繩：《從鴉片戰爭到五四運動》，《胡繩全書》第 6 卷（下），第 562 頁。

侵的一整套應對措施和改革設想。這些建議與甲午戰後他積極推動的軍事改革是一脈相承的，且受到樞廷的重視。十二月二十五日，榮祿上摺云：

> ……竊惟當今世局合五洲之地已成一大戰國，武備之事日新月異。自英法俄德養兵之費每歲咸逾萬萬，外交之進退視其兵之多寡強弱以為衡，強則公法所不能拘，弱則盟約皆不可恃……奴才愚以為目前之策，莫如求自強。自強之策，莫如多練兵。自甲乙兩年日人構釁，萃湘淮之宿將，徵各路之精兵，連戰遼韓，未能取勝。固由統兵將帥調度失宜，亦緣倉猝成軍，教練未能應手。故有兵不練與無兵等，練不知法與不練等。前經督辦軍務處王大臣奏請飭臬司袁世凱創練新建陸軍，挑選詳慎，操練精勤。奴才前赴天津曾加校閱，其兵丁軀幹彪悍，步伐整齊，洵為各軍之冠。雖未經與泰西軍隊較量軒輊，而比之湘淮舊伍，已覺煥然改觀，但人數不多，難當大敵。擬請添募若干營，以期成一大軍，與提督聶士成之軍扼守北洋門戶。又，提督董福祥，老成宿將，智勇兼全，奴才前於光緒二十年保奏將才，奏請飭募萬人駐防近畿，後剿撫甘回，卒著成效。今該提督遵旨添募四營，湊足二十營駐紮山陝一帶，認真督練，借資鎮撫，仍應再募十營以厚兵力，兼為策應之師。其神機營練兵處所練之馬步炮隊，亦不下兩萬餘人，應由該管王大臣挑選實在年力精壯、技藝嫻熟官兵若干，另為先鋒營隊，專備行軍折衝之用，一經徵調，自易成行，庶可與現練勇營各軍相輔馳驅，互為聯絡，以期有濟。至簡練民團，雖不無流弊，然咸同之際大學士曾國藩實賴其力，戡定東南。擬請飭令沿海沿江各省督撫先行舉辦，責成紳士認真籌畫，悉心經理，庶使民心固結而禦外侮，仍杜苛擾以靖閭閻。倘籌畫有方，教練如法，將來酌予獎敘，用示鼓勵，俾得勇躍從公。
>
> 以上各事雖非旦夕之效，然認真辦理，一二年內軍容自強，民心自固，通國上下，眾志成城，不戰而屈人之兵，此之謂也。當嘉慶十二年德主弗勒得力威廉第三為拿破崙所敗，割其國土之半，獻銀九萬億以與法

和，於是發憤自雄，更改兵制，使全國丁男悉就兵役，越七年而合英俄奧諸國大敗拿破崙，徙之荒島，恢復疆宇，國勢以強。至今各國陸兵，德為稱最。俄羅斯兵制與德略同，教練稍異，但其民數既多，兵數亦廣。雖商務與製造不逮英法，而各國憚之者以此。然則治國之道惟在兵力強多，無不可復之仇，無不可雪之恥。斷斷然已。奴才非不知財賦日絀，籌餉維艱，但積弱之餘，不加振作，侵陵日甚，婪索無厭，議款議償將無虛歲，與其拮据於日後，何如掘羅於事前？奴才忝叨恩寵，備位中樞，詰爾戎兵是其專責，伏願聖明俯察，言廣練兵團以濟時艱而維國脈。[1]

這篇奏摺最能代表甲午後榮祿軍事制度改革的思想。首先，經過膠、旅事件的刺激，他認定外國邦交不可靠，欲自強，必須自己多練兵。其次，擴大新軍練兵規模。計劃袁世凱新建陸軍添募若干營，與聶士成部扼守北洋門戶，董福祥甘軍再募十營，以厚兵力，「兼為策應之師」；神機營所練馬步炮隊，也應選擇精壯，另為「先鋒營隊」，「專備行軍折衝之用」；沿江沿海各省遵照曾國藩的辦法，舉辦團練，形成全民皆兵的局面，應對列強隨時可能的侵略行徑。同時，明確表達了學習德國練兵制度的意願，這是受到袁世凱練兵的影響。

榮祿在附片中建議，每省延聘兼通西法精於操練教習數十人，就地教練武童，並設立武備特科。具體做法是：

> 每省設一武備學堂，挑人學習重學、化學、格致、輿地諸學，分炮隊、馬隊、工程隊諸科，限以三年，由各省督撫詳加考試，凡考列優等者作為武舉人，其名數略參科場舊制，分別大省、中省、小省，各不得逾本省原額十分之五。此為武備特科。其三年一試之武科，暫准照舊舉行，但

---

1 《協辦大學士榮祿奏為強鄰窺伺日深時局艱危請飭令沿海各督撫廣練兵團》，光緒二十三年十二月二十五日，錄副奏摺，檔號 03-6033-016，縮微號 451-1304。

須酌減舊額一半，以期相濟為用。試之有效，再將舊制停罷，並將此項特科武舉人咨送京師大學堂，限以三年，由兵部奏請欽派王大臣考試，分別優等者作為武進士。其名數與常年會試中額各得其半，仍恭候廷試，各就本科驗其膂力技藝，詢以方略，以侍衞、守備分用。屆時並令各路軍營，自哨長以上，均用此項武舉人、武進士人員充補，俾得效力行間，以備干城之選。似此參酌中外兵制，造就人才，其用至廣，其效至速。各國聞此舉動，或稍戢其狡焉思啟之心，於國事實有裨益，應請飭下廷臣會議奏請宸斷施行。[1]

另一附片指出了內地製造槍炮及沿海軍工廠內遷的問題。該片云：

　　再，戰艦凋零，海權全失，沿海之地易啟彼族窺伺之心，現雖與英德伏爾鏗廠、阿姆士船廠訂造魚雷快船，剋日包送來華，以資駕駛，徒以餉項難籌，不能購訂多只鐵甲巨艦，是防海仍一無可恃，況製造局多在濱海之區，設有疏虞，於軍事極有關係。查各省煤鐵礦產以山西、河南、四川、湖南為最，又皆內地，與海疆情形不同，應請飭下各該省督撫設法籌款，設立製造廠局，其已經設有廠局省份規模未備尤宜漸次擴充，自煉鋼以迄造快槍快炮，造無煙藥彈，各項機器均須購辦，實力講求，從速開辦以重軍需。至上海製造局購有煉鋼機器，因其地不產煤鐵採買煉製所費不貲，以致開爐日少，似宜設法移赴湖南近礦之區，以便廣為製造。若蒙俞允並請飭下各該省督撫刻日興辦，庶武備日增而國威日振矣。[2]

當時，朝廷上下因外禍日亟，深感變法自強之緊迫性。疏上，光緒帝即刻

<hr>

1 《協辦大學士榮祿奏為改革武科考試舊制敬陳管見事》錄副奏摺，檔號 03-5922-013，縮微號 443-3506。該摺也收入《戊戌變法》第 2 冊，第 461 頁。
2 《協辦大學士榮祿奏請飭下各省督撫設法籌款設立廠局自煉鋼鐵事》，光緒二十三年十二月十五日，錄副奏摺，檔號 03-7122-086，縮微號 532-1608。

下旨：「榮祿奏請設武備特科，參酌中外兵制、造就人才等語。著軍機大臣會同兵部議奏。」[1] 同時，對榮祿的其他建議也做了批示：「近來中國戰艦未備，沿海各地易啟他族覬覦。從前製造廠局多在江海要衝。亟應未雨綢繆，移設堂奧之區，庶幾緩急可恃。茲據榮祿奏稱各省煤鐵礦產，以山西、河南、四川、湖南為最，請飭籌款設立製造廠局，漸次擴充，從速開辦，以重軍需。至上海製造局，似宜設法移赴湖南近礦之區等語。自係為因地制宜起見，著劉坤一、裕祿、恭壽、張之洞、胡聘之、劉樹堂、陳寶箴各就地方情形，認真籌辦，總期有備無患，足以倉卒應變。是為至要。原片均著鈔給閱看。將此各諭令知之。」[2]

榮祿對改革武科的建議，很快得到了其他官員的呼應。二十四年正月初六日，給事中高燮曾也奏請選拔將才，「不拘文武，不拘已仕未仕，總以能勝將帥之任為指歸，令內外三品以上大員各舉所知……至京考校合格者，分別給予職官，俾為武備學堂教習，教有成效，准予超擢」。又主張「京師設武備學堂……三年學成，請欽派王大臣一體考校，分別等第，以便任使。或充各營教習，或充哨官、營官，其穎異者令充出使大臣隨員，以廣聞見；卓著勘勤，乃升統帶」。[3] 疏上，奉旨高摺歸入榮祿奏請參酌中外兵制特設武科片內一併議奏。[4] 正月二十六日，胡燏棻又上疏認為，武科拘守舊章，「未敢遽言改廢，議者咸請另設武備一科，以資補救。不特兩途並用，官多愈難疏通，而各省每逢鄉試一次，糜費鉅款萬餘金，亦徒多此漏卮，不若變通而酌改之，統歸一轍」。並建議說：

擬請自本年武會試後，暫停武試一科，令各省會分設大學堂，各府廳設中學堂，各州縣設小學堂，省會則延請洋教習及武備教員，府廳則於各省防軍中分派武備教習一員，另延本地之文士，取其通達算學者為文教

1　中國第一歷史檔案館編《光緒宣統朝上諭檔》第 23 冊，第 376 頁。
2　《清德宗實錄》卷 413，光緒二十三年十二月二十五日，《清實錄》第 57 冊，第 405 頁。
3　《給事中高燮曾請設武備特科摺奏為議設武備特科敬陳管見事》，國家檔案局明清檔案館編《戊戌變法檔案史料》，中華書局，1958，第 485～486 頁。
4　中國第一歷史檔案館編《光緒宣統朝上諭檔》第 24 冊，第 11 頁。

習，每學堂各置槍炮，先由州縣挑選已進之武生年在二十歲上下，身體結實，軀幹雄偉，並粗通文字者若干人，送入府學堂肄業，由文教習課以文義演算法，由武備教習教以步武行陣，分操合操，散隊整隊，及槍法炮法遠近之差，低昂之度，務使心手相調，神明其理，一年以後拔其尤送省學堂，合各州縣所送而匯教之。俟下次鄉試屆期申送武闈，如法考試，其入選者作為武舉人，送部會試，其入選者作為武進士，分別甲第照章錄用。[1]

光緒帝又命將胡摺一併歸入榮祿、高燮曾摺片一同辦理。經奕訢等王大臣遵旨會議，雖然設武備特科的建議未被採納，但武科獲准「參酌情形，變通舊制」。二月二十六日，光緒帝頒佈上諭稱：「前據榮祿、高燮曾、胡燏棻先後奏請設武備特科、酌改章程各摺片，當經諭令軍機大臣會同兵部議奏。茲據該大臣等分別准駁詳議覆奏，並擬定大概章程，開單呈覽。朕詳加披閱，尚屬切實可行。國家設科武備，與文事並重，原期遴拔真才，以備折衝之用。現在風氣日新，雖毋庸另設特科，亦應參酌情形，變通舊制。著照該大臣等所議，各直省武鄉試自光緒二十六年庚子科為始、會試自光緒二十七年辛丑科為始、童試自下屆為始，一律改試槍炮。其默寫《武經》一場，著即行裁去。所有一切未盡事宜，暨各省應如何設立武備學堂之處，著該衙門隨時奏明辦理。現在時局艱難，朝廷釐定章程、專務振興實學，武場改試槍炮亦轉移風氣之一端。嗣後主試王大臣及各省督撫、學政尤當加意講求，認真考核，務在作其忠勇、開其智識。平時則嚴督功課，校試則秉公去取，毋得奉行日久，又成具文，致負作育人材至意。」[2]這樣，在榮祿首倡下，以改革武科、練洋操、設武備學堂為內容的近代軍事改革，在戊戌年春又向前邁進了一步。後雖因政變爆發未能實行，但武科改革無疑仍屬於新政的範疇，這是沒有疑問的。

---

1 《胡燏棻奏請敕軍機大臣會同兵部歸入協辦大學士榮祿奏案核議更改武闈科目事》，錄副奏摺，檔號 03-6033-089，縮微號 451-1491。
2 中國第一歷史檔案館編《光緒宣統兩朝上諭檔》第 24 冊，第 59 頁。

三　對康有為的疏遠與敵視

不可否認，榮祿對於光緒帝在新政中聽信康有為而採取一些激進措施是不贊同的，特別是對改革官制等違反「祖制」的做法，更是不以為然，這一點與當時許多朝臣十分相似。然而，康、梁在戊戌政變後的各種宣傳中，將榮斥為「頑固」大臣、扼殺改革的「兇手」，加以猛烈抨擊，對後世影響甚大。其實，就榮、康關係而言，榮祿對康並非從開始就排斥和反對，他們之間原本沒有過很深的交往。與翁同龢一樣，榮、康也只是公開場合有過會面而已，從無私人交往。康、梁在政變後極力宣揚翁對康的「賞識」，同時誇大榮對康的「排擠」，這些都是出於開展保皇活動的宣傳需要，並無可信的事實依據。戊戌年春康有為只是一名額外主事，試圖通過同鄉大員張蔭桓的路徑，在外患急迫的背景下，設法獲得光緒帝的格外恩遇，實現仕途的跨越，並實現自己的變法宏圖。這種尋找政治捷徑的理念在傳統士大夫中比較常見。因此，在榮祿眼裏，康有為充其量只是張蔭桓積極保薦的一位頗有才具的同鄉官員。至少開始時對這位六品主事並未太過看重。康氏著述中對榮、康關係的誇大和失實之處，需要予以考訂。

所謂康有為與榮祿的一次爭鋒

膠州灣事件後康有為在北京的政治活動，一直得到總署大臣張蔭桓的幕後支持。他又與高燮曾、王鵬運、宋伯魯等言官聯絡，相互聲援，形成了呼籲變法的濃厚氛圍。但是，康有為試圖通過本衙門代奏上書和通過翁同龢直接向皇帝疏通的嘗試先後失敗，最終被迫採用「買都老爺上摺子」的策略，梁啟超在甲午戰後給康有為的一封信中，曾謀劃聯絡同志、募集重金，買通京城言官上疏，變革科舉，稱其為「買都老爺上摺子」。[1] 在張蔭桓的暗中操縱下，通過高燮

1　參見馬忠文《高燮曾疏薦康有為原因探析 —— 兼論戊戌維新前後康、梁的政治賄賂策略與活動》，收入《晚清人物與史事》，北京師範大學出版社，2015，第 199～210 頁。

曾疏薦，獲得總署大臣問話、代遞條陳等機會，並實現上書皇帝、獲得賞識的目的。在此過程中，榮祿與康有為只有過一次會面。

這次會面的時間是光緒二十四年正月初三日，經張蔭桓策劃，康有為被約到總理衙門西花廳談話，榮祿參加了問話。康有為在後來的回憶中說：

> 正月初二日，總理衙門總辦來書，告初三日三下鐘王大臣約見。至時李中堂（鴻章）、翁中堂（同龢）、榮中堂（祿）、刑部尚書廖壽恆、戶部左侍郎張蔭桓相見於西花廳，待以賓禮，問變法之宜。榮祿曰：「祖宗之法不能變。」我答之曰：「祖宗之法以治祖宗之地也，今祖宗之地不能守，何有於祖宗之法乎？即如此地為外交之署，亦非祖宗之法所有也，因時制宜，誠非得已。」廖問宜如何變法，答曰：「宜變法律，官制為先。」李曰：「然則六部盡撤，則例盡棄乎？」答以：「今為列國並立之時，非復一統之世，今之法律官制皆一統之法，弱亡中國皆此物也，誠宜盡撤，即一時不能盡去，亦當斟酌改定，新政乃可推行。」翁問籌款，則答以：「日本之銀行紙幣、法國印花、印度田稅、以中國之大，若制度既變，可比今十倍。」於是陳法律、度支、學校、農商、工礦政、鐵路，郵信、會社、海軍、陸軍之法，並言「日本維新仿效西法，法制甚備，與我相近，最易仿摹，近來編輯有《日本變政考》及《俄大彼得變政記》，可以採鑒焉。」至昏乃散，榮祿先行。是日恭、慶兩邸不到。閱日召見樞臣，翁以吾言入奏。上命召見，恭邸謂請令其條陳所見，若可採取，乃令召見。[1]

康氏的這段回憶將榮祿放在第一個反對變法的位置上，不過，二人是否針鋒相對進行爭論令人懷疑。這是政變後康氏的表述。從情理分析，對康而言，獲得當政諸臣聽取意見的機會十分難得，其側重點可能是專注地介紹自己的建議。但是，還沒有介紹自己的主張和見解，就遭到榮祿的「訓斥」，這是不合

---

1 樓宇烈整理《康南海自編年譜（外二種）》，第36～37頁。

邏輯的。翁同龢這天的日記記：「傳康有為到署，高談時局，以變法為主，立制度局、新政局、練民兵、開鐵路、廣借洋債數大端，狂甚。」[1] 翁氏提到康氏侃侃而談的情景，並未有榮祿駁康的情節。張蔭桓這天的日記也寫道：「約康長素來見。合肥、常熟、仲山見之，余與榮相續出，晤長素高論。榮相先散，余回西堂料理問答。」[2] 張、榮「續出」，可能是張邀榮出場的，張也未言榮、康有過爭論之事。看來榮祿對康的主張並不感興趣。所以，康自稱榮祿與他首次見面就表明「祖宗之法不能變」，對其駁斥，恐不足信。

榮祿對保國會的態度

開保國會是戊戌年春康、梁在京頗有影響的活動。榮祿對康的態度，也反映在制止其親信李盛鐸參加保國會之事上。李盛鐸，號木齋，係翰林院編修，經榮祿舉薦，為督辦軍務處文案。但他與同鄉文廷式（號芸閣）、陳熾（字次亮）氣味相投，在京城士人中有「江西三子」之目。這年三月，康、梁組織在北京開保國會，宣傳變法，李盛鐸最初曾參與策劃，由於李不同意邀請朝士（京官）開會，與康、梁產生分歧，沒有參加開會活動。不僅如此，據說受到榮祿、徐桐的「唆使」，閏三月二十三日，李盛鐸以御史身份上摺請防黨會流弊，意在攻康，刷洗與康、梁的關係。政變後，在榮祿的舉薦下，李被任命為駐日公使。光緒二十五年五月，御史張荀鶴曾參劾李盛鐸說：「現駐日本使臣李盛鐸，譸張為幻，上年康逆設保國會，盛鐸實供其費。慮人指摘，繆為彈奏，奏草即康逆代定，蹤跡詭祕，與康逆時離時合，密謀煽惑，物議沸騰。」[3] 在「康案」發生後一年，還有人借保國會參劾李氏，可見李與康、梁在戊戌年關係之密切；

1 翁萬戈編，翁以鈞校訂《翁同龢日記》第 7 卷，第 3135 頁。
2 任青、馬忠文整理《張蔭桓日記》下冊，第 565 頁。
3 《山東道監察御史張荀鶴摺》，光緒二十五年五月十四日，國家檔案局明清檔案館編《戊戌變法檔案史料》，第 507 頁。

他後來並未受到追究，應與榮祿、徐桐等當權者的庇護有關。[1]

　　榮祿對康有為沒有好感，可能與許應騤的影響有關。許是粵籍官員，以禮部尚書兼總理衙門大臣，與康關係不諧。因為同鄉的關係，許完全知曉康有為通過張蔭桓在總署上書的活動，並持反對態度；而康、張通過總署向皇帝進呈書籍和條陳，又選擇許應騤請假期間，將其避開，可見彼此矛盾之深。戊戌年五月康有為慫恿宋伯魯等人攻擊許守舊，曾招致光緒帝痛斥。然而，許應騤卻是榮祿在總署中最為密切的同僚，[2] 可以肯定，榮祿對康氏的了解大部分來自許應騤。

康有為與梁啟超

榮祿與康有為的第二次見面

　　戊戌年四月二十五日，翰林院侍讀學士徐致靖上摺保舉康有為、黃遵憲、譚嗣同、張元濟、梁啟超五人。[3] 這是康、梁幕後策劃的。[4] 疏上，光緒帝命康有為與刑部主事張元濟於二十八日預備召見。[5] 而這一天恰好是榮祿任職直隸總督謝恩。光緒帝在頤和園仁壽殿不僅召

1 參見馬忠文《戊戌時期李盛鐸與康、梁關係補正 —— 梁啟超未刊書札釋讀》，《江漢論壇》2009年第 3 期。

2 丁酉年（1897）榮、許曾共同出京查辦事件；政變後許應騤改官閩浙總督，其子許秉琦被榮祿納入武衛軍幕府，都說明二人關係之深厚。

3 參見孔祥吉編著《康有為變法奏章輯考》，北京圖書館出版社，2008，第 230～232 頁。

4 梁鼎芬：《康有為事實》，湯志鈞：《乘桴新獲》，「附錄」，江蘇古籍出版社，1990，第 67 頁。

5 中國第一歷史檔案館編《光緒宣統兩朝上諭檔》第 24 冊，第 179 頁。

見了康有為、張元濟，也召見了榮祿。康與榮祿因而有了第二次見面的機會。

　　對於榮、康的見面，康有為在自編年譜中說：「既退出，軍機大臣面奉諭旨著在總理衙門章京上行走。時李合肥謝恩同下，面色大變，對我歎惜，謂榮祿既在上前面劾我，又告剛毅上欲賞官勿予，當予微差以抑之。上問樞臣以位置吾時，廖仲山將欲言請賞五品卿，而剛毅班在前，請令在總理衙門章京上行走，蓋欲以辱屈我也。」[1] 這天李鴻章因為向太后謝恩來到頤和園，據張蔭桓日記，召見前一天，康曾與李鴻章、張蔭桓、張元濟共進晚餐。[2] 康稱李鴻章告訴他，榮祿在光緒帝前面劾康，又說榮祿告訴剛毅，如果皇帝要賞官給康，當給予微差抑之。這些情形恐不可信。大學士李鴻章為何會攻擊同僚榮祿，來討好一位新進的司官？剛毅本來仇視變法，抑制康氏亦屬必然，何必還要榮祿來授意？這些都不合常理。

　　根據《邸抄》，這天光緒帝先後召見了榮祿、山西知府崇祥、康有為、張元濟和軍機大臣。[3] 參加這天召見的張元濟曾多次回憶起這件事。他在《清宣統三年排印本康有為〈戊戌奏稿〉跋》中談到了覲見情況，稱：「戊戌四月，余以徐子靜學士之薦，與長素先生奉旨同於二十八日預備召見。是日晨，余至頤和園朝房謹候，長素已先在。未幾，榮祿踵至，蓋亦奉召入覲也。長素與榮談，備言變法之要。榮意殊落寞，余已窺其志不在是矣。有頃，命下，榮與長素先後入。既出，余入見」。[4] 後來又回憶說：「二十八日天還沒有亮，我們就到西苑，坐在朝房裏等候。當日在朝房的有五人：榮祿，二位放在外省去做知府的，康有為和我。榮祿架子十足，擺出很尊嚴的樣子。康有為在朝房裏和他大談變法，歷時甚久，榮祿只是唯唯諾諾，不置可否。召見時，二位新知府先依次進去，出來後，太監傳喚康有為進去，大約一刻鐘光景，康先生出來，我第四個

1 樓宇烈整理《康南海自編年譜》，第 44 頁。
2 任青、馬忠文整理《張蔭桓日記》下冊，第 601 頁。
3 《京報（邸抄）》第 117 冊，全國圖書館文獻縮微複製中心，2003，第 570 頁。
4 張人鳳編《張元濟古籍書目序跋彙編》下冊，商務印書館，2003，第 1103～1104 頁。

進去，在勤政殿旁邊一個小屋子裏召見。」[1]時隔多年，回憶不免有誤差，召見地點並非西苑，而是在頤和園勤政殿，但是，張元濟的回憶內容十分平實。榮祿有大學士之尊，「架子十足」並不奇怪；康在朝房裏和他、榮祿大談變法，歷時甚久，似乎也符合康的性情。而榮只是「唯唯諾諾，不置可否」，說明對康並不以為然，只是敷衍而已。張是因開辦通藝學堂受到皇帝賞識的，召見之後張曾赴天津向榮祿尋求幫助，希望他資助通藝學堂。為此，榮祿致張元濟稱：「津門握晤，藉慰闊衷。京師通藝學堂經執事邀約同志，悉心經理，風氣漸開。堂中諸事，亟待擴充，需費較巨。承商一節，擬由北洋每月加增捐銀五十兩，自七月分起，仍交王菀生（王修植）觀察代收寄京，以副雅意。」[2]從榮祿支持開學堂的態度看，也不能算作頑固人士。

當然，也有人對康有為召見的結果極為關心。五月初二日，張之洞發電給侄子張檢（字玉叔），令其向黃紹箕、楊銳打聽「康有為召對詳情如何，政府諸公賞識否，康與榮有交情否？派在總署，想繫章京，上諭係何字樣？到總署後是否派充總辦？有主持議事之權否？現議變法，所急欲變者何事？張元濟用何官？都下諸公、湖南京官有議論否？」[3]張之洞擔心康有為會得勢，所以打聽了很多細節，康與榮是否有交情也成為他關心的一個問題。事實上這是不可能的。

總之，政變前榮祿與康有為有過兩次見面，他對康之言論不認可，視為變亂祖制，確是實情。不過，二人正面交鋒的可能性很小。榮祿身居大學士，二人地位差距很大，與司官當堂辯論，與當時的官場習慣也不盡相符。康有為後來在描述與榮祿的關係時對榮祿「反對」變法的傾向多有誇大，這是必須注意的。

---

1 張元濟口述、汝成等筆記《戊戌政變的回憶》，《新建設》第 1 卷第 3 期，《戊戌變法》第 4 冊，第 324～325 頁。

2 《榮祿函稿底本》第 5 冊，清華大學圖書館藏，未刊，索書號庚 357 / 7178。

3 《致張玉叔等電》，五月初二日巳刻發，《張之洞電稿》（光緒二十五年五月至七月），中國社會科學院近代史研究所藏，檔號甲 182-456。按，這裏著錄時間有誤，根據內容，該電發於光緒二十四年。「榮」指榮祿。

四　總督直隸

　　戊戌維新開始之際，榮祿卻奉旨出任外官。數日之內，榮祿的任職出現了兩次變化。先是，大學士麟書病逝，四月二十二日，榮祿升大學士，管理戶部，這是麟書原來的缺分。一些論者謂這項任命是為了制約翁同龢，似是誤解。原來麟書就以大學士管理戶部，榮祿接任，當屬正常的職務升遷。榮祿原來的協辦大學士和兵部尚書由剛毅接任，剛之刑部尚書由步軍統領崇禮兼任。四月二十七日，上諭將翁同龢開缺回籍，命直隸總督、北洋大臣王文韶和四川總督裕祿「來京陛見」，榮祿署理直隸總督、北洋大臣。這項任命的用意很明顯，由王來京接替翁的職責，而榮祿則接替王的總督職務。五月初五日，王文韶授命戶部尚書，並在軍機處和總理衙門行走，完全替代了翁的職位。這一系列的人事安排顯然是慈禧和光緒帝籌畫的結果，當然主要體現的是慈禧的旨意。通過這次調整看，滿洲大員的權勢進一步加強。

外任直督的原因

　　榮祿出任直隸總督是與軍機處調整相關聯的。據說，在討論翁氏開缺後樞垣的人員增補時，「太后意令榮相入值樞廷，（榮）力辭，並謂去一漢員，仍宜補一漢員」，慈禧乃令王文韶入樞，改榮祿出任直隸總督。[1] 這種解釋似有異議。若論滿漢，裕祿才是與榮祿競爭的對手。也就是說，王文韶接替翁沒有疑問，分歧在於裕祿和榮祿誰入樞。據鹿傳霖於六月間聽到的消息說，「榮相本議入樞」，由裕祿代王文韶督直，「乃有人以其與禮邸姻親、同樞不便為辭，擠之使出」。[2] 這種說法比較切合實際。禮王之子娶榮祿之女為妻，故有「不便」之說。

1　蘇繼祖：《清廷戊戌朝變記》，《戊戌變法》第 1 冊，第 332 頁。
2　鹿傳霖戊戌六月家書，《鹿傳霖任川督時函札》，中國社會科學院近代史研究所藏，檔號甲 170。

從後來的情況分析，反對榮祿入樞、將之「擠出」者乃是剛毅。榮、剛甲午年同來京祝嘏而留京，就資歷而言，剛毅並不能與榮祿相比。甲午十月因翁同龢力薦，剛毅捷足先登，進入樞垣。但榮祿的升擢一直超過剛毅，慈禧對榮的寵信也遠在剛毅之上。二人明爭暗鬥，一直持續到庚子年。[1] 這樣說來，榮祿出任直督與剛毅排擠有關是可信的。

同時，也要看到，直隸總督列疆臣之首，歷來有大學士督直的傳統；李鴻章更是執掌北洋達二十多年之久，權勢煊赫，不讓京朝尚書。因此，榮祿以大學士出任直督，體制尊崇。更重要的是，出任直隸總督便於節制北洋各軍。以往論者從「帝后黨爭」的認知模式出發，認為榮祿出任北洋出於慈禧的特意安排，是為了控制京津局勢，這種說法似與實際不符，榮祿督直毋寧說是出於津沽防務的考慮。膠、旅事件後列強環伺，津沽為京師門戶，派榮祿坐鎮與其練兵的宗旨也相符合。另外，榮祿授大學士後，例不再兼任兵部尚書，改為管理戶部事務，從制度上不能再繼續統轄此前北洋各軍。這個矛盾在榮祿出任直隸總督後也迎刃而解了。榮祿督直的核心是練兵，掌握軍權，這從他籌畫由皇帝陪侍慈禧太后到天津閱兵的計劃中也可看出端倪。

四月二十七日，光緒帝諭令榮祿、胡燏棻，秋間將恭奉慈禧皇太后鑾輿，「由火車路巡幸天津閱操，所有海光寺、海防公所兩處屋宇，著榮祿迅即修飾潔淨，預備一切，並著胡燏棻將火車鐵路，一併料理整齊，毋得延誤」。[2] 從這道上諭看來，天津閱兵是兩宮都很重視的活動，閱操是為了檢驗新軍練兵的成效，與甲午後榮祿主持的軍事改革有直接關係。有論者以為天津閱兵出於榮祿慫恿

1 據軍機章京王彥威稱，八月政變後，慈禧令榮祿回京入值軍機處，而以裕祿調任直隸總督，剛毅「尤不快也」，謂剛毅「拔一釘乃得一刺」。所謂釘者，翁；刺者，榮也。「（剛毅）自以入直在榮相之先，入對輒妄發議論，不讓人。」見王彥威《西巡大事記》卷首，王彥威纂輯、王亮編《清季外交史料》第 4 冊，第 3992 頁。剛毅也不諱言與榮祿的矛盾。光緒二十五年己亥，剛毅奉命到江南查辦事件，時人信函中透露其行蹤時說：「大約剛大人在江南尚有一時，因其與榮中堂不大十分融洽，欲藉此在京外住住耳。」見《金振猷致張香濤等存札二》，俞冰主編《名家書札墨跡》第 23 冊，學苑出版社，2006，第 76 頁。
2 中國第一歷史檔案館編《光緒宣統兩朝上諭檔》第 24 冊，第 181 頁。

那桐

是有一定道理的。[1] 總之，榮祿出任直隸總督是慈禧經過周詳考慮後做出的決策，並不像康、梁事後所宣傳的那樣預有政治陰謀。

四月三十日，榮祿請訓出京。這天那桐在日記中寫道：「申刻，到榮中堂處送行……酉刻到翁師處長談時許，別淚縱橫，不可道矣。」[2] 翁同龢是那桐的老上司，榮祿則是駸駸大用的新權貴，那桐這天的日記不僅表露了自己的心情，也揭示了兩位上司的不同命運。五月初一日，榮祿乘坐火車抵津，同日接篆。初四日，奉旨授文淵閣大學士。初七日，正式授直隸總督，兼充辦理通商事務北洋大臣。五月十六日，光緒帝發佈上諭，奉慈禧懿旨榮祿現已補授直隸總督，所有菩陀峪萬年吉地工程，仍著會同奕劻辦理。[3] 此事尤可見慈禧對榮祿的信任。

榮祿出京後，存在了近四年的督辦軍務處也宣告裁撤。五月初九日《申報》稱：「恭邸薨逝，榮制軍已蒞直督之任，軍務處無人司總。朝廷以外間軍務次第

1 梁啟超在《戊戌政變記》中說，翁同龢知道后黨要在天津閱兵時廢黜皇帝，但不敢明言，「惟叩頭諫止天津之行，而榮祿等即借勢以去之」。這種解釋已在政變之後。見《戊戌變法》第 1 冊，第 261 頁。
2 北京市檔案館編《那桐日記》上冊，第 277 頁。
3 中國第一歷史檔案館編《光緒宣統兩朝上諭檔》第 24 冊，第 228 頁。

敉平，遂裁撤軍務處，不復簡派王大臣接□。」[1]榮祿離京後，督辦處只剩慶王一人，此時督辦處負責的督練新軍也轉由直隸總督督責，確實沒有存在的理由了。至此，權位已高的榮祿將督辦處這個無用的空殼拋棄了。

主持直隸新政

榮祿接任直隸總督正值光緒帝積極宣導新政之際。儘管榮祿對於光緒帝聽信張蔭桓等新黨所進行的變法並不贊同，但也不敢公開立異。五月初七日，榮祿正式補任直隸總督後，光緒帝專門發佈上諭稱：「榮祿已補授直隸總督，並兼充北洋大臣。直隸為畿輔重地，凡吏治軍政一切事宜，均應實力講求；至外洋交涉事件，尤關緊要。榮祿向來辦事尚屬認真，惟初膺疆寄，情形或未周悉，務當虛心咨訪，切實圖維。用人一道，最為當務之急，尤須舉賢任能。其闒茸不職各員弁，嚴行甄劾，毋稍瞻顧因循。現在時事多艱，該督諒能仰體宵旰憂勤，力為其難，不負委任也。將此諭令知之。」[2]從這份上諭看，光緒帝對榮祿初任封疆，給予了很高期望，希望他虛心訪查，實事求是。抵任後，榮祿就將各種情況及時奏報。五月十二日，先就到任後籌辦吏治軍政大概情形奏報：

> 伏查天津軍旅雲屯，局所林立，皆與並飭練軍相關。防營除聶士成一軍、袁世凱一軍外，淮、練各軍尚不下數十營，其中或不免有將弱兵虛

---

1 《神京瑤簡》，《申報》光緒二十四年五月十六日，第 2 版。數日後，《申報》又報導說：「京師訪事人云：翁叔平相國奉旨開缺時京師傳言慶王府第業已查封，言人人殊，莫衷一是。本館以事關重大，未敢遽紀報端。迨五月初六日，皇上早朝時果將加罪慶邸，軍機大臣等跪求三刻之久，天顏始霽。慶邸自知罪戾，因奏稱軍務敉平，恭邸薨逝，榮中堂又赴任直督，軍務處無人總司其事，自問才力不及，請裁撤以節虛糜。當日奉旨依議。欽此。初九日慶邸覆奏稱軍務處設立四載，文武員弁夙夜趨公，不無微勞足錄，請照尋常勞績開單予獎，奉旨著無庸議。欽此。」見《幾千天讉》，《申報》光緒二十四年五月二十六日，第 2 版。該傳言稱慶王獲罪，似不確。五月初六日是張蔭桓因借款受賄問題受到訓斥，不過，所言慶王為司員請獎卻未獲允准之說值得注意。

2 《清德宗實錄》卷 419，光緒二十四年五月初七日，《清實錄》第 57 冊，第 492 頁。

之弊，現已嚴懲將領飭將有無老弱充數、虛冒侵蝕各積弊，確切聲明。一俟覆到，遴派熟於兵事之員分往逐細查驗，擇其尤無狀者嚴劾之，以示懲儆，其不得力之員弁，隨時立予撤換。各局司出納者，曰支應局、曰銀錢所，司營造者，曰機器局、曰製造局，籌賑局則備荒，捐輸局則勸捐，軍械局則存儲槍械，斯皆事關重要。奴才博訪周諮，或經理之員尚知潔清自好而受病在往年，或文牘臚列甚工而積弊已隱伏，非賴廉明結實之員導竅批根，驟難得其底蘊。余如厘捐、土藥、水利、工程、營務、學堂、電局、船塢，或應行歸併，或遽予裁撤。其奏調、咨調各員，或量才錄用，或撤差遣回，均俟各將經手款項清釐，再行分別辦理，以杜弊混誘卸，自未便操之過急。天津為通商總匯之所，各國交涉往往先歷北洋，始達總署，因應之要，尤重發端。奴才抵任以來，尚稱安謐。其界鄰山東之處，迭據地方官稟報民教均屬相安，惟辦理洋務人員必須熟諳條約公法，兼通語言文字，始可臨機應變，抵制有方。北洋現有數員尚堪任使。奴才擬就水師營務處兼設洋務局，借為儲才之地，不另開支經費。以上各節均俟籌辦就緒，隨時奏明請旨遵行。吏治之要，在辦保甲以衛民生，清獄訟以紓民困。奴才現已通飭各屬切實舉行，嚴禁擾累，申明前督臣曾國藩清訟章程，嚴定功過，一面密飭兩司道府各將該管屬員加考密陳。奴才參考眾論，分別賢否，據實舉劾。現在時事多艱，用人最關緊要，而人才難得，知人尤難，但得賢能之員數人相為匡輔，雖繁重之區，自可不勞而理。容俟奴才虛心延納，加意訪求，果得其人，即當保薦臚陳，上備聖明採擇。[1]

榮祿到天津後，留聘了原來王文韶的兩位幕僚李葆恂（文石）、楊文鼎（俊卿），協助辦理日常公務。對此，《國聞報》曾報導說：「中堂到任後，以

1 《直隸總督榮祿奏為遵旨覆陳到任後籌辦吏治軍政大概情形事》，光緒二十四年五月十二日，硃批奏摺，檔號 04-01-01-1027-024，縮微號 04-01-01-155-0584。

北洋事務殷繁，幕府人才必須慎重，其選方足以資臂助。茲據官場傳聞已飭李文石、楊俊卿太守入幕辦事。文石觀察以簪纓華胄，為文章巨公，前在河南，為許仙屏中丞所激賞；俊卿太守本係李中堂任北洋時幕賓，於洋務交涉事宜最諳。」[1]因北洋大臣夏季駐天津，省城保定總督府的日常公事須由可靠的幕僚負責，榮祿決定繼續任用前任聘請的幕賓陳維藩（字雨樵）、婁春藩（字椒生）兩人。抵任之初，便致函省署刑席陳維藩，「省署日行文牘最為繁賾，仍祈執事悉心經理，以匡不逮」。[2]從任用官員看，基本承襲了王文韶時期的格局。

　　榮祿剛剛到任，就發生了保定教案。五月十八日，董福祥甘軍中營哨官二人進入保定北關外法國教堂，雙方發生衝突，哨官被教堂中人捆綁，甘軍營勇聞訊結隊前往，救出哨官，打毀教堂門窗，打傷教士杜保祿等，並將教士拖至營中。案發後，法國公使照會總署，總署諮文榮祿，請飭屬「妥速辦結」。[3]二十日，上諭稱：「保府教堂被董福祥兵毀壞，兩教士被毆，帶至營中，法使已照會總署，榮祿著即趕緊辦理，務須速了。省城重地，甘軍勇丁，何得任意滋事，並著轉電董福祥認真彈壓，以後如該軍別有滋鬧情形，定惟該提督是問。」[4]榮祿奉諭後即命直隸布政使等地方官迅速派兵護送教士回堂，並派候補道員張連芬前往保定協助辦理。後又添派候補道員姚文棟（字子良）到保定參與交涉。得知杜保祿已致電法國主教樊國梁，榮祿又派幕僚胡良駒前往京城與樊直接溝通。教堂藉口保定北關地勢偏僻，安全不易保障，要求置換到城內，並提出與清河道舊署互換。後由胡與教士林懋儉（應為林懋德——引者註）一同前往結案。清廷擔心董福祥甘軍駐紮保定，「誠恐日久生釁」，六月初三日，諭榮

1 《幕府得人》，《國聞報》光緒二十四年五月初六日，第 2 版。
2 榮祿：《覆省署刑席陳維藩》，《榮祿函稿底本》第 2 冊，清華大學圖書館館藏，未刊。
3 《保定教案請妥速辦結由》，光緒二十四年五月二十三日，總理衙門檔，台北中研院近代史研究所檔案館藏，編號 01-12-040-02-002。
4 《著直隸總督榮祿速結保定教堂被兵毀壞一案事電旨》，中國第一歷史檔案館、福建師範大學歷史系合編《中國近代史資料叢刊續編‧清末教案》（以下簡稱《清末教案》）第 2 冊，中華書局，1998，第 760～761 頁。

祿「就保定省北涿州一帶地方酌量移紮處所，與董福祥電商妥辦。」[1]六月初九日，教堂置換完成。時任保定府知府沈家本稱：「教案之起，凡二十二日而事結。」[2]可見榮祿對保定教案採取了果斷結案的辦法。

六月十四日，榮祿向總署咨呈結案辦法六條及互換教堂地段詳細章程六條。據榮祿稱，所有交涉由候補直隸州胡良駒赴京與樊國梁進行，並於五月二十八日在西什庫教堂訂立合同，互換完結。辦法六款規定，同意教堂置保定城內清河道舊署，保定地方官將舊署收拾乾淨，「互換後由地方官護送教士移堂，並設宴款待，以昭睦誼」。賠償受傷工人醫藥之費及遺失衣物款 400 兩；滋事弁兵照中國律「持平辦理」，受傷教士及被損教堂物件不再另給賠償。[3]榮祿在處理保定教案問題上，雖然派員前往保定，與地方官協商處理辦法，但是，另派幕僚前往京城與樊國梁交涉，態度主動，短短數日內就與樊達成協議結案；儘管將官產與教堂置換，顯得有些「慷慨」，但是，榮祿認為，「今賠既少，地方官又免參處，辦理甚屬持平」。保定知府沈家本則對將道署置換有異詞，以為「省中業已辦有眉目，何至以道署遞予之耶？政令如此，可發一歎！」[4]但是，對榮祿而言，曹州教案引起膠州灣事件的教訓在前，況且剛剛蒞任直督，所以寧願做出較大讓步，也要果斷中止事態蔓延，迅速結案，以免出現意外。

事後，榮祿又致函董福祥：「尊意擬在保定紮大營，而以餘營分紮附近，或將新舊各隊調至正定團紮，以便訓練。目前暑雨尚多，道路沮洳，一時既難定議，應俟秋後由執事察度情形，奏明辦理。並祈嚴飭各軍，切勿與洋教因細事稍有滋沮轉致朝廷顧慮也。」[5]稍後又致函稱：「貴部邇來分紮各處，聞與地方

---

1 《著直隸總督榮祿將甘軍駐地酌量北移以免與教堂生釁事電旨》，《清末教案》第 2 冊，第 765 頁。

2 徐世虹主編《沈家本全集》第 7 卷，中國政法大學出版社，2010，第 842 頁。

3 《咨呈商辦保定教堂辦法六款及互換教堂地段詳細章程六條由》，光緒二十四年六月十四日，總理衙門檔，台北中研院近代史研究所檔案館藏，編號 01-12-040-02-004。

4 關於保定教案發生和交涉過程，時任保定府知府的沈家本在日記中有詳細記載，參見徐世虹主編《沈家本全集》第 7 卷，第 838～842 頁。

5 《覆董軍門》，《榮祿函稿底本》第 1 冊，清華大學圖書館館藏，未刊。

紳民均能聯絡，約束嚴明，良深敬佩。秋高氣爽，天色暢晴，正好督飭各軍，勤加訓練。三秦勁旅，移衞畿疆，壯我軍容，隱維大局，長城之望，知非公莫屬。」[1] 勸誡之時，又誠懇鼓勵。在榮祿的勸慰下，董福祥部的反教行為暫時有所收斂。

榮祿任直督只有三個多月的時間，即因政變發生回京入樞。評價這個時期的榮祿，不能離開百日維新這個大的時代背景。可以說，這三個月榮祿在光緒帝的催問下，以地方督臣的身份對直隸新政確實有所推動。五月二十九日，榮祿上保奏人才摺，六月初二日抵京。奏摺中寫道：「為政之道得人為先，事君之義薦賢為本。方今強鄰交迫，伏莽潛滋，時局艱危未有甚於今日者。非得貫通中外匡時濟變之才不足以宏幹濟，非得能耐盤錯折衝禦侮之士不足以寄干城。」此次奉旨保薦人才，很受外界關注，可看出榮祿眼中變法人才的標準和尺度：

> 前四川總督鹿傳霖，清亮公直，守正不阿，起家牧令，洞悉民間利病。奴才前與共事西安，見其巨細躬親，裁制果毅，在督撫中洵為勇於任事之材，若竟投閒，似覺可惜，可否錄用，出自聖裁。
>
> 湖南巡撫陳寶箴，操履清嚴，識量閎遠；河南巡撫劉樹堂，任事果敢，幹略優長；內閣學士張百熙、瞿鴻禨，練達精明，留心時事。
>
> 直隸按察使袁世凱，質性果毅，胸有權略，統領新建陸軍，督率操防，一新壁壘。前太僕寺少卿岑春煊，激昂慷慨，膽識過人，不避艱險，能耐勞苦。以上二員皆生自將門，嫻於軍旅，著重任以兵事，必能奮勇直前，建樹殺敵致果之績。
>
> 江南道監察御史李盛鐸，志趣向上，博識多聞，通達中外學問，講求時務，洵屬有用之材，倘蒙恩簡畀重要，必能實心任事，裨益時艱。
>
> 太僕寺少卿裕庚，精明幹練，夙著勤能，歷辦交涉事務，出使外洋，

---

1 《覆董軍門福祥》，《榮祿函稿底本》第 3 冊，清華大學圖書館館藏，未刊。

操縱合宜，諸臻妥協。江蘇蘇松太道蔡鈞，心地明白，才略優長，歷在南洋辦理洋務，不激不隨，洞中款要，能使外人折服。湖南鹽法長寶道黃遵憲，氣度沉凝，學有根底，考求外洋法制，言皆有物，不事浮誇。以上三員於外交事務確有心得，如蒙簡使大邦，或令在譯署行走，值此多事之秋，必能有所裨助。

　　陝西渭南縣知縣樊增祥，學問優贍，志節清嚴，聽斷勤能，無愧循吏之選。兵部員外郎陳夔龍，秉心公正，志趣清剛，練達精勤，臨事不苟。以上二員如蒙天恩擢任司道，必能有所表現，不至隨俗唯阿。[1]

　　從事後情況看，上述所舉人員先後得到榮祿的力薦和任用，在晚清政治史上都有過不小影響。其中，文臣中鹿傳霖、瞿鴻禨、袁世凱均入軍機，張百熙官至尚書，李盛鐸、裕庚為駐外使節，都是榮祿的親信人物。只有陳寶箴因戊戌政變受到罷黜。在上摺保舉人才的同時，榮祿還附片建議遴選使才預防流弊。該片云：

　　再，方今各國交聘，軺車紛出，儲備使才，誠為外交要政。惟使才之難，首重品學，必其立身有素，通達政體，本忠愛之忱，充專對之任，始能不辱君命，壇坫有光，非僅嫻習語言文字，遂為克盡厥職也。夫語言文字雖亦使才之一端，第中國風氣未開，士大夫肆此者少，大都學堂及商賈出身之人為多，此輩既未素礪風裁，又未熟諳政治，一旦濫竽充數，不獨無裨於軍國，抑且貽誚於遠人。欲慎其選，宜得學識堅卓，器局深穩之士，而又濟以通權達變之才，庶幾勝任愉快。現值出使需員、保薦人才之際，奴才為

---

1 《直隸總督榮祿奏為特保前四川總督鹿傳霖等員請旨擇用事》，光緒二十四年五月二十九日，錄副奏摺，檔號 03-5362-005，縮微號 405-0730；《呈直隸總督榮祿保各員職名單》，附單，光緒二十四年五月二十九日，檔號 03-5369-065，縮微號 405-2982。

預防流弊、選擇真材起見，是否有當，謹附片密陳，伏乞聖鑒。謹奏。[1]

榮祿認為用人應考慮其閱歷，那些「既未素礪風裁，又未熟諳政治」的人並不適合，應選用「學識堅卓，器局深穩之士，而又濟以通權達變之才」充任使節。這個建議對當時各地督撫舉薦年少新學人才的傾向有批評意味。稍後，榮祿又奏京員來津襄辦政務，稱「北洋政務殷繁，辦理中外交涉事件必須因應咸宜，整頓營務海防尤貴得人」，特調翰林院編修譚啟瑞、羅長裿，吏部郎中上行走前山西河東道奭良，兵部員外郎陳夔龍，候選道楊文鼎、聶時寯等六員，該員等「熟悉洋務，講求時事，才具操守均可信」，懇請發往直隸差遣委用。六月十一日，諭旨硃批「譚啟瑞等均著准其調往差委」。[2]上述六人中，楊文鼎一直在直督幕中，陳夔龍因李鴻章勸阻，留在署當差，未能來津。[3]到津者只有奭良、譚啟瑞、羅長裿、聶時寯四人。而御史楊崇伊曾有意投奔榮祿，被

---

1 《直隸總督榮祿奏為儲備使才應選真材預防流弊事》，光緒二十四年五月二十九日，錄副奏摺，檔號 03-5369-022，縮微號 405-2916。

2 《直隸總督榮祿奏請準將譚啟瑞等員調往直隸委用事》，光緒二十四年六月初八日，附片，檔號 04-01-12-0585-134，縮微號 04-01-12-111-1874。

3 陳夔龍回憶：「戊戌六月，直督榮文忠公奏調余往北洋差遣。余以公（按，指李鴻章）為譯署長官，北洋又其久經駐節地，爰往辭公，並詢直省地方情形。公一見即謂余曰：『榮相愛才若渴，君又在部宣勤，為渠器重，奏調固意中事。但我意可以勿庸。直隸我曾任二十年，地方遼闊。君在部任差，不諳民事，貿然前往，恐未見長。若以邦交而論，北洋交涉雖多，豈能多於總署？不如仍在署中效力，藉資熟手。』余唯唯。公又云：『君恐辜榮相盛情，不便辭乎？果爾，吾當為君函辭之。』余三覆公言，明決可佩。如貿然而往，於地方民事不能勝任，而交涉事誠不如譯署之重要。但若由公代為函辭，亦嫌突兀。天津距京咫尺，不如自往，婉言辭謝，因將此意告公，公亦謂然。翼日，范津謁榮文忠公，聆余轉述公之言，即告余曰：『合肥真爽直人，意良可感，不可負之。但奏調已奉旨允准，若不前來，勢須譯署奏留。君速回京謁合肥，並述我意，請合肥具摺奏留可也。』即日回京謁公，公曰：『即刻奏留。惟此事之原委，我尚不周知，署中僚友亦恐不悉底蘊，不如君自擬一稿送來，較為簡捷。』余遵擬稿送去，公即入署飭承辦司繕摺呈閱邸樞各堂。翼日具奏，奉旨俞允，余仍為京曹矣。事後本部尚書剛相謂余曰：『君留部，余亦得所臂助。余早擬留君，懼干榮相之怒。合肥竟能任此，誠為吾所不及。然合肥亦因人而施也，此意君不可不知。』」這段記述主要講的是李、榮對陳夔龍的賞識，但也透露出查辦事件的一個側面。見陳夔龍《夢蕉亭雜記》，第 8～9 頁。

榮以與例不符婉拒。[1]

六月初三日，光緒帝頒諭令直隸總督榮祿趕印《校邠廬抗議》一千部送京。該書是同光時期的官員馮桂芬所著，集中體現了中體西用的穩健變法思想，是協辦大學士孫家鼐推薦給皇帝的。光緒帝極為重視，或許受到康有為點評《日本國志》這種方式的影響，皇帝命在京官員對馮著簽註意見進呈，於是命榮祿就近趕印。榮祿飭令廣仁堂先行刷印一百部後，解送進京，六月初八日又令該堂刷印五百部，裝訂成書，相應派員解交軍機處，代為呈進。六月十一日，又將所剩四百部印出送呈。這是供京官討論變法的範本，官員們對馮的主張建議或駁或贊，對光緒帝產生過一定影響。

七月初六日，電旨令各地開辦學堂。光緒帝寄諭榮祿：「昨於初三日降旨催辦各省學堂，計已電達。直隸為畿輔重地，亟應趕緊籌辦，以為宣導。著榮祿迅飭各屬，將中學堂小學堂一律開辦，毋稍延緩。並將籌辦情形，即行電奏。」[2]初十日，又對各督撫設詞拖延進行批評：

> 近來朝廷整頓庶務，如學堂、商務、鐵路、礦務一切新政，疊經諭令各將軍督撫切實籌辦，並令將辦理情形先行具奏。該將軍督撫等自應仰體朝廷孜孜求治之意，內外一心，迅速辦理，方為不負委任。乃各省積習相沿，因循玩愒，雖經嚴旨敦迫，猶復意存觀望。即如劉坤一、譚鍾麟，總督兩江兩廣地方，於本年五六月間諭令籌辦之事，並無一字覆奏，迨經電旨催問，劉坤一則藉口部文未到，一電塞責；譚鍾麟且並電旨未覆，置若罔聞。該督等皆受恩深重。久膺疆寄之人，泄遝如此，朕復何望？倘再借詞宕延，定必予以嚴懲。直隸距京咫尺。榮祿於奉旨交辦各件，尤當上緊趕辦，陸續奏

---

1 榮祿致楊崇伊：「津門握晤，藉慰闊衷。頃展惠書，知前寄一緘已邀青及。……執事抱負不凡，留心兵事，思欲及時自效，足見關懷大局，報國情殷。鄙人謬肩重任，亟思得賢自助，無如執事現官侍御，非疆臣所應奏調，格於成例，未便上陳。將來倘有機會可乘，必為設法以展長才也。專泐覆請台安，即希心照不宣。」見《榮祿函稿底本》第 5 冊，清華大學圖書館藏，未刊。

2 《清德宗實錄》卷 423，光緒二十四年七月初六日，《清實錄》第 57 冊，第 544 頁。

陳。其餘各省督撫，亦當振刷精神，一體從速籌辦。毋得遲玩，致干咎戾。[1]

　　這道諭旨嚴厲批評劉坤一、譚鍾麟等，可見光緒帝推行新政諭旨在各地多被置若罔聞，或借詞拖延，意存觀望。這道上諭自然也是警示榮祿等其他督撫。榮祿奉旨後，陸續將直隸境內各項新政開辦情況逐一奏報。

　　七月十六日，榮祿奏報整頓保甲聯絡漁團辦法，擬辦法四條：一曰損益舊章，二曰剔釐積弊，三曰明定賞罰，四曰嚴司稽察。認為四條辦法均屬簡易可行，「應飭各州縣實力遵辦，不得陽奉陰違，始勤終怠。其有未盡關目或因地制宜，應由各州縣量為變通，稟明辦理。但期於事有益，並不遙制其權。現值時事多艱，肅清內匪，固結人心，實為目前切要之事」。七月十九日奉硃批：「著嚴飭各屬切實辦理，毋得徒託空言，仍屬有名無實。」[2] 二十一日，榮祿又奏報已租賃房屋一所，設立農工商分局，定於七月十六日開辦。保定省城，各府州縣，俟妥議章程，也當飭各屬一體遵照，從速舉行。[3]

　　八月初三日，榮祿奏報陳直隸籌辦學堂將書院改為學堂等情形，首先對已經創辦的學堂情況進行介紹：

　　　　伏查直隸於本年四月間，在保定省城創設畿輔學堂。由外府州縣考選年少聰穎曾經入學者四十名，入堂肄業，作為正額；另選備取二三十名，俟有額缺，俟次請補。經費充裕，再行陸續添選。學堂正課，除經史外，兼習西國語言文字圖算格致等項。天津則於光緒二十一年間，曾經創設頭

1 《清德宗實錄》卷 423，光緒二十四年七月初六日，《清實錄》第 57 冊，第 548～549 頁。
2 《直隸總督榮祿奏為整頓保甲聯絡漁團辦理情為整頓保甲聯絡漁團辦理情形事》，光緒二十四年七月十六日，硃批奏摺，檔號 04-01-01-1024-070，縮微號 04-01-01-154-1817。
3 《直隸總督榮祿奏為覆陳設立直省農工商分局籌辦情形事》，光緒二十四年七月二十一日，錄副奏摺，檔號 03-9449-040，縮微號 675-0536。七月十六日，據《國聞報》報導，奉旨設立農工商分局，榮祿以「洋務局」成員為班底，設立「直隸農工商分局」，札委奭良、聶時嶲、譚啟瑞、楊文鼎、王修植五人「總司其事」，另外「邀請本地紳士三四人會同辦理」。局址設原朝鮮公所。參見《本埠新聞》，《國聞報》光緒二十四年十月十八日，第 2 版。

等學堂、二等學堂各一所。每所學生，以一百二十名為額，列為四班，分年遞拔，由二等畢業者升入頭等。凡經史、法律、工程、礦務、天文、算學，無不賅備，課程與京師大學堂大略相同。辦理已有成效。現在奉旨將各處書院一律改為學堂，當即督飭各該司道詳加籌議。

其次，對於直隸書院改為學堂的總體狀況做了說明：

保定省城，向有蓮池書院，規模闊大，肄業士子甚眾，應即遵旨改為省會高等學堂。其新設之畿輔學堂，改為保陽郡城中等學堂。天津為北洋大臣駐節之所，亦與省會無異。大小書院，共有六處。內集賢書院專課外省士子，輔仁、會文、問津、三取、稽古五書院，專課本地士子。膏火獎賞，除地方商民捐辦外，均係官為籌給。今擬將集賢書院改為北洋高等學堂，無論本省外省士子，均准入選。會文、三取、稽古三書院，擬即歸併，分別改為天津府中學堂、天津縣小學堂各一所。學有成就，升入高等學堂。其前設之頭等學堂，應作為高等學；二等學堂，應作為中等學，以免參差。惟各堂學生額數，礙難過多。天津人才薈萃，每月應試者不下二千人，勢不能兼收並蓄。應將問津、輔仁兩書院改為學堂，變通辦理，令兼課中西各學。庶士子未經選入各堂肄業者，亦不致有向隅之歎，似於造就人才之意，更為周備。至學堂延聘教習，購置圖籍儀器，及生徒薪膳一切用費，需款甚巨。除各書院原有經費外，不敷之數，應由奴才督飭司道設法籌撥。綜計保定、天津共已設立大小學堂七處，洵足為各屬宣導。其外屬府廳州縣，地方有繁簡，書院即有大小，應飭體察情形，分別設立學堂。先行試辦，由淺入深，一切功課均仍遵照京師大學堂頒行章程，認真開辦。各書院原有經費，如不敷用，由地方官督飭紳民自行籌勸。[1]

---

1 《直隸總督榮祿摺》，光緒二十四年七月二十一日，國家檔案局明清檔案館編《戊戌變法檔案史料》，第 282～283 頁。

　　當時，光緒帝對推動新政心情急迫，頻頻下達詔書督促督撫舉辦各項新政，言辭犀利，榮祿的上述奏報很大程度上有些疲於應對，畢竟，剛剛蒞任，短時間也不會顯現出實際效果的。然而，從遵從上諭的角度看，榮祿並無違抗的情節。康、梁等人稱榮祿極力抵制新政的說法與實情不符。

籌備天津閱兵

　　天津閱兵是戊戌年四月派榮祿出任直隸總督時清廷做出的決策，計劃九月兩宮乘火車到天津檢閱北洋各軍。但是，戊戌政變以來，由於康、梁的宣傳，世人多認為這是慈禧、榮祿的陰謀，計劃在閱兵時廢黜皇帝。學界為此有不少爭論。[1] 從榮祿主持練兵的整個歷程看，這次閱兵應屬於新政的範疇內。

　　閱兵是軍事建設的重要內容，同治帝親政後就曾在醇王、榮祿等王大臣陪侍下檢閱過神機營。甲午後編練新軍，榮祿也曾在丙申年（1896）前往天津檢閱袁世凱、聶士成所部新軍。因此，在「明定國是」、立意學習西方之際，光緒帝陪同慈禧赴津閱兵，不僅是對榮祿練兵的一次檢閱，也是對新式軍事改革的一種支持。計劃兩宮乘坐火車從馬家堡到天津，本身就有趨新意義。據文廷式稱，「丁酉秋間，上意欲於戊戌春由鐵路謁陵，恭邸力諫而止」。[2] 當時京、津之間火車開通不久，引起年輕皇帝的好奇心。當然，榮祿主張兩宮出京專門檢閱軍隊，這是前所未有之舉，其中不排除有迎合慈禧外出巡幸的動機，畢竟這給辛酉政變後除祭陵外基本上無法出京的慈禧以一次巡閱近畿的機會。據說，戶部尚書翁同龢就反對到天津閱兵，這可能是從節省經費的層面提出的。兩宮出行無疑會有巨額支出，這對財政困難的戶部而言是不小的負擔。[3] 至於慈禧將在天津閱兵時「行廢立」之說，則是康、梁政變後的政治宣

1　參見吳心伯《戊戌年天津閱兵「兵變」說考辨》，《學術月刊》，1988 年第 10 期；楊天石《天津「廢弒密謀」有無其事》，《中華讀書報》1998 年 7 月 15 日，第 6 版。
2　汪叔子編《文廷式集》下冊，第 760 頁。
3　梁啟超：《戊戌政變記》，《戊戌變法》第 1 冊，第 274 頁。

傳，毫無根據。

榮祿抵任後開始任命下屬認真準備閱兵活動，具體負責這項重差的是張翼。張翼（1842～1913），字燕謀，直隸通州人，早年為醇王奕譞的侍從。因為醇王的關係，榮、張關係也很密切。戊戌時張翼以江蘇候補道在直隸委用。榮祿督直後，對張十分倚重。除讓他繼續擔任開平礦務總辦這個優差，還把直隸境內的永平金礦交予其招商開辦。[1]《國聞報》六月十六日報道稱：「本年秋間皇上奉皇太后慈輿至天津閱操。所有應行預備一切，前已由中堂札委張燕謀觀察會同司道及各局、所妥籌辦理。茲聞官場傳說，昨日中堂又添派直隸候補道張毓藻、汪君謨、黃花農、那錫侯、徐星聚五觀察，候選道王莞生、孫慕韓兩觀察，候補知府李少雲、吳緘齋、王燕山二太守，敬謹會同司道分辦行宮、御路操場各工程及文案支應等事，並派副將楊福同、前副將王德勝稽查各差弁事情，各員已先後赴轅謝委矣。」[2]二十二日，《國聞報》又稱：「中堂札委司道及張燕謀觀察恭辦皇差已志前報。茲悉張觀察等已稟請中堂即於海防公所西跨院設立『差務總局』，並請頒發關防以資信守。」[3]榮祿不僅任命人員專門辦理閱兵準備事項，還成立了「差務總局」的臨時機構，可見重視之程度。參與辦差人員包括張翼、張毓藻（蓮芬）、汪瑞高（君謨）、黃建笐（花農）、那晉（錫侯，那桐之弟）、王修植（莞生）、孫寶琦（慕韓）等，還有兩員武將楊福同、王德勝。顯然，具有醇王背景的張翼是接待差事的首要負責者。七月初，又以「皇差事務緊要」，添派爽良、譚啟瑞、羅長裿、楊文鼎為「差務總局」委員。[4]其中前三人是榮祿剛從京城奏調來的司員。七月初四，榮祿上摺匯報天津閱兵準備情形。摺云：

---

1 《本埠新聞》，《國聞報》光緒二十四年六月二十九日，第 2 版。
2 《本埠新聞》，《國聞報》光緒二十四年六月十六日，第 2 版。
3 《皇差開局》，《國聞報》光緒二十四年六月二十二日，第 2 版。
4 《皇差添人》，《國聞報》光緒二十四年七月初六日，第 2 版。

　　竊奴才於四月二十九日准軍機大臣字寄奉上諭秋間朕恭奉……皇太后鑾輿由火車路巡幸天津閱操，所有海光寺、海防公所兩處屋宇，著榮祿迅即修飾潔淨，預備一切，並著胡燏棻將火車鐵路一併料理整齊，毋得延誤。欽此。奴才到津接任後，當即札飭藩運兩司、津海關道、天津道，並派委江蘇候補道張翼會同妥議，將一切應辦事宜敬謹預備，親詣海光寺、海防公所兩處察看情形。查海光寺地方規模侷促，屋宇無多，三面均為製造局房屋，形勢不能開闊，且地處窪下，夏秋積潦，難為駐蹕之所。海防公所局勢寬敞，原有大小房屋三百餘間，恭備皇太后、皇上行宮尚為合用。奴才督率司道等詳細籌議，飭傳工匠勘估，應將行宮殿座裝修酌改，並添造文武各員朝房，由該司道等繪圖貼說，奴才詳加復勘，尚屬周妥。至應備操場，奴才親詣相度數處，非形勢低窪即地盤狹隘，惟距行宮東北五里許宜興埠地方高爽寬闊，南北廣袤，約三里許，東西約十餘里，足敷操演兵隊之用，因飭營建閱武廳一所，均已擇吉敬謹開工。此次皇上恭奉皇太后鑾輿巡幸閱操，整軍經武，無取浮文。奴才惟有仰體朝廷崇實黜華之意，督率恭辦差務之司道等，就現有房屋遵旨修飾潔淨，並將一切事宜敬謹預備，固不敢因陋就簡，亦不敢稍涉鋪張，所需經費，據署長蘆運司方恭釗詳稱，長蘆眾商食毛踐土，感沐皇仁，今逢聖駕巡幸，循案集資報效以表微忱等語。查近來該商等捐輸公項實已不遺餘力，茲復因巡幸差務情殷報效，洵堪嘉尚，除飭令該商等量力報效外，不敷之項，再由奴才督飭司道各局所設法籌備，所有應修橋樑道路工程，均飭調集營勇及天津工程局分段辦理，免派差徭，以仰副朝廷體恤民艱之至意。[1]

同時，又附上「行宮擬修房屋形式及海光寺原屋分別繪圖貼說」進呈御

---

1 《直隸總督榮祿奏為恭備秋間聖駕巡幸閱操行宮教場大略情形事》，光緒二十四年七月初四日，硃批奏摺，檔號 04-01-18-0053-013，縮微號 04-01-18-008-2765。

覽。可見辦理細緻。經過商議，清廷很快確定了天津閱兵的具體時間和行程。

接到榮祿的奏報，七月初八日上諭便公佈了這次閱兵的行程：「整軍經武為國家自強要圖，現當參用西法訓練各軍，尤宜及時校閱，以振戎行。現擇於九月初五日朕恭奉慈禧皇太后慈輿由西苑啟鑾，詣南苑舊宮駐蹕，初六日由舊宮詣新宮駐蹕；初七日由新宮詣團河駐蹕，初九日閱視御前大臣等馬步箭，除奕劻、晉祺毋庸預備，其御前乾清門行走侍衞等或步射或馬射，著先期自行報明，以備屆時閱看。初十日閱視神機營全隊操演；十一日閱視武勝新隊操演；十五日自團河啟鑾，御輪車由鐵路詣天津行宮駐蹕，二十五日回鑾。其天津應行預備各項操演，著俟駐蹕南苑時聽候諭旨。」[1] 看來，兩宮計劃先於京城檢閱神機營、武勝新隊後，再乘車前往天津檢閱新軍。

七月二十一日，為新建陸軍創辦武備學堂滿兩年，榮祿上摺請照天津武備學堂成案，酌保段祺瑞等十六員請予獎敍，疏上獲准。同日，又奏報長蘆鹽商一百二十五人，為兩宮巡幸天津報效二十萬兩，奏請褒揚。[2] 這是地方紳士為兩宮來津先期報效用以修建行宮的款項。八月初二日，兵部尚書剛毅等對於隨扈官員是否隨兩宮乘輪車由團城往津，抑或調取駝馬扈從也特別請示，以便屆時提前做好各項準備工作。[3] 榮祿也派人為即將隨扈來津的醇王載灃提前預備「行館」。[4] 八月初八日，甘肅提督董福祥奏請聖駕巡閱天津時，率部由正定開赴天津以備宿衞。[5] 從上述情況看，直到政變發生的最後一刻，京津兩地都在為兩宮天津閱兵做周詳細緻的準備。這次閱兵與後來發生的政變沒有必然的關聯。

---

1 中國第一歷史檔案館編《光緒宣統兩朝上諭檔》第 24 冊，第 314 頁。

2 《直隸總督兼管長蘆鹽政榮祿奏報長蘆鹽商公同報效銀兩事》，光緒二十四年七月二十一日，錄副奏摺，檔號 03-5563-060，縮微號 419-3193。

3 《兵部尚書剛毅等奏為聖駕巡閱天津請旨辦理調取駝馬事》，光緒二十四年八月初二日，錄副奏摺，檔號 03-9453-025，縮微號 675-1403。

4 《致醇邸函》，《榮祿函稿底本》第 2 冊，未刊，清華大學圖書館藏。

5 《甘肅提督董福祥奏為恭遇聖駕巡閱天津擬請旨宿衞事》，光緒二十四年八月初八日，錄副奏摺，檔號 03-9457-010，縮微號 675-1990。

有稗史稱，天津閱兵上諭發佈後，「尤驚動都人之耳目……榮祿雖不甚贊成新政，而於改良陸軍之舉，則極主持。都中之頑固者，聞太后、皇帝竟欲冒險以坐火車，大非帝王尊貴之道，相顧驚駭。但太后則甚以為樂，謂己從未坐過火車，今初次乘坐，視為有趣之事」。[1] 雖沒有來源，這些敍述合乎情理，大致可信。榮祿既逢迎慈禧巡幸之私欲，又乘機顯示練兵成就，增加政治資本，可謂一舉兩得。不過，朝野也有不同聲音。八月初三日，上海《申報》刊發社論，題為《諫止巡幸罪言》，以上書的口吻，勸諫光緒帝：「收回巡幸（天津）之詔。改命親王大臣知兵者，輕騎減從，詳校天津水陸各軍，庶幾糜費節、內變息、外患消，社稷幸甚，天下幸甚！倘必以天津軍事重大，非皇上親加校閱無以振興，則皇上出巡，留皇太后監國；皇太后出巡，命親王大臣扈從。切勿恭泰偕巡，徒博孝名於天下後世也。」[2] 其核心意思是反對兩宮興師動眾去天津閱兵，為的是節約經費。無獨有偶，五月初，梁啟超曾致信夏曾佑稱「覃溪（翁同龢）以阻天津之幸，至見擯逐」。看來，也是為了節省開支而諫言，[3] 但未被採納。從後來的情況分析，這也可能是翁氏失歡於慈禧的直接原因之一。

1　佚名：《戊戌政變始末》，《清代野史》第 2 卷，第 895 頁。

2　《諫止巡幸罪言》，《申報》光緒二十四年八月初三日，第 1 版。

3　參見丁文江、趙豐田編《梁啟超年譜長編》，第 121 頁。天津閱兵雖未能進行，但癸卯年（1903）三月慈禧乘火車前往西陵時的奢華場景，似乎可以為此做一註腳。孟森在《記陶蘭泉談清孝欽時事二則》中披露說，為了迎合慈禧，當時的直隸總督袁世凱和蘆漢鐵路督辦盛宣懷，「競揮霍以買寵」，在太后車中陳設古玩等，李蓮英看過後，吩咐「皇上坐車內陳設須照此，不可有毫髮異」。結果，僅車廂中的陳列品即值十四五萬兩之多。參見孟森《明清史論著集刊》下冊，中華書局，1959，第 613～616 頁。

第八章

戊戌政變

百日維新後期，當激進的新政引起政局動盪時，榮祿與慶王奕劻秉承慈禧旨意，策劃以太后訓政的形式發動政變，中止了戊戌新政。回京入樞後，榮祿又積極調和兩宮，平衡新舊；並創建武衛軍，加強京畿防衛，以防範列強挑釁。

　　戊戌年八月初六日，光緒帝發佈諭旨，以生病為由，「籲請」慈禧太后訓政，這就是通常所說的「戊戌政變」。慈禧以訓政的形式重掌權力，朝局發生了同治初年以來的最大逆轉。對於政變發生的原因，以往研究甚多，榮祿與慶王等滿洲權貴於幕後策劃，大致可以定論。但是，由於受到康、梁宣傳的影響，論者多將榮祿視為「后黨」的核心人物，鎮壓新黨的「幫兇」，加以負面評價，反而很少批評康、梁一派因決策魯莽而導致局勢惡化的舉動，這樣自然也不利於全面認識歷史。榮祿在戊戌政變中的活動需要重新予以研究，尤其是奉旨回京後，他調和兩宮，平衡新舊，努力維持時局的平穩，扮演着他人無可替代的特殊作用。總之，榮祿政變後的所作所為，並非「后黨」「守舊者」概念所能簡單涵蓋者。

一　百日維新後期的朝局與慈禧訓政

　　榮祿任直隸總督期間正是光緒帝乾綱獨斷、積極推行新政的時期。近在咫尺，榮祿對京內的政治動態十分關注。於是，戊戌年七月底，他以疆臣身份參與宮廷密謀，推動太后訓政，成為扭轉朝局的關鍵人物。為何會做出這樣的抉擇，不宜單純信從後來康、梁後來的說法，簡單視之為對變法的鎮壓行為，而是需要考慮清朝統治階層的整體利益和必然抉擇。

光緒帝對張蔭桓、康有為的信任及其與廷臣的矛盾

　　論者總將戊戌六月後的形勢概括為「新舊鬥爭激烈」。其實，「新黨」「舊黨」的概念十分模糊，其分野很大程度上也是政變後才被定格的。從百日維新時期的情形看，康有為、楊深秀、宋伯魯等人頻繁上書，十分活躍，是很明確的「新黨」，至於與之對立的「舊黨」卻不很清晰。朝野大部分官員處於觀望

狀態，即使像許應騤、文悌這樣公開反對康的人，時人也未必認為他們是「舊黨」，許氏甚至自認並不保守。因此，全然用「新舊之爭」這條線索，未必能說清楚戊戌政局演變的過程。相反，更激烈的矛盾反映在光緒帝與廷臣之間，並且不斷惡化，最終導致慈禧訓政。從這個角度考察，才可能會對榮祿在慈禧訓政中的作用有更客觀的評價。

　　與甲午戰爭期間廷臣之間圍繞和戰出現嚴重分歧和權力爭鬥不同，戊戌年春季比較凸顯的矛盾是光緒帝與廷臣之間的衝突。當然，其中有帝后矛盾的影子，但基本是以君臣衝突的形式體現出來的。究其原因，主要是在膠、旅事件後極端嚴峻的形勢下，深受刺激的光緒帝受到總理衙門大臣張蔭桓等人的影響，在行政和改革中表現出強烈的西化傾向，一些措施比較激進，引起大多數廷臣的抗拒。張氏在戊戌年春對皇帝的影響力遠遠超過翁同龢，正月至四月間頻繁被皇帝召見，光緒帝在內政外交決策方面受到張的直接影響。特別是在三月接見來華的德國親王亨利的接待禮儀上，年輕的皇帝與包括翁同龢在內的樞臣發生了嚴重衝突。張蔭桓受到參劾時，翁又拒絕為張說情，也引起皇帝的憤怒。翁氏思想保守，行事謹慎，此時已無法滿足年輕皇帝趨新的願望，這也是他被開缺的原因之一。顯然，在「明定國是」前，光緒帝與翁之間的衝突已預示出戊戌年夏秋君臣關係的非同尋常。

　　康有為對皇帝的影響也是在這種背景下開始的，而且他對光緒帝的影響是以張蔭桓備受皇帝器重為前提的。康氏在膠州灣事件前後抵達京師，原本是到總署商議巴西移民事宜的，因故未成，又值膠案發生，乃上書陳述危亡，請求變法。屢遭不報，後在張蔭桓策劃下，以御史高燮曾保薦參見弭兵會為辭，又經張蔭桓密奏，才交由總理衙門「酌核辦理」，從而使康獲得傳入總署問話和代遞條陳的機會。自此，康有為開始頻繁上書，影響皇帝。[1]康有為的奏疏言辭大膽犀利，正好契合皇帝急於改變現狀的迫切心態。康氏稱「方今不變固害，

1　參見馬忠文《張蔭桓、翁同龢與戊戌年康有為進用之關係》，《近代史研究》2012 年第 1 期。

小變仍害，非大變、全變、驟變不能立國也」，強調必須進行雷厲風行的徹底變法。又稱：「皇上不欲變法則已，若欲變法，請皇上親御乾清門，大誓羣臣，下哀痛嚴切之詔，佈告天下。一則盡革舊習，與之更始；二則所有庶政，一切維新；三則明國民一體，上下同心；四則採萬國之良法；五則聽天下之上書；六則著阻撓新政既不奉行，或造謠惑眾攻訐新政者之罪。」[1]康有為特別強調守舊大臣太多，致使國政日衰，建議破格用人，擢拔小臣，委以重任，推進變法。這些主張與張蔭桓向皇帝灌輸的思想是相輔相成的。由於張的密薦，光緒帝雖然沒有接受御門誓眾的建議，卻對其激進態度極為欣賞，甚至受到鼓舞。以往論者往往拋開皇帝對張蔭桓的信任，只講皇帝對康的器重，這是偏頗的理解。何炳棣認為：「蔭桓引有為以戮力改革，實隱然為變法之領袖，非蔭桓之先啟沃君心，則維新之論不能遽入。」[2]在影響皇帝決心變法的過程中，張蔭桓是關鍵人物，而康在張的策劃下扮演了急先鋒的角色。當然，他有些見解比張更為激進。

戊戌年四月，經過康氏聯絡言官，代擬封奏，積極營造變法氛圍，在朝野內外的推動下，光緒帝頒佈「明定國是」詔，並衝破阻力，召見康有為與張元濟。關於此時光緒帝的心態，張元濟後來回憶說，皇帝「詢詞約數十語，舊黨之阻撓，八股試帖之無用，部議之因循扞格，大臣之不明新學（講求西學人太少，言之三次），上皆言之」。[3]「大旨謂外患憑陵，宜籌保禦，廷臣唯唯諾諾，不達時務……」[4]皇帝對廷臣唯唯諾諾、不明新學十分不滿，這正是受到張、康的影響。

五月初二日，康有為授意御史楊深秀、宋伯魯上疏糾彈禮部尚書許應騤

---

1 《為推行新政，請御門誓眾，開制度局，革舊圖新，以救時艱》，黃明同、吳熙釗主編《康有為早期遺稿述評》，中山大學出版社，1988，第 286 頁。

2 參見何炳棣《張蔭桓事跡》，《清華學報》第 13 卷第 1 期（1943 年 3 月），第 185~210 頁。雖有材料方面的局限，該文有關張、康關係的基本觀點至今仍具有代表性和典型性。

3 上海圖書館編《汪康年師友書札》第 2 冊，第 1737 頁。

4 張樹年、張人鳳編《張元濟書札》（增訂本）中冊，第 675 頁。

「守舊迂謬，阻撓新政」，建議將許「以三四品京堂降調，退出總理衙門行走」，「解去部職，以為守舊誤國者戒」。[1] 本來已經對守舊廷臣深惡痛絕的光緒帝見到後震怒，令許明白回奏。五月初四日，許應騤覆奏，對楊、宋的指責拒不承認，並針鋒相對，暗示康氏於幕後指使，要求將康驅逐回籍。[2] 許應騤在奏摺中抨擊康「貪緣要津」，暗指張蔭桓，說明對張也強烈不滿。光緒帝對許的嚴厲責難，表明了他對張、康堅決回護的態度，這大大激怒了一直關注事態發展的最高當權者慈禧太后。

五月初三日，御史胡孚宸發難，糾參張蔭桓在籌辦英德續借款一事中受巨賄，與翁「平分」，要求嚴懲。在許應騤被責令明白回奏的次日，便有言官參張並非偶然。這是一次有預謀的反擊。一直對張蔭桓「蠱惑」皇帝不滿的慈禧於五月初五日清晨下懿旨，令步軍統領衙門左翼總兵英年預備查抄張蔭桓府宅，將其拿交刑部治罪。旋因奕劻、立山、崇禮等權貴從中緩頰，才得以轉圜。[3] 慈禧對張「專擅」的懲戒，毋寧說是對光緒帝聽信張蔭桓發出的嚴重警告。

五月二十日，御史文悌又上摺彈劾同僚楊深秀、宋伯魯，指責他們聯名庇黨，「誣參朝廷大臣」，為許應騤抱打不平，並揭發康有為「暗營保薦以邀登進」、結張蔭桓為奧援。[4] 光緒帝並非不知張、康之間的關係，而是此時已不能容忍任何人對張的抨擊。他斷定此奏係「受人唆使」，指責文悌欲開台諫結黨互

1　《掌山東道監察御史宋伯魯等摺》，國家檔案局明清檔案館編《戊戌變法檔案史料》，第 5～6 頁。
2　許應騤：《明白回奏並請斥逐工部主事康有為摺》，《戊戌變法》第 2 冊，第 480～482 頁。
3　王慶保、曹景郕：《驛舍探幽錄》，《戊戌變法》第 1 冊，第 494 頁。此次查抄之命得以收回可能與張蔭桓用金錢疏通關節有直接關係。據李符曾（應為楊銳）致張之洞密函言：「（五月）初四，胡公度侍御奏劾張蔭桓，有借款得賂二百餘萬，七口改歸稅司經管，有私改合同事。又議增赫德薪水，每年驟至百廿萬等語。慈聖大怒。次日面諭英年查抄拿問。崇禮故緩之。旋有立山出為懇求，其事遂解。聞廖仲山亦苦求於上前，尚未允。立一人最得力也。」見孔祥吉《戊戌維新運動新探》，湖南人民出版社，1988，第 80 頁。張蔭桓戊戌年五月二十四日記寫道：「訪豫甫（立山），承諭慈聖保全之意，為之感激。」任青、馬忠文整理《張蔭桓日記》下冊，第 608 頁。顯然，時人所言張氏納銀免禍是有根據的，內務府大臣立山在此事中起到關鍵作用。
4　文悌：《嚴參康有為摺稿》，光緒二十四年五月二十日，《戊戌變法》第 2 冊，第 482～489 頁。

攻之習，盛怒之下取消其御史資格，令其回原衙門行走。[1] 對文悌的嚴懲，再一次表明光緒帝堅決袒護張、康的鮮明態度。因為屢遭參劾，張蔭桓承受了巨大的壓力，不得不格外韜晦。自六月初六日起，他便杜門休息。隨後幾次具疏請假，直到七月初五日才銷假。

張蔭桓請假後，光緒帝失去了唯一信賴的大臣，只能「孤君」奮戰，與每日召見的樞臣衝突漸多，朝局出現了前所未有的危機。以往論者只從包括樞臣在內的朝臣阻撓新政的角度，解釋百日維新時期的新舊之爭。事實上，由於受到張、康的影響，年輕的皇帝求治心切，從身邊廷臣身上，更多看到的是他們「守舊」的一面，君臣之間日益缺乏信任，嫌忌叢生，對政事的處理隨之出現分歧。時人描述說：「凡遇新政詔下，樞臣俱模棱不奉，或言不懂，或言未辦過；禮邸推病未痊，恭邸薨逝，剛相每痛哭列祖列宗，其次更不敢出頭，皇上之孤立，可見一斑也。」[2] 醉心新政的光緒帝終日與他認為「守舊」的廷臣為伍，其焦躁煩悶的心態可想而知。鄺兆江利用台北故宮博物院藏軍機處光緒二十四年上諭檔和現月檔抄存的部分上諭原件，研究了光緒帝硃筆刪改諭稿的情況，從中發現皇帝對廷臣日益不滿的情緒和心態。[3] 六月，張元濟已經明顯感覺到，雖然皇帝有志變法，但是「近來舉動，毫無步驟，絕非善象」。[4] 廷臣對新政採取敷衍的態度，君臣矛盾越積越深，終於到了一觸即發的地步。

六月底，禮部主事王照應詔言事，請求堂官代遞，遭到拒絕，七月十九日光緒帝憤怒之下，將懷塔布、許應騤等禮部六位堂官「即行革職」，同時又稱讚王照「不畏強禦，勇猛可嘉，著賞給三品頂戴，以四品京堂候補，用昭激

1　中國第一歷史檔案館編《光緒宣統兩朝上諭檔》第24冊，第233頁。據趙炳麟稱，文悌被責令回原衙門行走，不啻廢棄，遂授徒於龍樹寺樓上。「大學士徐桐重譽之，曰：仲恭（悌字）天下正氣也。」可見守舊大員對文悌的聲援和支持。見趙炳麟《光緒大事匯鑒》，黃南津等點校《趙柏巖集》上冊，廣西人民出版社，2002，第232頁。

2　蘇繼祖：《清廷戊戌朝變記》，《戊戌變法》第1冊，第336頁。

3　參見鄺兆江《〈上諭檔〉戊戌史料舉隅》，中國第一歷史檔案館編《明清檔案與歷史研究》下冊，中華書局，1988，第1109～1122頁。

4　張樹年、張人鳳編《張元濟書札》（增訂本）中冊，第652頁。

勵」。[1] 此事的根源還在於許、康衝突，以及幕後的張、康關係。這次事件從一個側面反映了趨新與守舊之爭，以往論者多予以正面評價。但是，從當時朝政運行體制的層面看，光緒帝此舉顯然不夠理智。一道諭旨將六位禮部堂官同時罷黜，這在有清一代也是絕無僅有的事例，拋開政見偏見和各類評價的影響，單純從政務運作的層面考慮，即欠妥當。此舉雖有殺一儆百之意，但負面效果更大。從現有材料看，當時除許應騤與康有為、宋伯魯、楊深秀有過直接衝突，可以納入新舊衝突的範圍，其他五位堂官與當時其他部院大臣比，思想到底如何更舊，也都很難證明。僅僅因為對屬員的奏摺有不同看法而沒有及時代遞，便全部丟官罷職，受罰不免過重。同月二十日，光緒帝又任命楊銳、譚嗣同、劉光第、林旭為軍機章京，參預新政，後稱「軍機四卿」。這是受到康有為「超擢小臣」建議影響而做出的決斷。此舉使得樞臣人人側目，直接威脅到軍機大臣的權力。[2] 不僅如此，在康的策動下，開懋勤殿議政也成為光緒帝孜孜以求的努力目標，這一切在大部分朝臣看來，已經嚴重影響到原有的權力格局和行政秩序，如何阻止事態發展成為朝臣們敢想而不敢言的緊迫之事。

策劃慈禧訓政的主謀

　　光緒帝在同軍機大臣嚴重對立的情況下，雷厲風行，推動新政，引發朝局動盪。當時謠言盛行，人心惶惶。罷禮部六堂官、超擢軍機四卿，已經牽涉權力結構的變動，引起很多權貴的擔憂。隨着形勢的變化，皇帝「生病」、太后訓政的一幕歷史終於在這種背景下出現了。其中，榮祿與慶王奕劻是最關鍵的幕後策劃者。

1　《清德宗實錄》卷 424，光緒二十四年七月十九日，《清實錄》第 57 冊，第 565 頁。
2　時人徐兆瑋在光緒二十七年正月十三日日記中寫道：「翁笏齋言，四軍機在辦事處，大臣不敢與同案，每新政摺奏下，禮王輒曰交某大人，不拆封也。處此危地，不殺身何待？其中楊叔嶠最冤，然亦受康長素之惠。古人兢兢於取與之間，良有以哉！」翁笏齋即翁斌孫（號弢甫），為翁同龢侄孫。見李向東等標點《徐兆瑋日記》第 1 冊，黃山書社，2013，第 271 頁。

　　有不少私家記述稱，戊戌四月慈禧放手讓光緒進行變法，正是欲擒故縱之計，希望看到光緒帝的敗筆，再找機會捲土重來，重新執掌權力。榮祿也被說成是慈禧此舉的同謀。蘇繼祖曾記述說：「榮相春間曾語人曰：『近日皇上大為任性胡鬧，我不能與之共事，極思出京……此等話像話乎？何足以治天下也，配作皇上乎？』」「六月諸守舊大臣以皇上變法，焦愁不已，多有問之榮相者。榮相笑曰：『俟其鬧至剪辮子時，必有辦法，此時何急哉？』」[1] 這些政變後出現的說法不盡可信，榮祿藐視皇帝的話尤不可信。儘管從戊戌春間慈禧、榮祿等對皇帝的做法就有異詞，但是，仍是採取觀望態度，還不能說是設下圈套、請君入甕。六月，張之洞之子張權在家書中稱：「劉博丈（劉恩溥）言，今上變法甚急，慈聖頗不以為然。每日諭旨，慈聖俱不看，但云：隨他鬧去。」[2] 在慈禧眼中，皇帝如同她手中的風箏，飛得再遠，也可控制，並沒有很大擔憂。直到出現光緒帝一詔罷黜六堂官這樣的大動作，以及突然裁撤京內衙署造成大恐慌，慈禧才意識到，一旦皇帝「乾綱獨斷」，她精心挑選用以輔政的軍機大臣根本勸阻不住。因此，採取斷然措施制止皇帝「胡鬧」便成為當務之急。

　　榮祿、慶王等在七月下旬祕密策劃慈禧訓政，中止光緒帝推行新政，很大程度上也有輿論基礎。百日維新期間的很多變法措施缺乏制度上的銜接，引起不少京官的反對和批評。翁氏開缺後，其門人葉昌熾就在日記中稱：「閱邸鈔，虞山師奉旨放歸。朝局岌岌不可終日，如蜩如螗，如沸如羹，今其時矣。……束蔚若，得覆云：『近日號令，但恨兩耳不聾，鄙人亦求瑱甚切。』」[3]「虞山」，指翁同龢，「蔚若」乃吳郁生之字，葉、吳均是江蘇人，且為翁氏門生。從兩人信函往來中透露的信息分析，葉、吳對四月二十三日開始頒佈的新政「號令」並不贊同，至少他們是站在新政對立面的。開缺在籍的鹿傳霖也對新政不滿，

---

1 蘇繼祖：《清廷戊戌朝變記》，《戊戌變法》第 1 冊，第 341 頁。
2《張權致張之洞函》，見《張文襄公家藏手札》，中國社會科學院近代史研究所藏，檔號甲 182-264。劉博丈，即劉恩溥。
3 葉昌熾：《緣督廬日記》第 5 冊，第 2687～2688 頁。

稱：「翁去王代（文韶），仍無起色。近日竟言西學，仍空談不求實際，時局日壞，不堪設想。」[1] 又稱「康有為以一主事准其專摺奏事，遂大肆狂談，請宮中設十二局，改藩臬為理財、慎刑二司，裁道府，升州縣為四品，准專奏等語，交議，竟不敢駁，乃以或交六部九卿會議，或請特旨允行（雙請），因此留中。未定行止」。[2] 他對光緒帝如此優容康有為感到不解。大約同時，李鴻章在給兒子李經方的信中也說：「學堂之事，上意甚為注重，聞每日與樞廷討論者多學堂、工商等事，惜瘦駑庸懦輩不足贊襄，致康有為輩竊東西洋皮毛，言聽計從。近來詔書皆康黨條陳，藉以敷衍耳目，究之無一事能實做者。」[3] 李鴻章認為，樞臣皆「因循衰憊」，才力「不足襄贊」，光緒帝身邊沒有可依賴的大臣，只好聽信於康、梁「輩竊東西洋皮毛」，致使「無一事能實做者」。如果不考慮乙未後李鴻章受到冷遇的失意心態，他對事態的分析和對當權者的批評還是比較客觀的。

七月十四日，光緒帝接受太僕寺卿岑春煊的建議，頒佈諭旨，宣佈將詹事府、通政司、光祿寺、鴻臚寺、太僕寺、大理寺等衙門裁撤；同時裁去廣東、湖北、雲南三省巡撫，巡撫事歸同城之總督兼管，河東河道總督裁併河南巡撫兼管；此外，還涉及地方冗吏的裁減問題。[4] 這就觸及大批舊官員的切身利益。裁撤京師衙門在京城士人中反響尤大，直接關涉京官的生計。陳夔龍後來分析說：「戊戌變政，首在裁官。京師閒散衙門被裁者，不下十餘處，連帶關係，因之失職失業者將及萬人。朝野震駭，頗有民不聊生之戚。」[5] 見到裁撤冗署的上諭後，葉昌熾的友人「勸不必以一官為戀，別為生計」，葉氏在日記中慨然寫

1　鹿傳霖家書，戊戌年五月廿七日，《鹿傳霖任川督時函札》，中國社會科學院近代史研究所藏，檔號甲 170。

2　鹿傳霖家書，戊戌年六月初八日，《鹿傳霖任川督時函札》，中國社會科學院近代史研究所藏，檔號甲 170。

3　陳秉仁整理《李鴻章致李經方書札》，上海圖書館歷史文獻研究所編《歷史文獻》第 8 輯，上海古籍出版社，2004，第 103～104 頁。

4　《清德宗實錄》卷 424，光緒二十四年七月十四日，《清實錄》第 57 冊，第 557 頁。

5　陳夔龍：《夢蕉亭雜記》，第 76 頁。

道：「然寸鐵不持，安能白戰？家無長物，惟破書爛帖耳。」[1]裁撤衙署導致數千人的生計突然沒有着落，特別是沒有考慮到平日這些在閒曹冷署苦熬的官員下一步的出路，引發的怨氣和牴觸是超乎想像的，這種負面效應使許多最初支持新政的官員也產生了動搖。正如時人所言，裁撤衙署後，「京師惶恐，正符將欲裁九卿六部之謠」。[2]孔祥吉認為，「整個看來，百日維新中關於官制改革的實施是不成功的。前期康有為強調新舊對立，忽視了以高秩優耆舊；後期康有為雖然已經注意到這個問題，但光緒帝又感情用事，以致激化了新舊矛盾，加快了政變的到來」。[3]這個判斷符合當時的實際情況。

總之，戊戌年七月以後，光緒帝在推行新政過程中的一些過激措施，不僅在士林中引起驚恐，更引起許多廷臣的牴觸和恐懼。因此，在罷黜禮部六堂官事件發生後，利益受到侵害和威脅的官員很快集結起來。維護自身利益的隱衷與糾正新政偏頗的現實感，使這股勢力開始活躍起來。這些被目為「守舊」的官員，打着維護祖宗之法的旗號，支持太后「訓政」以中止新政。在這個過程中，深受慈禧倚重的榮祿被推到了前台，而在京隨時可以見到慈禧的慶王暗中佈置，「最關筋節」，[4]善於觀測風向的御史楊崇伊則再次「大顯身手」。

楊崇伊在甲午戰後慈禧整肅清議的活動中，幾次衝鋒陷陣，曾參劾強學會和文廷式，非常能迎合慈禧的心理。有資料稱，訓政原本就是慈禧本人的意思，只是授意楊在外操作而已。政變後有人致函盛宣懷稱：「聞楊崇伊糾眾奏請太后親政，以疏示李鴻章。李不肯簽名。楊遂赴津，謀於榮祿。」[5]「另聞訓

1 葉昌熾：《緣督廬日記》第 5 冊，第 2721 頁。
2 蘇繼祖：《清廷戊戌朝變記》，《戊戌變法》第 1 冊，第 341 頁。
3 參見孔祥吉《康有為變法奏議研究》，第 308 頁。
4 《戊戌政變實錄》，鄧之誠：《骨董瑣記全編》下冊，第 634 頁。這是鄧之誠根據政變後蔡金台致李盛鐸信得出的判斷。
5 佚名：《虎坊摭聞》，《上海圖書館藏盛宣懷檔案萃編》上冊，上海古籍出版社，2008，第 176～177 頁。

政係楊崇伊密奉懿旨告各大臣奏請，初三日赴津見榮面啟云」。[1] 據說，楊崇伊曾「兩至徐桐寓所相告」，不料徐桐「引疾高臥」，置之不理。[2] 葉昌熾則聽說楊「先商之王、廖兩樞臣，皆不敢發。復赴津，與榮中堂定策」。[3] 上述情況細節有些差異。九月二十三日，蔡金台致李盛鐸函中所記似稍詳：

> ……而楊莘伯乃手訓政疏叩慶邸，俱赴湖呈遞。是慈意以為此等大政，必有聯章，乃成規模，且須大臣言之。莘伯乃告其師王仁和。仁和以書戒之，有「無牽帥老夫」語。莘伯以已成騎虎，不能甘休。且警信日至，謂斷髮改衣冠，即在指日……不得已獨衝入告。發時尚知會張次山等凡九人，而無一應者，遂獨上之。[4]

可見，楊崇伊為訓政事找過李鴻章、徐桐、王文韶、廖壽恆尋求幫助，不果；而且，擬聯絡張仲炘（次山）等九人聯銜入告，也未成。遂與慶王聯繫，並往天津與榮祿定計，充當了溝通京津、傳遞消息的信使。如前文所言，早在六月，楊就與榮祿聯繫，希望奏調其到北洋當差，因為違例，被榮祿婉拒。但二人始終保持着聯絡。

從種種跡象看，太后訓政是慶王與在津的榮祿密謀後促成的。當時與慈禧關係密切、地位崇隆的王公權貴，非此二人莫屬。況且，推動太后訓政也是唯一能制止皇帝「冒進」的途徑和辦法了。

除了楊崇伊，一些滿洲權貴也紛紛前往天津與榮祿商議局勢。由於直接材料的缺乏，準確揭示這些人的活動內幕仍有困難。據載，七月二十二日，天

---

1 《上海曾委員來電》，戊戌八月初九日戌刻發，初十日寅刻到，虞和平主編《近代史所藏清代名人稿本抄本》第 2 輯第 77 冊，張之洞檔案，大象出版社，2014，第 664～665 頁。

2 《掌廣西道監察御史楊崇伊奏為瀝陳廷臣交章恐誤事機請旨將臣罷斥以息眾口事》，光緒二十五年五月初八日，錄副奏摺，檔號 03-9447-011，縮微號 674-3463。

3 葉昌熾：《緣督廬日記》第 5 冊，第 2737 頁。

4 鄧之誠：《骨董瑣記全編》下冊，第 632 頁。

津有人見自京乘火車來督署者數人，勢甚耀赫，僕從雄麗，有言內中即有懷塔布、立山。「蓋自榮相范任以來，親友往還不絕於道，人亦不復措意。」另，「京中有言立豫甫曾於七月奉太后密諭，潛赴天津，與榮相有要商也」。七月三十日，早車有榮相密派候補道張翼進京謁慶邸，呈密信並稟要事。據有見此信者言，有四五十頁八行書之多。[1] 這些說法很符合情理。梁啟超政變後也稱，禮部六堂官被罷黜後，「懷塔布、立山等，率內務府人員數十人環跪於西后前，痛哭而訴皇上之無道，又相率往天津就謀於榮祿，而廢立之議即定於此時矣」。[2] 懷、立帶着慈禧的旨意前往天津與榮祿商議是可能的，但是絕無「謀廢立」之事，即使訓政也與「廢立」有別。經過京津兩處的商議，確定由楊崇伊上摺請慈禧訓政。這個摺子在八月初三日遞上。該摺云：

> 掌廣西道監察御史楊崇伊跪奏，為大同學會蠱惑士心，紊亂朝局、引用東人，深恐貽禍宗社，籲懇皇太后即日訓政，以遏亂萌，恭摺仰祈慈鑒事。臣維皇上入承大統，兢兢業業二十餘年，自東瀛發難，革員文廷式等昌言用兵，遂致割地償款。兵禍甫息，文廷式假託忠憤，與工部主事康有為等，號召浮薄，創立南北強學會，幸先後奉旨封禁革逐，未見其害。乃文廷式不思悔過，又創大同學會，外奉廣東叛民孫文為主、內奉康有為為主，得黃遵憲、陳三立標榜之力，先在湖南省城開講，撫臣陳寶箴傾信崇奉，專以訕謗朝廷為事，湘民莫不痛恨。
>
> 今春會試，公車駢集，康有為偕其弟康廣仁及梁啟超來京講學，將以煽動天下之士心。幸士子讀書明理，會講一二次即燭其奸詐，京官亦深知其妄。偶有貪鄙者依附之，而吐罵者十居八九。不知何緣引入內廷，兩月以來變更成法，斥逐老成，藉口言路之開，以位置黨羽。風聞東洋故相伊藤博文即日到京，將專政柄。臣雖得自傳聞，然近來傳聞之言，其應如

1　蘇繼祖：《清廷戊戌朝變記》，《戊戌變法》第 1 冊，第 341～343 頁。
2　梁啟超：《戊戌政變記》，《戊戌變法》第 1 冊，第 272 頁。

響，依〔伊〕藤果用，則祖宗所傳之天下，不啻拱手讓人。臣身受國恩、不忍緘默，再四思維，惟有仰懇皇太后，追溯祖宗締造之艱，俯念臣庶呼籲之切，即日訓政，召見大臣，周諮博訪，密拿大同會中人，分別嚴辦，以正人心。庶皇上仰承懿訓，天下可以轉危為安。臣愚昧之見，繕摺密陳，伏乞皇太后聖鑒。謹奏。[1]

此奏摺前半部分將文廷式甲午倡言主戰「遂致割地償款」、與康有為「號召浮薄，創立南北強學會」、創辦大同學會之事——縷述，重點在責難文廷式；後半部分指責康有為今春以來開保國會、「進入內廷」、「變更成法，斥逐老成，藉口言路之開，以位置黨羽」，並風傳日本故相伊藤博文「將專政柄」，故請求太后即日訓政，召見大臣，「庶皇上仰承懿訓，天下可以轉危為安」。雖然沒有明言，但主張太后通過訓政中止新政的主張是很明確的。

有論者認為慈禧是接到楊的上疏才決定訓政的，這是表面的看法。楊崇伊先後往天津與榮祿密謀，慈禧、慶王都是知情的，採取「訓政」的辦法，也是她認可的。楊的上疏，形式意義遠遠大於內容本身。與其說它是慈禧訓政的導火線，不如說它是決定實施訓政的信號。

茅海建教授利用檔案材料，精確地考證出慈禧做出離開頤和園回宮的決定是在八月初三日戌時（晚上八點半至九點之間）。[2]可以進一步推斷，這是她收到楊氏奏摺後做出的決定。此前，慈禧已知八月初五日光緒帝將在西苑接見伊藤博文，在一詔罷黜禮部六堂官事件發生後，她對皇帝是否會再一次做出越格的事情——聘請伊藤為顧問官，實在沒有充分的把握，只有親自回宮坐鎮，才能放心。可以肯定，慈禧不僅決定初四日回宮，並且認為宣佈訓政的時機已經成熟。初五日伊藤覲見光緒帝的外事活動一經結束，便處在太后的監視之下，初六日慈禧宣佈訓政，並下密令逮捕康有為、康廣仁兄弟。榮祿雖然在天津，但

1　該摺內容詳見國家檔案局明清檔案館編《戊戌變法檔案史料》，第461頁。
2　參見茅海建《戊戌變法史事考》，第87頁。

對這些密謀既是知情者，也是參與者，這是無可懷疑的。

康、梁的「圍園」密謀與袁世凱「告密」

由榮祿、楊崇伊等人在祕密狀態下策劃的訓政原本是平和的，除了捉拿康氏兄弟稍見緊張外，宣佈訓政似乎不會出現多少波瀾。但事情最終卻朝着血腥恐怖的方向發展，這有一定的偶然性。它與光緒帝給楊銳下達密詔，及康有為利用密詔鋌而走險，勸說袁世凱「圍園」密謀等一系列事件的發生有關。

有清一代皇帝給大臣下達密旨並非沒有，但是，像光緒帝這樣給一位並不相知的小臣下達密旨、一吐衷曲之事，似乎絕無僅有。這道密詔是引發政局突變的導火索，事情的起因仍可歸結為光緒帝與廷臣關係的惡化。

光緒帝破格任用康有為、重視其上書，以及嚴懲文悌，都使康聲名大振。但是，康對自己的處境和所獲得的權位並不滿意。正如梁啟超對夏曾佑所言：「數日之內，世界屢變，或喜或愕，如讀相宗書也。南海（康）召見，面詢極殷拳。而西王母主持於上，它事不能有望也。總署行走可笑之至，決意即行矣。」[1]因為沒能得到期許的權力和地位，康有為一度想離開京城，但這只是一時負氣。其實，直到七月奉旨派往上海管理《時務報》，他始終不願離京，一直致力於設立議政局。七月底，康、梁策劃按照康乾時的祖制開懋勤殿，「選集通國英才數十人，並延聘東西各國政治專家，共議制度」。[2]其實，這是遭到樞臣否定的制度局的翻版，皇帝對此很是看重。嚴復也得到消息說，「將開懋勤殿，選才行兼著者十人入殿行走，專預新政」。[3]選英才正是為了擯棄那些「守舊」的廷臣。很顯然，在罷黜禮部六堂官、超擢王照、任用軍機四卿後，皇帝仍然不滿足，堅持要用新黨。為此，康有為代宋伯魯、徐致靖、王照等擬摺，策劃

---

1 丁文江、趙豐田編《梁啟超年譜長編》，第 121 頁。
2 梁啟超：《戊戌政變記》，《戊戌變法》第 1 冊，272 頁。
3 中國歷史博物館編，勞祖德整理《鄭孝胥日記》第 2 冊，中華書局，1993，第 681 頁。

推薦懋勤殿入值人選，於二十八、二十九兩天遞上。不料，二十九日光緒帝抵達頤和園後，卻遭到太后的嚴厲痛斥。次日，光緒帝召見了楊銳，並賜給他一道硃筆諭旨。這就是後來所說的「密詔」：

> 近來朕仰窺皇太后聖意，不願將法盡變，並不欲將此輩老謬昏庸之大臣罷黜，而用通達英勇之人，令其議政，以為恐失人心。雖經朕屢次降旨整飭，而並且有隨時幾諫之事，但聖意堅定，終恐無濟於事。即如十九日之硃諭，皇太后已以為過重，故不得不徐圖之，此近來之實在為難之情形也。朕亦豈不知中國積弱不振至於阽危，皆由此輩所誤，但必欲朕一旦痛切降旨，將舊法盡變，而盡黜此輩昏庸之人，則朕之權力實有未足。果使如此，則朕位且不能保，何況其他？今朕問汝，可有何良策，俾舊法可以全變，將老謬昏庸之大臣盡行罷黜，而登進通達英勇之人，令其議政，使中國轉危為安，化弱為強，而又不致有拂聖意。爾其與林旭、劉光第、譚嗣同及諸同志等妥速籌商，密繕封奏，由軍機大臣代遞，候朕熟思，再行辦理。朕實不勝十分焦急翹盼之至。特諭。[1]

這道諭旨清楚表明，開懋勤殿已經絕無可能，這位 28 歲的年輕皇帝已經陷入孤獨無助的境地：「但必欲朕一旦痛切降旨，將舊法盡變，而盡黜此輩昏庸之人，則朕之權力實有未足。果使如此，則朕位且不能保，何況其他？」皇帝已經認識到，因為太后反對，暫時不可能將「此輩昏庸之人」罷黜殆盡。他希望楊銳等新黨理解他的苦衷，同時命他們另籌辦法，「俾舊法可以全變，將老謬昏庸之大臣盡行罷黜，而登進通達英勇之人，令其議政，使中國轉危為安，化弱為強，而又不致有拂聖意」。其實，這種想法是幼稚的，當時已經沒有任何調和的餘地。值得注意的是，光緒帝心目中的新黨人士在這裏體現出來了，即

---

1 趙炳麟：《光緒大事匯鑒》，黃南津等點校《趙柏巖集》下冊，第 239～240 頁。

軍機四卿及「諸同志」。「諸同志」應該是皇帝從新政活動中感覺出來的那些新黨人物，除了康、梁，應該還有楊深秀、宋伯魯、張元濟、徐致靖、王照等，甚至剛剛被徐致靖保舉到京的袁世凱，也是他心目中的「同志」。但是，光緒帝對新黨人物之間的真實關係十分隔膜。四卿中楊銳在張之洞影響下極力排斥康，對與康親近的譚、林也懷有戒心。[1] 王照也只是被超擢為京堂後才與康接近起來，二人政見常有分歧。顯然，光緒帝是將新黨視為一個密切團結的整體來看待的，這是他發出密詔的認知前提。這道密詔反映了當時慈禧對新政的敵視態度以及皇帝不欲「拂聖意」的真實心態，看不出皇帝對太后有任何叛逆之心；可是，事後卻被康有為篡改利用，引起朝局發生驚天逆轉，這是缺乏政治經驗的年輕皇帝根本無法預料的。

一般認為，就在榮祿、慶王等人密謀策劃慈禧訓政的同時，康黨於六七月間也開始了聯絡袁世凱、發動軍事政變的活動。[2] 這種說法十分流行，但與事實不符。[3] 研究該問題，不能只聽信康、梁及王照後來的解釋。

據陳夔龍在《夢蕉亭雜記》中所說，戊戌七月徐致靖疏薦袁世凱並非康有為的提議，而是袁看到戊戌四月後徐氏深得皇帝信任，便想通過徐的保薦得到新的升遷。[4] 為此，袁通過徐世昌與徐氏之侄徐仁錄聯絡。六月上旬，徐仁錄曾往天津和小站商討保薦袁世凱之事。[5] 徐世昌日記對此有零星的記載。[6] 陳夔龍是

---

1 《楊銳致友人函》，戊戌年七月二十八日，葉德輝：《覺迷要錄》卷 4，光緒三十一年刊本。

2 有學者認為，百日維新伊始，康有為就已認為必須掌握兵權，調集軍隊，發動一場「尊君權」「去太后」的軍事政變。參見趙立人《戊戌密謀史實考》，《廣東社會科學》1990 年第 3 期。

3 參見馬忠文：《戊戌政變三題》，《福建論壇》2005 年第 9 期。

4 陳夔龍稱：「維時新政流行，黨人用事，朝廷破格用人，一經廷臣保薦，即邀特簡。袁纯中賦性，豈能鬱鬱久居。倩其至友某太史入京，轉託某學士密保，冀可升一階，不意竟超擢以侍郎候補，舉朝驚駭。某學士以承筐菲薄，至索鉅款補酬，鞶駮之下，傳為笑話。」見陳夔龍《夢蕉亭雜記》，第 65 頁。

5 據張蔭桓政變後回憶，徐致靖戊戌四月保薦康有為、梁啟超的奏摺，康氏曾酬之「四千金」，參見王慶保、曹景郕《驛舍探幽錄》，《戊戌變法》第 1 冊，第 492 頁。

6 徐世昌日記記載了戊戌六月徐仁錄往小站見袁世凱的情況。據記載，六月初八日徐世昌至天津，初九日與徐仁錄晤面「聚談半日」。六月十二日回到小站，「到慰廷寓久談。徐藝郛（仁錄）同來，留宿營中。此後徐又連續與仁錄「暢談」，六月十五日晨起，「藝郛冒雨行」，在小站逗留了四天。參見吳思鷗、孫寶銘整理《徐世昌日記》第 21 冊，北京出版社，2015，第 10353～10354 頁。

榮祿的心腹，他的這番解釋應該可靠。由於這個時期康有為常為徐代擬條陳，薦袁之疏也由康代擬，由此康、袁產生聯繫。七月二十六日，徐致靖上疏稱：「袁世凱昔使高麗，近統兵旅，謀勇智略，久著於時。然而官止臬司，受成督府，位卑則權輕，呼應不靈，兵力不增，皆為此故。」因此建議光緒帝「特予召對，加以恩意，並予破格之擢，俾增新練之兵，或畀以疆寄，或改授京堂，使之獨當一面，永鎮畿疆」。[1] 許多學者認為，康有為在奏摺中以禦外侮為掩飾，實際目的是要讓袁「獨當一面」，脫離榮祿的控制，獨立聽從皇帝調遣，以備緊急之用。康本人在政變後也毫不隱諱此意。但是，可以肯定，皇帝當時對康的這層「深意」並無深刻體會。

　　沒有資料說明榮祿對於袁世凱與徐致靖的接觸是否知情。但是，他對袁完全信任是毫無異議的。還有個一直被忽視的問題，那就是徐致靖保袁的同時，恰好適逢榮祿為新建陸軍創辦武備學堂兩年卓有成效，奏請照天津武備學堂成案對段祺瑞等十六員給予獎敘。[2] 榮祿與徐致靖幾乎同時保舉新建陸軍的將帥，或為巧合？查榮祿奏摺抵京的當天，光緒帝發出上諭：「電寄榮祿，著傳知袁世凱即行來京陛見。」[3] 同日，袁奉到來京電旨，並於「是日下午謁見中堂（榮祿）」。[4] 可見，袁世凱的入京覲見並未讓榮祿感到異樣。甚至可以這樣說，徐的保薦同樣支持了榮祿對新建陸軍的褒獎。八月初一日，光緒帝召見袁世凱後，發佈上諭：「現在練兵緊要，直隸按察使袁世凱辦事勤奮，校練認真，著開缺以侍郎候補，責成專辦練兵事務，所有應辦事宜著隨時具奏。當此時局艱難，修明武備實為第一要務，袁世凱惟當勉益加勉，切實講求訓練，俾成勁旅，用副朝廷整頓戎行之至意。」[5] 顯然，光緒帝完全採納了徐的建議。無論康

1 《署禮部右侍郎徐致靖摺》，國家檔案局明清檔案館編《戊戌變法檔案史料》，第 164 頁。
2 《奏為新建陸軍創設武備學堂現屆二年期滿著有成效援案擇優酌請獎敘摺》，光緒二十四年七月二十一日，硃批奏摺，檔號 04-01-16-0256-102，縮微 04-01-16-048-0035。
3 《清德宗實錄》卷 425，光緒二十四年七月二十六日，《清實錄》第 57 冊，第 579 頁。
4 《廉訪蒙召》，《國聞報》光緒二十四年七月二十八日，第 2 版。
5 《清德宗實錄》卷 426，光緒二十四年八月初一日，《清實錄》第 57 冊，第 591 頁。

有為怎樣說明自己草擬的奏疏中隱含深意，實際上皇帝完全是把袁作為一個明西學的「英勇通達之人」來看待的，與楊銳、劉光第、林旭、譚嗣同、王照乃至康有為本人一樣，袁是被作為新政人才而「超擢」的。因為皇帝從未對慈禧有過背叛之心，說他想借袁來控制軍權也是值得懷疑的。

同樣，康有為當初代徐擬摺保舉袁，應該是為了聯絡同道、廣結人才；袁對於康、徐合作舉薦自己的內幕也完全知情，甚至有信函致康表達謝意。[1] 但是，如果說從一開始康氏便有依靠袁世凱軍隊的圖謀，應非實情。遲至七月，康有為還在鼓動王照上摺，開懋勤殿，努力為梁啟超、康廣仁謀取位置，[2] 似乎還沒有對形勢做出嚴重的估計。讓康臨時想到利用袁兵圍頤和園，應在八月初三見到皇帝「朕位且不可保」的密詔之後。

八月初二日，光緒帝在頤和園召見樞臣後，召見了新章京林旭。這一天，發佈明發上諭，命康有為迅速前往上海接辦官報，「毋得遷延觀望」。這是皇帝在新政難以為繼的情況下做出的決定，上諭中特別聲明「召見一次」，為的是打消京城中所謂康隨意出入宮禁的流言，很大程度上是給外界看的。在召見林旭時，光緒帝吃驚地知道，林旭並未見到七月三十日由楊銳傳出去的密詔。於是，散值後的林旭匆匆找到了楊銳，並從楊銳那裏抄錄了這道諭旨。

所以，康有為見到這道密詔抄件，已在八月初三日早晨。這次林旭是按照皇帝要求，將四卿及「諸同志」召集一起討論辦法，康、梁、譚、林及王照均在場，楊銳、劉光第並未參加，定稿很晚的康年譜稱徐世昌也在場，並看到皇帝密詔，此說似不可信。這次商議的結果就是初三日由譚嗣同深夜訪袁。可見，利用密詔，假借皇帝名義，勸袁世凱「圍園捕后」，是康黨在緊急情況下鋌而走險的臨時決策。

不過，兩宮嫌隙雖日深，但慈禧對全局始終有足夠的控制能力，這一點朝野皆知。因此，從譚嗣同夜訪袁世凱的那一刻起，袁就沒有將賭注押在皇帝身

1 畢永年：《詭謀直紀》，《近代史資料》總 63 號，中國社會科學出版社，1986，第 2 頁。

2 王照：《關於戊戌政變之新史料》，《戊戌變法》第 4 冊，第 332 頁。

上。讓他為難的倒是如何把自己從尷尬的境地中解脫出來，這是他回津後與榮祿反覆商討的棘手問題。

學界已經確認，八月初六日以訓政為標誌的政變並非袁告密引起。袁在京城並未透露「圍園」密謀的半點消息。原因很簡單，他不知道皇帝究竟是否介入，或者介入到多深的程度。八月初四日，他可能暗中對此事進行了打探，但沒能做出確切的判斷，於是，採取保持沉默、靜觀其變的態度，並於第二天回津。這是當時最為穩妥的做法。袁世凱將康黨「圍園」密謀和盤端出應該是在回到天津以後。

初四日傍晚，慈禧突然回宮，使康黨進退失據。恐懼中的康有為決定迅速出京。八月初五日，康乘早班火車前往天津；而袁世凱也在請訓後，與榮祿的親信達斌一起在馬家堡乘坐十一點四十分的火車離京，下午三點到達天津。據稱，「聖安棚茶座在火車站，同城文武各官咸往迎迓」。[1] 儀式結束後，袁世凱留住天津城中，晚上拜見了榮祿。

這天晚上榮、袁見面情況，只見於袁世凱《戊戌紀略》的敘述。據袁稱，他向榮祿透露：「皇上聖孝，實無他意。但有羣小結黨煽惑，謀危宗社。罪實在下。必須保全皇上，以安天下。語未竟，葉祖珪入坐，未幾佑文亦來。久候至將二鼓，不得間。只好先退晚餐，約以明早再造詳談。」[2] 按照他的說法，這天晚上因為葉祖珪、達斌（佑文）的來訪，他與榮的密談被打斷，因此，沒有將譚嗣同夜訪之事告訴榮祿。這並不符合情理，台灣學者黃彰健曾指出：「袁於初五既已開始敘述『羣小結黨煽惑，謀危宗社』，則榮祿一定願知道其詳細情形；即令有賓客來，也可邀袁至密室或內簽押房談話。因此袁世凱《戊戌日記》說，

---

1 《練兵大臣抵津》，《國聞報》光緒二十四年八月初六日。《直報》也報導說：「袁慰亭欽憲以練新建陸軍，上結主知，下孚眾志；實事求是，成效昭彰。日昨奉旨開缺以侍郎候補，謝恩後於初五日請訓出都，四點鐘抵埠。聖安棚在火車站。同城文武俱往迎接，欽憲已飭令全隊於十六日來津駐紮。只候皇上躬奉皇太后閱視秋操云。」見《侍郎旋津》，《直報》光緒二十四年八月初六日，第2版。王剛博士最早使用了這條材料。

2 袁世凱：《戊戌紀略》，《戊戌變法》第1冊，第553頁。

他於初六才告密，那是不足信的。」[1] 王剛也推斷，袁應該在這天深夜向榮祿透露了康黨的「圍園」密謀，而袁的親信達斌也在場；同時，榮祿將京津兩地策劃訓政之事也告訴了袁世凱。[2] 這個判斷應該符合實際。因為慈禧已經回宮，沒有任何危險，而訓政後的第一件事情就是逮捕康有為，已經在運作過程中。果然，第二天一早，慈禧以皇帝名義發佈上諭，以身體欠佳為由，請太后訓政。同時，下密旨捉拿康有為。一切都是按照既定計劃實行的。

據袁世凱記述，初六日一早，他還沒來得及赴督院見榮祿，榮祿已先來拜訪，於是袁又將康黨「詳細情形備述」，再三強調「此事與皇上毫無干涉」。說到「誅祿」問題，榮祿「大驚失色」，兩人「籌商良久」。又約袁「回署」，「復約佑文熟商」。[3] 畢竟，此事牽涉到皇帝，虛實不知，一時難以決斷。可以肯定，袁、榮此刻對抓捕康有為沒有絲毫猶豫，只是對怎樣才能把皇帝從中解脫出來，大費腦筋。晚上，榮祿「摺簡來招，楊莘伯在座，出示訓政之電，業已自內先發矣」。[4] 楊崇伊從京城返回是來稟報消息的。此時，楊可能也得知了「圍園」內情。據袁氏記，榮撫茶杯笑曰：「此非毒藥，你可飲之。」袁應道：「惟耿耿於心寢食難忘者，恐累及上位耳。」[5] 袁世凱已經擔心自己會落上「賣主」之嫌。這時，榮、袁已知康有為漏網的消息，可能也是楊帶來的。八月初七日，軍機處致電榮祿在天津查拿康有為，榮派人在紫竹林、塘沽搜捕，但無成效。原來，康有為已先於初六日晚乘「重慶號」輪船赴滬。

八月初十日，榮祿奉到電旨，「著即刻來京，有面詢事件」，直隸總督及北洋大臣事務著袁世凱暫行護理。[6] 榮祿在關鍵時刻入京，對維持朝局十分重要。從初六日開始搜捕康黨，袁世凱始終都在榮祿身邊襄助，從未被懷疑過，袁以

1　黃彰健：《戊戌變法史研究》下冊，第 606～607 頁。
2　參見王剛《榮祿與晚清政局》，北京大學歷史系博士學位論文，2014。
3　袁世凱：《戊戌紀略》，《戊戌變法》第 1 冊，第 553 頁。
4　同上，第 553 頁。
5　同上，第 553～554 頁。
6　《清德宗實錄》卷 426，光緒二十四年八月初十日，《清實錄》第 57 冊，第 601 頁。

按察使接護理直督自然不難理解。

二　調和兩宮　緩和局勢

　　榮祿初十日奉到電旨，十一日乘火車回京。先是，慈禧於初七日已經得知康、梁的「圍園」密謀。於是從初八日清晨開始，慈禧命步軍統領崇禮祕密逮捕「新黨」人物，張蔭桓、徐致靖、楊銳、劉光第、譚嗣同、林旭、楊深秀相繼被捕，宋伯魯、王照逃離京城，氣氛極為緊張。向楊銳下達密詔的光緒帝也遭到慈禧的嚴厲訓斥，幾天裏慈禧的情緒和心情可想而知。榮祿十一日回到京城，十二日被召見。次日被任命為軍機大臣，同一天，清廷就做出將楊銳等六君子「不審而誅」的重要決定。

　　八月十三日楊銳、譚嗣同等六人被殺發生得非常突然。十一日，給事中高燮曾等七人聯銜上奏請從速處置，[1]十二日御史黃桂鋆又上摺請殺張蔭桓等，朝廷並未回應。[2]直到十三日午前，尚無半點消息。到了這天中午，情況驟起變化，下午四點，楊、劉、譚、林「四卿」和楊深秀、康廣仁即被斬決。張之洞得到的情報說，因為「內旨迫切，於午刻遽由剛相奉密旨立辦，措手不及」。[3]軍機大臣廖壽恆在這天的日記中寫道：「貽穀人封事，召見時發下，乃因此慈聖（慈禧）忽命將康、劉、林、楊、譚、楊六人處斬。余初未之聞，及告領班繕旨，大駭。以語夔老（王文韶），錯愕不勝，商之禮、剛、裕，皆謂無術挽回。」[4]照此看來，六君子被殺是因貽穀（字藹人）封事導致，王文韶和廖壽

1　國家檔案局明清檔案館編《戊戌變法檔案史料》，第 466 頁。

2　同上，第 467～468 頁。

3　《瞿臬司來電》，光緒二十四年八月十四日申刻發戌刻到，《張之洞存來往電稿原件》第 14 函，中國社會科學院近代史研究所藏，檔號甲 182-385。

4　廖壽恆：《抑抑齋八月以後日記》，上海圖書館藏稿本。

恆事先都不知情。陳夔龍回憶，十三日早晨因有「某京堂」封奏，請毋庸審訊，「即由剛相傳諭刑部，將六人一體綁赴市曹正法」。事後他才明晰內情：「緣外間訛言孔多，有謂各公使出而干涉，並謂一經審問，恐諸人有意牽連，至不能為尊者諱。是以辦理如此之速。」[1]所謂「某京堂」，即國子監司業貽穀。他在十三日早晨上摺，請求迅速定案，以防外人干涉。[2]因為此前英、日公使已對張蔭桓一案有過干預，難免不會再有外人干涉之事；[3]更關鍵的問題是，一旦審訊過程中牽涉到皇帝，「不能為尊者諱」，屆時後果不堪設想，慈禧本人也深知此節，唯一果斷的辦法就是「不審而誅」，殺人滅口。陳夔龍對此極為肯定，有「過後思之，寧非至幸」之慨歎。[4]

在六君子被殺這件事情上，剛毅奮勇任事，後來招致清議的咒罵。一直積極營救楊銳的張之洞就曾追問喬樹枏「東海（徐桐）何以不論救，何以木訥（剛毅）一人主持？」[5]其實，主持此事的主要是剛剛入樞的榮祿。榮祿入京伊始，便以調和兩宮為責任，審四卿猶如「審」皇帝，萬不可做。榮祿的門人貽穀在十三日清晨上封奏，請速定案，並非偶然，當係榮祿授意。不審而殺六君子，是榮祿入樞後與慈禧共同商議採取的斷然措施。從種種跡象看，初九日，向康有為傳遞密詔的林旭已經被禮王傳去問話，[6]康篡改皇帝的手諭，用來脅迫袁世凱「兵圍」頤和園的事實已經得到了澄清。所以，對於「四卿」也不是一點沒有「審」，而是深怕牽連皇帝。榮祿等人並非不知那份密詔或抄件的重要性，只是不能再去追查下落，一旦找到密詔，有不利於皇帝之處，兩宮關係將永遠無法彌合。惟一的選擇就是視其為「不存在」，含混而過。

1 陳夔龍：《夢蕉亭雜記》，第 17 頁。
2 參見高燮曾、黃桂鋆、貽穀等人的奏摺，國家檔案局明清檔案館編《戊戌變法檔案史料》，第 466～469 頁。
3 參見王樹槐《外人與戊戌變法》第 3 章，上海書店出版社，1998，第 179～243 頁。
4 陳夔龍：《夢蕉亭雜記》，第 17 頁。
5 《張之洞致喬樹枏電》，戊戌八月十四日亥刻發，《張之洞電稿》（光緒二十五年二月至八月），中國社會科學院近代史研究所藏，檔號甲 182-457。按，原整理有誤，該電應發於光緒二十四年。
6 勞祖德整理《鄭孝胥日記》第 2 冊，第 678 頁。

　　當然，不管榮祿有怎樣周妥的考慮，都無法制止謠言的傳播。「六君子」被殺後，廢立的傳聞很盛，京城內外人心惶惶，外國人也顯得極為關心。據趙鳳昌後來回憶道，上海傳言皇帝將被廢黜，各國駐上海領事紛紛訪問盛宣懷打探消息，盛以謠傳不可信答之。趙建議此事應速電榮祿一探究竟，以免貽誤大局。「次日得榮覆電，決無大舉」。[1] 一些大臣將緩和兩宮關係的希望都寄託在榮祿身上。八月二十一日，兩江總督劉坤一致電榮祿稱：「自我皇太后訓政，於變法各事，應辦者仍辦，停者即停，措置合宜，天下欣然望治。我皇上恭己以聽，仰見兩宮慈孝相孚，始終無間。我公與禮邸、慶邸從中調護，永保安全，外議紛紜，無可藉口，是皆社稷之福，始得有此轉機。」[2] 在與榮祿有過溝通後，二十八日，劉坤一電奏清廷：「國家不幸，遭此大變。經權之說須慎，中外之口宜防。現在謠諑紛騰，人情危懼，強鄰環視，難免借起兵端。伏願我皇太后、我皇上慈孝相孚，尊親共戴，護持宗室，維繫民心……坤一受恩深重，圖報無由，當此事機危迫之際，不敢顧忌諱而甘緘默。」[3] 雖然言辭閃爍，但反對廢帝的意思十分明顯，可能事先得到了榮祿的支持。九月二十日，劉坤一在寫給工科給事中馮錫仁（字莘垞）的信中也說：「現在兩宮慈孝相孚，誠為宗社蒼生之福，而其樞紐全在榮相，內則設法調停，外則勉力撐持。寧國即以保家。此公解人，當見及矣。」並稱：「敝處前此電奏，不好措辭，止合渾含勸諫，希冀動聽。」[4] 馮錫仁也是湘人，是劉坤一安插在京城中的耳目。劉坤一對榮祿在調和兩宮問題上發揮「樞紐」作用十分肯定。

　　當時的外國人也稱：「據我們所聽到的，榮祿是在使用他權力以內的一切力量來緩和太后對維新黨的震怒」。[5] 洋人報紙在評論當時的中國形勢時

<hr>

1　趙鳳昌：《戊庚辛紀述》，《戊戌變法》第 4 冊，第 318～319 頁。

2　原文稱此信寫於七月，從電報中的情形分析，此信應寫於八月二十一日，而非七月。見《劉坤一遺集》第 6 冊，第 2560 頁。

3　《寄總署》，光緒二十四年八月二十八日，《劉坤一遺集》第 3 冊，第 1415 頁。

4　《覆馮莘垞》，光緒二十四年九月二十日，《劉坤一遺集》第 5 冊，第 2233 頁。

5　《列強在北京》，《字林西報周刊》1898 年 10 月 14 日，《戊戌變法》第 3 冊，第 498 頁。

說：「中國人方面，一般都相信自從榮祿到北京之後，太后的行動是和緩一點了……事實上，不乏人這樣相信，就是榮祿的真正意向是使光緒復辟，然後協助他把太后安置在一個適宜於她的地位上，如此他便可以獲得全國青年與開明人士的贊仰，成為中國歷史上最忠君的人物。」[1]是否想讓皇帝復辟，只是外人的想像，榮祿也不可能不顧及慈禧的態度，但是保護皇帝、維護皇帝的現有地位還是他努力要做到的。榮祿的同盟者鹿傳霖則對局勢表示擔憂。九月十七日，他在家書中寫道：「榮相入樞，又統北洋各軍，大臣無有才識者為之贊襄，亦大不易辦到好處，況內憂方大，母子乖暌，一歸俄保護，一歸英保護，暗中意見參差，此等情況豈能持久？真不知成何局面孔。」[2]鹿的擔心不是沒有道理的，也恰恰說明榮祿的艱難之處。如何選調合適人員，重振朝綱，面臨很多困難。

政變發生後，很多人認為局勢突變是皇帝與樞臣矛盾緊張造成的。劉坤一就說，皇帝是因為身邊沒有可以信賴的大臣，才被康、梁這些小臣所利用。[3]這種說法也不盡然，光緒帝與廷臣的矛盾，與他所賞識的張蔭桓受到整肅、不得重用有不小關係；[4]慈禧對張「蠱惑」皇帝早就深惡痛絕。「圍園」密謀暴露後，張蔭桓首先下獄。大學士徐桐堅決要求處死張氏，並有「不殺蔭桓，此舉為無名」之言。因英、日公使干預，清廷被迫發佈上諭稱張非「康黨」，與楊銳等剔開，暫時羈押。經榮祿等人求情，革職發配新疆。[5]不久，因保舉康黨，禮部尚書李端棻也被革職發往新疆。此外，因參與新政先後被革職的官員有陳寶箴、陳三立、黃遵憲、江標、徐仁鑄、李岳瑞等。十月，開缺在籍的翁同龢

---

1 《最近的局勢》，1898 年 10 月 14 日，《戊戌變法》第 3 冊，第 495 頁。按，此為《字林西報周刊》發表的文章。
2 鹿傳霖家書，戊戌年九月十七日，《鹿傳霖任川督時函札》，中國社會科學院近代史研究所藏，檔號甲 170。
3 《覆馮莘垞》，光緒二十四年九月二十日，《劉坤一遺集》第 5 冊，第 2233 頁。
4 此事張蔭桓在政變後與押解官員的談話中曾流露出蛛絲馬跡。時人稱張「借謀要之地」，似是指入軍機而言。見王慶保、曹景郕《驛舍探幽錄》，《戊戌變法》第 1 冊，第 501 頁。
5 參見馬忠文《翁同龢、張蔭桓與戊戌年康有為進用之關係》，《近代史研究》2012 年第 1 期。

也以「薦康」之罪被革職編管。清廷在處置陳寶箴和翁同龢的過程中，榮祿曾暗中回護，見諸很多史料的記載，應屬可信。

陳寶箴是戊戌時期力行新政的督撫之一。他與榮祿很早就有交遊。乙未年七月，陳寶箴由直隸藩司升任湖南巡撫。抵任後籌畫新政。此後，湖南在開礦、鑄錢、電線、辦學堂等方面成效顯著，使湖南成為甲午後最有生氣的省份。戊戌年六月，榮祿在保舉人才時，稱「湖南巡撫陳寶箴，操履清嚴，識量閎遠」，僅次於鹿傳霖之後，可見對他的器重。政變發生後，陳寶箴「覆電達大學士榮祿公，諷其尊主庇民，息黨禍，維元氣」，[1] 這與榮祿調和帝后、調和新舊黨爭的初衷是一致的。但是，政變發生後，在湘籍大員徐樹銘等人的推動下，御史黃桂鋆參奏湖南新政諸人，二十一日上諭稱陳寶箴「以封疆大吏濫保匪人，實屬有負委任」，著革職永不敍用；陳三立「招引奸邪」，一併革職。[2] 二十二日，俞廉三被任命為湘撫。八月二十三日，又頒佈上諭：「陳寶箴昨已革職永不敍用，榮祿曾經保薦，茲據自請處分，榮祿著交部議處。欽此。」經吏部議覆，按例照濫保匪人，降二級調用，係私罪，毋庸查加級記錄議抵。[3] 榮祿當時位列中樞，為何「自請處分」，原因值得分析。除了表明他絲毫不敢冒犯慈禧的卑順心理外，或者也有列名「罪臣」以減輕京城內外對「黨禍」傳言恐懼的用意。

十月二十一日，清廷頒佈明發上諭，以翁同龢「薦康」為由將其革職。上諭指責翁氏授讀以來不稱職，使皇帝未明經史大義；甲午時利用獨對之利「信口侈陳，任意慫恿」，致使「主戰誤國」。更重要的是翁氏「今春力陳變法，密保康有為」，「已屬罪無可逭」。[4] 這道諭旨是由剛毅所擬的，他不僅將康進用

1 陳三立：《皇授光祿大夫頭品頂戴賞戴花翎原任兵部侍郎都察院右副都御史湖南巡撫先府君行狀》，汪叔子、張求會編《陳寶箴集》下冊，第 2003 頁。
2 國家檔案局明清檔案館編《戊戌變法檔案史料》，第 475～476 頁。
3 《大學士管理吏部事務徐桐奏為遵議大學士榮祿曾保陳寶箴應請照濫舉匪人處分事》，光緒二十四年九月初二日，錄副奏摺，檔號 03-9458-003，縮微號 675-2226。
4 《清德宗實錄》卷 432，光緒二十四年十月二十一日，《清實錄》第 57 冊，第 674 頁。

的責任歸到翁頭上，還指責翁在甲午利用「密對」的機會蠱惑皇帝主戰導致局勢不可收拾，這一點最合慈禧心意。據張謇當時聽到的消息，翁氏之案係「剛毅、許應騤承太后之意旨，周內翁尚書於康、梁獄，故重有革職永不敍用，交地方縣官編管之諭旨」。[1] 劉坤一也在致友人書中說：「康有為案中詿誤，內則有翁中堂，外則陳右帥（寶箴），是皆四海九州所共尊為山斗、倚為柱石者，何以賢愚雜糅至此？」[2] 顯然，張、劉二人認為翁被革職是遭人傾陷。據說翁氏如此結局還是榮祿苦苦勸說的結果。陳夔龍回憶說：「迨八月政變，康梁獲罪，剛相時在樞府，首先奏言翁同龢曾經面保康有為，謂其才勝臣百倍，此而不嚴懲，何以服牽連獲咎諸臣？維時上怒不測，幸榮文忠造膝婉陳，謂康梁如此橫決，恐非翁同龢所能逆料。同龢世受國恩，兩朝師傅，乞援議貴之典，罪疑惟輕。上惻然，僅傳旨交地方官嚴加管束。」[3] 此後仍對翁一力維護。[4] 總之，在政變後十分複雜的環境中，守舊勢力回潮，剛毅等人落井下石，榮祿在調和兩宮、平復事態方面發揮了他人無法替代的作用。

　　戊戌年春康梁在京開保國會期間，與不少京官有過往來。政變後有言官談及此事。京中謠言四散，風聲鶴唳，很多列名者害怕被株連，十分驚恐。為了安定人心，榮祿奏明不能禁止官員與應試舉子往還，只需區分是否一黨，現

1　《張謇年譜》，《戊戌變法》第 4 冊，第 199 頁。
2　《覆歐陽潤生》，光緒二十四年七〔八？〕月二十八日，《劉坤一遺集》第 5 冊，第 2230 頁。
3　陳夔龍：《夢蕉亭雜記》，第 63 頁。也有記述稱是軍機大臣王文韶力評之。唐文治《茹經堂文集》記：「我師常熟翁文恭公之被誣也，滿員剛毅與公有宿怨，持之急，必欲致公於死地。康梁案起，朝議將以公戍邊，當是時，人人阿剛意旨，無敢言者。浙江王文勤公夔石，時為大學士，爭之曰：我朝待大臣自有體制，列聖向從寬典，翁某罪在莫須有之間，今若此，則我輩皆自危矣。事乃得解。」見《戊戌變法》第 4 冊，第 252 頁。就當時情形而言，王與榮祿的態度應是一致的，但對慈禧有直接影響的還是榮祿。
4　據嚴復致張元濟的信中說，庚子慈禧抵達西安後，曾萌生殺翁洩憤之心，榮祿極力勸阻。該函稱：「榮仲華前用騎牆政策，卒以此保其首領。然平心而論，瑕者自瑕，瑜者自瑜。其前者之調停骨肉，使不為己甚，固無論已；即如老西，既到長安，即欲以待張南海者待翁常熟，榮垂涕而言不可。既至今年正月初六，老西之念又動，榮又力求，西云：直便宜卻此獠；此雖出於為己，然朝廷實受大益，可謂忠於所事矣。」《嚴復致張元濟函（13）》，王栻主編《嚴復集》第 3 冊，中華書局，1986，第 549 頁。該函時間係辛丑年除夕前。信中的「老西」指慈禧，「張南海」指張蔭桓。

在康黨已全部懲辦，再查拿其他人恐致滋擾連累，所以「現今風浪胥平，皆中堂保全善領之力」。[1] 故在宣佈懲辦康、梁等人時明諭概不株連，兩廣總督譚鍾麟在康有為原籍查抄出康有為歷年與許多人的祕密來往信件，清廷也下令全部燒燬，以示不予追究。清廷儘量減少對官員的株連，與榮祿的態度是分不開的。九月初六日，鄭孝胥在日記中寫道：「聞前數日或劾嚴復、王修植、孫寶琦者，軍機大臣為力救乃免。」[2] 考慮到榮祿在直隸期間對此三人曾經十分信任，他似乎會主動援手的。

因新政原因被罷黜的官員也開始復職。八月二十八日，兩江總督劉坤一致電總署，請為前禮部尚書許應騤鳴冤。電報說：「從來邪正不容並立，正氣固則邪氣自消。前禮部尚書許應騤，首發康逆有為之奸，未蒙朝廷採納，釀成大變，宗社幾危，幸康有為陰謀敗露，則許應騤忠悃宜旌。夫曲突徙薪者無功，焦頭爛額者有賞，自昔相為詬病。今許應騤曲突徙薪者也，遭際聖明，安可竟從廢棄？且同案獲咎諸臣以次光復，獨許應騤一人向隅，殊非大公之道。現在老成凋謝，而許應騤靈光巋然，伏乞俯賜慰留，立予超擢，以昭激勸而存典型。坤一區區之忱，實為扶持正氣起見，是否有當，伏候聖裁，不勝悚惶待命之至。請代奏。」[3] 不久，許應騤補任閩浙總督。許是榮祿所器重者，此事是否有榮祿的授意不得而知，但是，許的起用得到榮祿的有力支持毫無疑問。同時，剛毅門人俞廉三也接任湖南巡撫。[4]

政局一變，閒居鄉里的鹿傳霖仕途也出現了轉機。先是，光緒二十三年底，時任四川總督的鹿傳霖因主張對川藏交界的瞻對地區採取改土歸流，遭到達賴喇嘛反對，清廷以辦理失職為名，遂將鹿開缺。榮祿入樞後，開始積極為鹿復出籌畫。戊戌年九月十七日，鹿傳霖在給兒子的信中稱，據軍機章京凌福

1 《脅從罔治》，《申報》光緒二十四年九月二十九日，第 1 版。
2 勞祖德整理《鄭孝胥日記》第 2 冊，第 691 頁。
3 《寄總署》，光緒二十四年八月二十八日，《劉坤一遺集》第 3 冊，第 1415～1416 頁。
4 吳永：《庚子西狩叢談》，岳麓書社，1985，第 64 頁。

彭（潤台）處來的消息，「所裁三巡撫仍擬覆回，有議以我授粵撫之說，尚未議覆，只可聽之」。[1] 所裁「三撫」指戊戌年七月裁撤的廣東、湖北巡撫和漕運總督。顯然，此前榮祿與鹿已經有過聯繫了。稍後鹿傳霖果然起復，出任廣東巡撫，逐步成為庚子後影響晚清政局的另一位重要人物。

三　建立武衛軍

榮祿戊戌年八月回京後提出的一項宏偉計劃是創建武衛軍。甲午戰後強鄰環伺，強租港灣，瓜分危機愈演愈烈，特別是北洋海軍覆滅後，京津門戶洞開，急需拱衛京師的武裝力量。袁世凱編練新軍正是這種形勢下的產物。政變後，中外關係再度緊張，在慈禧的支持下，榮祿主持的編練新軍進入新階段，即創辦武衛軍。[2]

八月二十六日，慈禧下旨特簡榮祿為欽差大臣，節制提督宋慶的毅軍、提督董福祥的甘軍、提督聶士成的武毅軍、候補侍郎袁世凱的新建陸軍，以及北洋各軍（包括直隸練軍、直隸淮軍、直隸綠營）等，以一事權，使四軍連為一氣，「以收指臂相聯之效」。這種體制的現實作用，是為了讓回任軍機大臣的榮祿有充分理由繼續統帥北洋各軍。榮祿領命後，以為「北洋拱衛京畿，防營眾多，最關緊要。奴才承命遙領各軍，事體繁重，必須在京設有公所，方足以簡軍實而昭慎重」。乃於北城地面租賃房間，設立北洋軍務公所，並遴選妥員成立幕府，隨同料理。這些人員包括奭良、譚啟瑞、聶時儁等，費用仍由北

1 鹿傳霖家書，戊戌年九月十七日，《鹿傳霖任川督時函札》，中國社會科學院近代史所藏，檔號甲170。

2 有關武衛軍，台灣前輩學者劉鳳翰的研究尤具代表性，參見劉鳳翰《武衛軍》[中央研究院近代史研究所專刊（38）]，台北中研院近代史研究所，1978。

洋支出。[1]九月十五日，榮祿上奏以節制北洋各軍事關緊要，懇請特簡重臣會同辦理。榮自稱「菲材獨膺重寄，撫躬自省，隕越時虞，萬一貽誤戎機，不特負咎甚深，擬且辜恩滋重」，故請派員會辦；並表示自己「不敢因簡派有人希圖諉卸，置軍事於不顧，仍將殫竭血誠，力圖報稱，隨時隨事和衷商辦，共濟時艱」。[2]這樣的表態可能是為了消弭外界說他「專權」的顧慮。後雖添派裕祿會辦北洋軍務，實權仍掌握在榮祿手中。當時，清廷財力缺乏，如何整合現有軍事力量，成為榮祿治軍的首選方案。

十月二十四日榮祿以練兵大臣身份陳奏練兵籌餉方案，創立武衛軍的序幕拉開。該奏摺稱：

> 竊維自強之計，首在練兵，北洋遮罩京師，尤關緊要。奴才奉命督師，若不統籌全局，豫為區畫，臨時何所措手？查北洋除淮、練各軍而外，則有毅、甘、武毅、新建四軍，分之各有自主之權，合之實無相維之勢，一遇戰陣，仍形孤立，欲求制勝之方，必使各軍聯為一氣，然後可期指揮如意。今擬聶士成一軍駐紮蘆台，距大沽北塘較近，扼守北洋門戶，為前軍；董福祥一軍，駐紮薊州，兼顧通州一帶，為後軍；宋慶一軍駐紮山海關內外，專防東路，為左軍；袁世凱一軍駐紮小站，以扼津郡西南要道，為右軍；奴才另募親兵萬人為中軍，擬於南苑內擇地安營，督率訓練。如此總為五軍，聲勢自然聯絡，平日分防各要隘，一經徵調，則大軍雲集，無秦越漠視之分，自可收指臂相聯之效。[3]

---

1 《節制北洋各軍大學士榮祿奏報開用關防日期等事》，光緒二十四年八月二十六日，錄副奏摺，檔號 03-6186-035，縮微號 460-2158。

2 《軍機大臣榮祿奏為節制北洋各軍請簡派重臣會同辦理事》，光緒二十四年九月十五日，錄副奏摺，檔號 03-5928-047，縮微號 444-1361。

3 《軍機大臣榮祿奏為北洋練兵籌餉擬定辦法大概情形事》，光緒二十四年十月二十四日，錄副奏摺，檔號 03-5997-058，縮微號 448-3107。

另一奏片稱：

> 再，行軍之道，器械為先，各軍槍炮多購自外洋，設遇決裂開釁，各
> 國守局外之例，必至束手受困。現時南北洋暨湖北各省多設有機器製造等
> 局，擬請飭下各督撫就地速籌鉅款，移緩就急，督飭局員趕造新式後膛快
> 炮，小口徑毛瑟槍，務期一律，以濟各軍之用。軍火庫藏不宜設於沿海地
> 面，當於腹地建置子藥局庫，以備存儲，庶不至有意外之虞。至於地圖形
> 勢，尤兵家所必究，各營將領於海口既不能處處親歷，圖說斯為至要。擬
> 飭北洋武備學堂選派精於測繪學生，將舊有北洋輿圖分投重加考較，凡海
> 口淺深，炮台佈置，以及山川道里遠近，均繪圖貼說，確悉不遺，然後分
> 頒各將領隨時熟看，詳細考察，於行軍有所把握，庶免進退失據矣。謹附
> 片具陳，伏乞聖鑒。謹奏。[1]

榮祿首先陳述了設立五軍的必要性。原來的毅軍、甘軍、武毅軍、新建陸
軍四軍，「分之各有自主之權，合之實無相維之勢」，在榮祿看來，北洋遮罩京
師，「尤關緊要」，他奉命督師，必須統籌全局，增建中軍，整理北洋四軍，建
立靈活的指揮體系。這個練兵籌餉計劃，名義上是與直隸總督兼北洋大臣裕祿
共同商議的結果，實際上反映的是他甲午以來一貫的練兵主張。

榮祿在附片中強調要自籌鉅款，在南北洋、湖北及各省機器局自製新式
槍炮、彈藥，統一規格，以裝備武衛各軍之用。他的這個建議立刻得到慈禧認
可，頒諭裕祿、劉坤一、張之洞等盡快籌辦。為此，上諭又稱：「所有新軍餉
項，除將添練新建陸軍餉銀四十萬兩撥充外，不敷之數，准由各省撥解福建船
廠經費項下動用。至宋慶等各軍，拱衛近畿，所關甚重，必使餉需無缺，方足
以資飽騰，著戶部仍按前定指撥的款，嚴催各省關迅即如額協解，倘有任意延

---

1 《軍機大臣榮祿奏為各軍槍炮多購自外洋請飭下各督撫籌款督飭各機器》，光緒二十四年十月
二十四日，錄副奏摺，檔號 03-5997-059，縮微號 448-3111。

宕拖欠，即由該大臣，指名嚴參；北洋淮練各軍，合計尚有三萬餘人，若任其窳惰，以有用之餉，養無用之兵，殊為可惜，即著裕祿體察情形，認真裁併，仍歸榮祿督飭操練，隨時調遣」。[1] 如此不僅明確了兵餉來源，並北洋淮練各軍三萬人，也歸榮祿統屬。

按照計劃，武衛中軍即刻開始籌畫組建。《申報》報導稱：「榮中堂奉命選練新軍萬人作為中軍中營，曾奏調恩都統順等四員襄理其事，刻已到京。旋遴選營哨員弁出都招募，計募馬隊二千，步隊八千，俟募齊後就近在南苑訓練俾成勁旅。每月軍糧一照甘軍發給。又擇定皇城外西北隅官屋一所，作為中軍中營辦公之所，定於十一月十六日開辦。其前選之八旗童幼養育兵丁萬人，奉旨派端王管理併入武勝新隊訓練，傳言復將添選八旗幼丁若干名。」[2] 可知，招募過程中將此前挑選之八旗養育兵丁萬人，併入端王載漪管理的武勝新隊，中軍兵源從其他途徑另行招募。次年二月，榮祿奏請任命喀什噶爾提督張俊為中軍全軍翼長（庚子年三月張俊病逝，由副都統恩祥署理），陳夔龍則為總理營務處，主持招募事宜。己亥年（1899）五月，中軍招募完畢。五月二十日，榮祿上奏各營旗組成及教練情況。奏摺說：

> 自去冬以來，選調將領，分頭招募樸實精壯勇丁，並奏調西安、青州、密雲各駐防馬甲壯丁，現已陸續調募到京，編立馬步二十七營旗，合成武衛中軍親兵萬人之數。此中軍又分五路，遴選將領，分領之營哨官亦皆揀派足額，認真訓練，以專責成……所有兵勇尚屬一律驍健，馬匹亦皆膘壯，現俱駐紮南苑。次第修蓋營房，並發給旗幟、號衣、槍械子藥，剋日開操以冀迅成勁旅。至記名副都統廕昌所練之前路五營專習洋操，總期緩急並恃，庶收中西相輔之效。統由奴才隨時督率訓練，精益求精。至於全軍餉項綜計每年請撥銀一百十六萬兩，嗣因洋操加餉，

1　中國第一歷史檔案館編《光緒宣統兩朝上諭檔》第 24 冊，第 546 頁。
2　《神京雪雁》，《申報》光緒二十四年十二月初七日，第 2 版。

又請撥銀八萬兩，先後奏蒙俞允在案。現值餉源奇絀。我皇太后、皇上不惜羅掘巨數，添練精兵，奴才渥荷天恩，夙承先志，苟能撙節，曷忍虛縻？[1]

在清廷財政極其困難的情況下，武衛中軍在半年之內草創成軍，得到了慈禧的全力支持。雖然成軍匆忙，兵源較雜，只有蔭昌所部五營「專習洋操」，但是當時已實屬難得。從一些記載看，榮祿對軍紀也十分注意。據稱，六月間被招入軍的青州旗兵與袁世凱所部練軍勇丁因事齟齬，致使兩旗之營勇激生事變，竟然「各率所部列陣以待，互放火槍，如臨大敵，聞者為之駭然。……統帥張軍門（張俊）聞之，即派親軍持令箭前往，始各紛紛散歸，然已互有損傷矣。事聞於榮中堂，大為震怒，已飭張軍門將兩旗肇事之勇丁千餘名概行裁撤，每名發給一月口糧俾作路費，趕緊回籍。營哨各官約束不嚴、漫無紀律，著即撤差驅逐，不准留營。於是中堂見近日中軍多事，知非大加整頓不可，爰定於本月中旬親赴南苑點名校閱」。[2] 有兵丁竊取南苑牆外田禾被人斥逐，至晚勇邀集多人前往報復，田主「入城至榮中堂府第控告，中堂震怒，立即發交營務處，飭張翼長傳到該營營哨各官嚴加訊詰」。[3] 從這兩條報導看，榮祿治軍不可謂不嚴。

在成立中軍的同時，榮祿對其他武衛各軍也十分重視。戊戌年十二月中旬，榮祿前往天津檢閱各軍。據繼武致沈家本函，榮祿十二月十八日抵達天津，「十九日赴小站，至蘆台至山海關，由關迆回京。過天津不停車。每處擬住一天」，二十四日回京，二十六日覆命。[4] 這次檢閱距丙申年（1896）閱兵已有兩

1　《大學士管理兵部事務榮祿奏為武衛中軍親兵已調募成軍分為營旗認真教練等事》，光緒二十五年五月二十日，錄副奏摺，檔號 03-6034-066，縮微號 451-1697。
2　《整飭戎行》，《申報》光緒二十五年六月二十二日，第 2 版。
3　《練勇不法》，《申報》光緒二十五年七月二十三日，第 9 版。
4　《繼武致沈家本函》，《沈家本（子惇）存札》，中國社會科學院近代史研究所檔案館藏，檔號甲54。《申報》也對榮祿此次檢閱活動有所報導：「去年臘月十八，節制北洋各軍榮仲華中堂秉節赴津閱視新建各軍，已列昨報。茲接天津訪事友人續函云：是月二十二日，旌節至蘆台搜軍事畢，即於次日馳赴開平，閱視馬隊。二十四日回津，二十五日返旆回京。至赴山海關校閱武毅各軍，則暫作罷論矣。聞中堂蒞津時遺失護身佛一尊，及知覺即派差弁由蘆台迆邐至水師營務處行轅悉心尋覓，尋之不得，乃飭地方官趕緊查緝，未知我佛有靈其亦情深故主否也。」見《帥節回京》，《申報》光緒二十五年正月十一日，第 1 版。

年之隔，可視為因政變擱淺的天津閱兵的繼續。此行使榮祿對各軍的新進展有了基本的掌握，回京後即提出詳盡的武衛軍組建計劃。

己亥年六月二十日，榮祿保奏武衛軍出力員弁，稱「奴才總領師幹，仰承宸訓，固不敢阻將士奮興之氣，亦不敢開仕途倖進之門，惟有按照例章，切實刪減，俾各營將士知朝廷懸賞以待有功，如其效命疆場殺敵致果，酬庸之典，自不惜格外從優，庶於鼓勵戎行、慎重名器之意兩不相悖」。[1] 聶士成、袁世凱、宋慶各部將士均得到褒獎。武衛軍受到各界關注，財政投入甚多，褒獎也很頻繁，有言官以為保舉過於寬鬆，因此榮祿才有此摺上達予以解釋。

當時武衛各軍的俸餉制度不一。袁世凱的右軍薪餉最優。七月十二日，榮祿與直隸總督裕祿就加添武衛前、後、左三軍等隊加餉事提出方案，將三軍與武衛右軍餉歸一律。當初按照榮祿的設想，將淮練綠營裁併騰出的餉集有鉅款，加之三軍正勇之餉，可與袁軍持平。但因財政困難，及裁營變故，這個設想始終未能完成。到七月，宋慶馬步炮隊共二十四營一哨，什長兵勇等一萬七百八十四名；董軍馬步炮隊共二十五營旗，什長兵勇等九千五百八十八名；聶軍馬步並工程隊共三十營七哨，什長兵勇工匠等一萬三千一百一十七名。按照袁軍餉章，每年三軍總計需款十五萬八千餘兩擬從八月起分別照加。[2] 這對清廷財政而言是一筆不小的開支。

武衛五軍編成後，又有三次擴軍活動。先是己亥七月以淮徐為水陸要衝，命提督蘇元春精練一軍，歸榮祿節制，定名武衛先鋒軍；後以蘇元春編練不力，改派江西按察使陳澤霖籌募十營，駐江北操練，稱「武衛先鋒右軍」。光緒二十六年（1900）元月，命廣東陸路提都張春發募勇十營，駐紮江北，為武衛先鋒左軍。同年三月，又命袁世凱將山東現有各營分別裁調，集成新兵二十

---

1 《大學士管理兵部事務奏為遵旨酌保武衛前軍出力員弁事》，光緒二十五年六月二十日，錄副奏摺，檔號 03-5933-111，縮微號 444-2675。

2 《大學士節制北洋各軍榮祿，直隸總督裕祿奏為會議加添武衛前後左三軍等隊現擬分別加餉事》，光緒二十五年七月十二日，硃批奏摺，檔號 04-01-01-1033-089，縮微號 04-01-01-156-1003。

營，增立一軍，為武衛右軍先鋒隊，官兵一萬一千人。至此，榮祿節制的軍隊從北洋延至徐淮地區。經過一年多的擴充，到庚子義和團事變發生前，武衛軍形成了相當的規模。[1]

　　榮祿以練兵起家，在政變後入樞，掌握軍政大權，由於得到慈禧全力支持，創辦武衛軍，再一次體現了他立志練兵自強的理想。但是，受到財政因素的限制，只能就原有各軍粗略組合，從戰略佈局進行調整安排，就軍隊本身的實力而言，仍然不盡理想。特別是武衛中軍，軍紀鬆懈，組成雜亂，與建軍其初衷相差甚遠。儘管如此，榮祿統帥武衛軍的政治意義不容低估，此事對戊戌後的政局產生的影響至少可以從兩方面加以總結。

　　第一，武衛軍與神機營，特別是端王載漪掌管的虎神營，形成了一定程度上的對峙。甲午戰後，清廷為了鞏固自己的統治，一直努力建立一支有較強戰鬥力的旗兵。載漪管理的虎神營是在甲午戰爭後期創立的旗兵隊伍 —— 武勝新隊基礎上擴建起來的，其管理機制有如神機營。

　　載漪（1856～1922），惇王奕誴次子。載漪之兄載濂，後襲貝勒，加郡王銜；弟載瀾封輔國公。載漪則出嗣瑞郡王奕誌，襲貝勒，加郡王銜，光緒十九年授為御前大臣，次年進封郡王，改稱端郡王。甲午戰起，載漪奏請挑選精壯旗兵，派員訓練，清廷允准，同時決定「俟軍務大定，即行歸伍」，並派載漪與兵部尚書敬信具體辦理，遂「於神機營外獨樹一幟」，[2] 建立了新的旗兵隊伍。乙未年（1895）二月，載漪從各旗營抽調五千官兵，並奏調健銳營翼長萬福、火器營翼長永隆為全營翼長，總辦練兵事宜；又從神機營撥發軍火器械，戶部每月支銀五千兩作為津貼；十一月，又將榮祿奉旨挑選的四千旗兵歸併其隊，一同訓練，並令禮部右侍郎剛毅會同辦理，後命名為「武勝新隊」。[3] 膠州灣事

1　參見劉鳳翰《榮祿與武衛軍》《晚清新軍編練及指揮機構的組織與變遷》，分別收錄於《中央研究院近代史研究所集刊》第 6 期（1977 年 6 月）、第 9 期（1980 年 7 月）。

2　陳夔龍：《夢蕉亭雜記》，第 17 頁。

3　參見王景澤《載漪與虎神營》，《軍事歷史研究》1991 年第 3 期。

件後，清廷整頓軍事。戊戌年（1898）三月二十日，載漪所部武勝新隊參加了慈禧與光緒帝在外火器營校場的檢閱。剛毅告訴翁同龢，「武勝新隊槍炮齊整，大勝神機（營），慈諭褒獎」。次日，「新隊仍蒙褒諭」。[1] 從中可以看出慈禧對端王的信任。為此，清廷一再撥增加兵額，武勝新隊成為神機營之外又一支規模較大的八旗練兵。光緒二十五年二月，武勝新隊被賜名「虎神營」，由禮部鑄給印信，載漪佩帶印鑰，剛毅、敬信同為管理大臣，總兵力約在一萬五六千人左右。[2] 事實上，在庚子事變前，京城有神機營、虎神營和武衛中軍三支軍隊護衛。

武衛中軍與神機營、虎神營同為禁軍，涉及榮祿、奕劻和端王載漪之間的關係。榮祿早年參與神機營創立，與慶王關係始終密切，與載漪則因為惇王的關係，多少有些隔閡；剛毅不僅有管理神機營大臣之責，也隨載漪一同管理虎神營，因而得以附和載漪，暗中與榮祿爭勝。甲午後剛、端關係逐步密切，剛毅積極支持武勝新隊和虎神營，很受載漪倚重，頗類於榮祿因辦理神機營而得寵於醇王奕譞，己亥、庚子間端、剛沆瀣一氣，與榮祿立異，此為原因之一。

第二，榮祿百計籌餉，創建武衛軍，志在保衛京畿，弘揚軍威，對外形成了一定的威懾作用，某種程度上助長了徐桐、剛毅等一般頑固守舊者盲目排外的心理。特別是己亥年（1899）春意大利軍艦強佔三門灣的企圖被挫敗後，清廷朝野上下更加堅定了練兵和不惜對外一戰的決心。大約同時，德國兵侵擾日照事件發生，袁世凱奉命率部移駐山東青州一帶，也是對外強硬的一種表示。正如榮祿在致袁信中所言：「倘德人逼人太甚，亦唯有決裂一戰，兄必督師前往，以我五大軍總統五君，皆絕無假〔僅〕有之大英雄，斷不能似甲申、甲午之役，可操左券。」[3] 九月初二日，慈禧在召見盛宣懷時也稱：「意大利為沙門〔三

---

1 翁萬戈編，翁以鈞校訂《翁同龢日記》第 7 卷，第 3171 頁。
2 參見王景澤《載漪與虎神營》，《軍事歷史研究》1991 年第 3 期。
3 《榮祿致袁世凱函》，未刊，北京李觀雪先生藏。

門〕灣的事，我很想與他打仗，他說浙江省有預備，他又不來了。」[1] 可見，己亥年榮祿創辦武衞軍的時期，也是清廷對外立場走向強硬之時，挫敗意大利對三門灣的覬覦就是明證。榮祿建立武衞軍的對外性是很明顯的，庚子年春夏間慈禧和載漪、剛毅等人欲藉助拳民盲目排外，除了迷信拳術，對榮祿的練兵成效的依賴思想也是一個原因。正如論者所說，「意大利的慘敗對清廷的進一步排外政策起了催化作用，仇洋的滿族王公和八旗權貴紛紛彈冠相慶，更加變得不可一世」。[2] 可能這種氣氛也助長了榮祿自高自大、好大喜功的情緒。將這些與創辦武衞軍的活動聯繫起來考察，才能更好地認識庚子年的歷史。

---

1 盛宣懷：《己亥年九月初二日奏對自記》，夏東元編著《盛宣懷年譜長編》下冊，上海交通大學出版社，2004，第 654 頁。

2 相藍欣：《義和團戰爭的起源：跨國研究》，華東師範大學出版社，2003，第 99 頁。

第九章

己亥建儲前後的黨爭與政爭

戊戌政變後新政中斷，守舊勢力回潮，樞廷中榮祿與剛毅的矛盾也日益突出。圍繞前四川總督李秉衡的復出，彼此鬥爭激烈。己亥建儲前後，榮祿努力維護朝局穩定，但因庚子年春長時間病假，載漪、剛毅等對朝政的影響力有所加強，左右了當時的內政外交決策。

　　從戊戌年（1898）八月政變發生，到庚子年（1900）四月義和團興起，不到兩年的時間內，朝局發生了自辛酉政變以後最大的逆轉，以致出現了廢黜光緒帝的傳聞。清廷內部守舊勢力回潮，京城籠罩在一片頑固愚昧的氛圍中。不僅戊戌新政被中止，就連甲午前展開的洋務事業也受到干擾和清算。發生在己亥十二月的「建儲」事件，更是一石激起千層浪，引起時人對局勢的擔憂。以往有關「己亥建儲」的研究，側重於此事與戊戌政變、庚子事件的因果關係，注重梳理事態演變的線索。[1] 不過，這個時期的歷史呈現出的景象似乎異常複雜。政變後的滿漢矛盾、新舊矛盾、因財政危急引起的中央與地方督撫的矛盾，都異常突出，並且交織在一起；列強掀起的企圖瓜分中國的狂潮仍在繼續，康、梁的保皇宣傳深刻影響東南沿江沿海各省。在內外交困的背景下，清廷內部滿洲權貴榮祿與剛毅的明爭暗鬥，也愈演愈烈，深刻影響了朝局的走向，榮、剛矛盾是既往研究中常常被忽略的一條暗線。在軍機處，剛毅雖然班秩在後，卻因入樞在前，在處理軍政大事時，「橫出主意」，與榮祿時常發生爭執。由於剛毅援引端王載漪和大學士徐桐為後盾，榮祿雖大權在握，處理朝政時不得不小心翼翼，多方周旋。明瞭這種狀態，有助於理解庚子年出現政局動盪的深層次原因。

一　新舊、滿漢及榮剛之爭

　　戊戌政變後，新舊矛盾固然突出，滿漢關係也出現了新的變化。一些支持新政的官員相繼遭到革職、流放，清廷內部一些資歷深厚的漢臣同樣遭到了排

1　參見郭衛東《載漪與慈禧關係考 —— 兼與廖一中先生商榷》，《天津師大學報》1989 年第 6 期；《「己亥建儲」若干問題考析》，《北京大學學報》1990 年第 5 期；《戊戌政變後廢帝與反廢帝的鬥爭》，《史學月刊》1990 年第 6 期。

擠，滿洲權貴的勢力顯著增強。這種趨勢從甲午戰後開始呈現，榮祿、剛毅受到重用本身就是表徵之一。政變後，這種趨勢更為顯著。由於受到剛毅、徐桐等人的排擠和傾軋，軍機大臣錢應溥稱病不出，廖壽恆謹慎不言；大學士李鴻章則以七旬勛臣於寒冬十月奉命勘察黃河河工，時論為之不平。而一些被剛、徐輩視為「廉正忠誠」的官員獲得進入權力核心的機遇，地方督撫的更換受到他們的影響和操控。然而，剛、徐的圖謀並非一帆風順，不時遭到榮祿、奕劻等人的抵制和反對，滿洲權貴內部鬥爭加劇成為政變後朝局動盪的一大特點。

　　徐桐是政變後守舊勢力的靈魂人物。戊戌年十月二十四日，慈禧召見徐桐詢問大計。十一月初五日，徐桐上疏就用人問題提出看法。他認為樞臣襄贊樞密，極關拔識人才，「軍機大臣實天下安危所繫」，並批評孫毓汶、翁同龢當國十多年來，「植黨樹私，不辨賢奸」，貽誤大局。為此，徐桐力薦禮部尚書啟秀「學正才長，力持綱紀」，刑部尚書趙舒翹「志慮純正，識卓才優」，倉場侍郎長萃「廉乾無私，才猷卓越」，三人可任軍機大臣或總署大臣；又稱降調四川總督李秉衡「廉正不阿，向不瞻徇情面，紳民愛戴，可令其巡閱直隸、晉、豫四省吏治，如彭玉麟巡閱長江水師故事，必能揚清激濁，吏治肅清，於風氣實有裨益」。同時，徐桐又稱兩江總督劉坤一「年已頹廢，輕聽輕信，其信任上海道蔡鈞尤無知人之明，南洋重寄竊恐不勝」。對於先前他曾經保舉過的山東巡撫張汝梅，徐桐也痛加駁斥，稱其近來「行事頗蹈粉飾彌縫之習，不敢以論薦在先稍加回護」。山西巡撫胡聘之，則「辦理路礦事宜，貽害地方，尤失民心」；安徽巡撫鄧華熙，「性耽安逸，操守平平，最重情面，洵不足膺疆寄」。所以，陳請慈禧慎選賢能，分別黜陟。[1] 徐桐批評的劉坤一、張汝梅、蔡鈞都是榮祿信任的官員。雖然徐摺被留中處理，但是，從後來的實際情況看，剛毅及其追隨者始終沒有放棄努力，對劉坤一、張汝梅的糾參不斷，導致榮、剛之爭幾乎白熱化。

---

1 《體仁閣大學士徐桐奏為直陳慎選賢能分別黜陟管見事》，光緒二十四年十一月初五日，錄副奏摺，檔號 03-5617-033，縮微號 423-2309。

　　己亥年（1899）正月十八日，翰林院侍講學士陳秉和率先發難，參劾山東
巡撫張汝梅，並辭連前往山東治河的大學士李鴻章。

　　張汝梅（1835～1902），字翰仙，河南密縣人，咸豐末年由監生報捐縣丞，
後參加鎮壓太平軍、捻軍起義。因軍功匯案保奏及賑務出力，光緒十七年，累
升至山西按察使。二十一年正月，調任陝西布政使，四月護理陝西巡撫。同
年夏秋，河湟回民起義爆發，清廷調兵遣將前往鎮壓，汝梅奉命督辦糧台。
二十三年九月，德國藉口巨野教案，出兵侵佔膠州灣，經中德交涉，山東巡
撫、升任四川總督李秉衡被革職，由張汝梅接任魯撫。張氏被視為熟知洋務的
地方大吏，與總署大臣張蔭桓等關係尤密。

　　陳秉和在正月十八日的參摺中稱張汝梅用人不當，要差優缺「悉委」私人
張上達等，以至治河謬誤，百弊叢生，並有辦賑不實、上下欺飾等情狀。又稱
張「最工逢迎，廣通賄賂，當軸要津皆為之言事彌縫」。上諭派戶部右侍郎溥
良按照所奏參各節，前往山東確切查明。陳秉和同時參奏李鴻章，到山東查辦
河工，「館舍器具一切窮極奢侈，日費千金；隨員薪水優厚，筵宴花費至萬金」。
上諭稱，「該撫如果極力逢迎奢華至此，該大學士即應立時參奏。當不至安然受
之」，顯然也將李牽扯進來。陳又奏言：「此言一出，內而見忌於廷臣，外而見
憎於使臣。」上諭以為「此語含混」，命陳秉和明白回奏。[1] 二十日，陳覆奏說：
「臣聞戶部左侍郎立山前任織造時，張汝梅以候選道辦江南鹽務，與立山為密
交，後立山回京即為該撫耳目；大學士榮祿前任西安將軍時，汝梅以陝西藩司
護理巡撫，與榮祿相交甚密，至其往來交通事情曖昧，外人焉能知知？然籍籍
傳聞，實有難掩眾口者。」[2] 竟然直接將矛頭對準軍機大臣榮祿和戶部左侍郎、
內務府大臣立山，不料遭到嚴厲責斥。上諭稱：「覽奏殊堪詫異！立山前在蘇州

1　參見《翰林院侍講學士陳秉和奏為特參山東巡撫張汝梅等員衰頹昏憒復詐貪婪事》，光緒二十五
　　年正月十八日，錄副奏摺，檔號 03-5371-092，縮微號 405-3419；中國第一歷史檔案館編《光
　　緒宣統兩朝上諭檔》第 25 冊，第 26 頁。
2　參見《翰林院侍講學士陳秉和奏前參疆臣張汝梅一摺言有所指遵旨明白回奏事》，光緒二十五年
　　正月二十日，錄副奏摺，檔號 03-5371-098，縮微號 405-3435。

織造，張汝梅領運票鹽，引地遠在淮北；榮祿由西安將軍於光緒二十年八月來京，張汝梅於二十一年正月由陝西臬司簡放陝西藩司，其護理巡撫則在是年四月，斯時榮祿早已在京供職。所稱往來交通情密，更可不辨自明。即使近在同城，亦安見即有密交曖昧之事？」[1] 顯然，陳秉和在覆奏中「信口捏造」，激怒了榮祿，上諭中的詰難抒發的便是榮祿的不平之氣。但是，陳秉和只是受到傳旨「申飭」的薄懲，我們有理由相信，他受到了剛毅的庇護。陳秉和辭連榮祿、立山並非偶然，恰恰說明榮祿、立山袒護張汝梅；從立山庚子被難的結局看，他與剛毅等人早已不諧。

陳秉和參奏張汝梅一案，是政變後剛、榮之間第一次正面衝突。陳背後的支持者除了剛毅，可能還有徐桐。派遣赴山東查案的戶部右侍郎溥良也是剛、徐一黨。二月初三日，上諭命署江寧將軍毓賢任山東巡撫，張汝梅開缺聽候查辦。三月二十日，溥良「查辦」的覆奏抵京，稱張在任年餘，於捕務、賑務、河務辦理未能盡善，雖無廢弛、欺飾情形，但用人不當。為此，軍機處又將戊戌年八月十九日陳秉和參劾張汝梅的摺子一併抄呈，對張進行徹底清算。結果將其降二級另候簡用。在這個回合的較量中，剛、徐佔了上風。對張汝梅的幕僚袁保純、黃亮臣、袁世敦等人的才具，溥良也表示懷疑，上諭命毓賢隨時察看。袁保純和袁世敦是袁世凱的叔父和兄弟，溥良的針對性也很明顯。同日，根據溥良的覆奏，已革山東濟東泰武臨道張上達、候補道黃璣等「聲名甚劣」，被前任巡撫李秉衡奏參革職，後經張汝梅奏請開復，此次經溥良核實，主張維持李秉衡的建議，將張、黃等仍舊革職。於是，另一位重要人物李秉衡便呼之欲出了。

實際上，在戊戌政變後，剛毅、徐桐極力推出的關鍵人物就是李秉衡。先翻山東之案，是為李之復出張本。這在陳秉和參劾張汝梅任用張上達、黃璣問題上已經很明確了。

李秉衡（1830～1900），字鑒堂，奉天海城人。咸同時期因軍功保舉知縣，

---

1 中國第一歷史檔案館編《光緒宣統兩朝上諭檔》第 25 冊，第 28 頁。

指省直隸，歷任州縣十餘年，講求吏治，懲貪安良，被譽為「北直廉吏第一」。[1]
中法戰爭期間，以廣西按察使護理廣西巡撫，奉命移駐龍州，籌辦糧台、轉運
事宜，深得兩廣總督張之洞倚重，稱其與馮子材二人「忠誠廉直皆同，而其得
人心亦同」。[2] 但是，李秉衡思想極為保守，戰後會同鄧承修辦理勘界事宜時，對
法態度強硬，被清廷責以「空言爭執」「貽誤大局」，曾給予革職處分，勘界事
竣後才加恩寬免。不久，李以養病為由開缺。

　　光緒二十年（1894）四月李秉衡復出，補授安徽巡撫，未及赴任，甲午戰
爭爆發，又改調山東巡撫，奉命籌辦海防和沿海「剿匪」。身為巡撫，李「所
延幕友只兩人，足資辦公而已；用僕從只三人，足供使令而已」，被認為是「清
勤直亮，實心為國，近時疆吏中罕有其匹」。[3] 而魯籍官員王懿榮卻評論說：
「東撫謀國，椎心嘔血，自是當今純臣第一，然一不曉洋務，二不知兵，三且不
看京報，以束薪為牛羊，機局太小，不可以為滕薛大夫，然已萬中選一矣。」[4]
他批評李秉衡時務隔膜，可謂切中要害。乙未閏五月二十七日，光緒帝頒佈上
諭命各省督撫就自強策略覆奏，並抄送徐桐、胡燏棻、康有為等人條陳，供督
撫參考。九月，李秉衡上奏稱，「自強全在得人，法制未可輕變」，「不必侈言
變法」，強調「正人心、培國脈為本」，反對開學堂，講西學。他推崇協辦大
學士徐桐的主張，斥責胡燏棻「舍仿行西法更無富強之術」的觀點是「離經叛
道」。[5] 所以，維新人士吳樵批評說：「李建（鑒）堂頗裕如，極惡洋務，中國事
皆誤於此等正人。」[6] 光緒二十三年九月，李秉衡升任四川總督，未及履任，十

1 趙爾巽等：《清史稿》第 42 冊，中華書局，1977，第 12765 頁。
2 《欽差辦理廣東防務彭玉麟等奏摺附片》，《中法戰爭》第 6 冊，第 460 頁。
3 王清穆：《知恥齋日記》（續二），《歷史文獻》第 14 輯，第 283 頁。
4 王懿榮：《與張之洞》，呂偉達主編《王懿榮集》，齊魯書社，1999，第 246 頁。《論語》：「子曰：
　『孟公綽，為趙魏老則優，不可以為滕薛大夫。』」意為孟公綽這樣的人，叫他去做趙魏那等大
　家的家臣長者，還能勝任有餘，卻不能叫他去做滕薛那等小國政繁責重的大夫。這段話是孔子批
　評孟公綽廉靜而才短。
5 《陳奏管見摺》，光緒二十一年九月十六日，戚其章輯校《李秉衡集》中冊，中華書局，2013，
　第 429~435 頁。
6 《吳樵致汪康年》，丙申正月廿五日，上海圖書館編《汪康年師友書札》第 1 冊，第 469 頁。

月發生曹州教案，德國以此為藉口侵佔膠州灣。德使海靖得寸進尺，要脅清廷將李秉衡革職，永不敘用。清廷被迫屈服，給予李以降二級處分。李秉衡悲憤填膺，託病辭官，卜居河南安陽。守舊思想與仇洋情結使他成為政變後最受大學士徐桐器重的疆臣，並積極推動其復出。

　　己亥年（1899）正月十八日，也就是陳秉和參劾張汝梅的當日，上諭命直隸總督裕祿傳旨命降調四川總督李秉衡即行來京，預備召見。因李寓居安陽，遂由河南巡撫裕長咨告。但是，李並未應時而出，而是採取觀望的態度，覆函以生病為由婉拒。二月初八日，裕祿據實覆奏，硃批「俟病痊即行來京預備召見」。[1] 很快就有了重用李秉衡的呼聲。三月二十一日，剛剛升任山東巡撫的毓賢上奏，參劾兩江總督劉坤一，任用私人，「把持公事」，「吏治不修，營伍不俗」，厘金局、督銷局等優差都是鑽營者所得，「請飭下兩江總督澈查，另派廉員管理」。毓賢同時奏稱，李秉衡前任山東巡撫時，整頓臨清關、東海關集得鉅款，化私為公，「公忠體國，為守優廉，且廉潔自持，長於綜核，實為督撫中不可多得之員」。[2] 三月二十九日，清廷發佈上諭：「有人奏江南厘金半歸中飽，請飭徹底清查等語。江南為財賦之區，厘金一項必須經理得人，認真綜核，方於餉需有裨。若如所奏局員鑽營干託，捏報多端，安望厘金日有起色？著劉坤一破除情面，將通省厘金徹底清查，如有收多報少情弊，即行嚴參懲辦，不得任聽該局員等侵欺隱匿，置國課於不顧也。原片著鈔給閱看將此諭令知之。」[3] 毓賢請清廷以李秉衡取代劉坤一任江督的意圖未能達到，但責令劉坤一整頓江南財政的建議，則被清廷完全接受。不僅如此，很快就出現了剛毅南巡之事。四月，上諭命剛毅赴江南查辦事件，主要是清查財政，包括整頓關稅、厘金、

1 《直隸總督裕祿奏為降調四川總督李秉衡體病狀衰實難即行來京預備召見據情代奏事》，光緒二十五年二月初八日，檔號 04-01-12-0588-004，縮微號 04-01-12-112-0763。

2 《山東巡撫毓賢奏為特參兩江總督劉坤一庸懦昏瞶據實糾參事》，光緒二十五年三月二十一日，檔號 03-5373-108，縮微號 406-0580；《山東巡撫毓賢奏請飭下兩江督臣清查中飽和囊厘金局員並各省疆臣仿照李秉衡整頓海關化私為公事》，光緒二十五年三月二十一日，檔號 04-01-12-0589-118，縮微號 04-01-12-112-1809。

3 中國第一歷史檔案館編《光緒宣統兩朝上諭檔》第 25 冊，第 95 頁。

鹽課及招商、電報局各項事宜，目的是「剔除中飽，杜絕虛糜」，將餘款歸於朝廷。幾經掘羅，剛毅得銀 120 萬兩；七月，又奉旨前往廣東籌餉，[1]直到十月才回到京城。

　　剛毅離京期間，李秉衡於七月抵京，據稱「兩宮垂詢文武大吏賢否」，李「尤不避嫌怨，據實直陳」。八月，前往奉天查辦事件。十月，事竣覆命，「上意擬令入樞密」，阻之者謂李秉衡「入直起居不便，且性惡洋務，恐與交涉有礙。」[2]阻攔者中可能有榮祿。但是，起用李秉衡是徐桐、剛毅堅定的目標。在他們的策動下，十月十六日，御史彭述再次上奏，請仿照同治十一年前兵部尚書彭玉麟奉旨巡閱長江、整頓營務之例，派降調四川總督李秉衡巡閱長江水師。彭述稱讚李氏昔日護理廣西巡撫時，「能以至誠至公激勵將士，於主客各軍苦心調和，視同一家」，且賞罰分明；如派李秉衡輕裝簡從，明察暗訪，「五省官吏亦將聞而知懼」。[3]在剛毅南巡回京不久，就有人建議李以長江巡閱使的身份，染指兩江事務，雖有防外侮內患的理由，同樣具有鮮明的權力爭奪色彩。上諭允准，但李以從前未與講求，無以圖效，請收回成命，奉旨不准。傳言召對時，李秉衡不避嫌怨，據實品評文武大吏賢劣，[4]參劾慶王奕劻、榮祿、王文韶等中外重臣，慈禧閱後「為之動容，遂留中不發」。[5]揆諸李秉衡平日與榮祿

1　參見何漢威《從剛毅、鐵良南巡看中央和地方的財政關係》，《中研院歷史語言研究所集刊》第 68 本第 1 份，1997 年 3 月；王爾敏《剛毅南巡與輪電兩局報效案》，《近代史研究》1997 年第 4 期。

2　朱祖懋：《海城李公勤王紀略》，光緒癸卯（1903）鉛印本，第 6～7 頁。

3　《掌山西道監察御史彭述奏為援案請派大臣巡閱長江水師事》，光緒二十五年十月十六日，錄副奏摺，檔號 03-6186-069，縮微號 460-2250。

4　朱祖懋：《海城李公勤王紀略》，第 6 頁。

5　《知新報》援引《字林西報》的消息說：「今日李秉衡參劾京中各大員，甚為侃直。查所參者，一為慶王、榮祿，立黨爭權，目無皇上，將危社稷；一為軍機大臣王文韶，年老昏庸，不知辦事；一為提督蘇元春，辦理劃界事宜，不能力爭，致受法人侮辱；一為武衛中軍翼長張俊，軍無紀律，縱士卒騷擾，且所用軍器，均舊式不能合用；一為河南巡撫裕長，貪劣不職。以上各員，均請旨查辦等語。奏上，太后閱至參慶、榮處，為之動容，遂留中不發。」見《知新報》第 110 冊，光緒二十五年十二月初一日，影印本（澳門基金會、上海社會科學院出版社，1996）第 1612 頁。這些京朝官場祕聞，不盡確切，況且《知新報》又有保皇派的背景。儘管如此，榮、李關係不洽大致還是符合實情的。

等人的關係，這些說法或有誇大，但應有其事。十月二十六日，李陞辭南下，十一月初十日抵達安陽養病。十一月二十二日，上諭命劉坤一來京陞見，兩江總督著江蘇巡撫鹿傳霖署理。這是榮祿為抵制李秉衡採取的措施，而劉坤一也以天氣寒冷，請旨新年春天再北上陞見，獲准。[1] 見此情形，十二月初四日，李秉衡再次請假，也改擬開春就道南下。[2] 李秉衡、劉坤一爭奪兩江的內幕大致如此，而背後則是滿洲權貴榮祿、剛毅、徐桐之間的較量。

事實上，伺機策動慈禧調整軍機大臣人選、乘機豐滿羽翼，也是剛毅、徐桐等人的既定目標。這與主持中樞的榮祿自然會產生衝突和矛盾。不過，剛毅首先排擠的是與帝傅翁同龢關係密切的兩名軍機大臣：工部尚書錢應溥與刑部尚書廖壽恆。錢應溥以領班軍機章京起家，升任軍機大臣。戊戌年春政局動盪，錢氏久病在假。是年七月，奏請續假，並請派員署缺，[3] 獲准續假一個月。八月底假滿之時，政變已經發生，局面大變，錢應溥遂疏陳「久病侵尋，有增無減，職司久曠，寢饋難安」，請求開缺調養。[4] 慈禧未允，特賞西苑門內乘坐二人肩輿並免帶領引見，以示體恤。己亥三月初五日，錢應溥以病情難癒，再次請求開缺。慈禧溫諭挽留，再賞假一月，並派御醫張仲元親往看視診治。[5] 五月初八日，錢以「樞務重地斷非久病之軀所能勝任」，請予開缺。[6] 由於錢的一再堅持，上諭允准開缺，但賞食半俸，以示優遇。次日，工部尚書由徐樹銘補授，所遺左都御史由徐用儀補授。軍機大臣則由徐桐推薦的啟秀接替。此次各官轉

---

1 《恭報交卸日期摺》，光緒二十五年十二月二十四日，《劉坤一遺集》第 3 冊，第 1205 頁。

2 《巡閱長江水師降調四川總督李秉衡奏報病假屆滿前往長江酌定起程日期事》，錄副奏摺，光緒二十六年二月初二日，檔號 03-5387-023，縮微號 407-0329。

3 《工部尚書錢應溥奏為因病續假調理並請派員署缺事》，光緒二十四年七月二十九日，錄副奏摺，檔號 03-5363-126，縮微號 405-1217。

4 《軍機大臣錢應溥奏為假滿病勢難痊請旨開缺事》，光緒二十四年八月二十九日，錄副奏摺，檔號 03-5364-148，縮微號 405-1526。

5 《工部尚書錢應溥奏為因病請予開缺事》，光緒二十五年四月初五日，錄副奏摺，檔號 03-5374-019，縮微號 406-0695。

6 《工部尚書錢應溥奏為舊病未癒請旨開缺醫調事》，光緒二十五年五月初八日，錄副奏摺，檔號 03-5375-049，縮微號 406-1039。

補，候補侍郎袁世凱，得以補授工部右侍郎兼管錢法堂事務，成為實缺堂官。

另一位樞臣廖壽恆本來是翁同龢推舉入樞的，因百日維新期間與皇帝親近，為慈禧所不滿。[1] 己亥十一月初十日，因為李秉衡嚴參，奉旨退出軍機處（詳後），但仍以禮部尚書兼總署大臣。[2] 接替他入樞的是徐桐推薦的趙舒翹。

協辦大學士、光緒帝的老師孫家鼐因戊戌新政期間大受皇帝信任，且參與創辦京師大學堂事宜，同樣受到徐桐、剛毅等人的忌恨。己亥六月初十日，孫家鼐開始請假，請派員署理吏部尚書。七月初十日，假滿請求開缺調理。[3] 九月、十月又兩次續假，慈禧溫諭挽留，並賜人參。十一月二十四日，再次請求開缺，[4] 慈禧仍不准，雖未開缺，但直到庚子四月義和團興起，均在假中，暫時遠離了暗潮洶湧的權力中心。

前軍機大臣、兵部尚書孫毓汶自乙未開缺後，雖慈眷不減，但其政治影響則一再減弱。政變後慈禧一度有重新起用孫氏之意，甚至派榮祿前往孫宅勸說，[5] 但未果。己亥三月初九日，孫毓汶病逝，上諭命照尚書例賜恤，諡「文恪」。至此，這位頻傳將要復出的重量級人物徹底退出歷史舞台。然而，與他一起在甲午戰後從權力頂峰跌落的大學士李鴻章則又歷經了新的波折。

1　馮煦撰《禮部尚書廖公墓誌銘》稱：「其（廖壽恆）入樞垣也，為翁常熟所引，常熟既以翼戴德宗，積與孝欽忤，公亦靖共受常軌，不為異己所容。常熟一擯，公遂以足疾歸，而國事流失敗壞，岌岌不可為矣。」見《碑傳集補》卷5，《清代碑傳全集》下冊，第1289頁。

2　廖壽恆庚子年六月請假，七月初三日，許、袁被殺後，上摺續假。聯軍進城後，出城逃難。後以留京大臣於閏八月二十日上摺，請求開缺，九月初八日獲准。自此離開政壇。十一月回籍。二十九年八月十五日病逝。參見《禮部尚書廖壽恆奏為病久未痊請開缺事》，光緒二十六年閏八月二十日，錄副奏摺，檔號03-5392-018，縮微號407-1789；《江蘇巡撫恩壽奏為前任禮部尚書廖壽恆在籍病故代遞遺摺事》，光緒二十九年九月初四日，錄副奏摺，檔號03-5424-049，縮微號410-0158。

3　《吏部尚書孫家鼐奏為假期已滿宿疾難癒請開缺調理事》，光緒二十五年七月初十日，錄副奏摺，檔號03-5378-036，縮微號406-1609。

4　《吏部尚書孫家鼐奏為病未痊癒假期屆滿自請開缺事》，光緒二十五年十一月二十四日，錄副奏摺，檔號03-5382-125，縮微號406-2976。

5　放新疆途中的張蔭桓在給閻迺竹的信中說：「遲老（孫毓汶，號遲盦——引者註）專差計已返都下，家丁言遲有復入中書（即軍機處——引者註）之說，高密曾往勸駕云。」此處「高密」指代榮祿。見《張蔭桓致叔函》，光緒二十四年戊戌十月初七日，虞和平主編《近代史所藏清代名人稿本抄本》第1輯第18冊，閻敬銘檔，第177頁。按，閻迺竹為閻敬銘之子。

李鴻章自光緒二十二年（1896）九月訪歐回國後，奉旨入值總理衙門，遂與長期執掌總署的張蔭桓發生矛盾，彼此明爭暗鬥，時遭排擠，處境不盡如人意。戊戌年六月，李奉命退出總理衙門，據說就與張的暗算有關。[1] 政變後，守舊勢力回潮，李鴻章這位洋務領袖的處境更加艱難。九月，慈禧懿旨派李鴻章為勘河大臣，會同東河總督任道鎔、山東巡撫張汝梅勘察山東黃河河工。十月十七日，李鴻章出京，十月二十一日達濟南，己亥二月事竣回京。慈禧派年邁的大學士冒着嚴寒出京治河數月，自然說明朝廷對河工的重視，但是，如吳汝綸所分析的，也「有忌者出之於外」的因素。[2] 更何況還發生了陳秉和借參劾張汝梅攻擊李鴻章之事（詳前）。回京後，李推薦多年的部屬周馥為河道總督，主持治河，並與榮祿達成共識，但榮祿在軍機召見面保時卻受到阻撓，令李感到無奈。賦閒半年有餘，十月二十二日，上諭命李鴻章為商務大臣，前往通商口岸考察商務。此時廣東沿海保皇會活動頻繁。李鴻章在十一月十二日的家書中說：「商務大臣之舉，慶邸因各外埠華商公電祝慈壽，籲請歸政皇上，仍圖變政自強，明係康有為等煽惑，恐動搖人心，因余老成重望，出為宣播德意，籠絡輿情。」[3] 確實，流亡海外的康有為、梁啟超組織保皇會，歌頌光緒「聖德」，鼓動南洋、美洲、日本等處華僑發電「請皇帝聖安」，要求慈禧歸政，影響日益擴大。李鴻章此行確實帶有鎮壓保皇會活動，搜拿康、梁的目的。十一月十七日，上諭命兩廣總督譚鍾麟來京陛見，李鴻章署理粵督。次日，又令各省督撫懸賞捉拿康、梁。看來，李鴻章出京確與鎮壓保皇會活動有關。也有說李鴻章因為感到形勢嚴峻，在京有危險，才請榮祿襄助外放的。其實，此二事並不矛盾，在李鴻章的出處方面，慶王與榮祿應該不會有很大的分歧，至少彼此有過協調。十二月初七日，李鴻章出京，先乘火車到秦皇島，乘輪船南下，十二月十二日，抵上海，經滬港，於十二月十七日到達廣州，次日接任。這位

1　陳夔龍：《夢蕉亭雜記》，第 13～14 頁

2　《與李季高》，十一月廿九日，徐壽凱、施培毅校點《吳汝綸尺牘》，黃山書社，1990，第 153 頁。

3　《致李經方》，光緒二十五年十一月十二日，《李鴻章全集》第 36 冊，第 251 頁。

功勛卓著的中興之臣，此時也被排擠得無計可施，只得遠離漩渦中心，求得一時的安寧。

雖不能絕對而言，但己亥年一些政治經驗豐富、了解外國形勢的漢族官員受到不同程度的排擠，滿洲權貴用事的局面已經形成，這是庚子年清廷決策出現偏差的重要原因之一。在這個過程中，剛毅、徐桐等人與榮祿是存在直接矛盾的。榮祿關注大局，用人無滿漢偏見。十一月初四日，上諭命山東巡撫毓賢來京，袁世凱署理魯撫。這是因為毓賢任內聽任義和團攻擊教民的活動，招致列強反對，引起外交糾紛。袁世凱得以主政山東，也算得上是榮與剛較量的一次小勝。事實證明，此事對庚子年政局以及後來袁氏政治地位的驟升具有非同一般的意義。

二　康、梁及東南沿海反對廢立、攻擊榮祿的輿論

戊戌政變後還有一支力量漸成氣候，對政局產生了越來越重要的影響。這就是流亡海外的康、梁保皇黨人。憑藉在宣傳上的優勢，康、梁通過《清議報》等輿論陣地，揭露慈禧、榮祿發動政變，「廢除」皇帝的行徑，高舉「保皇」旗幟以喚起世人同情和支持。他們的宣傳在東南沿海、沿江地區風靡一時。同時，上海、南京等地的維新人士和紳商，對於政變後清廷的倒行逆施十分不滿，與康、梁的輿論有一定程度呼應，於是形成了批評清廷朝政的輿論氛圍。特別是剛毅南巡之後，朝廷的勒抑商民行為，進一步招致江南各省商民的憤恨。己亥年底發生的「建儲」事件，引發康、梁及東南沿海沿江各埠反對廢立、抨擊朝政的激烈輿論，其中也有對榮祿的批評和咒罵。

政變發生後，因為英國、日本派人搭救康、梁等新黨人士，慈禧對此深為惱怒，京城中也瀰漫着濃厚的排外氣氛。戊戌年九月十二日，匯豐銀行北京分行經理熙禮爾給英國公使竇納樂的信中說：「據說軍機處的一個成員講的，

要趁這留住北京的外國人為數很少的時機，將他們全部根除，燒燬各國使館。我的部下昨晚尾隨在一羣總理衙門屬員身後，聽到了這種十分令人擔心的交談。……我無法斷定這個建議出自軍機處的哪一個成員，不過我認為不外是榮祿和剛毅之間的事。」[1] 這樣的消息不免帶來恐慌。但是，如此荒謬的想法不會出自榮祿，是可以肯定的。很快，列強發現流亡的康有為有關變法的宣傳情況不盡可信，而慈禧訓政後人心安定，也未見清廷採取明顯的排外政策。於是，各國開始陸續緩和與清廷的緊張關係。雖然慈禧對英、日庇護康、梁不滿，仍不得不隱忍。當時謠言盛行，傳言光緒帝病重，即將興廢立。九月初四日，在公使的要求下，法國使館一名醫生入宮為光緒帝診病，並將診斷書公佈於世，使皇帝病重的謠言不攻自破。十一月初一日，慈禧和光緒帝又一起在宮內接見各國駐華公使夫人，還與她們一一握手，又命慶王福晉陪同入宴，並賞座觀劇等。[2] 在清政府的強烈要求下，日本被迫勸康有為離日。光緒二十五年二月二十三日，康有為不得不離開橫濱，前往加拿大，三月初七日抵達溫哥華。

抵達美洲的康有為很快得到當地華僑支持，展開了保皇活動。六月十三日，經過籌備，康有為與僑商李福基等宣導，創立保皇會，全稱「保救大清光緒帝會」，即保皇會。二十八日，光緒帝萬壽節，康親率門人、華商等，北望行禮祝壽。又策動美洲、南洋商埠華僑，紛紛致電總署祝壽。康有為以奉有皇帝「衣帶詔」為名，以忠君救國相號召，派門人前往各地活動，先後在美洲、南洋、澳洲、香港、澳門、橫濱等地先後建立總會、分會，多達 160 多個。又以澳門《知新報》和橫濱《清議報》館為「總公司所」，負責接受各埠捐款，並以二報為喉舌，宣傳保皇政見。[3] 梁啟超在《清議報》不斷撰文，鼓吹光緒復

---

1 《愛‧蓋‧熙禮爾致克‧馬‧竇納樂》，北京，1898 年 10 月 6 日，駱惠敏編《清末民初政情內幕——〈泰晤士報〉駐北京記者、袁世凱政治顧問喬‧厄‧莫理循書信集（1895～1912）》（以下簡稱《莫理循書信集》）上冊，劉桂梁等譯，知識出版社，1986，第 116 頁。

2 《申報》光緒二十五年十一月二十七日，第 1 版。

3 參見李吉奎〈橫濱保皇會事實鈎沉〉，廣東康梁研究會編《戊戌後康梁維新派研究論集》，廣東人民出版社，1994。

辟，抨擊慈禧和榮祿等滿洲黨。六月二十一日《知新報》刊載《論今日變法必自調和兩宮始》，稱兩宮不和，實起於「賊臣讒間之口和賊臣篡奪之謀」，「實榮祿一人言而一人為之矣」。[1] 開始收斂了對慈禧的咒罵，而將主要矛頭對準榮祿。十月初十日，慈禧萬壽，保皇會又策動南洋各埠華商致電總署，名曰祝壽，實則呼籲太后「歸政頤養」，[2] 目的在於向清廷施加壓力。

康、梁主導下的保皇會，對慈禧、榮祿等極力攻擊，甚至不顧事實，散播謠言，以籠絡僑民，獲得他們對保皇活動的支持。康氏門徒極力宣揚慈禧廢帝的陰謀，報導各種消息，混淆視聽。五月初一日《知新報》引用《字林西報》報導說，五月十三日「中朝另立新君，聞踐位者為恭王之孫，又有為五王爺之孫者。西后不能復秉大權，實深焦慮」。七月初一日《知新報》譯發香港《士蔑報》的報導說：「西后始倚榮祿為心腹，任其練兵，今見其弄權，恐其逼己，以慶邸親貴，故用以抑榮祿。」甚至稱慈禧「盡購康有為所著之書及奏摺，覽之稱善」。[3] 其實，此刻正是武衛中軍成立之時，哪有半點懷疑榮祿的傾向？橫濱《清議報》也大造輿論。[4] 八月二十日又有消息稱：「慶王之意欲皇上讓位，榮祿之意欲皇上親政，兩人大相齟齬，不能相容，大約遷居雍和宮後，必須有一番爭論。」[5] 八月二十一日引用香港《士蔑報》報導：「謂得接北京消息，知西后所造之鐵屋，乃所以監禁光緒帝於其中，定於本月廢位，而另以一九齡童子繼位，乃以西后訓政，此童子名溥異，乃瀾公之子。」並有光緒帝祕密派心腹太監往見日本公使求救的奇談。[6] 保皇會或云據洋報言，或轉載各種傳言，雖無甚根據，卻在東南沿海一帶士林中頗有影響。

康、梁對榮祿的抨擊也越來越激烈。光緒二十五年八月十一日，《知新報》

1 《知新報》第 94 冊，光緒二十五年六月二十一日，影印本，第 1353 頁。
2 《知新報》第 107 冊，光緒二十五年十一月初一日，影印本，第 1564 頁。
3 《知新報》第 95 冊，光緒二十五年七月初一日，影印本，第 1370 頁。
4 《知新報》第 89 冊，光緒二十五年五月初一日，影印本，第 1277 頁。
5 《清議報》第 29 期，光緒二十五年九月初一日，中華書局，1990，影印本，第 1887 頁。
6 《知新報》第 100 冊，光緒二十五年八月二十一日，影印本，第 1453 頁。

（第 99 冊）刊登了名為《杭州駐防瓜爾佳擬上那拉后書》的「杭州來稿」，書中稱頌太后「聖明」，猛烈抨擊榮祿，稱今日中國內憂孔亟，外患交逼，根源在於「戊戌八月滿漢、新舊之變」，以為當務之急是「和兩宮以圖自存，和兩黨以策自強，和四彝以求自保，若其功則必自殺賊祿始」。「奸賊大學士榮祿，強悍無識，敢為不道，包藏禍心，乘間思逞。維新不可不殺，守舊尤不可不殺。」又稱榮祿有十大罪狀：「其一，迫皇上而幽之，是辱君也；其二，脅太后之復出，是奪政也；其三，誣康氏為大逆，是逐賢也；其四，譚嗣同等六人以無罪殺，是戮忠也；其五，窮捕志士，是禍黨也；其六，推翻新政，是亂法也。其七，節制南北水路各軍，甚者練親軍一萬，是盜兵也；其八，恃虎俄而媚事之，是鬻國也；其九，啟列強之要脅，是召亂也；其十，植私黨而同惡濟之，是任奸也。」[1] 這篇言辭激烈的所謂上書，在《知新報》上刊行，當然是為保皇黨搖旗吶喊的。因為署名為「杭州駐防瓜爾佳氏」，後世認為出自近人金梁之手，此事恐屬訛誤，應是康、梁門徒杜撰的。[2] 此文刊行後，《清議報》第 28 冊（八月二十一日）、第 29 冊（九月初一日）連續刊載《杭州駐防瓜爾佳氏上西太后書》，並題署「七月二十二日呈剛欽差轉奏」。[3] 正文中沒有提到榮祿，只有「賊某」，但文末加按語說「『賊某』二字，原文係指榮祿。今特附記於此」。[4] 就此來看，此事確為康門弟子所為。所謂呈剛毅「轉奏」，也有挑唆剛、榮關係的目的。大約在此之前，天津的《國聞報》也刊載了此文，同樣，隱去了榮祿的名字。看來，《知新報》《國聞報》《清議報》同時刊載此文，是康黨精心策

---

1 《知新報》第 99 冊，光緒二十五年八月十一日，影印本，第 1434 頁。

2 儘管金梁姓瓜爾佳氏，也是杭州八旗駐防，但是，沒有足夠的證據表明此文是金梁所作。金梁於光緒三十年甲辰中最後一科進士，原是學人本色，民國後以遺老自居。上書文氣激烈與金梁平生文字風格也迥然不同。筆者以為，此文這是康、梁門徒所為，署名「杭州駐防瓜爾佳氏」，意在向世人昭示即使榮祿同族中人也視榮為「大奸大蠹」，僅此而已。換言之，如果是金梁所作，又不欲署本名而用化名，也不可能明確說出旗份和駐防地的。賈小葉女士在《〈杭州駐防瓜爾佳氏上皇太后書〉作者考析》（載《近代史研究》2017 年第 6 期）一文中堅持認為，此書仍是金梁所上。筆者以為，此事仍需討論。

3 《清議報》第 28 期，光緒二十五年八月二十一日，影印本，第 1829 頁。

4 《清議報》第 29 期，光緒二十五年九月初一日，影印本，第 1893 頁。

劃的。嚴復看到後大發感慨。八月二十日,他在寫給張元濟的信中說:

　　《國聞報》論說刊者用杭州駐防瓜爾佳氏上太后書,註云七月廿二日
呈剛欽差代奏,其中詞語最足驚人,兄如未見,亟取觀之。「中外時事,
非殺賊某不可」。此所謂某者,不知所指何人,然觀後文所列十款,似是
當今首相;蓋非首相,他人無節制南北水陸各軍事也。書言其人強悍無
識,敢無[為]不道,包藏禍心,乘間思逞;維新不可不殺,守舊更不
可不殺。言語激烈,可謂至矣、盡矣。然試平心復觀,其所指之人是否如
此,則真未敢輕下斷語也。以弟所聞,則不過此人與對山同日召見,在上
前說過對山之不可用。人心不同,各如其面,此亦何足深恨。至後來八月
十二日入樞府以後之事,則禍機已熟,所有殺逐之事,豈可遂謂皆此人所
為乎?王小航嘗謂太后本顧惜名義,弟於此人亦云責人既過其實,則不但
不足以服其心,且恐激成禍變。千古清流之禍,皆此持論不衷者成之,可
浩歎也。《國聞報》將此種文字刊列,實屬造孽,可怕,可怕!弟年來絕
口不談國事,至於書札,尤所謹慎。今與吾兄遂有忍俊不禁之意,望閱畢
即以付丙,不必更示他人,使禍根永絕,為禱。[1]

　　這封密信對《國聞報》轉載的《上太后書》對「首相」的攻擊進行了批評,
認為失當。雖然沒有指名道姓,明顯是在為「首相」榮祿辯護。嚴復感到,所
謂「杭州駐防瓜爾佳氏上太后書」,完全是逃往海外的康梁一派的口吻,《國聞
報》與夏曾佑一直有瓜葛,刊載此文可能與《知新報》中康、梁門人有關。嚴
復對該文如此評判榮祿並不同意:「試平心復觀,其所指之人是否如此,則真未
敢輕下斷語也。……責人既過其實,則不但不足以服其心,且恐激成禍變。千
古清流之禍,皆此持論不衷者成之,可浩歎也。」這番評價還是比較公允的。

1　王栻主編《嚴復集》第 3 冊,第 533〜534 頁。

在嚴復看來，康、梁在海外虛張聲勢的政治宣傳令人鄙視，並評論說：

> 每次見《清議報》，令人意惡。梁卓如於已破之甑，尚復嘵嘵，真成無益。平心而論，中國時局果使不可挽回，未必非對山等之罪過也。「輕舉妄動，慮事不周，上負其君，下累其友」，康、梁輩雖喙三尺，未由解此十六字考註語；況雜以營私攬權之意，則其罪愈上通於天矣。聞近在東洋又與王小航輩不睦；前者穰卿，後者小航，如此人尚可與共事耶？穰卿極袒對山，弟則自知有此人以來，未嘗心是其所舉動；自戊戌八月政變以後，所不欲多論者，以近於打落水雞耳。[1]

信中「王小航」即王照，「穰卿」即汪康年，「穗卿」是夏曾佑，「對山」代指康有為。此刻，康、梁已與流亡到日本的王照分道揚鑣。在嚴復看來，戊戌政變的發生，康、梁輕舉妄動，未必非其「罪過」也，現在反過來攻擊榮祿，罵其為罪魁，實屬無可理喻。

不久，與《國聞報》相關，又發生了轟動一時的「沈鵬事件」。十月十六日《國聞報》在「摺稿照錄」欄目中刊登了翰林院編修沈鵬《為權奸震主削民、生禍招災，請肆諸市朝摺》，並註明是「九月二十一日送至衙門抑而未上之稿」。這個摺稿是沈鵬應九月初二日、初五日兩次上諭因旱災將成、詔諸臣各抒儻論而上的，所以屬於應詔陳言。疏中稱：

> 今大學士榮祿，既掌樞機，又掌兵權柄……伏願皇太后皇上聽曲突徙薪之謀，為未雨綢繆之策，毋使董卓曹操再見於今日……今歲大學士剛毅奉旨籌餉，到處搜括，民怨沸騰，雖其籌餉之名為力除中飽，不竭商民，然剔決搜羅，不顧大體。而不肖官吏肆意追乎；又裁撤學堂，以傷士

---

1 王栻主編《嚴復集》第 3 冊，第 534 頁。

氣，省數萬有限之款，灰百千士子之心……更有太監李蓮英，以一宦寺，干涉朝政……請援照國典肆諸市朝。[1]

這就是轟動一時的「劾三兇疏」，榮祿名列其首。

沈鵬（1870～1909），字誦棠，號北山，江蘇常熟人，光緒二十年甲午進士，選庶吉士，散館為編修，為翁同龢的門生，與翁交往密切。翁氏戊戌罷官後，沈鵬認為權奸當道，忠良受擠，對朝局十分憎恨，故遞呈翰林院掌院學士、大學士徐桐請代遞，遭到拒絕。據時人孫雄稱，沈鵬該疏是在內閣中書張鴻（映南）疏稿上點竄而成的。孫雄寫道：

（沈鵬）平居目擊時艱，常鬱鬱思有所建白，同邑內閣中書張鴻，振奇士也，與君為總角交，又與翁氏有連。嘗擬彈劾三兇疏稿以示君，君極稱許，謂適如吾意中所欲言。因加點竄，於己亥十月呈乞掌院學士代奏。疏中大旨謂：三人行事不同，而不利於皇上則同。且權勢所在，人爭趨之。今日旗員之中，凡有兵柄者，即權不逮榮祿，亦榮祿之黨援也；凡勢位通顯者，即悍不若剛毅，而亦剛毅之流亞也。而旗人漢奸之嗜進無恥者日見，隨聲附勢而入於三人之黨。時勢至此，可為痛哭流涕長太息。故竊謂不殺三兇以儆其餘，則將來皇上之安危未可知也。臣伏願皇太后聽曲突徙薪之言，凜滋蔓難圖之意，亟收榮祿之兵權，而擇久任督撫、忠懇知兵者分領其眾；懲剛毅之苛暴，而用慈祥仁恕之人。李蓮英閹豎小人，復何顧恤？除惡務盡，不俟終朝。如此則皇上安於泰山，可以塞天下之望矣。掌院徐相國桐駭怖其言，格不上達，君流涕長跪，再三固請，仍不允。遂將摺匣置之案上，拂衣出都，道出津門，有《國聞報》館記者來訪君，乞

1　沈鵬：《為權奸震主削民、生禍招災、請肆諸市朝摺》，《國聞報》光緒二十五年十月十六日，第1版。

觀疏稿，君坦示之。次日即登報，傳佈遐邇。[1]

　　張鴻是翁同龢侄孫婿，譴責小說《續孽海花》的作者，與曾樸、沈鵬均友善。沈鵬上書前後，他也在京城，沈稿據張之疏而來是可信的。據張鴻這年七月初七日寫給徐兆瑋的信中說：「都中謠言大起，聞有內禪之說，聞之可為痛哭。但願此言不確，則國家之福，否則弟將瀝血陳疏，作魯陽之戈。如堂官不肯代遞，弟亦拂衣歸里，常為農夫……」[2] 看來，沈鵬書稿一定與張鴻有關。當然，還有一點可以推論。張鴻、沈鵬可能看到了《國聞報》上刊載的《杭州駐防瓜爾佳氏上太后書》，後來沈摺也刊載於該報，二者之間有必然關聯。

　　沈鵬「劾三兇疏」能夠迅速傳播開來，主要由於《申報》的轉載。十一月初七日《申報》轉載了《沈編修天災直言摺稿》（即《國聞報》所刊的摺稿），此外，又刊佈沈的另一奏摺《沈編修應詔直言摺》。該摺分為前後兩部分，其前半部分刊載於初七日《申報》，後半部分在初八日連載完畢。《應詔直言摺》歷數榮祿、剛毅、李蓮英「惡跡」，比《天災直言摺》更加詳盡。至於此摺之出處，尚無法定論。值得注意的是，十一月初三日《國聞報》又在「國聞錄要」中寫道：「翰林院編修沈太史鵬前曾請掌院徐中堂代奏請殺大臣某某及內監某等一摺，中堂不為上，復具一摺，仍抑之，將再請，眾鄉友強其出京。不料，至津後仍折駕而回，更具一摺，極言溥炘可繼大統，掌院以其言愈言愈謬，置於不理。然外人聞之，大以為奇。」可見，沈鵬參劾榮祿等人的摺稿不止一份。

　　沈鵬兩次參奏，「直聲震天下，雖格於堂官不得上，而海內外傳誦，譯稿通於外洋，幾乎洛陽紙貴」。上海《中外日報》《滬報》皆登其文。[3] 因有傳言此事係翁同龢幕後指使，翁氏門生和家人驚恐萬分，連忙派人強送沈鵬南下回

---

1 孫雄：《清故翰林院編修沈君墓表》，錢仲聯主編《清詩紀事》第 19 冊，第 13727～13728 頁。
2 李向東等標點《徐兆瑋日記》第 1 冊，第 112～113 頁。
3 胡珠生編《宋恕集》下冊，中華書局，1993 年，第 693 頁。

籍。十一月二十日，沈鵬回到常熟。鄉人徐兆瑋稱：「蓋北山摺，京師貴人皆疑翁氏聳臾成之，北山在京，翁氏舉家皇駭，恐及禍。徐蔭軒亦言沈某為常熟私人，此摺疑出指使云。」[1] 徐桐、剛毅等人不僅懷疑，而且採取了實際行動。十一月十八日，在懸賞捉拿康梁的上諭中，再次聲討了翁同龢「濫保匪人」的罪責。不僅如此，與翁友善的軍機大臣廖壽恆也於同月初十日被趕出樞垣，據說也是剛毅乘機出手。為此，同月二十三日，徐兆瑋日記稱：「剛子良相國閱而大怒，謂出常熟所嗾也。時有旨嚴拿康梁，中牽涉叔平師薦康有為才勝十倍語，蓋欲附會逆案以興大獄，其心殊叵測也。此事雖與北山無涉，而適際刊摺之後，遷怒不為無因云。廖仲山師退出軍機，西報謂亦沈某所致，恐非事實。」[2] 翁同龢在二十五日日記中也寫道：「連日為沈鵬在京欲訐大臣同邑公議，逐令出京，旋天津報登其疏稿，而論者遂疑余主使。沈鵬既歸，又作《辨污》一篇。於是同鄉益憤，痛斥之，始允不再鬧事。噫！沈一癡子耳！其人不足惜，而欲累及師門，亦奇矣哉！」[3] 其中充滿無奈與恐懼之情。

沈鵬性格內向，因為婚姻挫折，精神抑鬱，其時已患「癔症」。其疏稿固然表達了一些江南士林階層對榮祿、剛毅等滿洲權貴的不滿情緒，但言辭不免偏激。時人雖對其敢言表示欣賞，但也有批評。十二月初二日，皮錫瑞在日記中寫道：「聞常熟太史沈朋 [鵬] 者上書，云三兇在朝，謂榮、剛、李蓮英三人，榮兵權太重，從來未有，可謂敢言。此人乃楊莘伯之客，反覆不可憑，未知是否也」。[4] 顯然，也有人對沈鵬其人不以為然。總理衙門章京汪大燮更是譏諷「沈鵬戀闕甚殷，妄說不足信也。」[5] 儘管如此，沈疏在朝野還是產生了很大轟動。因為牽涉翁同龢，又與昔日政潮相關聯，形勢一度也顯得緊張。光緒二十六年

---

1 李向東等標點《徐兆瑋日記》第 1 冊，第 134 頁。徐氏又云：「請誅三兇之疏即格不得上，同鄉挾之南旋。翁氏恐剛毅等借北山為翁黨，媒孽短長，日夕防閒，使不得出境。」見徐兆瑋《北松廬詩話》，錢仲聯主編《清詩紀事》第 19 冊，第 13726～13727 頁。

2 李向東等標點《徐兆瑋日記》第 1 冊，第 135 頁。

3 翁萬戈編，翁以鈞校訂《翁同龢日記》第 7 卷，第 234 頁。

4 皮錫瑞：《師伏堂日記》第 4 冊，國家圖書館出版社，2009，第 361 頁。

5 上海圖書館編《汪康年師友書札》第 1 冊，第 813 頁。

正月二十五日，翰林院掌院大學士昆岡、徐桐上疏以「喪心病狂，自甘悖謬」，請將沈鵬革職交地方官嚴加管束。[1]據二十七日徐兆瑋日記，沈鵬由地方官暫行看管。「榮相電云：俟奉廷寄再行提省究辦。」[2]可見，榮祿也曾干預此事。二月初七日，沈鵬被常熟縣收入監中，初七日轉移蘇州省獄。初九日上諭命永遠監禁，「勿任與地方人等往來交結」。[3]

　　沈鵬事件在士林中反響極大，康有為也認為「誅奸救皇，肇其端矣」，不失時機鼓勵門徒乘機加大輿論宣傳。桑兵教授認為，康、梁草擬《保救大清皇帝公司序例》即是在這種背景下完成的，保皇黨人甚至專門印製《商民請慈禧歸政摺》，留出人名、地名、時間空白，勸說僑商填寫，作為爭取「民意」、請求光緒「復辟」的依據。[4]可見康、梁十分重視對國內輿論的利用和影響。

三　己亥建儲與庚子年初的朝局

　　在晚清史上產生過重大影響的「己亥建儲」，正是在清廷內部矛盾重重、朝野輿論中有關廢立的傳聞喧囂塵上的背景下發生的。清廷內部的分歧和決策過程迄今不能明晰，但榮祿在其中的作用似乎格外重要，這一點歷來無人懷疑。

1　同時受到處分的還有翰林院編修貴鐸、周錫恩，檢討吳式釗，編修陳鼎，他們或主張變法，或辦理洋務，均是觸犯過徐桐的翰林。見《大學士昆岡、徐桐奏為特參編修貴鐸等三員心術不端衣冠敗類請以一併革職事》，光緒二十六年正月二十五日，檔案號 03-9646-002，縮微號 688-0926。

2　李向東等標點《徐兆瑋日記》第 1 冊，第 148 頁。

3　《江蘇布政使陸元鼎奏報革員沈鵬押解來省收禁司監事》，光緒二十六年二月二十八日，檔案號 03-5388-079，縮微號 407-0668。光緒二十七年四月二十七日，上諭將沈鵬與陳鼎釋放，但仍交地方官嚴加管束。對此，據說是樊增祥發揮了作用：「時樊增祥為榮幕客，鄉人有與增祥交善者，託其轉求於榮。榮求之於太后，太后意未決。鄉人乃請兩江總督劉坤一專摺上奏求釋，榮再求之，北山乃得放歸。」見錢仲聯《夢苕庵詩話》，齊魯書社，1986，第 44 頁。

4　參見桑兵《庚子勤王與晚清政局》，北京大學出版社，2004，第 48 頁。

光緒二十五年十二月二十四日，光緒帝頒佈硃諭：

　　朕以沖齡入繼大統，仰承皇太后垂簾聽政，殷勤教誨，巨細無遺。迨親政後，復際時艱，亟宜振奮圖治，敬報慈恩，即以仰副穆宗毅皇帝付託之重。乃自上年以來，氣體違和，庶政殷繁，時虞叢脞，惟念宗社至重，是以籲懇皇太后訓政。一年有餘，朕躬總未康復。郊壇宗社諸大祀，弗克親行。值茲時事艱難，仰見深宮宵旰憂勞，不遑暇逸。撫躬循省，寢饋難安。敬念祖宗締造之艱，深恐弗克負荷，且追維入繼之初，恭奉皇太后懿旨，俟朕生有皇子，即承繼穆宗毅皇帝為嗣，此天下臣民所共知者也。乃朕痼疾在躬，艱於誕育，以致穆宗毅皇帝嗣續無人。統系所關，至為重大，憂思及此，無地自容。諸病何能望癒，用是叩懇聖慈，於近支宗室中慎簡元良，為穆宗毅皇帝立嗣，以為將來大統之歸。再四懇求，始蒙俯允，以多羅端郡王載漪之子溥儁承繼為穆宗毅皇帝之子。欽承懿旨，感幸莫名。謹當仰遵慈訓，封載漪之子溥儁為皇子，以綿統緒。將此通諭知之。[1]

　　這道上諭以光緒帝的口吻說明了立端王之子溥儁為大阿哥承嗣同治皇帝的緣由。同日，上諭命溥儁在弘德殿讀書，崇綺為師傅，大學士徐桐常川照料。這就是爭議不斷的「己亥建儲」。

　　這次「建儲」是在輿論風傳將廢除光緒帝的背景下出現的。果然，十二月二十七日，上海電報局總辦經元善聯合寓滬各省紳商1200多人，「合詞電稟」總署反對「廢立」，以為「名為立嗣，實則廢立」，並將電文登諸報刊。[2]此事引起輿論關注。康、梁的喉舌《知新報》《清議報》也公開宣稱，立大阿

1 中國第一歷史檔案館編《光緒宣統兩朝上諭檔》第 25 冊，第 396～397 頁。

2 經元善：《上總署轉奏電稟（1900 年 1 月 26 日）》，《蘇報》光緒二十五年十二月二十七日，虞和平編《經元善集》，華中師範大學出版社，1988，第 309 頁。

哥名為立嗣，實是廢立，與滬上輿論相呼應。¹在朝野紛紛謠傳廢立將行之際，清廷公開宣佈為光緒皇帝立嗣，其中的內幕究竟如何，榮祿到底扮演了何種角色，迄今很難找到確鑿的材料加以說明。²比較常見的是榮祿的幕僚陳夔龍的記述：

> 　　當戊戌政變後，宮闈之內，母子之間，蓋有難言之隱矣。而一班薰心富貴之徒，致有非常舉動之議。東朝惑之，囑榮文忠從速辦理。此己亥冬間事也。公（指榮祿）諫阻無效，憂懼成疾。適合肥李文忠外任粵督，行有日矣，來辭公，見公容貌清臞，曰：「何憂之深也。」公謂文忠曰：「南海雖邊遠，實一大都會，得君往，朝廷無南顧之憂。君行將高舉遠引，跳出是非圈外，福誠無量。而我受恩至渥，責備亦最嚴。近數日來，求生不能，求死不得，將何以教我？」因密語：「非常之變，恐在目前。」文忠聽未終，即大聲起曰：「此何等事，詎可行之？今日試問君有幾許頭顱，敢於嘗試？此事若果舉行，危險萬狀。各國駐京使臣，首先抗議。各省疆臣，更有仗義聲討者。無端動天下之兵，為害曷可勝言？東朝聖明，更事最久，母子天倫豈無轉圜之望？是在君造膝之際，委曲密陳成敗利鈍。言盡於此。」公聞之，悚然若失。翼日，以文忠語密奏，幸回天聰。聞某相國（指徐桐）、某上公（指崇綺）頗擬借端建不世之勳。某上公並手擬一

1《論立嗣即已廢立》，《知新報》第 112 冊，光緒二十六年正月十五日，影印本，第 1640 頁；佩弦生：《論建嗣即為廢立》，《清議報》第 37 期，光緒二十六年二月初一日，影印本，第 2377 頁。

2 胡思敬稱：「戊戌訓政之後，孝欽堅欲廢立。貽穀聞其謀，邀合滿洲二三大老聯名具疏請速行大事。榮祿諫不聽，而恐其同負惡名於天下也，因獻策曰：『……臣請以私意先覘四方動靜，然後行事未晚。』孝欽許之。遂以密電分詢各省督臣，言太后將謁太廟，為穆宗立後。江督劉坤一得電，約張之洞合爭。之洞始諾而中悔……（劉）遂一人挺身獨任，電覆榮祿曰：『君臣之義至重，中外之口難防。坤一所以報國者在此，所以報公者亦在此。』道員陶森甲之詞也。榮祿以坤一電入奏，孝欽懼而止。」見《國聞備乘》，中華書局，2007，第 92 頁。這段記述是典型的耳食之言，情節雖生動，但時間前後錯亂，如劉坤一之言係戊戌九月所言，而此處係年於己亥，其他可想而知。故研究庚子史事似應搜羅更原始的資料為依據，不能盡以民國年間所刊筆記資料為立論根據。

稿，開編公然有「廢立」字樣，公急訶止之。上公意頗怏怏，是誠不知是何肺腸已！余事後親聞之公者，爰書之於簡端。[1]

據此可知，剛毅、徐桐等「一班薰心富貴之徒」欲有非常舉動，東朝（慈禧）頗受鼓動，終因李鴻章的警告和榮祿的規勸而作罷。查，李鴻章出京前往廣州是在十二月初七日，與榮祿的會晤當在此之前數日。陳夔龍自稱「親聞之公者」，來源有據，基本情節應該可信。榮祿從中挽救的苦心也可見一斑。李鴻章雖然未居權力核心，但是，辦理外交數十年，被譽為「東方俾斯麥」，在外人中頗有聲望，榮祿尊重他的看法也不意外。

另一位政壇奇人趙鳳昌的解釋也非一般傳言可比。他認為，「榮祿之諫止其事，更仗李鴻章之危詞以促其成也」。趙氏指出：「戊戌以後，立大阿哥以前，西后急欲行廢立。己亥，合肥在大學士任，一日法使往訪，詢果有此事否？外國視一國君主無端廢立，決難承認。午後，榮祿往訪，傳西后意旨，欲探外使口氣，合肥即以今晨法使言述之。合肥知都下不可居，謀出外，旋督兩粵。」[2] 看來，榮、李確曾談到「廢立」之事，榮將外國將會反對的意見轉述慈禧也無疑問。更為重要的是，為了緩和矛盾，榮祿對此事做了妥協性的處理，建議慈禧先立大阿哥，徐圖將來，這樣，也不至於開罪於載漪等人。顯然，通過立嗣，暫時化解了一場一觸即發的政治動盪。無論如何，榮祿在保護光緒帝、維護大局方面的果斷和見識還是值得肯定的。正如一些研究者所指出的：「榮祿對慈禧太后的心理有準確的判斷能力，從而能夠適當地提出太后最感興趣的建議。太后與榮祿之間的相互理解處在一個非常高的水準之上，只要榮祿在身邊，慈禧太后無需直接表露內心世界的活動，就常常能達到目的……」[3] 時人曾言，「畢竟榮相聖眷為優，建儲定議以前，慈聖獨召見榮相兩次，則此事實榮

1　陳夔龍：《夢蕉亭雜記》第 9～10 頁。
2　參見黃濬《花隨人聖盦摭憶》下冊，第 455 頁。
3　相藍欣：《義和團戰爭的起源：跨國研究》，第 129 頁。

相所贊成」。¹那麼，究竟榮祿是在怎樣的環境下做出勸阻慈禧的抉擇，也是必須考量的問題。對此，依據近代以來流傳的各種私家筆記和野史都不足以說明問題的全貌，只有藉助較為原始的資料所反映的情況來加以分析。

己亥年十一月十八日，即「立儲」前夕，歐陽熙寫給李盛鐸的信中說道：

> 本月初十日，忽奉上諭，命廖師壽恆毋庸在軍機大臣學習行走，而以趙展如（舒翹）入軍機。聞李鑒帥（秉衡）陛辭時，慈聖諭以樞臣皆無用，命保人才，鑒帥辭不敢，慈聖遂分詢諸人才具。鑒帥於榮、王諸人，皆敷衍答應。鑒帥退告馬積生云：「此時不能不昧心說話。」至廖師則痛詆之，鑒帥告人云：「第言此人毫無用處。」畢竟召對時作何語，無從得知，聞有「樞臣皆要錢，太后將誰與圖治」之語。剛相亦力擠之，故有此番更動。說者謂是去秋餘波，似亦不為妄擬。剛相回京，極詆蘇熙子〔子熙〕（元春）畏洋人如虎，決不能辦交涉事，並在慈聖前言：「蘇某此次到京，廣為應酬，用銀十萬兩，足見此人不能辦事。」並言軍機大臣皆為所用等語。退告榮相，榮相爭之云：「我如使錢，天日可誓。」剛云：「汝雖未使錢，已為使錢者所賣矣。」²

十一月十九日，張之洞侄婿朱延煕在寫給張的信中，也披露了京城政情內幕：

> 昨剛、趙二公擬請停罷大學堂，以榮相力沮而止。榮相復請添設武備學堂，已經譯署議准歸大學堂兼管，觀此則似有擴充之意。十月慈聖萬壽，海外華商公電祝嘏，並請歸政，爾時樞臣隱去「歸政」二字，迨剛相還京，悉以面奏，於是有「購逃」一諭。太倉（廖壽恆——引者註）之

---

1 鄧之誠：《骨董瑣記全編》下冊，第 644 頁。
2 同上，第 643～644 頁。

出軍機，殆亦因此。合肥粵督之授，雖為調停廣州灣，究亦兼為此事。此次合肥見用，有人奏請收回成命，慈聖抵折於地，大不謂然，蓋以甲午之役，羣言過也。山東義和團事，朝廷意在解散，大約可了。教士被戕一案，亦經償抵矣。頃來召見疆臣，外間謠言又起，皆不足信。[1]

這兩封信反映了「立嗣」前朝局的一些動態。剛毅在十月十五日回京後，與趙舒翹再次動議裁撤京師大學堂，遭到榮祿反對。但是，他將海外保皇會要求「歸政」的宣傳情況奏報慈禧，導致慈禧大怒，並有十九日懸賞捉拿康梁的「購逃」之諭；廖壽恆的出樞也與此有關，可見，剛毅仍在借康、梁問題做文章，對以平衡新舊、維護大局為己任的榮祿造成極大壓力。在李秉衡面劾諸臣操守之後，剛毅又抨擊榮祿所信任的提督蘇元春，揭露榮祿的貪墨行徑。榮、剛矛盾再次激化起來。

己亥年秋間，上海已傳言清廷欲行「廢立」，並稱朝廷曾詢問兩江總督劉坤一、湖廣總督張之洞的意見，據說劉「正諫」，張則「騎牆」。對此，張之洞很無奈，致電趙鳳昌闢謠，稱「不惟未問鄂，且未問江。國家大事，任意造謠，可恨萬分」。[2]十一月二十二日，上諭令劉坤一來京陛見。時人也猜測與廢立之事有關。在上海的孫寶瑄致友人稱：「江督劉公所以離任內召之故，則其根源有未敢達之於信函者。外間奇聞甚多，駭說重重，大約事關宮禁，不敢說也。至其可說之根則起於客秋之電爭十二字也（『君臣之分久定，中外之口宜防』十二字也）。」[3]這些說法並無根據，卻十分盛行。海外的保皇輿論與上海等地的廢立傳聞，乃至對剛毅、榮祿等人的攻擊，不會對清廷決策毫無影響。

---

1 《朱延煦致張之洞函》，己亥嘉平十九日，未刊，見《李鴻藻存札》（外官棄）第 2 函，中國社會科學院近代史研究所藏，檔號甲 70-11。按，近代史所藏李鴻藻檔案中夾雜有不少張之洞所收書牘，此即其中一件。

2 《致上海趙竹君》，光緒二十五年十月初一日，趙德馨主編《張之洞全集》第 10 冊，武漢出版社，2008，第 18 頁。

3 胡珠生編《宋恕集》下冊，第 693 頁。

有足夠的材料說明，剛毅極力將搜捕康、梁和打擊新黨視為朝廷首要大事，並藉此以固寵。剛毅一直很關注康、梁的舉動，奉天將軍增祺向慈禧進呈《清議報》，據說就是剛毅指使的，汪大燮評論剛毅說「大有逞志一人之勢，又日日罵人是漢奸」。[1] 文廷式也說：「因康到澳門之故，二人訕長信（慈禧）太甚。長信云寧亡大清，必誅康、梁。」[2] 十一月二十六日，汪大燮致康年函稱：「自剛回後，又常常專注拿康，危言聳論，不知又加幾許，……合肥之商務兩廣，皆為此事，有此一事，則餘事皆不暇也。」[3] 剛毅將已經逐漸淡化的康案重新提起，加之經元善案發，更加激怒了慈禧，確實引發了緊張的局勢。「立儲」正是在這種背景下發生的。

「建儲」後發生的經元善案，一定程度上又加重了這種氛圍。庚子（1900）正月十五日，上諭又懸賞十萬兩，捉拿康梁二人，「無論死活均可」。又下旨命李鴻章平康有為祖墳。二月十六日，總署電催。李電覆，以探聞康黨在港籌備，「名為新黨勤王，實欲襲城起事」，「惟慮激則生變，平毀康墳似宜緩辦」。[4] 慈禧得電，大為不滿，傳旨申斥：「此等叛逆之徒，狼心思逞，正復何所不至。惟地方百姓，明曉大義者多，應知順逆。即間有被其煽惑者，該署督當設法解散，一面密飭嚴拿，妥籌佈置，毋任釀成巨禍。至所稱平毀康墳，恐致激變，語殊失當。康逆罪大惡極，如直欲乘機起事，豈留一逆墳所能遏止。該署督身膺疆寄，惟當不動聲色，力遏亂萌，倘或瞻顧彷徨，反張逆焰，惟李鴻章是問。」[5] 言辭極為嚴厲。三月初一日，李鴻章之子李經述、經邁電告，「內意甚忌『新黨勤王』四字……深以緩平墳一語為不然」。並稱總署大臣許景澄「囑平墳事，得諭後可速辦」，[6] 以減少來自朝廷的壓力。但是，李鴻章仍採用拖延的方式

---

1 《汪大燮致汪康年函》，上海圖書館編《汪康年師友書札》第 1 冊，第 804 頁。
2 《皮錫瑞日記》第 4 冊，第 104～105 頁。
3 上海圖書館編《汪康年師友書札》第 1 冊，第 812 頁。
4 《復譯署》，光緒二十六年二月二十六日午刻，《李鴻章全集》第 27 冊，第 21 頁。
5 《附譯署來電》，光緒二十六年二月□□日，《李鴻章全集》第 27 冊，第 21 頁。按：時間應為二十七日。
6 《附北京李經述等來電》，光緒二十六年三月初一日午刻到，《李鴻章全集》第 27 冊，第 25 頁。

消極抵抗。在辦理經元善案的過程中，盛宣懷致電李鴻章，極力希望「與榮相商酌辦法」，[1] 一則設法使盛本人免責，二來此事牽涉「廢立」問題，只有由榮祿介入，才能平息宮廷風波。在處理兩宮關係問題上，榮祿的作用似乎無人可以替代。

宣佈「建儲」後，清廷對此舉引發的恐慌和混亂也並非沒有察覺。為此，也採取了一定程度的補救和緩和措施。這可能與榮祿的獻言有關。己亥年十二月二十八日，也就是經元善案發生的第二天，清廷以奉慈禧懿旨的形式，發佈上諭：「明年皇帝三旬壽辰，應行典禮著各該衙門查例具奏。」旋奉懿旨，「所有應行典禮，著查照咸豐十年成案辦理」。[2] 二十九日，又頒佈明發上諭：「明年朕三旬壽辰，允宜特開慶榜，嘉惠士林。著以明年庚子科為恩科鄉試，次年辛丑科為恩科會試，其正科鄉會試，著遞推於辛丑壬寅年舉行，用示行慶作人，有加無已至意。」[3] 光緒帝三旬萬壽舉行典禮並開恩科，都是向世人表示，光緒帝仍然得到維護，並無「廢立」的危險。

因為傳言盛行，一些朝臣對於是否應該向「建儲」發賀摺也游移不定。庚子正月初七日，駐英公使羅豐祿致函李鴻章詢問究竟，李覆電稱：「朝政肅清，建儲無廢立之說，當共喻之。」[4] 羅詢問溥儁立儲是否需要上賀摺，李認為，「為毅皇立阿哥，並無太子之名，似不應賀。康黨造言生事，鼓惑各埠愚民，囂然不靖，藉以斂資，實為亂根」。[5] 並命羅設法交涉，將康逐出新加坡。庚子（1900）正月十一日，張之洞也致電錢念劬解釋說：「立嗣乃本光緒五年懿旨上諭，京師並無他說，各使館亦俱安靜。康黨造謠煽亂，誣詆慈聖，各報妄傳，深恨僕之攻駁康學，故於僕極口誣詆，謂京城有大舉，鄙人已允，駭愕已極。中國體

1 《附京都盛京堂來電》，光緒二十六年正月二十三日酉刻到，《李鴻章全集》第 27 冊，第 9～10 頁。
2 中國第一歷史檔案館編《光緒宣統兩朝上諭檔》第 25 冊，第 405 頁。
3 同上，第 406 頁。
4 《寄倫敦羅使》，光緒二十六年正月初一日申刻，《李鴻章全集》第 27 冊，第 4 頁。
5 《覆倫敦羅使》，光緒二十六年正月初七日巳刻，《李鴻章全集》第 27 冊，第 6 頁。

制，豈有一外臣與祕謀之理。」[1] 與李鴻章一樣，他堅定認為「廢立」之說乃是康黨造謠。同樣，他對上賀摺一事也在觀望之中。正月十七日，張之洞致函護理陝西巡撫端方，詢問「賀立嗣摺，尊處擬何時發？是否須候部文？」[2] 看來，地方督撫儘管努力為朝廷闢謠，推為康黨造謠，但是，對於「建儲」之事如何應對，本身也很困惑，畢竟，這是在清廷內部矛盾重重的背景下出現的前所未有的大決策，既不能不置可否，也不敢介入過多，「己亥建儲」就在這種混沌狀態漸漸沉寂下來。

庚子年春間的京師官場，因「立儲」的影響，端王載漪地位驟升，剛毅、徐桐、崇綺積極結納，京師一片守舊氣氛。二月，閒居京師的毓賢調補山西巡撫；同時，山東巡撫由袁世凱補授，李鴻章正式接任兩廣總督，東南互保時代的督撫格局大致底定。

榮祿因皇帝萬壽獲賜御書匾額，並授內大臣。這年春天，榮祿因身體原因一直請假休養。在此期間，他精心籌辦的另一件事情是與溥倫聯姻。溥倫之原配為葉赫那拉氏，已故，係慈禧之弟佛佑之女。[3]二三月間在那桐的聯絡下，榮祿

溥倫

---

1 《致東京錢念劬》，光緒二十六年正月十一日申刻發，《張之洞全集》第 10 冊，第 37 頁。

2 《致端方電》，庚子正月十七日亥刻發，《張之洞電稿》（光緒二十四年八月至二十五年七月），中國社會科學院近代史研究所藏，檔號甲 182-95。

3 《愛新覺羅宗譜》第 2 冊，甲一，學苑出版社，1998，第 2～3 頁。

侄女瓜爾佳氏與溥倫再續婚姻，並通過慈禧指婚的形式得以完成。[1] 榮祿連續請假，有論者以為他是躲避。但是，從王文韶、那桐的日記看，他確實患病較重。三月二十八日，王記云：「榮相足疾大發，兩日未入直，（先已陸續請假二十日，銷假才七日也）。下午赴園寓候之，情形甚為狼狽，擬再請假十日，屬告同人。」[2] 四月初一日又記：「榮相足疾劇甚，請假十日。」[3] 那桐在日記中說，四月十二日，榮祿病情仍未減輕。[4]

然而，就在榮祿居家養病期間，義和團反教活動從山東開始蔓延至京畿地區，焚殺教民的活動也越來越激烈。教會和各國公使向總署提出交涉，但是，在清廷排外護拳的政策傾向下，這些交涉毫無實質結果，事態終於發生突變。尤為嚴重的是，榮祿病假期間，剛毅等人在處理民教和對外關係上的偏執和失誤，直接造成了事態失控的後果。而海外保皇派等反對廢立、批評「建儲」的輿論，引起慈禧不快，這些都埋下了她在庚子事變中一度對外宣戰的動因。

---

1 參見北京市檔案館編《那桐日記》，第 335～339 頁。
2 袁英光、胡逢祥整理《王文韶日記》，第 1007 頁。
3 同上，第 1007 頁。
4 北京市檔案館編《那桐日記》，第 341 頁。

第十章

庚子事變

　　庚子四月前，榮祿已深感事態嚴重，並及時提出「剿匪」建議，但與剛毅、端王等意見相左。因慈禧信任端、剛輩，榮祿只能委曲求全，坐視事態惡化；津京淪陷，兩宮西狩，時論以為榮祿難辭其咎。九月，榮祿抵達西安，再次得到慈禧的倚重。然而，在中外交涉形勢嚴峻、地方督撫矛盾重重的情況下，榮祿主持的朝政了無生氣，新政成效也乏善可陳。

　　光緒二十六年的庚子事變導源於山東、直隸的義和團運動，引發八國聯軍侵華戰爭，最終致使慈禧、光緒兩宮出走，逃往西安，江南半壁河山因東南督撫與各國領事簽署「互保」協議而暫得安寧。榮祿在庚子時期的表現和活動一直是學界重點關注的問題，學界曾有不少爭論。[1] 有關榮祿在鎮壓拳民、圍攻使館、謀求與公使議和方面的舉動，近代以來的私家記述差異很大，評價各異，需要利用官方檔案和更原始的日記、書信等資料進行考訂，才能全面準確把握庚子事變中榮祿的真實處境和活動。

一　義和團興起與清廷的應對

　　義和團運動是甲午戰後深重的民族危機在下層民眾中激起的反應，突出表現為民教衝突。那時，不少外國傳教士和倚仗洋教堂勢力的教民，恃強凌弱，為非作歹，官府都置而不聞，於是在山東各地首先爆發了義和團運動。義和團的成員最初由當地習拳習武的下層民眾組成。他們的行動是自發的仇外反抗鬥爭。由於沒有先進社會力量的引導，其中也有籠統排外、迷信愚昧、組織鬆散等落後因素。

　　庚子年三四月間，義和團向直隸以及京津一帶發展，沿路人數驟增，成分也越來越複雜，到處發生焚燒教堂、殺死教民、拆毀鐵路等事件，行動逐漸失去控制。此時，義和團打出了「扶清滅洋」的旗號。面對急迫的形勢，清廷內部出現分歧，軍機處中榮祿主張鎮壓，而剛毅建議「勸導」，並為慈禧採納。不到十天，大批義和團民進入京城，京師形勢開始失控；同時，外國軍艦在大沽口外的聚集也越多，造成事實上的外部壓力。清廷霎時陷入進退兩難的境地。

1　有關庚子義和團和八國聯軍侵華問題的研究和爭鳴情況，參見蘇位智、劉天路主編的《義和團研究一百年》（齊魯書社，2000），也可參閱本書導言部分。

先是，光緒二十五年（1899）十二月十一日，清廷頒佈上諭：「近來各省盜風日熾，教案疊出，言者多指為會匪，請嚴拏懲辦。因念會亦有別。彼不逞之徒結黨聯盟、恃眾滋事，固屬法所難宥。若安分良民，或習技藝以自衛身家，或聯村眾以互保閭里，是乃守望相助之義。地方官遇案不加分別、誤聽謠言，概目為會匪，株連溢殺，以致良莠不分，民心惶惑。是直添薪止沸、為淵驅魚，非民氣之不靖，實辦理之不善也。」為此，要求以後「地方官辦理此等案件，只問其為匪與否、肇釁與否，不論其會不會、教不教也」。[1] 這道上諭要求地方官對地方滋事「持平辦理」，對拳民仇教行為採取默許的態度，這是受到載漪、剛毅、毓賢等人的影響。對此，各國駐京公使極為敏感，視為朝廷對「暴民」的支持。駐京公使先後在十二月和新年正月、二月三次向總理衙門提出抗議，要求清廷頒佈新的諭旨，明確禁止大刀會和義和團的活動。[2] 總理衙門始終未予正面回覆。二月初十日，列強以自衛為由，開始調遣兵船開往大沽，進行恐嚇。也正是在這個時期，山東、直隸地區的拳民活動迅速蔓延，三月間，保定、涿州、天津等近畿地區都有拳民活動。[3] 到四月中旬，拳民活動規模越來越大，各地官員完全失去對地方秩序的掌控。四月二十四日，派去討伐拳民的清軍營官楊福同被殺；四月底，拳民又焚燬了蘆漢鐵路豐台、長辛店一段及其附屬設施。[4]

義和團湧進津京和駐京公使強烈抗議之際，榮祿一直在病假中，對朝政的參與十分有限。三月初二日，林懋德副主教致函榮祿，要求速剿拳民。[5] 三月初八日，樊國梁致函，也請清廷盡快剿殺拳民，保護教民。[6] 四月，樊國梁再次致

---

1 《清德宗實錄》卷 447，光緒二十五年十二月十一日，《清實錄》第 57 冊，第 1014 頁。
2 參見胡濱譯《英國藍皮書有關義和團運動資料選譯》，中華書局，1980，第 4、9、13 頁。
3 《梅統領、張道來屯》，光緒二十六年二月二十三日亥刻到；《總署來電》，光緒二十六年三月十七日亥刻到，林學瑊：《直東剿匪電存》，北京大學歷史系編《義和團運動史料叢編》第 2 輯，中華書局，1964，第 88 頁。
4 按，盧溝橋當時稱為「蘆溝橋」，故稱「蘆漢鐵路」。
5 《林懋德札》（一），杜春和、耿來金、張秀清編《榮祿存札》，第 388 頁。
6 《樊國梁札》（一），杜春和、耿來金、張秀清編《榮祿存札》，第 386 頁。

函榮祿稱：「閣下既位居首相，權制眾軍，何不及早謀諸總署，將此邪黨丑類，剪鋤根株，以謝天下，更待何時哉！大凡物不得其平則鳴，本主教之所以屢瀆台端者，實出於情急不得其平故也。」[1] 主教的再次呼籲引起榮祿的警覺，而官員們的上書和緊急電報，終於讓榮祿無法再置身事外。

四月下旬，署理直隸按察使廷雍上書榮祿，陳說處置義和團的緊迫性和棘手之處，反映了不少清朝官吏的態度。該稟文稱：「竊照義和團民起自山東，蔓延直境，由去秋至冬，凡有拳教尋釁一切情形及擬請辦法，雍曾於上年十一月二十八日縷晰開具節略稟陳鈞鑒矣。伏查此項拳民，以持符唸咒能避槍炮為言，以仇教為名，到處易於煽惑，藉此斂財，勢衰則已經殃及百姓；勢甚則不免自成一家，深為地方之隱憂，亟宜設法靖清。惟糾纏棘手難於見功者，為我中堂陳之：查拳匪之首要來無定宗，去無定果，非股匪可比，凡遇其煽惑聚眾，其中真正拳匪不過數人，而被脅鄉愚動有千百，因此不能議剿，僅用殲厥渠魁、脅從罔治之法，而匪首暗地詭計，未必當場出頭，所以各處聚眾屢屢，而獲首者寥寥，每值官兵一到，愚民尚聚未散，而匪首竟先遠揚，此拳匪與平民難分之實在情形，辦理棘手者一所擬辦法第一要慎選牧令認真禁止，設法民教始能相安，否則一波未平一波又起，久必激成互鬥，不可收拾。」[2] 二十三日，榮祿將此稟轉送總理衙門。

五月初一日，拳民拆毀琉璃河、長辛店一帶的鐵路，並及電杆，[3] 保定至京師電報首先中斷。從四月二十九日到五月初一日，盛宣懷連續向榮祿電告蘆漢鐵路被拆毀和洋人技工遭到攻擊的消息。五月初二日起，榮祿幾次上奏，請求採取剿辦措施，奏稱「持平辦法不但於拳民之中當分良莠；而且於匪民之中當分首從，此不易之理」。他在奏片中又說：

---

1 《樊國梁札》（二），光緒二十六年四月，杜春和、耿來金、張秀清編《榮祿存札》，第 387 頁。
2 《民教尋釁愈出愈奇須籌正本清源辦法以消巨患由》，光緒二十六年四月二十三日，總理衙門檔，台北中研院近代史研究所檔案館藏，編號 01-14-001-02-017。
3 嶤西覆儂氏、青村杞廬氏：《都門紀變百詠》，阿英編《庚子事變文學集》上冊，中華書局，1959，第 119 頁。

惟近聞拳會中頗有會匪、游勇、盜賊之類，借習拳之名，以逞其為匪之技者，如焚搶教堂，拆毀鐵路，拒捕官兵等事。若不嚴拿重懲，其害胡底？今各國使館深為惶懼，法使欲調洋兵入京，以資保護。若洋兵果來，其害又甚於拳匪。竊思嚴禁匪類，原係應辦之事，並非虐民媚洋，仍應遵上年諭旨；但論其匪不匪，不問其會不會，會而不匪，雖會何傷，若既為匪徒，例應嚴辦，而況冒拳名以張匪勢乎？擬請明降諭旨，通飭各該管地方官，遇有拳會，分別良莠，禁諭兼施。如定興、淶水已成之案，則殲除首要，解散脅從，倘有託名拳會，安心為匪，甚或戕害人命，擾亂地方者，一經拿獲訊實，立置重典，決不寬貸。如此分別辦理，則匪徒之技窮，洋人之口塞，我辦我匪，彼兵即可不來，而京師亦獲安堵矣。[1]

初三日，榮祿派武衛中軍提督孫萬林統帶馬步五營，馳赴豐台；又派記名總兵王明福統帶衛隊三營，馳赴馬家堡駐紮彈壓。[2]同日，榮祿親自前往馬家堡逐一查看。「據車站頭目及民人等僉稱，天未明時，居民工匠等紛紛議徙；幸各軍到來，人心始定。」受到影響的赴津火車也於午刻開行。隨後，又與武衛中軍署理翼長恩祥、內閣侍讀學士陳夔龍乘坐火車前往豐台，看到該處機器廠、電報局、火車房材料廠、洋人住房均被焚燒，煙火尚燃，火車、鐵軌均尚無恙。遂飭駐紮各軍，認真保護，妥為彈壓。如有匪徒滋擾，即行拿獲，就地正法。考慮到盧溝橋一帶尚覺空虛，榮祿又將已抵豐台之直隸練軍移紮駐守。[3]

五月初六日，義和團將高碑店以北電線鐵路全部焚燬，盛宣懷急電，以保定以南方順橋等處被燒，涿州拳眾佔城豎旗，保定岌岌可慮。榮祿遂令聶士成即刻馳赴保定省城，居中調度，相機進剿。[4]然而，榮祿積極調軍保護鐵路和鎮壓匪徒的安排，引起慈禧等人不滿。初七日，頒佈上諭稱：「有人奏，拳匪

1 《查拳教滋事片》，《榮祿集》，《近代史資料》總 54 號，第 31～32 頁。
2 《淶水定興一帶拳教滋事片》，《榮祿集》，《近代史資料》總 54 號，第 31 頁。
3 《拳匪滋事分撥隊伍彈壓片》，《榮祿集》，《近代史資料》總 54 號，第 32～33 頁。
4 《高碑店以北電線鐵路焚燬片》，《榮祿集》，《近代史資料》總 54 號，第 35 頁。

滋事，地方官辦理不善，請旨懲處，並陳管見一摺，等因，欽此。同日又准軍機大臣字寄，面奉諭旨，近畿一帶拳民聚眾滋事，並有拆毀鐵路等事。迭次諭令派隊前往，保護彈壓。此等拳民，雖屬良莠不齊，究係朝廷赤子，總宜設法彈壓解散。該大學士不得孟浪從事，率行派隊剿辦，激成變端，是為至要。欽此。」[1] 據隨手登記檔，榮祿面奉諭旨：解散義和拳，萬不可剿，交北洋公所領去。[2] 「解散義和拳，萬不可剿」就是慈禧命榮祿遵守的原則。

榮祿奉旨後，初八日覆奏：「臣跪誦之下，欽悚莫名，查拳民練習拳勇，本屬鄉愚；嗣因游勇會匪竄跡其間，以致良莠不齊；及至聚眾滋事，焚燬鐵路，事起倉猝。當五月初一日警報紛傳，計籌萬全，自不能不有備無患。臣每派營員前往彈壓，必諭以設法解散，切勿孟浪，不啻三令五申……臣審度事機，權衡輕重，總期查拿首要，解散脅從，萬不敢孟浪從事。」[3] 此後，對「剿辦」拳民之事開始更加謹慎。初十日，上諭派剛毅、趙舒翹前往涿州曉諭拳民。在這一輪決策中，剛毅的主張受到慈禧採納。

榮祿受到責備後，不再堅持繼續「剿辦」拳民，這使他身邊的下屬和同僚，非常着急。榮祿的幕僚樊增祥，反覆向榮祿提議及早剿滅拳民。他在密信中說：「拳匪事不知董（福祥）、趙（舒翹）入對作何議論。聞爽秋（袁昶）云俄使有摺入告，渠所言可謂中肯，亦可謂忠於我國。頃蘇弇來言，海船不通，渠擬由馳驛回，竊謂海口已封，可駭之至。刻宜先剿涿匪，示以威棱，以奪匪氣而止洋辭，若再俄延，不堪設想矣……」[4] 查，拳民佔據涿州城是四月二十九日，召見董福祥是五月初三日，當時，海口已被洋人封鎖，形勢十分危急。在另一封信中，樊增祥說得更加直白：「……我不用兵則洋兵必至，洋兵一至，玉石不分，吾民受害豈堪設想？是打拳匪正是愛百姓，此理甚明。慈聖當能見

---

1 中國第一歷史檔案館編《義和團檔案史料》上冊，中華書局，1979，第 116 頁。

2 中國第一歷史檔案館編《清代軍機處隨手登記檔》第 154 冊，第 150 頁。

3 《再奏涿州拳眾佔城暨旗可否進剿片》，《榮祿集》，《近代史資料》總 54 號，第 36 頁。

4 虞和平主編《近代史所藏清代名人稿本抄本》第 1 輯第 68 冊，榮祿檔，第 117 頁。

醒。詩曰：『發言盈廷，誰能執其咎。』函丈居此位，處此時，但當為朝廷挽危局，不必與糊塗人論是非，我心無他，疑謗何恤？天下後世自有公道也⋯⋯」[1]但是，這些苦口婆心的說辭沒能說服榮祿。

　　十二日，許景澄又致函榮祿稟報鐵路損毀情況，稱自五月初七日夜黃村車站被焚後，初九日張燕謀（冀）京卿親偕唐紹儀專車赴楊村，會同功亭（聶士成）軍門沿途查看修理，行至中途，遭遇拳民被迫折回；而郎（廊）坊、落垡兩處，也先後遭焚燬。「昨日又據馬家堡站長電稱，初十晚二、三鐘時，有匪徒燒燬壓道機器土房，機器亦小損，其電氣車路時有遊人將石塊填阻。」「豐台站長電稱今申又焚道房兩截，並將旱橋一管道夫砍傷旋斃。」許景澄寫道：「惟京津一路，所有關外新路借款，月息六、七萬兩，全仰給於此。現在此路非但猝難接通，京站亦難保全。聶軍在楊村阻匪，不能前進，情形岌岌，焦灼萬分。為此再行瀝陳，伏乞中堂通籌設法。」[2]此刻，榮祿已奉「勿得孟浪」的諭旨，寧願保持緘默，不敢有所作為了。

　　同樣，東南督撫得知拳民毀路的消息後，也通過各種管道，表達堅決剿辦的主張。五月初四日，湖廣總督張之洞致電榮祿和直隸總督裕祿，主張對毀路拳民「即行剿辦」。他在電報中說：

　　　　此乃借鬧教而作亂，專為國家挑釁。且鐵路與教堂何涉，可見實係會匪，斷非良民。若滋鬧不已，恐豫東義和團匪徒聞風回應，剿撫均難，且各國必以保護教士教民為詞，派兵自辦，大局將難收拾。況近畿之地，亂匪橫行，尤於國威有損，於交涉他事關礙甚多⋯⋯洞為大局起見，難安緘默，故敢抒其管見，不僅為蘆漢鐵路也。尚祈鑒原，俯賜裁酌。[3]

1 虞和平主編《近代史所藏清代名人稿本抄本》第 1 輯第 68 冊，榮祿檔，第 118～119 頁。
2《許景澄札》，光緒二十六年五月十二日，杜春和、耿來金、張秀清編《榮祿存札》，第 2 頁。
3《致總署、榮中堂、天津裕制台》，光緒二十六年五月初四日申刻發，《張之洞全集》第 10 冊，第 52～53 頁。

　　五月初七日，盛宣懷致電李鴻章稱：「洋兵入京保護使館，清議主撫，養癰成患，各國生心。宣已電奏，趕緊責成聶提肅清畿輔，並請峴帥、香帥電奏請剿。師宜切實敷陳，榮相、王相甚明白，但須借疆吏多持正論，以破迂談，九重乃可定見。」[1]盛宣懷期望李鴻章也能像劉、張一樣，奏請剿拳，造成聲勢，迫使慈禧改變主意。但是，李的態度十分冷淡。次日覆電：「拳匪拆路百二十餘里，修費何出？將來各處效尤，路恐不保。清議不以鐵路為然，正快其意，時事尚可問乎？似非外臣所能匡救。」[2]這裏的「清議」似指徐桐等排斥洋人和洋務的頑固分子，李的表現完全是局外人的姿態。

　　盛宣懷仍寄希望於榮祿。十一日，榮祿覆電（卦電）：「匪事辦法今已明降諭旨，復派剛相赴保定一帶宣佈解散。如不行，即一意主剿云。」盛宣懷很快將這個消息電告李、劉、張。[3]李鴻章認為，「剛、趙分途曉諭，恐仍無濟」。[4]五月十二日，劉坤一也致電直隸總督裕祿，建議「先清內匪，次杜外患。若剿撫無定見，蔓延難圖，各國從而干預，大局不支，惟公（裕）與榮相熟計之。」[5]這時，榮祿已經遵循上諭，等待剛毅、趙舒翹的宣撫效果，已不打算與裕祿「熟計之」了。

　　五月十七日，李鴻章致電劉坤一：「剛、趙奉命宣慰，各國譁然，知無剿意。赫德飛電告急，姑據以電奏。適津北電斷，未知日內達否？即早定計，善後已難商辦，大局危甚。」[6]次日，安徽巡撫王之春致電李鴻章，詢問「師門如何補救」，建議「迅速敷陳」，[7]李覆以「內意主撫，電奏無益」。但是，李鴻章認為，「榮（祿）擁兵數萬，當無坐視。羣小把持，慈意回護，必釀大變，奈

---

1 《附盛京堂來電》，光緒二十六年五月初七日申刻到，《李鴻章全集》第 27 冊，第 46 頁。

2 《覆盛京堂》，光緒二十六年五月初八日已刻，《李鴻章全集》第 27 冊，第 46 頁。

3 《附上海盛京堂來電並致江督鄂督》，光緒二十六年五月十二日午刻到，《李鴻章全集》第 27 冊，第 47 頁。

4 《寄上海盛京堂》，光緒二十六年五月十二日未刻，《李鴻章全集》第 27 冊，第 47 頁。

5 《覆裕壽山制軍》，光緒二十六年五月十二日，《劉坤一遺集》第 6 冊，第 2561 頁。

6 《覆江督劉》，光緒二十六年五月十七日申刻，《李鴻章全集》第 27 冊，第 49 頁。

7 《附皖撫王來電》，光緒二十六年五月十八日已刻到，《李鴻章全集》第 27 冊，第 49 頁。

何。」¹他將希望寄託在「擁兵數萬」的榮祿身上。但他不知道，儡於慈禧、載漪等人的壓力，榮祿早已不敢出面再諫了。

危急時刻，電報線被拳民破壞嚴重影響了局勢走向。五月初一日，京城與保定的電報線中斷；五月十七日，天津以北電線也中斷，從此東南督撫與京城之間的聯繫受到很大影響，被迫採用馬撥傳遞公文；同樣，京城各駐外使館與津滬領事及軍官之間的聯繫也中斷。²在謠言盛行的背景下，很快造成恐慌。西方列強早已虎視眈眈，大沽口外的外國軍隊迅速集結，積極備戰，準備前往京城解救「使臣」；而東南督撫對遠在千里之外的京城決策毫不知曉。清廷上下將全部注意力放在從大沽口登陸的各國軍隊上，外患壓境，「借拳攻洋」已是箭在弦上。

二 聯軍入侵與清廷宣戰

五月上旬，大批拳民逐漸湧入京城，形勢驟然緊張。十一日，榮祿與慶王前往頤和園，勸說兩宮回城，十三日兩宮回到西苑。此時，慈禧已派剛毅前往保定一帶宣佈解散拳民。五月十四日，西摩爾聯軍組成，並準備開往北京「救使」。這一天，清廷調整了總理衙門的人員組成，命端王載漪管理總署，並新增派禮部尚書啟秀、工部右侍郎溥興、內閣學士兼禮部侍郎銜那桐為總署大

---

1 《覆皖撫王灼帥》，光緒二十六年五月十八日巳刻，《李鴻章全集》第 27 冊，第 49 頁。

2 赫德在庚子年十月（1900 年 11 月）撰文回憶說：「最後一列火車於 9 日（按：指 6 月 9 日，即陰曆五月十三日，下同）駛離馬家堡車站，最後一份電報於 10 日（五月十四日）發出，15 日（五月十九日）出發的特派郵差沒有能夠到達天津，所接到的來自天津的最後一封信是 16 日（五月二十日）發出而於 18 日（五月二十二日）收悉的。」赫德：《北京的使館 —— 一次全國性的暴動和國際事件》，赫德：《這些從秦國來 —— 中國問題論集》，葉鳳美譯，天津古籍出版社，2005，第 10 頁。

臣，並聲明現在時事艱難，「不准固辭」。[1] 次日，端王上密摺，請辭，稱：「受恩深重，遇事何敢固辭，惟奴才素有肝疾，以致兩足痠痛，時發時瘥，醫治總未見效。查總理各國事務，責任綦重，並時有會晤事件，須覿面相商，似非病軀所可從公，恐偶值疾發，未能即時進署，設有遺［貽］誤國事，咎將何辭？奴才愚戇性成，見識淺鮮，於交涉事宜，更所未諳，特因大局攸關，故不敢不據實密陳。」[2] 這是遞給慈禧的密奏。於是，慈禧又頒佈諭旨：「昨派端郡王載漪管理各國事務衙門，該郡王差務繁重，未能常川進署，如該衙門遇有緊要事件，仍著隨時會商。欽此。」[3] 慶王雖然沒有被趕出總署，已經不受信任。當時，京津電報已經中斷，京城內外瀰漫着緊張混亂的氣氛。清廷內部在決策問題上出現了嚴重的分歧。榮祿雖對形勢的認識比較冷靜，但缺乏慈禧的信任，不敢抗諫，只能服從旨意，行為謹慎。

（一）榮祿與四次御前會議

五月十五日，前往火車站迎候聯軍的日本駐華使館書記生杉山彬被董軍戕殺。杉山彬被殺後，總署派人往日本使館道歉。對於這次意外事件即將產生的外交爭端，榮祿已有預感，為了避免中外決裂，他建議調李鴻章重新回京參與外交決策，得到慈禧認可。次日，清廷意識到問題的嚴重性，發佈上諭要求認真保護使館：「著榮祿速派武衛中軍得力隊伍即日前往東交民巷一帶，將各使館實力保護，不得稍有疏虞。如使館眷屬人等有願暫行赴津者，原應沿途一體保護，惟現在鐵路未通，若由陸途行，防護恐難周妥，應仍照常安居。俟鐵路修

---

1 《著載漪管理總理各國事務衙門等事上諭》，光緒二十六年五月十四日，中國第一歷史檔案館編《義和團檔案史料續編》上冊，中華書局，1990，第 596 頁。

2 《端郡王載漪奏為肝病加身不堪赴任事》，光緒二十六年五月十五日，錄副奏摺，檔號 03-5389-171，縮微號 407-1191。

3 《著載漪隨時會商總署緊要事件事上諭》，光緒二十六年五月十五日，《義和團檔案史料續編》上冊，第 596～597 頁。

復，再行察看情形，分別辦理。」[1] 因剛毅離京到涿州觀察拳民情況，清廷對義和團的剿撫爭論暫時擱置，但是，拳民焚殺教民的活動並未停止，京城秩序陷入混亂。五月十九日，清廷令步軍統領衙門、神機營、虎神營、武衛中軍會同大臣巡查街道，分駐九門監督啟閉，[2] 以控制局面。

與此同時，停泊在大沽口外的外國軍艦早已開始準備進軍津沽。由於京津電報通訊徹底中斷，鐵路交通也中斷，天津外國人與京城公使館失去聯絡，外國軍隊也在急迫中向津京進發。與東南督撫「剿匪」的呼籲相比，真正影響清廷決策的正是津沽的緊張形勢。面對列強的侵略，不管出於何種理由，清廷都不能不予以堅決阻擊。

五月二十日，拳民縱火焚燒前門大柵欄地區商舖，大火蔓延，商業繁華地段燬於一旦，火勢延及正陽門城樓，形勢變得更加混亂。按照惲毓鼎所說，「未刻忽然奉諭旨」，命王公、貝勒、大學士、六部九卿伺候召見。未刻已在下午 2 時左右，大柵欄大火可能是促使慈禧「叫大起」（按：召見四品以上官員朝會）的原因之一。惲毓鼎記：「旋於西苑儀鸞殿召見諸臣，詢問大計，集約四十餘人。太后問京城擾亂，爾等有何見識，各據所見，從速奏來。羣臣紛紛奏對。后命樞臣暫留，羣臣咸退。」[3] 根據後來的上諭，這次見起的王公大臣有禮王世鐸、慶王奕劻、順承郡王訥勒赫、恭王溥偉、醇王載灃、魁斌、莊王載勛、端王載漪、那彥圖、載瀅、載濂、貝勒載潤、榮祿、昆岡、剛毅、王文韶、立山、崇綺、啟秀、敬信、崇禮、廖壽恆、徐用儀、趙舒翹、松溎、裕德、懷塔布、崇光、溥善、英年、溥良、景灃、那桐、溥興、壽耆、聯元、崇壽、葛寶華、陸潤庠、陸寶忠、陳學棻、溥靜、陳秉和、朱祖謀、秦綬章、黃思永、貴昌、孚琦、鐵良、劉永亨、袁昶、許景澄、榮惠、曾廣漢、會章、惲毓鼎、張

1 中國第一歷史檔案館編《光緒宣統兩朝上諭檔》第 26 冊，第 134 頁。
2 《石濤山人見聞錄》，《義和團運動史料叢編》第 1 輯，第 75 頁。
3 《惲毓鼎庚子日記》，《義和團運動史料叢編》第 1 輯，第 50 頁。作者後來的筆記《崇陵傳信錄》稱召見時有一百多人，應係誤憶。

亨嘉、吳廷芬等，總計 70 餘人。[1] 曾有學者討論剛毅是否參加，從種種情況看，會議是午後開的，剛毅應該已經回京，故名字見於上諭。這次會議上對義和團的剿撫和對列強的和戰問題，展開了爭論。

這次召見的情形留下來的可信文獻非常稀少。有說法認為，這次御前會議上慈禧決定對外宣戰，是因為榮祿呈上了外國要求太后「歸政」的照會，而這個激怒慈禧的「照會」是江蘇糧道羅嘉杰提供的。也有研究者認為並無「照會」之事。關於此事，比較常見的是李希聖《庚子國變記》的記載：「是日，召見大學士六部九卿入議，太后哭，出羅嘉杰書示廷臣，相顧逡巡，莫敢先發。」[2] 李並未參加會議，這應是他事後聽說的。惲毓鼎《崇陵傳信錄》的記述更是生動，稱：「羅遣其子扣榮相門，云有機密事告急，既見，以四條進。榮相繞屋行，彷徨終夜，黎明遽進御。太后悲且憤，遂開戰端。」[3] 這段記述也是事後聽說的，將慈禧決定宣戰直接歸結於羅的「照會」。不過，據後來出版的惲氏日記，當日並未記述此事。[4] 從比較可靠的材料來看，羅嘉杰向榮祿提交情報之事確曾有。庚子六月，許景澄寫給張之洞的信中說：

> 溯自拳民蔓佈畿甸，自淶水而涿州，四月杪遂毀保定鐵路，五月毀及京津之路，榮相頗主持兵剿，適以足疾在假，雲門力贊之。而其時邸藩及諸大老積憤洋人教民凌辱太甚，羣快為義，曰張文告禁止，而日益橫行都市。自五月望後遂有焚殺京城教堂之變；至二十日榮相得江蘇糧道羅家（嘉）杰密稱聞洋人將要求四事，此函遽以進呈，於是撫團攻洋之議遂決。是日派澄偕侍郎那桐迎前商阻續調進京之洋兵，次日行至豐台，為團眾所攔折回（幾罹兇刃）。[5]

---

1 中國第一歷史檔案館編《光緒宣統兩朝上諭檔》第 26 冊，第 133 頁。
2 《義和團》第 1 冊，第 12 頁。
3 同上，第 49 頁。
4 參見《惲毓鼎庚子日記》，《義和團運動史料叢編》第 1 輯，第 50 頁。
5 《許竹篔致張文襄之洞函》（抄件），庚子六月二十三日，《張之洞等函札》，中國社會科學院近代史研究所藏，檔號甲 182-487。

　　許景澄是當時接近決策中樞的官員，他與榮祿的幕僚樊增祥（號雲門）聯繫密切，了解不少內幕。在拳民毀路進京的情況下，榮祿主張兵剿的態度十分肯定；也肯定五月二十日榮祿進呈了所謂的照會「四事」，只是內容未詳及。許景澄似乎對榮「遽以進呈」的行為不很贊同。從時間看，榮祿遞上羅嘉杰提供的「四事」，應該在早晨軍機見起時，這天慈禧召見了軍機、慶王和端王，應該是同時召見的。[1] 高枬在日記中也說：「榮相初與某某等爭論不勝，適接江蘇候補道某函，言洋人已定四條，有天下兵馬錢糧歸其掌管，政府要干預。榮相得此函，送入，將以恫駭沮其謀，轉而歸剿辦之議也。不料送入，遂大怒決裂。」[2] 其中「某某」或指端王輩，「候補道某」即羅嘉杰（應是實缺道員）。現在看來，羅嘉杰提供的應該是一種情報性質的消息。榮祿遞上去的本意是為了讓慈禧等人感受到形勢嚴峻而採取緩和策略，不料適得其反，反倒堅定了慈禧排外的決心，「於是撫團攻洋之議遂決」。

　　關於這份「照會」的內容，文獻記載不一。張之洞的坐探委員巢鳳岡六月初三日從德州發回的電報稱：「聞各使出四款，一歸政；二糧稅歸彼管；三佛爺無論在宮在海，應用洋兵保護；四各國准參謀政府事。請旨，上主和，佛主戰，董軍戕斃德使，長安街將開仗。」[3] 這些消息也是打探來的，有些細節未必準確，其中也有「歸政」一說。榮祿向慈禧提交過情報，並引起太后動怒，大概可以肯定。

　　在這次「大起」上，榮祿沉默無語，因為他比局外人更了解慈禧的想法。會後，軍機大臣暫留，做出了兩個決定。一是責成剛毅、董福祥對義和團「一面親自開導，勒令解散；其有年力精壯者，即行招募成軍，嚴加約束，以備折衝禦侮之資」，並稱朝廷「原可宥其前愆，以觀後效」。另一方面，又稱「究

1　參見孔祥吉《奕劻在義和團運動中的廬山真面目》，《近代史研究》2011 年第 5 期。
2　《高枬日記》，近代史資料編輯室編《庚子記事》，中華書局，1978，第 156 頁。
3　《德州巢委員來電》，庚子六月初三日亥刻發，初六日未刻到，虞和平主編《近代史所藏清代名人稿本抄本》第 2 輯第 79 冊，大象出版社，2014，張之洞檔案，第 664 頁。惲毓鼎《崇陵傳信錄》的記載略有差異，參見《義和團》第 1 冊，第 49 頁。

竟該拳民臨敵接仗，有無把握，世鐸等須細加察驗，謀定後動，萬不可孟浪從事」。[1] 二是命榮祿「速派武衛中軍得力隊伍，即日前往東交民巷一帶，將各使館實力保衛」。[2] 同時，命令馬玉昆即日統帶所部馬步各隊，星夜迅速赴京，「毋許片刻延誤」。[3] 又令湖北提督張春發、江西臬司陳澤霖，迅速帶隊赴京聽候調用。[4] 又電召巡閱長江水師大臣李秉衡來京。清廷採取了一面保護使館，一面命令各路隊伍迅速進京勤王的決策。

當時，先決定派總署大臣許景澄、那桐前往馬家堡以南，阻止洋兵入城，並照會俄國公使格爾思，「如不聽命，則立調董軍攔阻，再不服阻，則決戰」。[5] 據那桐日記，深夜（子初）他與許景澄帶着隨員塔克什納（字穆庵）、聯芳（字春卿）等三人，出朝陽門，暫住官廳。次日一早，赴馬家堡發報，中午到豐台，遇到義和團，「到塔兒寺燒香焚表畢，歸路到倒影廟住宿」，並未見到洋兵。二十二日一早回城，先到端府虎神營營署見端王，然後再見榮祿，說明情況。[6] 可見，儘管端王一派強勢，但是，許、那對榮祿仍然很是尊重。對於派員阻擋洋兵，榮祿本來就不以為然，從許景澄給樊增祥（身雲主人）的信中可見一斑：

> 今日叫大起兒，王、貝勒等謂須派員迎擋洋兵，商令勿入城，擋不住則令董軍擋之。當奉旨令景澄及那琴軒桐去，即晚帶翻譯出城。略園（榮祿）相私謂明料擋不住，然令董軍出手，則結了（用北音讀。董驕蹇已極，不受節制，素持聯拳滅洋為說，近端邸極袒右之 —— 引文原註）弟言我等自必竭力商擋，至董軍一層，還請中堂通籌。撝略相亦有說不出的

---

1 《義和團檔案史料》上冊，第 145～146 頁。
2 同上，第 144～145 頁。
3 《清德宗實錄》卷 464，光緒二十六年五月二十日，《清實錄》第 58 冊，第 76 頁。
4 同上，第 77 頁。
5 《袁昶亂中日記》，《義和團》第 1 冊，第 338 頁。
6 北京市檔案館編《那桐日記》上冊，第 345～346 頁。另，《袁昶亂中日記》二十二日也稱：「今晨覆命，未叫起，以情乞榮相代奏。」見《義和團》第 1 冊，第 339 頁。

苦。弟惶惑無計，閣下務必代籌感佛、阻端、助慶之法，庶可將董軍硬辦一節消化，冀存苞桑之一線，如進言，但據弟述商擋硬擋辦法，以下則由閣下發議為宜，至禱，匆促不盡欲言。[1]

這封信是許景澄奉命出城前往阻擋洋兵之時，寫給榮祿的幕僚樊增祥的。顯然，許、榮私下裏已經有所交流，榮祿認為「明料擋不住」，還要派人去擋，不過是為董軍出手製造理由，但他也無法阻止。許景澄也感到榮祿有「說不出的苦」，仍請榮設法消解派董軍「硬擋」的決策，並請樊增祥謀劃「感佛（慈禧）、阻端（載漪）、助慶（奕劻）之法」，儘量避免與洋人開戰。這封短信反映了榮祿、許景澄等官員焦慮無奈的心情。

促使慈禧做出對外強硬的決策，與五月二十日發生的大柵欄大火也有關係。這場超級大火無疑加重了當時的緊張氣氛。面對京城混亂不堪的局面，榮、慶與端、瀾意見不合，已經公開了。據說，「貝子、貝勒皆大哭，非哭燒殺之起於京師，乃哭昨日上諭之將拿團也」。[2] 榮在內謾罵曰：「這些王八旦，要把義和延入京，謂其能打洋人，鬧得如許爛。」王文韶曰：「現在但須先清內匪。」榮曰：「一言難盡。」榮調董紮萬壽山。董不聽調，言面奉諭旨紮城門，且以言抵榮。[3] 榮祿任步軍統領數十年，對京城地面的安全十分敏感，已經預感到局面將失控。所以，這天慈禧做出命武衛中軍保護使館的決定，可能出於榮祿的請求，只有他親自操控此事，才能放心。

在第一次御前會議後，又接連叫過幾次「大起」。惲毓鼎日記稱五月二十一日，慈禧再次召見王公親貴大臣九卿；又據《榮慶日記》是日記：「奉旨

1 見《袁昶亂中日記》，《義和團》第 1 冊，第 338 頁。據現有研究，袁昶此日記有過點竄，但這封許景澄給樊增祥的信，似是原件。當時，袁昶幾次將日記抄錄寄給張之洞，作為情報傳達給張，許致樊的信應該是袁昶抄錄過來的，「用北音」一句評語，可能是袁在抄稿上做的點評和備註，供張之洞參考用的。
2 《高枏日記》，近代史資料編輯室編《庚子記事》，第 146 頁。
3 同上。

入西苑，起已下，聞決定備戰，及立玉甫等再往說外國。」¹ 據惲毓鼎稱，召集諸臣入內已在申刻，即傍晚 6 時左右，召對於儀鸞殿。因為列強佔領大沽的消息此刻已經傳到京城，所以慈禧的情緒極為激動，「覆諭云：『現在是他開釁，若要將天下拱手讓去，我死無面目見列聖！就是要送天下，亦打一仗再送！』羣臣聞之悲憤，大半皆決戰議，端郡王、侍郎溥良言之尤力。太后復高聲諭云：『你們諸大臣均聽見了！我為的是江山社稷，方與洋人開仗。萬一開仗之後，江山社稷仍不保，爾等今日均在此，要知我的苦心，不要說是我一人送的天下！』臣等咸叩首言：臣等均同心報國。先面派徐用儀、立山、聯元往使館，諭以利害，若必欲開釁，即可下旗歸國。三臣先退，覆諭榮祿佈置戰事，羣臣始退。」² 從惲氏轉述慈禧言論的語氣看，她已經聽不進去任何不同意見了。

此後又連續兩天「叫大起」。榮祿仍無法影響慈禧的態度。榮慶日記稱：「五月二十二日，入西苑靜候，仍有起，只榮、王兩相陳和戰方略，今始知大臣之不易。」二十三日記：「仍預備，未召見。聞廊坊已開仗，陳仲相條陳以散拳民，並以無與各國一齊開釁之理，仲相答以子之言，我之心也。若再分辯，視為叛逆矣。灑淚而散。」³ 按，第三次、第四次召見羣臣是在二十二、二十三日兩天，榮慶此處有誤。⁴ 榮、王兩相指榮祿、王文韶；仲相即榮祿（字仲華）。榮祿已經不敢再勸阻慈禧了，自稱「若再分辯，視為叛逆矣」。可見其艱難處境。時郭曾炘（字春榆）以光祿寺卿充軍機章京，其子郭則澐後來在《庚子詩鑒》中說：「方正陽門火盛，有旨召大學士、尚侍、京堂、翰詹入對，咨大計。先公官光祿卿，矞目感憤，手草封事瀕千言，命小子（即郭則澐 —— 引者註）繕竟，齎以進。榮文忠公見之，語先公曰：『君言誠正，然吾輩叨居邇列，徒效

1 謝興堯整理《榮慶日記》，西北大學出版社，1986，第 39 頁。
2 《惲毓鼎庚子日記》，《義和團運動史料叢編》第 1 輯，第 50 頁。惲氏這一天的記載與《崇陵傳信錄》所記大體一致。參見《義和團》第 1 冊，第 48～49 頁。
3 謝興堯整理《榮慶日記》，第 39、37～38 頁。
4 榮慶庚子五六月日記是後來補寫的，所以時間有些錯亂。所言五月二十三日未召見，應屬於誤憶。參見謝興堯整理《榮慶日記》第 41 頁說明。

龍比，於事何益。意不若居中圖補救也。』」[1] 這裏所述與榮慶所記一致。在榮祿看來，此時一再阻諫，毫無裨益，不如居中設法挽救，以求實際。當然，榮祿與許景澄、袁昶等人一樣，對載漪等權貴的所作所為也是敢怒而不敢言。

惲毓鼎記述二十三日會議時寫道：「未刻，覆奉旨入見，急馳入城。申刻，召對於儀鸞殿。太后力決戰議，諸臣有慮拳民法術難恃者，太后諭：『法術雖難盡恃，人心自有可憑；此時若再失了民心，真不能為國了。』即傳諭：限各國使臣二十四點鐘內起身出京。又面派載潤等加意捍衛宮牆，不必下班，即賞內膳房飯食，載潤等謝恩，諸臣皆退。」[2] 下午 3 時，總署發出致各國公使照會，以大沽口各國水師遽有佔據炮台之說，首先開釁，現在京城拳會紛起，人情浮動，「貴使臣及眷屬人等在此使館情形危險，中國實有保護難周之勢」，令所有公使及眷屬人等 24 小時內啟行前往天津。[3] 剛毅與榮祿等商議，擬派署順天府丞陳夔龍與武衛中軍護衛出京。[4] 其實，由於電報線路中斷，被困京城的外國使館人員並不知各國海軍索佔炮台之事。各國公使接到照會後，看法不一，緊急磋商後，才於晚 7 時擬就一個聯合照會給總署，表示 24 小時時間緊迫，且京津交通阻隔，盜匪充斥，除非清政府承諾沒有危險才能接受。[5] 二十四日早晨，德國公使克林德偕翻譯柯達士前往總理衙門商議撤離事宜，出東交民巷，行至東單牌樓時，被虎神營士兵開槍射殺。這後來成為辛丑中外交涉的重要問題之一。

實際上，二十三日上諭已命直隸總督裕祿，以事機緊迫，兵釁已開，「該督須急招義勇，固結民心，幫助官兵節節防護抵禦，萬不可畏葸瞻顧，任令外兵直入」。[6] 命招撫義和團抗擊聯軍。二十四日下午近 4 時，照會規定的 24 小時時間已到，董福祥甘軍和武衛中軍開始炮擊使館。有私家筆記說：「（諭旨）遂

---

1 龍顧山人：《庚子詩鑒》，《義和團史料》上冊，第 43 頁。
2 《惲毓鼎庚子日記》，《義和團運動史料叢編》第 1 輯，第 51 頁。
3 《照會》，光緒二十六年五月二十三日，《義和團檔案史料》上冊，第 152 頁。
4 參見陳夔龍《夢蕉亭雜記》，第 88～89 頁。
5 《庚子使館被圍記》，《義和團》第 2 冊，第 234～235 頁。
6 《軍機處致直隸總督裕祿上諭》，光緒二十六年五月二十三日，《義和團檔案史料》上冊，第 153 頁。

令董福祥及武衞中軍，圍攻交民巷，榮祿自持檄督之，欲盡殺諸使臣。炮聲日夜不絕，屋瓦自騰，城中皆哭。」[1] 榮祿是否親自督陣，還須考訂。但是，可以肯定的是，當時清廷已經決定對外開戰，武衞中軍參與圍攻使館勢在必行，絕非榮祿所能阻止。這一天，清廷寄諭各省督撫，「應各就本省情形，通盤籌畫，於選將、練兵、籌餉三大端，如何保守疆土，不使外人逞志；如何接濟京師，不使朝廷坐困，事事均求實際。沿江沿海各省，彼族覬覦已久，尤關緊要。若再遲疑觀望，坐誤事機，必至國勢日蹙，大局何堪設想。是在各督撫互相勸勉，聯絡一氣，共挽危局。」[2] 這是對疆臣提出的備戰要求。而此刻，直隸總督裕祿在拳民聚集數萬人的情況下，「勢不得不從權招撫，以為急則治標之計」，匆忙招撫義和團，與清軍聯合抵禦外國侵略軍。[3] 中外開戰已成定局。

二十五日，清廷發佈宣戰詔書，表達「與其苟且圖存，貽羞萬古，孰若大張撻伐，一決雌雄」的決心。[4] 又以天津義和團會同官軍助剿獲勝，一改「攻剿」為「聯絡」，令各省「招集成團，借禦外侮」。[5] 同時，派左翼總兵英年、署右翼總兵載瀾會同剛毅「辦理義和團事宜」，正式招撫京師的義和團；又派載勛、載瀾負責衞護京師，督飭官兵「嚴密防守」，京城地面，由裕德等八名都統、副都統率隊各按地段晝夜巡查，加強防衞。很快，在清軍猛烈進攻下，奧地利、荷蘭使館被焚燬，附近的中國通商銀行也被焚燒。[6] 二十六日，清軍對東交民巷和西什庫教堂的進攻更為激烈。戌刻，慈禧與光緒帝從西苑回到紫禁城。[7]

對於形勢的惡化和宣戰後的情形，六月初二日袁昶在給張之洞的信中稟報說：

1　李希聖：《庚子國變記》，《義和團》第 1 冊，第 16 頁。
2　《軍機處寄各省督撫上諭》，光緒二十六年五月二十四日，《義和團檔案史料》上冊，第 156 頁。
3　《直隸總督裕祿摺》，光緒二十六年五月二十四日，《義和團檔案史料》上冊，第 158 頁。
4　《上諭》，光緒二十六年五月二十五日，《義和團檔案史料》上冊第 163 頁。
5　《軍機處寄各省督撫上諭》，光緒二十六年五月二十五日，《義和團檔案史料》上冊，第 163 頁。
6　《關於北京自 1900 年 6 月 20 日至 8 月 14 日發生的事件的報告》，胡濱譯《英國藍皮書有關義和團運動資料選譯》，第 263 頁。
7　北京市檔案館編《那桐日記》，第 346 頁。

此事誤於北洋大臣、步軍統領、順天府、五城，揣摩聖意，事前毫無防範。（五月）十七日以後，拳民在禁城突起滋事，天潢貴冑、弘德師保，力主借拳滅洋，鉗榮相、慶邸之口，並造謠云：義和拳入禁城，先殺四人通洋者，榮相、慶邸、崇禮、竹篔，於是鉗口結舌，而宣戰之旨決矣。東交民巷十一國使，洋兵只四百十餘人，分之西什庫四十名，順治門內三十名，孝順胡同各處三十名，則各使館只三百人。自二十三日下午發照會，各使限二十四點鐘下旗出京，某即令甘軍攻打，東長安街一帶化為戰場……[1]

「天潢貴冑、弘德師保」指載漪、載瀾、徐桐、崇綺，「竹篔」即許景澄。看來，五月十四日慈禧命載漪管理總署，已經是對慶王、崇禮等總署大臣不信任了，甚至有人造謠榮祿等「通洋」，對主和大臣進行警示和威脅，這些都使榮祿等人不得不有所退避。可是，情況並非如慈禧、載漪等人想像得那麼順利。進攻使館尚未取得多少成效，京城秩序卻發生更大混亂。東城繁華地帶的商舖、官宅屢遭兵勇搶劫。雖然屢經上諭命步軍統領處置，始終未能奏效。五月二十七日，「奉旨嚴拿搶掠各兵勇，即行正法……總統榮中堂派員拿住兵勇十一人，假冒兵勇二十三人，均就地即刻正法。雖有此辦法，兵勇搶掠如舊，未見稍減」。[2] 同日，清廷命莊王載勛和協辦大學士剛毅「統率」義和團，並派左翼總兵英年、署右翼總兵載瀾會同辦理，加強對團民的管理，以期「該團眾努力王家，同仇敵愾」。[3] 總之，對外宣戰後，清廷既要面對來自津沽的外國侵略軍，又陷入京城混亂局面帶來的潛在危險中，腹背受敵，措置難行。此時，包括慈禧在內的清廷高層統治者才感到問題的嚴重性。六月二十二日，榮祿寫給叔父、四川總督奎俊（字樂峰）的信，詳述了拳民入京過程及與載勛、載瀾等親貴爭論的情況：

---

1 《袁忠節公手札》，商務印書館，1940 年影印本。按，五城應指五城巡城衙門。
2 《石濤山人見聞錄》，《義和團運動史料叢編》第 1 輯，第 79～80 頁。
3 《上諭》，光緒二十六年五月二十七日，《義和團檔案史料》上冊，第 176 頁。

樂叔大人台覽：六月廿一日接奉手書，敬悉一切。時事如此，可為
痛哭！佺自三月間即病手足，病不能行動，共請假廿日。勉強銷假，六日
復犯，更重，又請假四十日。迨至五月初十日力疾出去，而拳匪已鬧到
［到］處殺教焚堂。假中曾七上稟片，皆以趕緊剿辦、以清亂萌，而杜外
人藉口；均為樞廷諸人以多事為詞，竟將一切辦法置之不理，皆不報。後
來竟抬出廷寄，謂該大學士勿得猛浪云云。是以銷假那日，見諸公大鬧，
諸傖皆無言以對。召對時，亦將他們誤事之言詳細言之，諸王、貝勒大聲
疾呼，主戰者亦怯，謂不可知。拳民每戰必潰，今日「八〇〇一」始覺不
足恃矣……此事始於端王，繼而諸王貝勒各懷心意，從中有犯渾不懂事
理，皆以上意為順，故在殿廷大聲急呼。「八〇〇一」「八〇〇二」尚在後
［曰］：奴才等近支子孫，總以社稷為重，若不戰，白白給他們，斷不能
甘心。故眾口一詞，堅意主戰，皆以佺為怯，況現統重兵，如是之傖。至
於略有言須斟酌事理、不可以一國而敵十數國者，則謂亂政，竟敢當着上
頭，大為喊叫；其不成事體，亦所未有。故慶王尤不敢出語。而拳民竟有
以他為漢奸，幾欲攻其府第（其中竟有以去臘之事不平者），亦有人使之
耳。真可謂自古少有之事，田舍亦無能為力矣。人心大變，竟許多不可測
者，豈非天乎？ [1]

　　據前輩學者考訂，「八〇〇一」「八〇〇二」應代指莊王載勛、貝勒載瀾。
「田舍」二字應指榮祿。[2] 從信中看，起初，榮祿是主張對拳民堅決剿辦的，但
為樞廷諸人「置之不理」，並以廷寄戒其「不得孟浪」。榮祿銷假是五月初十日，

1《榮祿致奎俊函》，光緒二十六年六月二十二日，《義和團運動史料叢編》第 1 輯，第 138～139 頁。

2 20 世紀 50 年代前輩學者整理資料時認為，「田舍」可能是榮祿的「自稱密語」。(《義和團運動
　史料叢編》第 1 輯，第 139 頁，註釋 1) 另，蔡鈞致榮祿的一封信中也提到「前承我田舍主人
　俯念……」。見杜春和、耿來金、張秀清編《榮祿存札》，第 366 頁。可見，「田舍」確指榮祿。
　不過，筆者以為，榮祿並無「田舍主人」之類的字號，可能是「略園」的「略」字豎寫時像「田
　舍（各）」兩字，故用於密信中。此事承王剛博士提示，茲略做說明。

他自稱銷假那天，「見諸公大鬧，諸傖皆無言以對」。信中也說明，慶王處境也很危險，被詆為「漢奸」；有人甚至指使團民「攻其府邸（其中竟有以去臘之事不平者）」。所謂「去臘之事」應指「己亥建儲」。榮祿點滴的記錄中，似乎透露了出一些信息：在「建儲」問題上，慶王與端王有歧議，而榮祿與慶王則立場一致。然而，事態發展出乎預料，榮祿「亦無能為力矣」，只知感歎「人心大變」，形勢莫測了。

（二）榮祿與「東南互保」的關係

五月十七日至五月二十八日期間，京津形勢瞬息萬變，京城和東南督撫之間的聯繫卻因為電報中斷，依賴舊有的驛站文報傳遞奏摺，速度十分緩慢。一定程度上說，這個時期清廷發佈的上諭大部分沒有實效性，因為各地督撫無法及時了解中樞的決定，等到數日後得知，京城的情況又有新的變化了。同樣，京城對於東南督撫的彼此聯絡和應對也基本上無從知曉，正是在這種背景下，盛宣懷等人策動與各國在滬領事商議，達成了「東南互保」的協議。

有關「東南互保」研究較多，在一個特定的時期，原本矛盾重重的東南督撫捐棄前嫌，暫時團結起來，完成了保衛半壁江山的使命。劉坤一、張之洞都是資歷深厚的疆臣。袁世凱和盛宣懷在甲午前已經建立了密切關係，盛是李鴻章得力的助手。盛宣懷年長袁世凱 15 歲，且與袁的叔父輩同為淮系僚屬，向來以父執自居，後來也「謙光下逮」，與袁世凱結為盟兄弟，可見私交之篤。可以發現，「東南互保」期間，袁、盛之間的電報私密性很強，而劉、張之間則多是官面話。這是我們研究「東南互保」時必須注意的。

有說法認為，劉坤一、張之洞、盛宣懷等定計進行「互保」，曾得到了榮祿的支持。郭則澐（龍顧山人）《庚子詩鑒》稱：「互保之約，東南諸帥實取決於榮文忠，故庚子五月間電旨有云：『此次之變，事機雜出，非朝廷意料所及，大局安危正難逆料，沿江沿海各督撫惟當相機審勢，極力籌維。』尋又有旨：『釁端已開，收拾難料，命各省保守疆土，接濟京師，聯絡一氣，共挽危局。』

曰『相機審勢』，曰『保疆挽危』，與『互保』用意正相針對。當各省派員議約於滬，滬道亦有今日訂約係奏明辦理之宣言。足證是舉主於中樞，不得謂羣帥專擅也。」又云：「先公（郭曾炘）因請於文忠，凡仇外詔旨，概免屬草，其間剿偽拳、護外使、飭督撫相機保境諸詔，則先公主之。適東南各省有訂約互保之舉，陰取決於文忠，其往覆電，胥由先公與東撫展轉代達。此事外間罕有知者。」[1]郭則澐稱「東南互保」「陰取決」於榮祿，「主於中樞」不盡符合事實；或因其父郭曾炘時為軍機章京，為榮祿所信任，故有此論，意借榮祿為乃翁事溢美。後王樹枏撰《郭文安公神道碑》也云：「拳民之變，公（郭曾炘）草諫書，未及上，密言於文忠公榮祿，畫東南疆吏互保之策。」[2]這裏為郭曾炘溢美的傾向更是明顯。郭則澐認為，東南督撫實行「東南互保」並未「違背」上諭，也非「專擅」，這是有一定道理的。但「互保」達成協議前後，確實找不到榮祿明確支持的有力證據。

首先，東南督撫因利益糾葛和派系紛爭的因素，並非鐵板一塊，彼此關係也十分複雜，榮祿對東南事務的態度一直比較謹慎。從當時情況分析，劉坤一、張之洞因爭奪兩江總督產生的傷痕尚未完全癒合。江蘇巡撫鹿傳霖一直與洋務大員盛宣懷關係不諧，政變發生後，稱盛為「匪人」，罵張蔭桓為「大漢奸」，其思想與張之洞也迥然有別。[3]長江巡閱使李秉衡則與劉坤一暗中較勁，關

1　龍顧山人：《庚子詩鑒》，《義和團史料》上冊，第 43 頁。

2　王樹枏撰《郭文安公神道碑》，卞孝萱、唐文權編《辛亥碑傳集》，團結出版社，1993，第 695 頁。

3　鹿傳霖在戊戌年八月十四日致六兒家書中說：「武備學堂差得否，聽之。至電報局則不相宜，盛宣懷系匪人，不犯伊委員也。今朝局又一大變，慈聖忽然發怒，拿辦康有為，竟被脫逃。僅獲其弟，於是太后親政，仍如垂簾時，所有近來新奇之政以後必又變更。康黨宋伯魯已拿問，並參議新政之楊、譚、林、劉四人亦拿問。今又叫榮相入京，命袁世凱暫護直督（已升候補侍郎）。又盛宣懷鐵路經費暗借俄法之款，英人知之，大怒，要我中國鐵路五條均歸英修（一由漢口至廣東，一由河南到山西，其餘三條尚不知其詳），英已與俄在海參崴開仗，俄小敗。聞又將在黃海外開仗，現張蔭桓又力主背俄改歸英保護，聖意已允，故合肥出總署，張因貢鉅款修工，亦得慈聖歡心。此人一大漢奸，不除終是後患。現大沽口外，有英兵輪數支，是否備與俄戰，抑果係保護中國則不得而知。總之大局已危，特遲早不定。今聞已停止幸津，則暫時尚不即亂。……中秋前一日父諭。」見《鹿傳霖任川督時函札》，中國社會科學院近代史研究所藏，檔號甲 170。此時，鹿傳霖仍賦閒家居，對京津情況的了解不盡準確，但是，對盛、張的評價可見其基本傾向。

係一直緊張；大學士李鴻章宣導的聯俄策略在旅大事件後破產，戊戌七月被趕出總署，政變後又以高齡奉旨辦理河工，胸中積鬱甚深；閩浙總督許應騤則與榮祿私交較深，對江、楚局勢採取默默觀察的態度。李秉衡與張之洞雖早年有舊，此刻也已暗生隔閡。盛宣懷、袁世凱原本都是李鴻章手下的洋務人才，甲午後李失勢，盛與張之洞結合，開辦鐵礦和鐵路，以樞中翁同龢、王文韶為奧援。袁世凱則通過李鴻藻的引薦，與新權貴榮祿建立聯繫。凡此種種表明，庚子四五月間的東南督撫的政治傾向和人脈關係非常複雜，他們對時局的應對也表現出很多差異，主要集中在「東南互保」與「北上勤王」兩種傾向上。情形如此複雜，榮祿的態度謹慎也就在所難免。

五月二十一日清廷發佈上諭，命各地「各就兵力餉力，酌派得力將弁，統帶數營，星夜馳赴京師」。[1] 奉旨後，各地督撫頗有積極籌備北上「勤王」者，東南督撫中江蘇巡撫鹿傳霖尤為積極，二十六日，他奏請帶同江西按察使陳澤霖一軍北上，並舉薦李秉衡率領湖北提督張春發管帶的武衛先鋒左右軍迅速入都。[2] 李秉衡在江陰籌防時，欲阻各國船艦，劉坤一切實勸阻，與李「意見相左，甚棘手」。[3] 當時，劉坤一、張之洞主持的「東南互保」正在協商，劉為此分別致電李、鹿，「力任保護，穩住各國，暫保長江，以期北事轉機」，希望將重心放在江南。[4] 三十日，敗退出天津城的裕祿自德州致電張之洞：「大沽失守，鐵路被據，東西洋八國調兵入口，日有所增，數已三四萬，此間兵單餉絀，極力抵禦，四五日內恐即不支。祿微軀誠不足惜，惟天津如失，直隸、京師大局即去。我公體國公忠，務望剋日派兵救護。事在呼吸，不可稍遲。千萬千萬。」[5] 裕祿期盼張之洞等速派救兵北上勤王，但此刻，張、劉等東南督撫已經無暇北

1 《軍機處寄各省督撫上諭》，光緒二十六年五月二十一日，《義和團檔案史料》上冊，第 147 頁。
2 《江蘇巡撫鹿傳霖摺》，光緒二十六年五月二十六日，《義和團檔案史料》上冊，第 167～168 頁。
3 《江寧劉制台來電》，庚子五月二十六日未刻發酉刻到，虞和平主編《近代史所藏清代名人稿本抄本》第 2 輯第 79 冊，張之洞檔案，第 594 頁。
4 《覆李鑾帥》《覆鹿中丞》，光緒二十六年五月二十五日，《劉坤一遺集》第 6 冊，第 2564 頁。
5 《德州裕制台來電》，庚子五月三十日午刻發申刻到，虞和平主編《近代史所藏清代名人稿本抄本》第 2 輯第 79 冊，張之洞檔案，第 616～617 頁。

顧，更多關心的是長江中下游的穩定。

其次，榮祿在庚子五月間很少與東南督撫有直接聯繫，特別是電報中斷的情況下，「東南互保」的具體情況不可能事先與榮祿有溝通。當時，榮祿與載漪等人關係緊張，被目為「漢奸」，他與外界的聯絡極為謹慎。儘管李鴻章、劉坤一、張之洞、盛宣懷、袁世凱等連篇累牘，致電「榮中堂」和慶王，強調剿拳民和保護外人的重要性，但是，榮祿基本未予回覆。為了取得與京城的及時聯繫，張之洞還請直隸布政使廷杰在保定代為聘訂偵探委員，探聽京城消息隨時電稟。[1] 他曾兩次致電榮祿，請保定的直隸布政使廷杰代收，再派人送到京師。五月二十六日，廷杰回電稟告：「初次寄榮相電於二十三日到京，人已回，京保文報尚通。」[2] 另電云：「二次轉榮相電，昨戌初到，亥正專弁赴都，約今晚可投。」[3] 看來，榮祿似乎收到了張的電報，但是，均未回覆。據李岳瑞稱，五月十九日（應為十七日）前後李鴻章接到赫德電報言都中事急，致電榮祿「力言外釁不可開，拳黨不可信，語頗忤榮意，自此電遂絕。僅日接項城山東來電，借知京中消息而已」。[4] 這裏提及榮祿也不與李鴻章聯繫，李只能依靠袁世凱從山東來電了解一些京中的消息。五月二十五日，山東巡撫袁世凱也致函盛宣懷稱，「十日來作三書，專送榮相，均無覆」。[5] 榮祿對於東南督撫的籲請電報置若罔聞，恰恰說明了他的處境艱難，急於自保，生怕被親貴抓住與督撫「交通」的把柄。直到五月二十九日才致電劉坤一等，一吐胸中委屈。

原來，五月二十五日，由張之洞起草並經各督撫同意，沿江欽差、督撫八

---

1 《致保定廷藩台》，光緒二十六年五月十七日戌刻到，《張之洞全集》第 10 冊，第 56 頁。

2 《保定廷藩司來電》，庚子五月二十六日巳刻發酉刻到，虞和平主編《近代史所藏清代稿抄本》第 2 輯第 79 冊，張之洞檔案，第 600 頁。張之洞致榮第一次電，見《張之洞全集》第 10 冊，第 58 頁。

3 《保定廷藩司來電》，庚子五月二十六日戌刻發二十八日子刻到，虞和平主編《近代史所藏清代名人稿本抄本》第 2 輯第 79 冊，張之洞檔案，第 601 頁。

4 李岳瑞：《悔逸齋筆乘》，《清代野史》第 4 卷，第 1773～1774 頁。

5 《致督辦鐵路大臣盛宣懷電》，光緒二十六年五月二十五日，《袁世凱全集》第 5 卷，第 492 頁。

人會銜電奏「請剿匪，並安慰各國，請其停戰妥議」。[1] 這份電報由長江巡閱使李秉衡領銜，李鴻章、劉坤一、張之洞、許應騤、王之春、于蔭霖、俞廉三等七人會銜。二十六日，李鴻章接到駐英公使羅豐祿和駐日公使李盛鐸的電報，雖然大沽開戰，但都中使館無恙，仍有講和餘地，於是致電總署請代奏，稱：「敢冒死懇求，勿任董軍妄動，但能保住使館，尚可徐圖挽回，否則大局不堪設想。」[2] 因考慮到道路梗阻，為了確保電報順利到京，在盛宣懷的安排下，當時該電報由上海發到山海關軍營，再派人赴京，將一份送總署，一份送榮祿，再請代奏。五月二十九日，榮祿接到東南督撫聯銜電報和李鴻章宥電，「派文委員持署來譯，學生譯出，委員持去」，[3] 應該是這天進呈慈禧了。當日，頒佈諭旨：

> 李鴻章、李秉衡等各電均悉。此次之變，事機雜出，均非意料所及。朝廷慎重邦交，從不肯輕於開釁，奏稱中外強弱情形，亦不待智者而後知。團民在輦轂之下，仇教焚殺。正在剿撫兩難之際，而二十日各國兵船已在津門力索大沽炮台，限二十一日兩點鐘交付。羅榮光未肯應允，次日彼即開炮轟擊，羅榮光不得不開炮還擊，相持竟日，遂致不守，卻非釁自我開。現在兵民交憤，在京各使館甚危迫，我仍盡力保護。此都中近日情形也。大局安危，正難逆料，爾沿海、沿江各督撫惟當懷遵迭次諭旨，各盡其職守之所當為，相機審勢，竭力辦理，是為至要。欽此。[4]

這是中外開戰以來，清廷首次對各地督撫正面解釋中外構釁原因，並流露出盡力保護使館和命各督撫相機審視、各盡其守的期待。這道諭旨多少透露出清廷可能調整對策的信息。軍機處將該諭旨由兵部六百里加急遞到保

---

1 《致蘇州李欽差、鹿撫台》，光緒二十六年五月二十五日亥刻發，《張之洞全集》第 10 冊，第 66 頁。
2 《寄東撫袁慰帥》，光緒二十六年五月二十六日午刻發，《李鴻章全集》第 27 冊，第 64 頁。
3 《石濤山人見聞錄》，《義和團運動史料叢編》第 1 輯，第 82 頁。
4 中國第一歷史檔案館編《清代軍機處電報檔彙編》第 2 冊，第 172～173 頁。

定，三十日亥刻，直隸布政使廷杰以電報轉發劉坤一等，六月初一日，東南督撫奉到了這道上諭。在發出該上諭的同時，榮祿又通過廷杰轉去他給劉坤一的一封回電：

來電敬悉。以一弱國而抵各數強國，危亡立見。兩國相戰，不罪使臣，自古皆然。祖宗創業艱難，一旦為邪匪所惑，輕於一擲可乎，此均不待智者而後知也。上至九重，下至臣庶，均以受外人欺陵，至此極處。今既出此義團，皆以天之所使為詞。區區力陳利害，竟不能挽回一二。後因病不能動轉，假內上奏片數次，無已勉強力疾出陳，勢尤難挽。至諸王貝勒、羣臣入對，皆眾口一詞，諒亦有所聞，不敢贅述也。且兩宮諸邸左右，半係拳會中人，滿漢各營卒中，亦皆大半。都中數萬，來去如蝗，萬難收拾。雖兩宮聖明在上，亦難扭回，天實為之，謂之何哉。嗣再竭力設法轉圜，以圖萬一之計，始定在總署會晤，冀以稍有轉機。而是日又為神機營兵將德使臣擊斃，從此事局又變。種種情形，千迴萬轉，筆難盡述。慶邸、仁和尚有同心，然亦無濟於事。區區一死不足惜，是為萬世罪人，此心惟天可表，慟慟。我朝深仁厚澤，惟有仰列聖在天之靈耳。時局至此，無可如何，沿江海勢必戒嚴，尚希密為佈置，各盡其心。[1]

這封電報也是五月二十九日發出，由馬撥送到保定，五月三十日亥刻再由保定發電，六月初一日午刻到江寧。劉坤一很快轉發張之洞等督撫，並稱「頃榮中堂來電係用明碼，望飭電局切勿泄露，免滋口實。至禱」。[2] 榮祿的這封電報似與那道上諭有直接關聯，他將清廷內部圍繞和戰問題的分歧和陣線分野都講得很清楚：「區區力陳利害，竟不能挽回一二」；「兩宮諸邸左右，半係拳會中

---

1 《南洋劉大臣來電》，光緒二十六年六月初五日申刻到，《李鴻章全集》第 27 冊，第 94～95 頁。
2 《江寧劉制台來電》，庚子五月三十日亥刻發六月初二日亥刻到，虞和平主編《近代史所藏清代名人稿本抄本》第 2 輯第 79 冊，張之洞檔案，第 633 頁。

人」;「慶邸、仁和（王文韶）尚有同心，然亦無濟於事」,「雖兩宮聖明在上，亦難扭回，天實為之，謂之何哉？」最後期待「沿江海勢必戒嚴，尚希密為佈置，各盡其心」,寄希望於劉坤一等人對東南半壁河山的全力維持，因為對於榮祿等人來說，京津局勢已經焦頭爛額，東三省危險在即，江南已是鞭長莫及了。

六月初一日，劉坤一密電榮祿，仍請直隸布政使廷杰「照錄原碼，專馬星夜飛送」。電文稱:

> 榮中堂鈞鑒：奉覆電，讀竟痛哭！時局如此，已無可言。但各國增兵八九萬，會合猛進，不入京城不止。此時救社稷，安兩宮，公宜早為之計，遲則無及。萬望保重柱躬，與慶邸共擔大事。總之，須出面議款，萬不可用「遷」字訣，逼成瓜分之勢。德使已矣，其餘各使，尤須趕緊嚴護無損。若再有失，將來之禍，有萬不忍言者，求為城下之盟，不可得矣。此間聯絡各省共籌保疆之策，盡此心力，不敢謂確有把握也。[1]

該電承諾聯絡各省共保疆土，同時希望榮祿「與慶王共擔大事」,主動出面議款，「萬不可用『遷』字訣」。看來，劉坤一對榮祿退避拖延的心理也有一定認識。同日，劉、張又會銜致電端王載漪，瀝陳危急:「伏求王爺上念祖宗締造之艱，下慰萬姓瞻依之切，早定大計。此時各國公使尚未出京，及早與議停戰；一面催李鴻章進京面授方略，保社稷，安兩宮。」這份電報是請袁世凱收到後「飛馬專送」京城的，在劉、張看來，不能只將希望寄託在榮祿一人身上，也要向載漪等王公親貴獻言，雖不敢期待說服端王，「冀收萬一之效」,[2]但這種努力是不可放棄的。同樣，劉坤一又致電李鴻章，建議李與各國先期聯絡，啟動和議。電報說:「杏蓀（盛宣懷）電想達覽。合觀榮電，確有此情。電

---

1 《寄廷方伯》,光緒二十六年六月初一日，《劉坤一遺集》第 6 冊，第 2568 頁。
2 《寄袁慰廷中丞》,光緒二十六年六月初一日，《劉坤一遺集》第 6 冊，第 2568～2569 頁。

致外部一節，非公重望，威信四夷，不能有濟，祈迅賜裁行。」[1] 李答覆：「榮、慶尚不能挽回，鄙人何敢擔此危局。各國兵日內當抵城下，想有一二惡戰，乃見分曉。」[2] 李鴻章執意不願擔當與各國外交部溝通，似乎等着看兵臨城下的惡果，以教訓朝中的排外勢力。六月初三日，劉坤一又通過廷杰向慶王、端王發電，請極力設法保全各國公使。[3] 六月初五日，東南督撫才接到由保定轉來的五月二十五日的宣戰詔書，此時形勢又有逆轉。六月初七日，清廷發廷寄給袁世凱稱：「現在中外業經開戰，斷無即行議和之勢。各直省將軍、督撫平日受恩深重，際此時艱，惟當戮力同心，共扶大局。謹守封圻，惟爾之功，坐失事機，惟爾之罪。功多有厚賞，不迪有顯戮。各將軍、督撫等務將『和』之一字先行掃除於胸中，膽氣自為之一壯。一面迅即奏報，務各聯絡一氣，以懾彼族之驕橫，以示人心之固結。朕於爾將軍、督、撫不得不嚴其責成，加以厚望也。將此由六百里加緊各諭令知之。」六月初十日袁收到後，即刻電轉各督撫。[4] 清廷在議款問題上稍有鬆動，又轉為嚴屬的主戰的聲音。另一方面，六月初三日清廷致電給各駐外公使，解釋朝廷的決策緣由，並令各駐外公使向本國做出解釋，可是，十五日直隸布政使廷杰才將電報傳遞出來。[5] 朝廷或戰或和，決策矛盾，令督撫無所適從。各督撫經商議後，六月十八日，兩廣總督李鴻章、湖廣總督張之洞、福州將軍善慶、四川總督奎俊、安徽巡撫王之春、護理陝西巡撫端方聯銜致電慶邸、榮祿、王文韶，請求救使，電報由袁世凱以六百里排遞送到京中，交給榮祿。

其文曰：

---

1 《附南洋大臣來電》，光緒二十六年六月初四日申刻到，《李鴻章全集》第 27 冊，第 90 頁。

2 《覆南洋劉峴帥》，光緒二十六年六月初五日申刻，《李鴻章全集》第 27 冊，第 94 頁。

3 《寄廷方伯》，光緒二十六年六月初三日，《劉坤一遺集》第 6 冊，第 2570 頁。

4 《附東撫來電》，光緒二十六年六月初十日，《李鴻章全集》第 27 冊，第 107 頁。

5 參見《附上海轉保定來電並致高盛將軍督撫各國駐使》，光緒二十六年六月十五日亥刻到，《李鴻章全集》第 27 冊，第 119～120 頁。

　　慶王爺殿下、榮中堂、王中堂鈞鑒：各國最忌傷使，攻津洋兵續調大隊，俱以救使為言。羅使電外部言，若害各國使臣，要政府抵償。呂使電：德主聞戕使甚怒，派鐵艦四、快船一直取北京。裕使電：外部言，若傷各國使館人員及商民，要政府抵命。上海英總領事電：奉外部電，如各國公使及各色西人受傷害，必將其罪歸於北京主謀之人。語極兇悍，實堪髮指。德主及德領事來電：如能救出各國西人，每人賞銀一千，費用俱由德主給等語。彼各國既合為一氣，公憤救使，其鋒甚銳，必須於各國續調之兵未到以前，設法保護，及早善處，方可滅其兇焰，於戰事並無所妨，於大局實有裨益。伏讀五月廿九日諭旨，現在京城使館仍盡力保護。又閱六月初三日電諭各出使大臣，現仍嚴飭帶兵官照前保護使館各等語。仰見聖謨廣運，威德兼施。天津於犯順之洋兵，自應力加攻擊，以彰聖武。京城於束手之公使，自可格外保護，以廣皇仁。但既有德使之變，京津電報不通，各使久無音耗，洋人皆疑各使已死，舉國譁然，同聲謀我。初七日電致英、俄、日本三國書，而彼使無信，尤滋疑慮，且啟別國猜忌。為今計，宜將各使保護安全，加以撫慰，一面補致美、法、德國書，一面令各使將國書之意分電本國，方可釋然，於事有濟。關係至鉅，惟賴鈞座主持。應否將此電婉為奏陳，或將各使來電字面略改渾涵，統祈裁酌，不勝急迫之至。李鴻章、善聯、劉坤一、張之洞、奎俊、袁世凱、王之春、端方同齎。[1]

　　六月二十日，袁世凱將此摺繕發，派人送往北京，榮祿應該收到此件，但並未回覆。除了聯絡不便和榮的處境艱難這兩個原因外，津京形勢瞬息萬變，東南督撫的建議大多缺乏針對性，或者不具可行性，榮祿所做的只是根據具體情況，靈活應變，盡力挽回局面。此時，京城內部的情形也有新的變化。

---

1 《南洋劉來電並致鄂川督閩將軍東皖陝撫》，光緒二十六年六月十八日，《李鴻章全集》第 27 冊，第 127～128 頁。

（三）武衛軍炮擊使館與榮祿謀和活動

毫無疑問，榮祿曾指揮武衛軍炮擊使館。自五月二十五日宣戰詔書頒佈後，董福祥甘軍和武衛中軍與拳民進攻使館和西什庫教堂的行動斷斷續續，東交民巷一帶變成一片焦土；同時，京城內外秩序混亂，搶掠事件頻發。屢有傳言稱義和團要焚燬總理衙門，經慶王、端王與莊王協商，派數百名團民來署「保護」；而神機營、武衛中軍和團民不斷進攻英國使館。六月初九日，「聞神機營調出大炮十尊，西什庫六尊，東交民巷四尊」，[1] 其激烈程度可想而知。關於清軍炮擊使館的情況，赫德曾有精細的統計，這位曾有着長期寫日記習慣的英國紳士，在使館解圍後寫的文章中，比較精確地統計了使館遭到炮擊的時間。他寫道：

> 從 6 月 20 日（五月二十四日）開始，清軍在四周築起封鎖線把我們團團圍住，除了在 7 月 21 日（六月二十五日）和 27 日（七月初二日）之間兩三次收到少許饋贈的蔬菜之外，再沒有得到過中國政府提供的任何東西⋯⋯6 月 20 日至 25 日（五月二十四日至二十九日），6 月 28 日（六月初二日）至 7 月 18 日（六月二十二日），7 月 28 日（七月初三日）至 8 月 2 日（七月初八日），8 月 4 日（七月初十日）至 14 日（七月二十日），我們一直遭受武裝攻擊，槍炮聲日夜不斷，來福槍子彈、加農炮彈、克虜伯炮彈就從皇宮前的城門上、皇城牆上、我們周邊的多處很近的據點，傾瀉到各使館，清軍從四面八方攻擊我們。至於 6 月 26、27（五月三十日、六月初一日），7 月 19 日至 27 日（六月二十三日至七月初二日）的停火是不是中國政府下的令，我們不得而知，但是，其他時段裏的開火，肯定是政府下令的⋯⋯[2]

---

1 《石濤山人見聞錄》，《義和團運動史料叢編》第 1 輯，第 84 頁。
2 赫德：《北京的使館 —— 一次全國性的暴動和國際事件》，赫德：《這些從秦國來 —— 中國問題論集》，第 24～25 頁。

　　這段文字是戰後所寫，赫德誇大情況、追究清廷主戰責任的居心不可否認，但所述大致屬實。這樣激烈的戰鬥環境下，很難想像榮祿阻止炮擊使館的可能性；而實際上，即使榮祿想要阻止恐怕也不會有效，何況他有漢奸「嫌疑」，也不敢公開這樣做。

　　在進攻使館問題上，有記載說榮祿暗示炮兵將領張懷芝向空中或使館外空地放炮，避免集中於使館，藉以保護洋人。[1]這種說法大致可信。六月十二日，葉昌熾也聽說：「榮相懸停攻牌，大書高揭，而兵團熟視無睹，攻之益猛。蓋朝廷之威令已不能行矣。」[2]可見，形勢已經失控，榮祿根本無法控制武衛軍。

　　吳永後來聽說的情況是：「京城方面以榮祿總師，立調武衛中軍及董福祥所統甘軍，率拳匪多人，圍攻使館及西什庫教堂。一時槍聲震耳，嗶騰如連珠。」「圍攻使館久不下，眾意稍懈。榮相見大勢弗順，已紆迴改道，隱與使署通消息；或稱奉詔送瓜果蔬菜，至東交民巷口，聽洋人自行取入；一面設法牽制兵匪，使不得急攻。」[3]吳永在西行途中接觸過很多朝中要員，一些細節未必準確。但是，關於榮祿先奉命攻使館、繼則「迂迴改道」的說法應是實情，這在當時也是形勢所迫。

　　庚子六月，天津戰事中清軍節節敗退，聯軍逐漸西進，京城人心惶惶。即使載漪、剛毅等縱容拳民、主張圍攻使館的頑固大臣，也開始預感到情況不妙，陷入手足無措的窘境，榮祿的先見之明顯現出來。清廷內部的關係也開始出現一些微妙變化。天津失陷前後，慈禧太后也陷入歇斯底里的境地。據說，六月十五日召見樞臣時，太后訓斥：「外國要你們腦袋，知之否？」眾皆無言。榮祿曰：「腦袋不礙事，只要於朝廷有益，就與兩個腦袋也不要緊。但恐與腦袋後仍無益耳。」[4]就連一貫唯唯諾諾、謹慎保身的禮王世鐸，也開始譏諷同僚剛

1 參見李岳瑞《春冰室野乘》，山西古籍出版社，1995，第135～136頁。
2 葉昌熾：《緣督廬日記》第5冊，第3150頁。
3 吳永：《庚子西狩叢談》，岳麓書社，1985年，第19～20頁。
4 《高枬日記》，近代史資料編輯室編《庚子記事》，第153頁。

毅。據黃曾源稱：「攻使館不下，剛毅自知禍不旋踵。時兵部郎中恩良病故，剛毅聞之曰：『恩老爺能替國家辦事，怎麼好好就死耶？像我又何以不死？』時天津失守，裕祿自戕，剛大沮喪，禮親王戲之曰：『中堂之團安在哉？』剛揚目視之曰：『到此光景，尚戲弄哉？』」[1]二十日，傳言「昨日宮內哄者，以聞津警，將西行。榮相懇止曰：『出去更險。』」[2]榮祿勸阻慈禧出京被採納，說明隨着形勢的惡化，慈禧也開始聽從榮祿的一些建議。而且，那些曾與榮祿立場嚴重對立的親貴，也感到必須依靠榮祿才能收拾局面。六月二十二日，榮祿在給奎俊的信中寫道：

> 端王進攻西什庫教堂，董軍攻各使館，旬餘日均未下。現在他們都知道不容易，已晚矣。侄現仍竭力保護各使臣無傷，尚可作將來轉圜地步；否則長驅直入，勢將滅國矣。豈不慟哉！幸各使尚未死。昨好容易拿住一漢奸，令其送信，以通消息。總算以拳民攻擊為詞，好在各使亦怕到極處，求救不得，得着侄信，感激萬分，即請不必開槍炮。現在已阻住不相攻（月之十八日事也）。昨又活捉一鬼，侄趕緊送回，以全和好……現在惟有竭力維持，能做到緩兵之計，免得滅國，再作計較耳。侄一人支持大局，危矣哉。昨日在上痛哭流涕，亦惟有以死報國，上亦大哭。「八○○一」（載勛）云：「汝可不可死，汝欲死是不如我死，全仗汝救國救民，為祖宗計。」「八○○二」（載瀾）云：「汝係救社稷之臣，萬不可死」，亦大哭。而同事諸傖，亦無言可說。諸傖固不願意，然又未便深說者。[3]

---

1 黃曾源：《義和團事實》，《義和團運動史料叢編》第 1 輯，第 136 頁。另有資料稱：「連日榮中堂在軍機處肆口痛罵，謂『一班渾旦，將事弄糟，此時叫我一人作難』云云。禮王在旁痛哭，謂剛云：子良，你何不上法打他？剛自恨只病不死（時剛多病，不敢請假），我亦不知如何了局。」見《某人致某人函》，張黎輝輯《義和團運動散記》，《義和團史料》上冊，第 254 頁。從種種情況看，榮祿當庭痛罵同僚確有其事。

2 《高柟日記》，近代史資料編輯室編《庚子記事》，第 155 頁。據趙舒翹日記，六月初七日，慈禧即有西遷之意。見王步瀛編《趙慎齋年譜》（節錄），《義和團史料》下冊，第 754 頁。

3 《榮祿與奎俊書》，《義和團運動史料叢編》，第 138～139 頁。按，引文中「侄」原為「姪」，現一律改為「侄」。

也許剛毅、載勛等人未必言出由衷，但實際情況對榮祿重新獲得參與決策十分有利。應該看到，雖然榮祿一度受到載漪、剛毅等人的排擠，但是，同為滿洲權貴，他們的根本利益是一致的。進入六月以後，進攻使館已經騎虎難下，甘軍和武衛中軍奉旨圍攻使館雖不能因為榮祿等人異見而中止，但榮祿通過意外事件試圖開啟與使館談判的努力，也得到過載漪、剛毅等人支持。榮祿信中所謂「拿住一漢奸，令其送信，以通消息」之事，就得到了載漪等人的贊同。六月十八日拿住的這個「漢奸」實為一名叫金四喜的教民。天津失陷後，榮祿積極謀求與各公使建立聯繫，但苦於無法打開僵局。金四喜被抓獲後，榮祿即刻令其充當信使，與各公使迅速建立聯繫。

關於榮祿利用「奸細」傳遞消息、打開僵局、與駐京公使建立聯繫之事，外國人的記載也有反映。據稱，六月十八日金四喜被俘後，被帶到榮祿在皇城的指揮部，再帶着慶王等交給他的信函返回使館，信中建議外國公使分批搬進總理衙門以便保護。也有外人說，信的落款是以端王領銜的。考慮到當時端王負責管理總理衙門，自然也知道此事。[1] 赫德回憶說：「大概在 7 月 16 日（即六月二十日），有一個信使回來了，他出去時曾被抓住並被押送大中國統帥榮祿跟前，然後被遣返使館，帶回一封非正式的『慶親王等』的短箋。這樣公使們開始和總理衙門大臣信件往還。……（信中）邀請公使們總理衙門去躲避，稱每人可以帶十名隨員，都不得帶武器，但是，想到可憐的克林德的命運，這個邀請當然不能接受。另一封還是要求公使們離開北京去天津，也沒有被接受。」[2] 此後，金姓教民又幾次往返傳遞信函，打開了雙方聯繫的管道。六月二十日，總署派人給美國公使康格送來一份美國國務院的密電；二十一日，「榮祿的兩個部下帶來了榮祿的一封信和他的名帖，信上說榮祿正命令中國軍隊停火。下午

---

1 路遙主編《義和團運動文獻資料彙編·英譯文卷》下卷，山東大學出版社，2012，第 407～408 頁。

2 赫德：《北京的使館 —— 一次全國性的暴動和國際事件》，赫德：《這些從秦國來 —— 中國問題論集》，第 22 頁。

6 點真的停火了」。二十二日，被圍困的使館首次得到日本人傳來的天津失陷、聶士成戰死等消息。同日，榮祿派一名總理衙門章京，向洋人保證「設法弄到《京報》並供應冰塊、水果和雞蛋等等。他說電報聯絡中斷，但保證試着代外國公使向各國政府發去電報，同時，也表達了中國政府對於給中外關係造成困難的義和團的憂慮」。[1]七月初一日，「皇太后派人給英國公使送來冰塊和瓜果。總理衙門也特意給赫德爵士送去類似的東西和麵粉，想請他代表中國作為中外之間的調停人」[2]從上述情況看來，利用金四喜與使館講和，是清廷最高決策層的一致決定，是慈禧、端王都支持的，並非榮祿個人的行為，慈禧等已經試圖通過赫德作為聯繫人啟動與各國公使的接觸。當時曾計劃由清軍將公使護送到天津，藉此阻止聯軍進軍京城。

榮祿很快將通過金四喜建立與使館關係的事情告訴給袁世凱。六月二十七日，袁世凱致電李鴻章等東南督撫：

> 頃接京官二十二夜書，十七日［十八？］中軍拿獲使館送信調兵人，榮相奏請，用此人遺書慰問各使。英使覆稱，各使無恙，均願太平。嗣派總署員文瑞往晤，各使均出見，未損一人。擬明日奏請，先送食物，再商派孫萬林隊伍送赴津。御河橋南洋兵守，北甘軍守，彼此均停槍炮云。榮相從中周旋，極為難。[3]

這個電報使苦於不知京城實情的督撫意外得到讓他們欣慰的消息，特別是

---

1 路遙主編《義和團運動文獻資料彙編‧英譯文卷》下卷，第 410 頁。關於停火時間，也有細微的不同。明恩溥稱，六月二十二日（7 月 18 日），由於竇納樂與一位清軍將領達成一項停火協議，「這些條款的文字被送交給了軍機大臣榮祿」。結果，下午 4 時就出現了總署章京文瑞來到使館之事。見明恩溥《動亂中的中國》，路遙主編《義和團運動文獻資料彙編‧英譯文卷》上卷，第 145 頁。

2 路遙主編《義和團運動文獻資料彙編‧英譯文卷》下卷，第 414 頁。

3 《致調任直隸總督李鴻章等各將軍督撫電》，光緒二十六年六月二十七日，《袁世凱全集》第 5 卷，第 662 頁。

各使「未損一人」，尤令李、劉、張等寬心不少。七月初一日，盛宣懷致電詢問，「未知送使消息是否雲門（樊增祥）來信？」袁答曰：「送使係榮函。」[1]盛、袁之間一問一答的兩封電報透露出一個絕密的消息：「京官二十二夜書」居然是榮祿的來信，這一點袁世凱並未告訴李、劉、張等督撫，只是被問及時才告訴了盛宣懷。看來，榮祿對袁有囑咐，只需知道實情，而不必讓外人消息來源，說明他依然謹慎。此外，上述榮祿致奎俊的書信也寫於二十二日，可能是他感到事情有所轉機，才懷着希望才將有關消息透露給袁、奎的。

榮祿嗣子良揆民國時期回憶此事說：

> 先文忠公於光緒二十四年入主樞要，並總武衞中軍兼節制武衞各軍，素受知遇，能言人所不敢言。二十六年拳匪起於畿南，文忠公即以剿辦為請，因格於羣議，未蒙報可。及該匪黨闖入京師，圍攻使館，中外震駭，公於病假之中仍七上奏片，乞請剿辦亂黨，保護各國使館，以安大局，均不報可。旋奉廷寄，責以不准孟浪從事，蓋隱全之也。當是時，羣議都以為吾華受外國欺陵至於極點，今即出此義舉，皆以為天之所使，以助吾華也。符和者復神奇其說，淆惑上聽。慈聖聰明，並未為所蒙蔽，只以盈庭聚論，眾口一詞，無以制止耳。日下亂象炭炭，不可終日，權要恣睢於上，團眾紛吶於下，聖旨不能下達，言臣噤若寒蟬。公孤掌難鳴，萬目時艱，知難回挽，已立志待殉矣。憂心君國，哀懷不能一時安。會武衞軍偶獲間諜名金四喜者，已問斬矣。臨刑時其髮中落下字片一紙，審之知為駐京英、俄、德、法、美五國使臣聯名與外界通消息者。監刑人當令停緩，並將其事稟報董福祥（原註：武衞後軍統帥）。董福祥上報於文忠公。公立命將其人提至案前親訊之，得其實情，貸以不死，而善遣之，並密令此人向各使臣通訊。聲明我政府極願保護各國使館及僑民之安全，惟各國軍

1《督辦鐵路大臣盛宣懷來電》，《致督辦鐵路大臣盛宣懷電》，光緒二十六年七月初一日，《袁世凱全集》第 6 卷，第 6 頁。

隊如果到京時，首對兩宮安全必須尊重，次則滿城人民身命亦須保護為交換條件。其人去後復來，陳述各使臣情願照辦此意。公於次早力疾入朝，不計自身利害（原註：當時有主正論者，權要即斥為漢奸，生命異常危險，公已類瀕於危矣），懇切面奏，感動天聽，故有慰問各國使臣、保護僑民之上諭。嗣並由此人輸送擠［濟？］接各使館糧米、瓜果等食品，中外感情略見和善。迨聯軍入都，地方未遭甚大糜爛，和議未遇意外難堪者，實因有此雙方心照之議於先也。[1]

這篇說明不厭其詳，充滿為乃翁辯解的意味，不過，對金四喜事件的前因後果描述得最為清楚，特別是提到金是董福祥派人送到榮祿處的。看來，當時董、榮之間的溝通不像一些資料說的那樣不暢，董對榮祿也是充分尊重的。另據資料，參與此事的還有南書房的翰林，徐琪致張亨嘉信中也稱：「午間繕致英一信（信由榮相帶去，言明日方能送去），言為保護移居事。」[2] 可見，給英國使館的信是南書房翰林所寫。這封信應該是以慶王領銜的名義發給英國人的。在榮、慶等人的努力下，形勢出現了一些緩和。七月初八日，清廷頒佈明發上諭：「疊經總理衙門王大臣致函慰問，並以京城人心未靖、防範難周，與各使臣商議，派兵護送前往天津暫避，以免驚恐。即著大學士榮祿預行遴派妥實文武大員，帶同得力兵隊，俟該使臣定期何日出京，沿途妥為護送。倘有匪徒窺伺搶劫尋事，即行剿擊，不得稍有疏虞。各使臣未出京以前，如有通信本國之

1　良揆：《光緒庚子年拳匪擾亂中北京五國使臣聯名與外界通消息之書片紀事》，1936 年 8 月，杜春和、耿來金、張秀清編《榮祿存札》，附錄四，第 422～423 頁。按：這段文字是良揆為清軍從金四喜辮髮中搜獲的「書片」寫的一段說明，此書片應為英文。良揆寫道：「故此書片可為拳亂和議中之最要關鍵。設文忠公（榮祿）未獲此書片，即無由與各使臣互通意見，而慰問各使臣之上諭亦無由頒下，各國聯軍到都後，地方糜爛之程度亦不堪想像矣。余近時翻撿文忠公舊牘，偶得此書片，知為拳亂過程中重要證牘，急另保藏之。又恐日久無人悉其顛末，漫不經意，一任湮滅，遂囑照像者將其前後兩面印若干份，並記其原委事實，分贈朋儕之留心史事者。如此分存較廣，則此牘之真相，庶不致湮沒乎！」這裏有為榮祿溢美的意味。見同書，第 423 頁。
2　《徐琪致張亨嘉函（二）》《徐琪等與張亨嘉書》，《義和團運動史料叢編》第 1 輯，第 144 頁。

處，但係明電，即由總理各國事務衙門速為辦理，毋稍延擱，用示朝廷懷柔遠人，坦懷相與之至意。」[1] 袁世凱在七月初八日接到此諭，很快轉發各督撫。[2] 但是，清廷試圖通過將各公使安全送抵天津來換取聯軍停止進京的謀劃最終落空了。在京公使得知聯軍即將抵京，且猜測轉移天津無法保障安全，甚至懷疑是清軍誘敵的計策，所以堅決予以拒絕。這樣，榮祿極力想啟動的議款活動很快就夭折了。

三　京城陷落後榮祿的抉擇

正當榮祿與使館聯絡接洽期間，七月初一日，率兵北上勤王的巡閱長江水師大臣李秉衡抵京，慈禧連續召見三次，面詢機宜，命李幫辦武衛軍事務，節制張春發、陳澤霖、萬本華、夏辛酉四軍，抵抗聯軍。一時京師主戰氣焰再起。初三日，曾反對與列強開戰的吏部左侍郎許景澄、太常寺卿袁昶被殺。事前，榮祿曾向慈禧諫阻無效，又請求大學士徐桐援手，不料遭徐峻拒。[3] 十二日，天津失守後退至楊村的直隸總督裕祿兵敗自殺。十七日，慈禧又降旨將兵部尚書徐用儀、內閣學士聯元及已革戶部尚書立山處死。同日，率兵抵抗聯軍的李秉衡因武衛軍潰敗，羞憤交加，也在張家灣自盡。

七月二十日，聯軍抵達北京城下，發動進攻。七月二十一日凌晨，慈禧攜光緒帝倉皇出逃，扈從左右的主要是載漪、載瀾、剛毅、趙舒翹等王公和官員。很久以來，外界對榮祿未能隨扈的問題有過很多推斷，因為這涉及京城失

1　中國第一歷史檔案館編《光緒宣統兩朝上諭檔》第 26 冊，第 240 頁。

2　《致調任直隸總督李鴻章等暨各將軍督撫電》，光緒二十六年七月初十日，《袁世凱全集》第 6 卷，第 68 頁。

3　據載，為了救徐用儀，榮祿曾親自拜訪徐桐，請其勸說慈禧，豈料徐桐答曰：「君尚欲假作好人？我看此等漢奸，舉朝皆是，能多殺幾個，才消吾氣。」見陳夔龍《夢蕉亭雜記》，第 33 頁。

陷後榮祿的被動處境以及隨後西赴行在的種種曲折，與當時朝局及議和問題密切相關，同樣值得重新考察。

自天津失陷後，清廷一直試圖與列強建立溝通的管道，說服聯軍中止進軍北京；但這種考慮顯然是徒勞的，後來經過榮祿與使館建立的短暫聯繫，雖允諾將使館人員轉移到天津，但沒有取得公使們的認同。對使館的圍攻時斷時續，形勢的惡化已經無可避免。

據軍機大臣趙舒翹日記云，七月十六日，慈禧定西遷議。「二十日，召見數次，已定暫避之計。晚間，慶王、端王、榮相又阻不行。並派予同夔石、陰芝往使館講和，是陷人危局，予擬力辭。二十一日卯刻，洋兵攻紫禁城甚急，皇太后、皇上倉皇出走。予奔回寓所，草草收拾行李，趕赴行在。」[1] 趙舒翹披露出的情節是，二十日晚間，慶王、端王、榮祿共同阻止慈禧西行，並派趙與王文韶、啟秀（穎芝，也作陰芝 —— 引者註）前往使館講和，但是，趙舒翹拒絕了。此事榮祿在後來的奏摺中也有交代：「是時大局尚未糜爛，寶使（英國公使寶納樂）覆函於次日九點鐘在館恭候會晤。及該大臣啟秀、趙舒翹等恐其扣留，不敢往晤，託詞有差不及前往，又函覆之，至二十日夜間又復遷延，遂有二十一日之變。」[2] 可見，趙日記所言不虛。二十日，慶、端、榮一致堅持反對慈禧西行，除了安全因素，可能還有一點，唯恐庚申之變的重演。咸豐十年英法聯軍進攻津京，咸豐皇帝逃往熱河，結果發生圓明園被焚的慘劇，此次一旦兩宮離京，很可能會導致京城混亂升級。這也就可以解釋為什麼二十一日清晨慈禧、光緒離開時，榮祿與慶王沒有隨行，可能前一天慈禧已經接受慶、端、榮的勸阻，同意暫不離京。所以，當慈禧突然改變主意逃離皇宮時，不僅榮、慶不在場，軍機大臣禮王世鐸、王文韶、啟秀也不知情。

關於二十一日清晨榮祿入宮的情況，軍機章京繼昌的記述可為參考。繼昌稱：「二十一日早，敵兵攻東華門，榮相策馬帶小隊四十名，自御箭亭東向寧

1　王步瀛編《趙慎齋年譜》（節錄），《義和團史料》下冊，第 754 頁。
2　《大學士榮祿摺》，光緒二十六年八月初七日，《義和團檔案史料》上冊，第 530～531 頁。

壽宮而來。時禮邸等將往見起，甫行至景運門，守門護軍驚駭相告，疑敵已入禁內，榮相帶勇敗走，亟掩景運門及乾清門，逾刻探悉無事，榮相緩步至軍機處，云進內覓瀾公議事，東華門已派勇往禦。少憩，同禮邸等再往寧壽宮，預備召見。未至，太監迎告曰：駕已行矣。榮即由蒼震門夾道趕赴，禮邸等回抵軍機處，各匆匆散歸。皇太后亦誤聞敵兵入內，雖傳不及召對，倉皇手攜大阿哥，皇上、皇后相從，瀾公及太監一人隨侍，步出神武門。僅有瀾公及李蓮英內侍車三輛，分而乘之，奔西直門而去。」[1] 繼昌應該是當天入值的領班章京，所記比較可靠，看來，榮祿和禮王都是按照前一天約定去軍機處的，榮祿甚至要找載瀾議事。沒有料到，驚慌失措的慈禧竟然連軍機大臣都不召見了，臨時決定出逃。就此看來，榮祿未能隨扈是偶發事件，並非慈禧對他已不信任。[2] 兩宮出逃時，另一位軍機大臣王文韶也事先不知情，是後來趕上的。榮祿自己後來奏報說：

　　竊本月二十一日，奴才榮祿聞我皇上恭奉皇太后聖駕西巡後，與奴才崇綺在禁城內相見大哭，共以為外洋欺我至於此極，真所謂翻天覆地，變出非常。凡屬臣子，報仇雪恥固屬刻不能忘，而豺狼之心恐猶未饜，最須加意。昨已有旨令馬玉崑帶兵扈從。奴才榮祿本擬收拾殘卒，竭力巷戰，誓掃賊氛。惟時見城中四處火起，喊殺之聲大振，居民擁擠奔逃，知事不可為。然聞鑾輿在外，未敢輕守小節。當與奴才崇綺馳出西直門……取徑盧溝橋、長辛店。[3]

---

1 繼昌：《拳變紀略》，《義和團史料》下冊，第 561 頁。按，引用時標點有調整。

2 孔祥吉先生認為，慈禧逃離京城之危難時刻，奕劻相隨，而榮祿卻未能隨行，說明她對榮祿已不信任。參見孔祥吉《奕劻在義和團運動中的廬山真面目》，《近代史研究》2011 年第 5 期。這種說法似乎還要商榷。當時形勢急迫，慈禧離京很突然，軍機大臣未能隨行的不止榮祿一人，恐與信任與否無關，完全是偶然因素造成的。

3 《大學士榮祿等摺》，《義和團檔案史料》上冊，第 484 頁。

　　按照榮祿奏摺所說，他本擬「收拾殘卒，竭力巷戰」的，知道事不可為，且鑾輿在外，「未敢經守小節」，於是與崇綺一起逃出西直門，經盧溝橋、長辛店，逃離京城。七月二十六日，榮祿與崇綺抵達保定。

　　七月二十六日到九月二十日近三個月的時間，榮祿何去何從一直是影響時局的關鍵問題。圍繞這個問題，行在的載漪、剛毅和李鴻章、劉坤一、張之洞、袁世凱等東南督撫都很關注，而榮祿本人更是審時度勢，不斷改變策略。後來有人曾評論說：「兩宮途次有詔，派留守大臣榮文忠居首，蓋端、剛輩猶忌之，不使隨扈。時榮已經出都，既不敢違旨，又察之外人以武衛軍嘗攻使館，亦不滿於己，故徘徊中道者良久。其云收集軍隊者猶託辭也。迨端、剛等罷樞直，榮知朝綱已正，始馳赴行在，協籌善後之策。」[1] 這段評論大致準確，但沒有看到東南督撫在此過程中發揮的影響。榮祿逃出京城後抵達保定，可以通過電報與東南聯繫，但西行途中的兩宮行蹤不定，榮祿卻無法與行在取得及時聯繫。

　　七月二十三日，兩宮逃離北京抵達懷來時，雖不知道榮祿的下落，仍諭令榮祿與徐桐、崇綺均著留京辦事，「所有軍務地方情形，隨時奏報以慰廑係。其餘應行隨扈各員。速赴行在。將此諭令知之」。[2] 此時，榮祿也不知兩宮的確切行蹤，他與崇綺、董福祥在城外會合後聯銜上奏，擬派董福祥率兵前往追趕護駕，榮祿本人與崇綺則先到保定，召集整頓隊伍，養復銳氣，恭候諭旨，再相機進取。[3] 二十五日，行在又寄諭榮祿、徐桐等：「前因英寶使有各使在京、和局較易轉圜之語，並據函訂王大臣等於十九日往談，嗣因事務倥傯，未及前往，即有二十一日之變。現在局勢大壞，只此一線可以援為向議之據。著榮祿、徐桐、崇綺彼此熟商，迅速設法辦理。」[4] 也就是說，又將與洋人續接開議的責任

1　龍顧山人：《庚子詩鑒》，《義和團史料》上冊，第 82 頁。
2　中國第一歷史檔案館編《光緒宣統兩朝上諭檔》第 26 冊，第 266～267 頁。
3　《大學士榮祿等摺》，《義和團檔案史料》上冊，第 484 頁。
4　中國第一歷史檔案館編《光緒宣統兩朝上諭檔》第 26 冊，第 268 頁。

交給榮祿等人了。二十六日，榮祿抵達保定後，先以「由六百里飛咨署山西巡撫李廷簫、署陝西巡撫端方，迅速出省恭迎皇太后、皇上聖駕」，並令多帶米麵食物，敬供御用；同時札知山西臬司升允，酌帶馬隊兩旗、步隊一營，迅由涿州、淶水一帶，翻山取道，將應解戶部之京餉銀六萬兩，鐵路經費銀五萬兩，一併解呈行在，保證兩宮供應。這樣做是為了向慈禧表達忠誠和履行職責。[1] 正是此時，榮祿卻接到輔國公載瀾來函，並抄寄英年口傳七月二十二日諭旨：命派董福祥速帶馬步十數營，星夜前赴行在隨扈。[2] 這與榮祿的想法不謀而合，但是，留京辦事卻非榮祿所願意。

榮祿抵達保定後，心緒極壞。據葉昌熾日記稱：「聞日人以榮相不能死，不能守，又不能扈蹕以出，焚其邸第。」[3] 府邸被焚，華麗的略園蕩然無存，對榮祿也是不小打擊。他始終保持緘默，連劉坤一也不曾聯絡。劉氏抱怨說：「榮相有住保數日再赴行在說，亦無一字南來，奇極。」[4] 二十八日，榮祿獲知被派留京辦事的諭旨。但是，讓榮祿想不到的是，這時東南督撫也建議他與李鴻章一起參加議和，以盡快恢復京城秩序。八月初一日，李鴻章致電行在，請添派慶王、榮祿和劉坤一、張之洞同為全權大臣，參與議和。[5] 當時，只有日本表示願意與清廷談判，日本外相青木周藏提出榮祿等人參與議和，李鴻章遂據以上奏。張之洞也贊成榮祿主持議和，八月初四日，他致電李鴻章說：「西幸旬餘，尚無辦法，誠恐大局潰決。補救之法，似不外迅與議約。榮相幸在保，能電奏留之否。慶邸大約隨扈。如允派慶，太原到保，至速須八日。」[6] 同日，劉坤一接到山西臬司來電，得知兩宮已經到達山西陽高縣，大約初六七日就到太原

---

1 《大學士榮祿等摺》，光緒二十六年七月二十八日，《義和團檔案史料》上冊，第 493 頁。

2 同上，第 493～494 頁。

3 葉昌熾：《緣督廬日記》第 5 冊，第 3199 頁。

4 《江督劉來電》，光緒二十六年八月初二日到，《李鴻章全集》第 27 冊，第 227 頁。

5 《調補直隸總督李鴻章摺》，光緒二十六年八月初一日，《義和團檔案史料》上冊，第 508 頁。

6 《致濟南袁撫台、上海李中堂、盛京卿、江寧劉制台》，光緒二十六年八月初四日辰刻發，《張之洞全集》第 10 冊，第 147 頁。

了；並電告說：「榮、崇由保來文，即日督隊到晉，京餉解行在。」[1] 看得出，榮祿打算督隊前往山西行在。但是，他的願望未能實現。

由於消息隔絕，八月初四日，榮祿才奉到七月二十五日命他與徐桐、崇綺與英使彼此熟商、迅速設法辦理交涉事宜的上諭。但是，八月初二日，崇綺已在絕望中自縊身亡。榮祿對辦理交涉並不願意，於初七日覆奏，表示原來與竇納樂商議者為停戰議和、保全京師、免驚聖駕之事，如今京城淪陷，鑾輿西巡，形勢大變：「奴才非怯也，反覆思維，刻下非但無從措手，更難援為向議之據。」同時將交涉的責任全部推給李鴻章。其奏摺繼續說：

> 昨於護督臣廷雍處見大學士李鴻章來電，有不日赴津之語。是李鴻章既奉全權之命，一切議和之事，均應責成該大學士一手經理。奴才忝領師幹，實難兼顧。且自定州以迄獲鹿、井陘、固關各要隘，節節均須設防。奴才雖已飭總兵張行志、姚旺、何得彪等馳往駐紮，尤須親到佈置。經營防務，正所以拱衛行在，自難分身參與和議。事有專責，非奴才所敢意存推諉。聖明在上，區區苦衷，諒蒙鑒察。一俟奴才將沿途防務佈置周密，即馳赴行在，瞻覲天顏，以紓犬馬戀主之忱。[2]

顯然，榮祿以佈置駐防、實難兼顧為由，不願意參與議和，而是急於前往行在。他於初八日率部前往獲鹿，視察沿途佈防情況。可是，該摺於八月十三日才抵達到陽明堡（屬山西代州）行在。而此前，李鴻章根據日本外相青木周藏的建議，已經奏請添派榮祿會辦議和事宜。八月初七日，行在致電李鴻章表示同意。諭云：「已命慶親王奕劻星馳回京，會同該大臣商辦，一切事宜著仍遵前旨，乘坐輪船，迅速來京，會同慶親王力挽危局。所請添派榮祿等一節，所

1 《江督劉來電並致盛、聶、王、松、張、綽、奎、德、許、善、劉、松》，光緒二十六年八月初五日到，《李鴻章全集》第 27 冊，第 237 頁。
2 《大學士榮祿摺》，光緒二十六年八月初七日，《義和團檔案史料》上冊，第 530～531 頁。

見甚是。著即派劉坤一、張之洞隨時函電會商，榮祿現辦軍務，著俟該大臣到京後，體察情形，再行請旨。」[1]

榮祿對於留京辦事本不願意，現在奉旨會辦議和，更非所願。據八月十三日袁世凱給李鴻章等人的電報稱：「頃接榮相十一日自正定來書，謂同崇、徐留京，係照例事，無留守議和字樣。擬赴行在，免夜長夢多。現事已至此，總以停戰議和為急要。現在辦法，惟有按李相所奏辦理，或可轉危，否則，期於必亡而後已云。」[2] 言辭中流露出十分無奈的心態。

兩宮到太原後，專門下詔，痛剿義和團，同時，寄諭榮祿迅回保定，稱：「茲據李鴻章迭次電請，添派王大臣會辦款議。除已命慶親王奕劻星馳回京，並與劉坤一、張之洞函電互商外，即著添派榮祿會同辦理，並准其便宜行事。該大學士如已赴獲鹿，著即迅回保定，俟李鴻章到京後，妥為商辦。大局所關，安危係之，存亡亦係之。該大學士為國重臣，受恩最深，當不忍一意借詞諉卸也。」[3] 上諭反覆督飭，榮祿也只好改變赴行在的想法，同意按照李鴻章的安排參加議和。為此，袁世凱致電李：「頃接榮相十二日函，謂傅相請添派，自無辭理。但裏邊無人主持贊襄，掣肘堪慮。擬先至獲鹿小住佈置，即赴太原云。據達斌來書，述榮擬在獲鹿少候，如奉旨派議，仍回保。現願和甚堅，斷不能再持前議等語。」[4] 看來，榮祿雖有到「裏邊」參與樞垣決策的想法，但屢奉旨意，不能違抗，已經打算北上議和。不過，這時東南督撫對於慈禧的決策和態度是否還會游移毫無把握，「裏邊無人主持」反倒引起他們的擔憂。李鴻章認為，榮相「所慮極為周密，內廷無人主持，必多掣肘」，但希望榮祿以各國謂圍攻使館有董軍「恐涉嫌疑」為理由，自請返回行在。[5]

1 《軍機處寄全權大臣李鴻章電旨》，光緒二十六年八月初七日，《義和團檔案史料》上冊，第 530 頁。

2 《致全權大臣李鴻章督辦鐵路大臣盛宣懷兩江總督劉坤一湖廣總督張之洞電》，光緒二十六年八月十三日，《袁世凱全集》第 6 卷，第 317 頁。

3 《清德宗實錄》卷 468，光緒二十六年八月十四日，《清實錄》第 58 冊，第 147 頁。

4 《致全權大臣李鴻章電》，光緒二十六年八月十五日，《袁世凱全集》第 6 卷，第 325 頁。

5 《覆東撫袁慰帥》，光緒二十六年八月十六日午刻，《李鴻章全集》第 27 冊，第 279 頁。

八月十五日，榮祿奉到命其前往天津與李鴻章會議的上諭，次日奏報稱：「已馳至平定州，相距太原僅止三站，故仰懇天恩，准奴才馳赴省城，恭聆訓誨，俾遂瞻依之忱。再馳回保定，亦不致多延時日。」但是，他既已奉旨會辦議和，只得分清緩急，不做去太原陛見的打算了，決心與奕劻、李鴻章等悉心籌畫，妥慎辦理。「但能釋彼族一分要脅，則國家或可少一分艱窘。斷不敢因循退避，有負生成。」[1] 從奏摺看，榮祿已經做好參與議和的準備了。但是，督撫們因擔心內廷無人贊襄，遇事易遭掣肘，與議和活動極為不利，反過來，又開始全力策劃榮祿回行在之事。十七日，李鴻章致電榮祿稱：

> 慰廷來電：接十二日尊函，謂內廷無人主持贊襄，必多掣肘，擬由獲鹿赴晉，深佩藎籌周密。前但據日本來電奏請添派，公即奉旨，盡可以各國謂團攻使館有甘軍在內為詞，恐涉嫌疑，請暫留行在。蓋各國既將其所以憤恨之故大聲叫破，是旋乾轉坤仍在聖明內斷於心，如深宮默唸，傾危宗社是誰所為即辦誰之罪，或議親、議貴，分別輕重，則開議後亦有詞可措。鴻不能趨行在面陳，又非奏牘所能盡言。讀公五月三十日寄各督撫公電痛哭流涕，忠貫金石，輔翼兩宮，再造社稷，仍不能不仰望於公。務請速赴行在，披瀝獨對，以冀挽回聖聽，國脈存亡，實係乎此。並乞隨時電示，庶使開議稍有把握。[2]

這是李、榮在京城失陷後首次聯絡，李鴻章稱因為有些話不便在奏疏中說，勸榮速赴行在，密陳機宜，內外合作，盡快扭轉形勢。李認為添派榮議款是據日本來電奏請的，建議由榮祿自己奏請因率軍圍攻使館，恐涉嫌疑，請求暫留行在。十九日，李電告劉坤一：「昨已密電榮相，請速赴行在，獨對密陳，如能先發制人，免滋多口，未知辦到否。」次日，又將此消息電告張之洞。劉

---

1 《大學士榮祿摺》，光緒二十六年八月十六日，《義和團檔案史料》上冊，第 567 頁。
2 《寄榮中堂》，光緒二十六年八月十七日，《李鴻章全集》第 27 冊，第 285～286 頁。

坤一對此非常興奮，覆電稱：「由榮入手，必可無堅不摧，欽佩曷極。」[1] 然而，二十日，榮祿得到行在十七日上諭，令護理陝西巡撫端方傳旨，榮祿「著仍遵前旨迅速赴京，會同奕劻、榮祿商辦開議」。[2] 這說明行在果真有人不願意他回到太后身邊。袁世凱也告知李鴻章：「頃接榮相二十函，稱中途先奉旨保護畿輔，繼奉旨會辦全權，不敢請留。已由平定州折回，約二十二可抵保定。請轉電中堂，先與各國說明保護，方可入京。」[3] 二十三日，榮祿又致函袁世凱，認為「武衛潰亂，國人病訴，方責令保衛京畿，勢不能回，行在亦不願意回。即回亦未必能主持。敵果攻保定，尤難回。會奏之請，恐無益有損」。[4] 這封回信表明榮祿對返回行在也有些游移不決，對東南督撫會銜奏請的效果並不看好。二十六日，又通過盛宣懷致電李鴻章，稱：「刻下惟有先與慶邸晤商為第一要義，但祿應何日赴津、赴京，敬候籌覆，祈先通知各國，並由尊處派妥員來保迎護為叩。」[5] 情況越來越複雜，榮祿對是否回行在也顯得有些猶豫。

但是，端王入樞的消息使情況變得急迫起來。先是，八月初七日，慈禧命端王入樞，載瀾充御前大臣。消息傳來，東南督撫感到情況不妙。樞中無人主持，局面將無法打開，他們開始私下策劃新的入樞人選。八月二十二日，李、劉、張、袁四督撫聯銜出奏，請求將載漪、載勛、剛毅、載瀾、英年、趙舒翹六人「革職撤差」。[6] 數日後，劉坤一致電李鴻章，認為「樞廷、譯署務須得人，方可懲前毖後」，「現在兩宮孤立無助，即請尊處商之慶邸，僭請以張香帥（之洞）、奎樂帥（俊）入政府，以陶子芳（模）署兩湖，王夔堂（之春）署四川，並以楊子通（儒）、盛杏蓀（宣懷）入總署，當可得力」。這一番人事安排，牽扯面不小，但是，不僅張之洞力辭，盛宣懷也自認「憂讒畏譏，任事太勇，一

---

1 《江督劉來電》，光緒二十六年八月二十日到，《李鴻章全集》第 27 冊，第 297 頁。
2 《附端護陝撫來電》，光緒二十六年八月二十日到，《李鴻章全集》第 27 冊，第 299 頁。
3 《致全權大臣李鴻章電》，光緒二十六年八月二十三日，《袁世凱全集》第 6 卷，第 368 頁。
4 《致兩江總督劉坤一湖廣總督張之洞督辦鐵路大臣盛宣懷電》，光緒二十六年八月二十四日，《袁世凱全集》第 6 卷，第 380 頁。
5 《盛京堂轉榮相來電》，光緒二十六年八月二十六日到，《李鴻章全集》第 27 冊，第 306 頁。
6 《全權大臣李鴻章等摺》，光緒二十六年八月二十二日，《義和團檔案史料》上冊，第 590～591 頁。

切見解不合時宜，此次不克隨侍北上，實因不敢與聞交涉，譯署尤非所宜，斷不敢入」。[1] 這種情況下，推動榮祿返回行在就顯得可行而必要。

閏八月初一日，盛宣懷電告李鴻章，「請榮赴行在，劉、張以外願列銜者尚多，當擬電奏商辦。各國聞端邸入樞，離題愈遠。鄙見宜約榮相入京，將各國為難處盡情吐露，再赴行在據實獨對，方有力量。各帥會奏似可先發。師何日赴通，須電示。」[2] 初二日，上諭將載漪軍機大臣撤去，又將剛毅、趙舒翹「議處」。同日，命前去勤王北上的江蘇巡撫鹿傳霖入值軍機處。[3] 初七日，李鴻章回覆盛宣懷時認為，「剛、趙果撤，樞輔非榮回不可」。[4] 初八日，榮祿自認為返回行在的機會已經成熟，也向行在奏報了自己此刻北上京津面臨的困境：

> 奴才自上月折回保定，瞬已經旬，撫念時局，五中焦灼。本擬迅即入京。惟前准奕劻函稱，京城暫歸外國管轄，須俟各國保護，始能出入。昨聞李鴻章二十六日業已到津，當與電商，奴才即赴天津，約同一路進京，復派員專函往詢。昨准李鴻章覆電，轉商保護，俟面商各國，再電。嗣又接覆函：以奴才添派會辦款議，僅日本知之，今商日本，令其打報回國保護，然一國亦不能作主，是以遲遲。現在事機如此，縱着急亦係枉然。況旱路不能行，須由水路赴通州，仍須候信再來為要。等語。奴才保定坐守，憂心如焚，無如各國尚未商妥，奴才亦未便貿然前往，惟有等候李鴻章信來，如各國俱認保護，再行設法入都，以免另生枝節。[5]

榮祿對自己滯留保定的原因進行了解釋。其實，此時，他已經與李鴻章等達成默契。次日，李致電行在：「各使以圍攻使館有甘軍、武衛中軍，係榮祿所

---

1 《盛京堂來電》，光緒二十六年八月二十八日到，《李鴻章全集》第 27 冊，第 311 頁。

2 《盛京堂來電》，光緒二十六年閏八月初一日巳刻到，《李鴻章全集》第 27 冊，第 316 頁。

3 第一歷史檔案館編《光緒宣統兩朝上諭檔》第 26 冊，第 320 頁。

4 《覆盛京堂》，光緒二十六年閏八月初七日巳刻，《李鴻章全集》第 27 冊，第 324 頁。

5 《大學士榮祿片》，光緒二十六年閏八月初八日，《義和團檔案史料》上冊，第 661 頁。

部，不肯接待保護，恐有險，可否特召回行在當差？」[1] 到頭來，還是由李鴻章奏請將榮祿召回行在。這個電報與榮祿所奏相表裏，為榮返回行在提出了充分的理由。

東南督撫一面積極推動榮祿回到行在，同時就「逞兇」問題開始溝通意見，特別是參劾董福祥之事。幾經商議，初十日，劉坤一、張之洞、袁世凱等計劃聯銜電奏參奏董福祥，並由袁草擬電稿：

> 竊惟此次肇釁誤國之由，董福祥不能辭咎，平日大言欺人，自謂足以敵洋，五月半間首戕洋官，六月以後專攻使館。其軍半與拳匪勾通，拳匪焚殺，董軍劫掠，狼狽相倚，殘毒京城。既不聽大學士榮祿節制，並不遵諭旨調遣，及外患日急，大沽、天津、北倉諸軍苦戰數旬，傷亡殆盡，河西務諸軍雖然潰敗，究屬見敵，惟此欺罔跋扈之董軍，並未列隊迎截，出城後即大掠，滿載驅之而西，京畿人民言之切齒。聞該軍隨扈太原尚有二十餘營，又聞車駕因欲幸陝，特調馬安良一軍，此必董福祥乘國家危急之時，妄言回軍能戰，冀以廣樹黨羽，挾制朝廷。查回性狠鷙，向不馴良。董福祥所部半係回兵，馬安良所部盡係回兵。西安回民素多，甘省向係回藪……臣等合詞迫切密陳，謹電。由護陝西撫臣端方繕摺馳遞，伏祈聖鑒。臣劉坤一、張之洞、善聯、袁世凱。卦亥。[2]

劉坤一致電袁世凱稱，電奏中有關「武衛軍攻使館各語，似與榮相有礙。其全權旋請旋撤，亦礙體制。不若由傅相據外人言入奏，回晉可辦議，幸陝則中變，較為切實動聽。榮相則以要件須面奏赴行在。最要剛、趙既去，不致再有梗阻。又聖意必欲幸陝，高深難測。鄙見總須將外人尊崇兩宮之意陳明，此

1 《李鴻章致行在軍機處電》，光緒二十六年閏八月初九日，陳旭麓、顧廷龍、汪熙主編《盛宣懷檔案資料選輯之七‧義和團運動》，上海人民出版社，2001，第 287 頁。
2 《與兩江總督劉坤一湖廣總督張之洞等會銜電奏》，光緒二十六年閏八月初十日亥刻發，《袁世凱全集》第 6 卷，第 458 頁。

節即可由榮相面達」。[1] 閏八月十三日，上諭令寄諭榮祿前來行在入值辦事；並稱：「本日已有旨令榮祿前來行在入直辦事。該大學士所統之武衛中軍，著歸李鴻章節制調遣。保定地方緊要，外人窺伺不可不防。李鴻章未出京以前，即著廷雍暫行接收統帶。妥為佈置。」次日，行在收到榮祿的奏報：

> 竊奴才於本月初八日曾將在保定專候李鴻章信來，如果各國俱認保護，再行設法入都，以免另生枝節，附片奏明在案。茲於十三日准李鴻章專派易州直隸州知州實以筠齎來密函稱：頃據前署日本公使內田康哉由京來稱，各國使臣云，圍攻使館即奴才所部各營，議定不准接待，前此日本外部不知細情，是以商請奏派，即有此議，非一國所敢保護，應請暫緩來津，等語。並函稱：伊等即不肯保護接待，若遽行入都，恐有意外之險，又附寄新聞紙一條，中有不准奴才與奕劻、李鴻章會議之語，並據實以筠面述，李鴻章所言，各使既以圍攻使館係奴才所部各營，自必不肯保護，若勉強前進，其險莫測。且聞德國新來統兵瓦帥，以德使被戕，深為懷恨，現在不肯與李鴻章前來會晤，其心殊為叵測。並令告知奴才，不宜駐紮保定，以避其鋒。緣津、京密通保定，彼或藉口剿匪為名抵保，勢必與奴才為難。且刻間與各國正欲開議之際，尤不能以兵相拒，致啟各國疑忌。是久駐保定，不惟無益，且恐事機於大局有礙，仍以馳赴行在為是各等語。
>
> 奴才伏念變起非常，不能補救萬一，上紆宵旰之憂，實屬慚悚無地。今各使以圍攻使館之嫌，不肯保護接待，其心叵測。在奴才一死不足惜，特恐因奴才而掣動全局，貽誤殊非淺鮮。反覆思維，更證以李鴻章之言，既不能久居保定，又不能前往津、京，惟有趨謁行在，叩覲天顏，稍申犬馬戀主之忱。奴才具有天良，非敢稍存規避，實以事當萬難，關係重大，

---

1 《兩江總督劉坤一來電並致湖廣總督張之洞督辦鐵路大臣盛宣懷》，光緒二十六年閏八月初十日，《袁世凱全集》第 6 卷，第 456 頁。

與其貽患於將來，不如見幾於此日。奴才於拜摺後，擬即出省，取道正定及彰德、衞輝一帶，由豫入秦，迎摺西上。是否有當，謹恭摺密陳，伏乞皇太后、皇上聖鑒，訓示。再，附粘李鴻章寄來新聞紙一條，敬呈御覽，合併陳明。謹奏。[1]

　　至此，幾經周折的榮祿前往行在問題終於有了圓滿的結果。十六日，榮祿電告袁世凱，「既不接待，去亦無益，已據合肥函告情形十四日具奏，並自請馳赴行在，於十六日啟程，由正定取道彰德，由豫入秦，迎摺西上。倘能於途次奉准合肥之奏，即赴行在，則甚妙矣」。[2] 此刻，他對於自請回樞也沒有顧慮了。

　　對於榮祿入樞主政，督撫也有顧慮。十九日，袁世凱致盛宣懷電報說：「榮相與千里（按，指董福祥）有舊。榮素熱腸，恐至秦手軟。頃專書諷以大義。峴帥（劉坤一）與榮交亦深，可否亦作書言之，或再約奎（奎俊）作書。」[3] 可見袁世凱與張、劉、李、盛等頻繁磋商的情形。就在此時，剛毅死於山西，[4] 榮祿重返行在主政顯得更加迫切。二十日，清廷重新就議和大臣做了宣佈：「奉旨：慶親王奕劻著授為全權大臣，會同李鴻章妥商應議事宜，劉坤一、張之洞

1《大學士榮祿摺》，光緒二十六年閏八月十四日，《義和團檔案史料》下冊，第 679～680 頁。
2《致督辦鐵路大臣盛宣懷電》，光緒二十六年閏八月十六日，《袁世凱全集》第 6 卷，第 493 頁。
3《致督辦鐵路大臣盛宣懷電》，光緒二十六年閏八月十九日，《袁世凱全集》第 6 卷，第 504 頁。
4 一般文獻對於剛毅在西行途中病死的情形不得其詳，或有言其死於聞喜境內，似誤。據何乃瑩奏報：「臣於太原起程之日，見大學士剛毅病體纏綿，誠恐途次無人照料，因相約同行，十九日行抵侯馬鎮，病勢益劇，趕緊代為延醫調治，刻下稍有轉機。一俟就痊，即當同趨行在。」見《都察院左副都御史何乃瑩奏報照料大學士剛毅病情暫留山西侯馬鎮緣由事》，光緒二十六年閏八月二十三日，錄副奏摺，檔號 03-5391-121，縮微號 407-1707。據此可知，兩宮從太原起程時，剛毅已經病重。閏八月二十四日，他在侯馬病死，何乃瑩代遞遺摺並奏稱：「昨因大學士剛毅病勢沉重，暫留侯馬驛（鎮）照料，當經附片陳明。連日延醫調治服藥，頗有微效，不意廿四日寅刻陡覺痰湧氣喘，遂即口授遺摺，囑為代遞。並以幼子玉麟託臣帶赴西安延師課讀，竟於巳刻出缺。所有衣衾棺槨經臣會同崇祥暨曲沃知縣王廷英妥辦含殮，尚屬周備。現於二十七日移柩平陽縣城內，擇廟暫停。臣即定於是日起程趨赴行在。」見《都察院左副都御史何乃瑩奏為大學士剛毅病故代遞遺摺事》，光緒二十六年閏八月二十四日，錄副奏摺，檔號 03-5391-138，縮微號 407-1736。

均著仍遵前旨會商辦理，並准便宜行事。該親王等務當往還函電熟商，折衷一是，毋得內外兩歧，致多周折。是為至要。」[1] 榮祿被從議和大臣中剔除。

但是，列強對榮祿指揮武衛中軍進攻使館之事並未就此平息，榮祿雖以此作為返回行在的藉口，可這個藉口並非虛擬。早在八月，德國駐漢口領事祿理瑋就因武衛軍進攻使館對榮祿參與和談表示異議。張之洞辯解說：「榮力阻開釁，曾苦奏七次。拳匪太多，各軍皆有，武衛中軍新募人雜，其中難免有通匪妄為者，實非榮意。」[2] 此後種種傳聞不斷。八月中旬，英國公使竇納樂得知榮祿將參加議和的消息後，毫不猶豫地表示反對，並報告給國內。[3] 閏八月二十六日，劉坤一得悉聯軍將榮祿與剛、董並論，駭極，擬致電慶王和李鴻章向各使及聯軍「為榮剖白」，並請張之洞聯名。該電稱：

> 慶王爺、李中堂鈞鑒：閱盛京堂轉孫鍾祥電，有聯軍詢及榮相、剛、董，上能嚴辦，或可止兵等語，甚為駭異。榮相雖統武衛軍，而庇匪攻館，實非其意。當拳匪初起時，榮相主剿，奏請七次未允，六月初有電可查，曾經登報，中外共知。董福祥堅不任剿，致釀此變。維時京、津鼎沸，舉國若狂，上有擅權之王公，下有跋扈之將領，同儕排擠，幾蹈危機。榮相孤掌難鳴，苦心調護，始終以保使為要。兵匪攻館不下，將用開花大炮，榮相堅阻乃止。是榮與剛、董居心行事，迥不相同，何能相提並論？且行在政繁，樞垣責重，榮相尚知大體，正思賴以斡旋。各國要索人數日多，轉慮不能辦到。如果榮實袒匪，亦難卻外人之請。無如榮、剛水火，前事具存。在朝廷宜懲真禍首以明是非，在各國亦以辦真拳黨乃為公允。務請王爺、中堂向各公使及聯軍剴切為榮剖白。若將孫鍾祥

---

1 中國第一歷史檔案館編《清代軍機處電報檔彙編》第 2 冊，第 233 頁。

2 《附鄂督張來電並致江督東撫盛京堂》，光緒二十六年八月初六日到，《李鴻章全集》第 27 冊，第 240 頁。

3 《竇納樂爵士致索爾茲伯理侯爵電》，1900 年 9 月 10 日發自北京，胡濱譯《英國藍皮書有關義和團運動資料選譯》，第 214 頁。

電入奏，亦請勿列榮名。坤一與榮非有所私，事體所在，更未可將政府在前諸人概行劾罷，致行在乏人辦事，轉令真誤國者藉以倖免。關係至巨，伏候鈞裁。[1]

袁世凱也致電諸人，「救使事榮相實冒險出力，厥功甚偉，斷不可沒。此人亦斷不可少。請杏公（盛宣懷）圖之」。[2] 張之洞對劉坤一所擬電稿表示認可，又添加不少內容，加強說服力：「致邸、相為榮剖白電，洞願列名。『堅不任剿』下擬添『有意挑釁害國』六字。『若狂』下擬添『董軍助匪攻館，榮相持令禁止，董不聽，立殺其差官兩員，此事各使在京，可查。拳黨謂榮相為漢奸四人之一，此語京城士夫皆知』五十字。『所私』下擬添『洞與榮素不相識』七字。請裁酌速發。」[3] 劉、張、袁對於維護榮祿聲譽和地位的重要性有近乎一致的共識。九月十七日，劉坤一在電報中說：「攻使館實是董軍，各國所最恨。若諉為非其所得自主，試問主者榮相乎，抑朝廷乎？恐益難辦理，更慮迫我以必不能行之事。請杏翁速電傳相密覆樞府，此節關係太重，兩宮萬不可自行引咎。」[4] 這裏已經將話說得很明確了，榮祿和朝廷都不能承擔主使攻打使館的責任，否則會遭到列強的要脅，只能董「自主」所為。

榮祿抵達西安後，也收到了李鴻章的來信：

　　朝廷懲前事之傾危，鑒先幾之忠讜，定必傾心以待，佇聞造膝之陳。當日肇禍諸臣，或逃或死，僅存者亦如槁葉，秋至自零。台端重入，領袖

---

1 《兩江總督劉坤一來電並致湖廣總督張之洞督辦鐵路大臣盛宣懷》，光緒二十六年閏八月二十六日，《袁世凱全集》第 6 卷，第 538～539 頁。

2 《致湖廣總督張之洞兩江總督劉坤一督辦鐵路大臣盛宣懷電》，光緒二十六年閏八月二十七日亥刻發二十八日巳刻到，《袁世凱全集》第 6 卷，第 547 頁。

3 《湖廣總督張之洞來電並致兩江總督劉坤一督辦鐵路大臣盛宣懷》，光緒二十六年閏八月二十七日，《袁世凱全集》第 6 卷，第 550 頁。

4 《兩江總督劉坤一來電並致湖廣總督張之洞督辦鐵路大臣盛宣懷》，光緒二十六年九月十七日，《袁世凱全集》第 7 卷，第 89 頁。

樞垣，仁和、定興兩公，並有笙磬之雅，可無掣肘之患，深以為慰。弟到京後，與慶邸晤商一切。現各國新舊使臣將次到齊，便可訂期開議，要脅之臣，固不待言。拳匪遍地滋擾，驟難爬梳。無餉何以養兵？內患外憂，同為棘手。吾曹渥被深恩，際茲厄運，惟有共矢願力，冀補艱危，成敗利鈍，固所不計耳……聯軍已據保定，聞將逾正定而西。昨覆電請速辦禍首，庶可阻其西犯。董猶擁兵在近，必須妥為佈置，以免肘腋之虞。回鑾尚未有期，中外同深仰望。所盼台旌早入，前席先籌，諸待斡旋，曷勝企禱。[1]

信中對榮祿返樞充滿期待。信中「仁和、定興」指樞臣王文韶和鹿傳霖。九月十八日，判斷榮祿即將抵達行在，劉坤一也致電榮祿請勸說兩宮盡快回鑾，稱：「公此行，存亡係之。千萬於召對時，切實密奏，堅持此義，無論如何，勿為他說所動。否則直誤到底，後悔莫追。坤一言盡於此，報國在是，報公亦在是。」[2]其意殷殷，令人感懷。

總之，從八月初醞釀榮祿留京參與談判，再到建議榮祿前往行在主持樞垣，這個變化過程中，東南督撫對榮祿期望甚殷，對政局的影響也最為關鍵；這也是各督撫在京城失陷後最具共識的時刻。此後，因為中俄交涉問題以及李鴻章在議和談判中的專斷，劉坤一、張之洞與李鴻章的分歧越來越大，甚至彼此上奏爭辯，引起朝野關注；同樣，在東南督撫推動下回樞的榮祿，抵達西安後，重新掌控大權，事事秉承慈禧旨意，在懲兇問題上庇護董福祥，令劉坤一等大為失望。《辛丑條約》簽訂前後，西安行在與京城欽差大臣之間的關係成朝野關注的焦點，東南互保中形成的督撫勢力逐步分化瓦解，榮祿調節其中，重新開始扮演要角。

---

1 《李鴻章札》，光緒二十六年九月初四日，杜春和、耿來金、張秀清編《榮祿存札》，第 3～4 頁。按時間推算，此信應該在榮祿抵達西安後收到。
2 《寄榮中堂》，光緒二十六年九月十八日，《劉坤一遺集》第 6 冊，第 2594 頁。

第十一章
從主政西安到返回京城

自光緒二十七年十一月回京到二十九年三月榮祿病逝，只有一
年多的時間，由於武衛軍的失敗以及妻子病亡，榮祿身體和精神連
續遭受打擊，病情加重，但是，仍然把持政務。在他病逝後，時論
對其功過評價較多，與清廷的褒揚不同，南方輿論對其多持批評譏
諷的傾向，這與革命思潮興起的背景有直接關係。

　　慈禧、光緒自七月二十一日逃離北京，經過大同、太原，雖然東南督撫屢次聯銜呼籲盡早回鑾，懲辦元兇，開啟議和，但是，在扈從大臣慫恿下，慈禧唯恐不能得到列強的寬恕，堅持巡幸西安。九月初，兩宮抵達西安，直到第二年八月回鑾。偏安一隅的行在朝廷，面臨內憂外患的壓力，再次宣佈實行新政，向京城和東南發號施令，暫時維持着統一政令。兩宮抵達西安後，拳變時期的軍機班底徹底更換，回到西安的榮祿，因為禮王未能隨扈，成為實際的領樞軍機大臣，後禮王出樞，榮祿打破辛酉政變後親王領樞的慣例，成為名副其實的首輔，直到光緒二十九年三月去世，其權力可謂達到頂峰。陳夔龍稱：「文忠初命議款，繼命赴秦，仍直軍機。和約簽字，固由兩宮全權因應咸宜，而文忠造膝密陳，委曲求全，厥功尤偉，外廷不得而知也。回鑾後，奏設政務處，百廢待舉。不幸鞠躬盡瘁，希蹤武鄉。」[1]陳氏的評價難免溢美之辭，但當時特殊的地位，既為榮祿帶來無上的榮耀，也讓他面臨巨大的壓力和責任。

一　庇護董福祥

　　庚子閏八月十六日榮祿離開保定，經正定、彰德、衛輝，由潼關進入陝西，九月二十日到達西安。至此，在整整三個月後，榮祿重新回到慈禧身邊，入參樞密。此時，軍機大臣只有榮祿與王文韶、鹿傳霖三人。[2]他很快成為主持大局的核心人物。

　　榮祿的到來可謂恰逢其時。九月初，八國聯軍在直隸四處出兵搶掠，並進攻張家口、保定，揚言要擴大戰事，繼續西進。為了阻止洋兵的軍事活動，李

1　陳夔龍：《夢蕉亭雜記》，第 50 頁。
2　兩宮抵達太原時，端、剛罷職，軍機大臣王文韶曾獨對兩旬之久。見龍顧山人《庚子詩鑒》，《義和團史料》上冊，第 81 頁。

鴻章向行在提出迅速回鑾，並「懲兇」，以緩和緊張局勢。他不斷將列強要求嚴懲載漪、毓賢、董福祥等人的條件奏報，慈禧卻認為洋人要求的處分過重，遲遲不鬆口，命奕劻、李鴻章再與列強辯駁。行在的意見引起東南督撫的異議。張之洞很不以為然，致電劉坤一、袁世凱，請向榮通融：「請兩帥分致榮電，最要先發榮電，再議其他，不然，萬言無益。會奏自不可少，……陝已轉圜，榮能助力，可望有二三分功效。若榮亦憤，大局全翻矣，何論轉圜乎。致榮電務懇其勸上忍氣，不可顧慮面子，不可代臣下受累，不可再講磋磨。我自堅持，人自進兵，雖催不理。此係正其誤兩宮、禍宗社之罪，非媚敵人。」[1] 袁世凱則認為，既要期待榮祿的努力，外臣的聯奏也很有必要：「榮相面折廷爭非所長，如外臣會奏，善能解說，贊成此奏，必有益。」[2] 看來，袁世凱深知榮不善「面折」而更願意在外臣會奏時順勢幫腔的性格特點。果然，榮祿回到西安的第三天，行在就公佈了懲辦「禍首」的上諭：

> 端郡王載漪，著革去爵職，與已革莊親王載勛，均暫行交宗人府圈禁，俟軍務平定後，再行發往盛京永遠圈禁；已革怡親王溥靜，已革貝勒載瀅，著一併交宗人府圈禁；貝勒載濂，業經革去爵職，著閉門思過；輔國公載瀾，著停公俸，降一級調用；都察院左都御史英年，著降二級調用；前協辦大學士吏部尚書剛毅，派往查辦拳匪，回京奏覆，語多縱庇，本應從重嚴懲，現已病故，著免其置議；刑部尚書趙舒翹，查辦拳匪，次日即回，未免草率，惟回奏尚無飾詞，著革職留任；已革山西巡撫毓賢，在山西巡撫任內，縱容拳匪，戕害教士教民，任性妄為，情節尤重，著發往極邊充當苦差，永不釋回。[3]

---

1 《湖廣總督張之洞來電並致兩江總督劉坤一督辦鐵路大臣盛宣懷》，光緒二十六年九月十七日，《袁世凱全集》第 7 卷，第 89～90 頁。
2 《致兩江總督劉坤一湖廣總督張之洞督辦鐵路大臣盛宣懷電》，光緒二十六年九月十九日酉刻發亥刻到，《袁世凱全集》第 7 卷，第 91 頁。
3 《上諭》，光緒二十六年九月二十三日，《義和團檔案史料》下冊，第 771～772 頁。

上諭宣佈了對載漪、載勛、毓賢等人的懲辦措施（剛毅病故，免議），對被視為最大禍首的董福祥卻毫無提及。同時，軍機處給奕劻、李鴻章的電報中稱：「惟董福祥礙難驟撤兵柄，遽予處分……自應從緩籌辦。此意似可開誠佈公，婉告各使，務釋其疑，免致朝廷為難。」[1] 處分庇拳的王公官員，不僅沒有達到外國公使和東南督撫要求的程度，而且對「禍首」董福祥擱置不議，這完全是慈禧的旨意。榮祿深知這會引起東南督撫的不滿。九月二十七日，榮祿又專門致電李鴻章進行解釋，電報說：

> 二十日抵行在，二十二日婉切上陳。幸賴兩宮聖明，嚴綸立降。雖未誅戮一人，而被禁被遣者永無釋期，與死何異，似可平友邦之憤懑，啟款議之端倪，然臣力亦竭矣。平情而論，兩宮為天下忍辱亦云至矣。況乘輿播遷，京畿塗炭，聖容憔悴，宗廟傾危。惟望執事持悔禍懲兇之詔，亟與議款止兵，得早一日開議，兩宮早一日獲安，社稷蒼生早一日蒙福，切盼切盼。至於回鑾一節，款議一定，車駕立旋，如其未定而自入虎穴，資其挾制，不惟兩宮不肯出，即臣下亦何忍言。董事詳函不贅云。[2]

顯然，榮祿非但沒有說服慈禧，反而開始站在慈禧一邊勸說欽差和督撫了。他希望李鴻章與其他督撫體諒慈禧苦衷，盡力與列強辯駁，維護朝廷尊嚴和權力，這使東南督撫頗為失望。二十八日，李鴻章致電軍機處，做出了強硬的表示：

> 二十二日電旨敬悉。另旨催臣等剋日開議，勿再遷延，曷勝惶悚。查各使責難肇禍諸臣，一律從嚴，並欲先行辦結後再開議。屢次辯論，始

---

1 《軍機處致全權大臣奕劻李鴻章電》，光緒二十六年九月二十二日，《義和團檔案史料》下冊，第771頁。

2 《盛京堂轉榮相來電》，光緒二十六年九月二十七日到，《李鴻章全集》第27冊，第408頁。

允將此條附入應議款內辦理。俄、日、美尚可理喻，餘則驕橫。臣等僅憑
筆舌相爭，應付本屬棘手。各使自行公商十餘次，又因請示外部，不無耽
延。而於禍首諸人未肯鬆勁，今奉旨圈禁四人，各使意雖未愜，猶可據理
以爭，徐圖轉圜。其餘諸人罪止閉門思過、降調、革留、極邊當差，原
屬法外之仁，各使必執一律從嚴之說來相詰問。現在洋兵未撤，動輒生
釁。倘欲自往辦理，又蹈廷雍覆轍，不特議款稽延，必致枝節橫生，全
局糜爛，臣等何能當此重咎，不敢不預為陳明。現惟催定開議日期，相機
磋磨，力圖補救。如其始終堅執，臣等受國厚恩，但知以保衛宗廟社稷、
皇太后、皇上為重，再行據實請旨辦理。至榮祿等電稱，董宜緩圖，容向
各使婉商，另立專條。能否允辦，仍無把握，謹此電陳。再，溥靜業經病
故，合併聲明。祈代奏。奕劻、李鴻章。[1]

次日又寄電榮祿：

有電詳悉。勘兩電奏當寓目，均係實情，執事雖已竭力，仍望披瀝懇
陳。所稱「被禁、被遣，永無釋期，與死何異」，彼族多疑，謂難憑信。
昨德使晤談，上年允將李秉衡降調，永不敘用，旋即起用，今且優恤。告
以端、莊等朝廷為難，實辦不到死罪。彼謂將來只可自辦。又，英、俄、
法、美使照會，董於近日禍事最為首要，應即行逐退，且疑執事始終袒
護。昨擬另立專條，殊無把握。總之，各國政府既授權於該使合力謀我，
和議難成，且慮別生枝節。事勢危急，務望諸公慎重圖之，力回天聽，以
維大局為幸。[2]

---

1 《寄西安行在軍機處》，光緒二十六年九月二十八日申刻，《李鴻章全集》第 27 冊，第 412 頁。
2 《寄西安行在軍機處榮中堂》，光緒二十六年九月二十九日午刻，《李鴻章全集》第 27 冊，第
414～415 頁。

李鴻章對於榮祿抵達行在後，完全站在慈禧立場上為肇禍之臣講情，很不以為然，在給盛宣懷的電報中稱榮「頗自居功，圓媚可鄙」。[1]

但是，上諭仍不鬆口，三十日電旨稱：「奕劻、李鴻章勘電悉。事機緊迫，所不待言。惟來電詞意尚欠詳明，現既商列款開議，其所索各條是何端倪，曾否見詢，有無萬不能行之事。該親王等責重全權，自應據實密奏，一面相機審勢補救，得一分是一分。總之大局攸關，款議可成不可敗，兩害取輕，是在該親王等惟力是視，朝廷不能遙制也。」十月初四日，盛宣懷轉給李鴻章。[2]同日，榮祿覆電奕劻、李鴻章說：

> 已另有旨不為遙制。各國請將董逐退，自應酌辦。現所統三十營已減三分之一，而驕將悍卒密邇行在，遽撤兵柄，彼誠無異志，其部下或虞激變。擬請予革留處分，先令帶隊回甘，以明逐退之意，徐作良圖。且甘民亦感董，建有生祠，悍軍愚民均可慮。當此危迫萬分，弟何至袒一將而妨大局，苦衷當可共諒。祈速電覆，以便力請照辦。再，朝廷既許便宜行事，萬急之際，自應實做全權二字，以就款局切要等語。乞祕之。[3]

從措辭上看，密電是一併發給諸督撫的。在懲辦董福祥的問題上，榮祿顯得十分為難，唯恐激起董部激變。袁世凱對此似乎很是理解，次日就致電劉、張、盛等人，從中調節：「先驅董回甘，再作良圖，已有辦法。邸、相能實做全權，更有辦法。」[4]袁世凱知道，榮祿抵達後，在朝廷與東南督撫之間做了不少疏通，儘管不盡如人意。十月初六日，榮祿致電袁世凱稱：「時局本萬難措手，非不力辦。千里（董福祥）勇丁已減三分之一，更擬請以帶隊回甘，以符慶、

1《寄盛京堂》，光緒二十六年十月初二日辰刻，《李鴻章全集》第 27 冊，第 419 頁。

2《盛京堂轉西安來電》，光緒二十六年十月初四日午刻到，《李鴻章全集》第 27 冊，第 421 頁。

3《榮中堂來電》，光緒二十六年十月初五日到，《李鴻章全集》第 27 冊，第 423 頁。

4《致督辦鐵路大臣盛宣懷兩江總督劉坤一湖廣總督張之洞電》，光緒二十六年十月初五日，《袁世凱全集》第 7 卷，第 126 頁。

李來電逐退之意。總之，萬不能袒一將而妨大局，苦衷當為剖白共諒。」[1] 袁將該電立刻轉發劉、張等。十月初六日，李鴻章致電榮祿，指出：「各國嚴辦禍首，經弟等屢向辯論，現德、法、英仍堅持一律從嚴之說，未肯鬆勁。俟開議時，謹遵懿親不加刑之諭，與之力爭，有濟固妙，否則仍據實請旨。至專辦毓賢，謂可撤兵就款，實無把握。事機萬緊，弟等自當實做全權二字，維持宗社幸甚。至應議各款，尚無確實條目，俟照會到日，當即電達。」[2] 電文的語氣仍很強硬。

榮祿袒護董福祥一事，已不限於與督撫之間的爭執，士林也有傳聞。沈曾植在家書中稱：「端、莊處分，洋人已滿意，獨注意毓、端、董三人，而朝廷決不肯辦董，榮相還朝又創董宜羈縻之說，此事誠不能料其究竟如何耳。」[3] 看到行在對董處置拖延不辦，督撫決定再次採用聯銜會奏的辦法向朝廷施加壓力。初八日，諸督撫委託袁世凱草擬彈劾董福祥的電奏，袁發給諸人討論。該電云：

> 查董福祥以盜魁投誠，薦擢專閫，迭荷殊恩，為從來武臣所未有。宜如何憂心國是，共體時艱。乃自統兵以來，訓練漫不經心，紀律毫不講究，恣意驕憨，徒託大言，謬謂提其步卒可滅洋人，用其刀矛可勝槍炮。廷臣以其貌似勇鷙，語近忠憤，每為推重。董福祥益肆橫無忌，專挑敵釁，不顧大局。前年在保定府滋擾教堂，嗣在盧溝橋哄鬧鐵路。賴大學士榮祿嚴加訓飭，隨時約束。董福祥怙非不悛，陽奉陰違，但欲擅主戰之美名，竟罔恤國家之利害。本年夏間，拳匪方熾，原屬潢池盜弄，撲滅甚易。乃董福祥附和煽惑，助為聲勢，諸王大臣因有依恃，遂堅信拳匪，輕敵列國。在諸王大臣，少長京師，未諳軍旅，民之情偽，兵之凶危，或難洞悉。董福祥身任專閫，久歷戎行，詎不知亂不可長，敵不可玩？何竟欺

---

1 《致督辦鐵路大臣盛宣懷兩江總督劉坤一湖廣總督張之洞電》，光緒二十六年十月初六日，《袁世凱全集》第 7 卷，第 129 頁。

2 《寄榮中堂》，光緒二十六年十月初六日，《李鴻章全集》第 27 冊，第 426 頁。

3 沈曾植：《海日樓家書》(54)，庚子十月初一日，《歷史文獻》第 6 輯，第 218 頁。

閩誤國至此。是釁端之開，實由董福祥釀之。且戕害日員，發難既始於董福祥，圍攻使館，構兵又成於董福祥。迨戰事方殷，並未督隊迎敵，京師危陷，又不扼要死守。不知平日所謂盡滅洋人者何在？所謂制勝槍炮者又何在？猶復首先縱兵，乘亂搶掠，魚肉居民，荼毒縉紳，遂至紀律蕩盡，各營效尤，不可收拾。大學士臣榮祿再四申禁，反覆告誡，董福祥始終跋扈，不遵節制，逞其兵忿，任意諉卸。洋兵甫過通州，董福祥即率隊出城，大掠而西。凡官紳之車輛，商販之駝騾，無論在家在途，悉被甘軍搜擄。或載所劫貨物，或載所掠婦女，幾於一兵一車，一卒一駝，招搖數百里，眾所共見，人盡切齒。迄今諸京官因無車坐困，不能奔赴行在者，靡不痛恨於甘軍。該軍擄掠之暴，焚殺之慘，甚於洋兵，過於盜賊，由京師至保定，由保定至正定，數百里內，幾無人煙。又聞董福祥曾奉旨隨扈，乃竟恝置不顧，滿載先行。迨榮祿追及涿州，苦口勉諭，始肯趕往迎駕。按其行為，儼若不復知有君國，但欲構釁煽亂，以遂其搶掠之計者。董福祥身肇巨變，意圖苟免，辜恩負義，令人髮指……如不從嚴懲辦，何以服天下之人心，杜列國之口實。說者謂大敵未解，不宜加罪統將，似也；不知董福祥一軍，將驕卒頑，但知縱掠，何能禦敵。留之實無裨軍事，棄之正足伸國法。說者又謂殺敵致果，每至見忌敵國，亦似也。不知宋慶、馬玉昆等與洋兵角逐月餘，先後殲斃洋兵不下萬人，其戰甚力，其守甚苦，各國何以不指名請懲？足見洋人所恨，固不在敢戰之將也。委以董福祥肇釁釀禍，任性妄為，致使宗社傾危，乘輿播遷，廷臣顛沛，士民塗炭，大局敗壞，流毒甚烈，不但為天下各國所共憤，抑且為列祖列宗之罪人。合無仰懇宸衷獨斷，先將董福祥兵柄分撤，依次從嚴治罪。天下幸甚，宗社幸甚。[1]

這封電奏不厭其詳，備述董福祥所部戊戌年五月在保定滋擾教堂及庚子

---

1 《致兩江總督劉坤一湖廣總督張之洞督辦鐵路大臣盛宣懷電》，光緒二十六年十月初八日午刻發初九日申刻到，《袁世凱全集》第 7 卷，第 137～138 頁。

四五月間焚燬鐵路、圍攻使館的種種行為，以此作為對董重懲的依據。並且屢言榮祿對董之勸誡，將榮與董切割開來。初十日，袁又致電諸督撫：「聞董恩眷未衰，關中情形，亦難詳知。如少擬辦法，或未合時宜，或未當上意；多擬辦法，奏內又嫌瑣屑。似不如在會奏之先一二日，由寧、濟各擬辦法二條，不可雷同，電榮相預擇。迨奏到相機為之，較周到。總之，董不患無辦法，只患在不肯辦耳。非先將其罪狀說透不可。再，陝探董現止二十營旗，不足萬人云。」[1]劉坤一也認為，董福祥必須嚴辦。他贊同袁世凱的辦法：「此係預擬，董軍調開後，續劾之件，似可指請將董正法，擇純實之將分統，明降諭旨，以安兵心。請香帥酌添，電約各省為禱。此時以催調董最要。頃致榮相電曰：『款局迄未開議，各國屢請嚴懲禍首，嫉董尤甚，聞已預備哀的美敦書。若待書列，必是請全辦十一人，不允則立致決裂。不若趁書未到，先將董酌予處分，調回甘肅，由全權告知各國，商酌先行開議。』」[2]劉將給榮祿的電報轉發袁氏，為的是讓袁進一步發揮作用。很快，袁世凱又致電榮祿：

　　　　聞十國公請逐董迄無覆文，勢將決裂等語。前讀歌電，擬令董回甘，今或又有變局。惟法、德近逼三晉，英、法、德窺伺長江，大局危急。時值隆冬，和議久延，奉、直、吉、江四省官民，被兵蹂躪，凍餒流離，每日死亡者，詎可數計。聞之痛心。如各國再擾長江，糜爛何堪。設想中堂斷不袒一將而妨大局，朝廷尤不至惜一人而損生靈。即董亦何妨捨一身為數百萬官民請命，請速圖之。倘因明發措詞為難，或渾言其任性妄為，紀律廢弛，先降旨斥逐，再設良策。[3]

1　《致督辦鐵路大臣盛宣懷兩江總督劉坤一湖廣總督張之洞電》，光緒二十六年十月初十日，《袁世凱全集》第 7 卷，第 145 頁。
2　《兩江總督劉坤一來電並致湖廣總督張之洞督辦鐵路大臣盛宣懷》，光緒二十六年十月十一日戌刻到，《袁世凱全集》第 7 卷，第 147 頁。
3　《致兩江總督劉坤一湖廣總督張之洞督辦鐵路大臣盛宣懷電》，光緒二十六年十月十一日亥刻到，《袁世凱全集》第 7 卷，第 148 頁。

在劉、袁等督撫的反覆申辯下，清廷被迫將董革職留任。十三日榮祿致電劉坤一等，稱「慶邸、傅相電，謂十國先後照會，應將董驅逐遠離，不得仍在朝廷左右，並請嚴予處分，調離行在。明降諭旨，以釋各使之疑。昨已奉旨將董革職留任，其所部各軍現已裁撤五千五百人，並著帶其親統各營剋日馳回甘肅矣。緣陝甘軍民附之者太眾，勢不得不暫為羈縻，徐圖安置。此意執事自當洞澈也。」[1] 但是，督撫仍認為對董的處理不夠嚴厲，劉坤一、張之洞聯銜致電行在軍機處稱：

> 坤一等竊謂此次議款，當握定不失自主之權為第一要義。賞功罰罪，中朝自有權衡，本非外人所得干預。肇禍諸臣縱匪滋擾，貽害國家，得罪於宗廟社稷；乘輿播遷，備嘗艱險，得罪於皇太后、皇上；大局阽危，生靈塗炭，得罪於天下臣民；圍攻使館，妄殺洋人，得罪於海外諸國。種種罪戾，擢髮難數。即令諸臣自思，當亦無顏再生於堯、舜之世；即無各國要索，當亦不能幸逃於祖宗之法。聖朝忠厚，兩宮仁慈，或念其隨扈微勞，不忍遽置重典，似不宜令其再竊高位，再誤國是。擬請斷自宸衷，明降諭旨，將載瀾、趙舒翹、英年一併革爵、革職。剛毅查辦拳匪，語多縱庇，雖已病故，仍請革職。毓賢、董福祥情節最重，法無可貸，請治以應得之罪。董福祥現在調回甘肅，或俟抵甘後，再行懲治。伏候聖裁。一面速發國書，切商各國，迅發訓條，和平開議，或冀早就範圍。與其待彼書到，迫以必辦，損我國體，何如趁書未到，先行自辦，伸我大權。事機危急，諸臣罪有應得，坤一等不敢徇外人之好惡，不敢不為朝廷整紀綱，謹冒死瀝陳。請代奏。劉坤一、張之洞。[2]

---

1 《大學士榮祿來電並致兩江總督劉坤一湖廣總督張之洞督辦鐵路大臣盛宣懷》，光緒二十六年十月十三日，《袁世凱全集》第 7 卷，第 153 頁。
2 《劉制台來電並致袁撫台、盛京堂》，光緒二十六年十月十三日亥刻到，《張之洞全集》第 10 冊，第 229～230 頁。

　　經過劉、張等督撫的不懈呼籲，董福祥被革職，率部五營返回原籍。至此，行在與督撫的紛爭才暫告一段落。此時，榮祿已非落難時期依託東南督撫尋求出處的流浪大員，而是重獲慈禧信任、主持全局的砥柱之臣。他處處聽從慈禧的旨意，在懲辦董福祥問題上充分表現出來。

　　關於榮祿與董福祥的關係，曾任總署章京的李岳瑞評價說：

　　　　庚子之變，人皆以禍首蔽罪福祥，顧此當為福祥恕者。排外之舉，本由榮祿主持，福祥既蒙榮卵翼之恩，自不得不聽其發縱指示，此亦情理當然，無足深咎。福祥之譏，在其圍攻使館時，不肯盡力耳。蓋自津、沽既失，轟軍覆沒，福祥亦明知聯軍不可力敵，而又不願下心俛首，自表無能。因遷延使館之外，弗肯盡銳攻擊，以陰俟宮廷之轉圜。此其用心雖巧，然諸國使臣竟獲無恙，後來和局開議，不至無可借手。則即此一念，而國家之蒙其蔭庇者亦不少矣。或曰：「福祥之遷延，亦榮祿陰教之。」此亦理之所宜有者。[1]

　　按照李岳瑞的說法，榮祿與董福祥都有明攻暗保使館的心思，想通過拖延時間等待宮廷轉圜，他們可能有過默契。寡不敵眾，豈止榮祿一人明曉？董福祥長期領兵打仗，不可能對敵我力量的懸殊對比毫無認識。榮、董當時對圍攻使館態度基本一致，可能正是榮祿後來極力為董辯護的根本原因。當然，下令進攻使館的第一「禍首」應是慈禧，諸臣心知肚明，沒有董福祥這隻「替罪羊」，和談將無法開始。迫於督撫壓力，慈禧和榮祿只能將董「獻出」。

1　李岳瑞：《悔逸齋筆乘》，《清代野史》第 4 卷，第 1784 頁。

二 回鑾前榮祿的處境

榮祿在西安主政時期，清廷於庚子年十二月頒佈明發上諭，宣佈實行「新政」。在此問題上，榮祿有推動之功，然而，由於客觀因素的制約，新政始終沒有積極的進展，各地財政困難，行政拖遝，毫無起色，從中也很難看到榮祿的影響。相反，朝野對他的非議卻此起彼伏，或牽連庚子舊事，或與當時人事糾葛相關，也是一個值得關注的問題。

光緒二十六年（庚子）十二月初十日，行在發佈改革上諭，表示要更法令、破錮習、求振作、議更張，實行「新政」，並批駁戊戌年康有為「之談新法，乃亂法也，非變法也」，意在「撥亂反正」，喚起朝野各界的普遍支持。當時「逞兇」爭議暫告結束，此舉固然出於朝野上下對嚴峻局勢的認識和東南督撫的積極推動，同時也有向列強表明朝廷已經「趨新」的目的。上諭略謂：

> 世有萬古不易之常經，無一成不變之治法……蓋不易者三綱五常，昭然如日月之照世；而可變者令甲令乙，不妨如琴瑟之改弦……總之，法令不更，錮習不破；欲求振作，當議更張。著軍機大臣、大學士、六部、九卿、出使各國大臣、各省督撫，各就現在情形，參酌中西政要，舉凡朝章國故，吏治民生，學校科舉，軍政財政，當因當革，當省當並，或取諸人，或求諸己，如何而因勢始興，如何而人才始出，如何而度支始裕，如何而武備始修，各舉所知，各抒所見，通限兩個月，詳悉條議以聞。再由朕上稟慈謨，斟酌盡善，切實施行。[1]

毫無疑義，榮祿是此次新政的發起者之一。易順鼎致張之洞電稱，「聞出

---

[1] 中國第一歷史檔案館編《光緒宣統兩朝上諭檔》第 26 冊，第 460～461 頁。

聖意，榮相贊成。」[1] 據軍機大臣鹿傳霖對張之洞所言：「變法一詔，菘（鹿傳霖）與略（榮祿）建議，上亦謂然。至應如何變通，總期實事求是，決無成見……然腐儒固執，宵小不利，阻撓必多。將來想有助略相（榮祿）極力主持，惟當切實行之，逐漸變之……」[2] 這裏將榮祿支持舉辦新政的態度說得很清楚。不僅如此，這份諭旨即出自榮祿的幕僚樊增祥之手。

光緒二十七年（1901）三月，行在設立督辦政務處，作為辦理新政的「統匯之區」，派慶王奕劻、大學士李鴻章、昆岡、榮祿、王文韶、戶部尚書鹿傳霖為督辦政務大臣，劉坤一、張之洞「遙為參預」；同時再次督促各省督撫就實行新政的具體措施各抒己見，「迅速條議具奏，勿再延逾觀望」。[3] 當時，慶王、李鴻章、昆岡均在京，政務處實際由榮祿負責。但是，政務處沒能做到在整體上對新政有所設想，真正成為新政變法綱領性文件的卻是兩江總督劉坤一和湖廣總督張之洞聯銜的《江楚會奏變法三摺》。

劉、張所上三摺包括《變通政治人才為先遵旨籌議摺》《遵旨籌議變法謹擬整頓中法十二條摺》《遵旨籌議變法謹擬採用西法十一條摺》及《請專籌鉅款舉行要政片》。這些摺件先後於五月二十七日、六月初四、初五日由南京發往西安。經過討論醞釀，八月二十日，慈禧發佈懿旨：「劉坤一、張之洞會奏整頓中法、仿行西法各條，事多可行；即當按照所陳，隨時設法擇要舉辦。各省疆吏，亦應一律通籌，切實舉行。」[4] 這些改革包括：設文武學堂，酌改文科，停罷武科，獎勸遊學等。整頓中法十二條包括崇節儉、破常格、停捐納、課官重祿、去胥吏、去差役、恤刑獄、改選法、籌八旗生計、裁屯衛、裁綠營、簡文法等。採用西法十一條包括廣派遊歷、練外國操、廣軍實、修農政、勸工藝、定礦律、路律、商律、交涉刑律，用銀元，行印花稅、推行郵政、官收洋

1《易道來電》，二十六年十二月二十二日酉刻到，《張之洞全集》第 10 冊，第 251 頁。

2《辛丑正月初十日鹿尚書來電》，《張之洞電稿》，中國社會科學院近代史研究所藏，檔號甲 182-209。

3 中國第一歷史檔案館編《光緒宣統兩朝上諭檔》第 27 冊，第 50 頁。

4 同上，第 188 頁。

藥、多譯東西各國書等。《請專籌鉅款舉行要政片》則籌畫了各省在支付巨額賠款、財政困難的情況下籌辦新政經費的途徑和方向。[1] 這些新政措施，與乙未年自強上諭啟動的改革是一脈相承的，其中開辦學堂、停辦武科、裁綠營、練外國操、定礦律等措施，都是榮祿曾經提議和參與的；從這個層面上說，庚子新政與戊戌前清廷的改革是相延續的。但是回鑾之前，新政尚處於籌辦狀態，因財政困難，事事舉步維艱。時人分析說：「仰見朝廷求治之心惟日孜孜，而中外應變之人實屬寥寥。時事如此，凡有血氣者，誰不流涕而長歎哉！然觀各省督撫，或窘於財，或乏其助。即江、鄂二督，亦不過就題敷衍，決未見任勞任怨，生面別開。袁宮保徒具一片熱腸，孤立無援。其餘中外臣工，皆不作出位之思。」[2] 這種情形下，也就很難看到榮祿對新政有什麼影響了，更何況其身體狀況和心緒都不佳。

主政西安期間，榮祿因為足疾經常請假。軍機大臣王文韶、鹿傳霖（號滋軒）常常到榮寓所商議政務。王文韶日記對光緒二十七年正月、二月榮祿休假情況有所反映：

> 正月十四日 榮相足疾大發，本日未能入直。
> 正月十六日 榮相勉強趨直，仍未能入對，午初散直。
> 正月十七日 本日榮相仍未能入直。
> 正月十八日 榮相請假五日，散直後往視之，備述病狀，甚難堪也。
> 二月初二日 榮相勉強趨直，仍未能入對也。
> 二月初三日 榮相勉強入對，跪起均需扶掖也。[3]

---

1 關於新政籌辦情況，參見李細珠《張之洞與清末新政》，上海書店出版社，2003，第80～105頁。
2 《某煥章札》，光緒二十七年二月日，杜春和、耿來金、張秀清編《榮祿存札》，第77頁。
3 袁英光、胡逢祥整理《王文韶日記》下冊，第1017～1019頁。

雖然患病，榮祿對政務仍顯得十分盡力。此時，俄國拉攏李鴻章，企圖在公約談判之外，先與中國達成協議，表面上將東三省交還，實則通過其他條款侵佔東北的各項權益。李鴻章執迷不悟，堅持與俄簽約，其祖俄傾向受到張之洞、劉坤一等督撫的嚴厲批評。就連慶王也對李鴻章的獨斷專行極為不滿，請行在設法裁斷。他在給榮祿的信中說：

王文韶

> 合肥極盼東約早成，以為他事可以迎刃而解。殊不知各國環伺，已有責言，若竟草草畫押，必致紛紛效尤。合肥更事之久，謀國之忠，弟夙所欽佩，獨中俄定約一事，不免過有成見。即以近日電奏而論，大都於會銜發電後抄稿送閱，弟亦無從置詞。其前後電陳不無矛盾，諒在朝廷洞鑒。當此時局岌岌，弟膺茲艱巨，原不必苟為異同，致煩宸慮。惟此事畫押與否，關係中國安危，亦何敢隨聲附和，徇一國而觸各國之怒。昨於庚午電奏，單銜密陳，惟盼朝廷權衡利害，慎重施行。刻東約（指中俄圍繞東三省的條約談判——引者註）斷難處定，弟惟催促各使早議公約，仍與合肥和衷商辦。但恐奉職無狀，或此後會銜電奏中，語句稍有未當之處，不妨由執事請旨申飭，庶幾共知儆懼，不敢草草從事，於議款確有裨益。弟雖同受訶譴，所不敢辭。區區愚悃，諒蒙鑒及。[1]

1《奕劻札》（3），光緒二十七年，杜春和、耿來金、張秀清編《榮祿存札》，第 12 頁。

慶王在信中批評了李鴻章的獨斷專行和固執己見，甚至建議榮祿在電旨中對議和大臣略加申飭，以對李起到警示作用。二月初三日，安徽巡撫王之春也致電西安，對中俄簽約表示反對。[1] 由於受到多方反對，李鴻章與俄方達成的協議未能獲准。王文韶日記二月初五日寫道：「東三省俄約，東南各督撫力爭不宜畫押，上為所動，今日全權奏請畫押，堅不允准。畫不畫均不能無害，而其害之重輕亦實見不到底，是以榮相亦不敢力持，惟擬旨力從婉轉而已。」[2] 可見，在劉、張、袁等人的強力反對下，李鴻章與俄國達成的協議未能通過，對此榮祿也十分謹慎，不敢力持。

二三月間，榮祿仍不能正常入值。據王文韶記，二月初八日，「榮相仍以起跪不便，不能上去」。三月初一日，「榮相足疾旋癒旋發，今日勉強趨直仍未能入對，午初二刻散直」。三月十六日，「榮相未入對，巳正二刻散直」。[3] 當時京城的談判仍在進行，西安行在也在籌畫新政事宜。正在這時，卻發生了禮科給事中王鵬運嚴參榮祿之事。三月二十八日，王鵬運上疏稱榮祿「狡滑性成，劣跡昭著，請聖斷早申，立予罷斥」。王摺云：

> 大學士榮祿狡滑性成，力小任重，近年以來內執朝權，外握兵柄，其倚畀之隆，為我朝三百年來所未有，宜如何實心任事，仰報朝廷。乃自去年事變之興，該大學士俯仰其間，毫無補救，然猶可謂為莊親王載勛等所持，不能自主。其所統武衛中軍入衛京師，竟聽其肆行殺掠，熟視無睹，浸假其家亦為其部下所掠，此其庸懦無能，不諳將略，已可概見。
>
> 尤可怪者，大駕恭奉慈輿西幸，該大學士既不間關隨扈，又不效死京師，攜眷逃亡保定。遑奉命留京辦事，遲回觀望，畏葸不前。久之始奔赴行在，以任將相之重臣而倉皇失據至於如此。該大學士素以文祥自待，未

1 參見王之春《發西安電》，（辛丑）二月初三日，趙春晨等點校《王之春集》（1），岳麓書社，2010，第 74～76 頁。
2 袁英光、胡逢祥整理《王文韶日記》下冊，第 1019 頁。
3 同上，第 1019～1023 頁。

免顏泚名賢矣。

及赴行在以後，復不自請重懲，仍覥顏入居政地，倘能力圖晚蓋，亦可稍贖前愆。近觀其所薦達，則平日培植私人之見依然未改，其他禆贊可想而知。新放山東督糧道達斌為其內親，而躬衛其家出京者也。新放安徽鳳穎道樊增祥、陝西潼商道譚啟端，其武衛軍之僚佐也。然果才德出眾，贊畫有力，原不妨破格錄用。昔年曾國藩、左宗棠所甄拔以共功名者，非其故人即其僚吏，天下未嘗退有後言。今達斌等才德何長，贊畫何在，特以濡呴扶持、相從患難，遂不憚以朝廷名器為其酬謝之資，使當世節邁之士疑效力公朝不敵奔走私門之便捷，將羣以媚寵為得計，其何以作士氣而救時艱？

凡此三端皆劣跡昭著，天下所共見共聞者，若其貪狡之謀，非臣耳目所接，不敢妄有所陳。方今國步維艱，正賴輔弼得人，始可徐圖補救。若猶以非才久居要地，天下事豈堪再壞哉？臣嶺海孤生，使非關係至重，何敢譏彈貴近，自蹈危機？伏乞聖斷早申，立予罷斥，於大局必有禆益，天下幸甚。[1]

王鵬運是當時非常有名的言官，乙未、戊戌曾經參劾孫毓汶、翁同龢等軍機大臣，這次對榮祿的參劾言辭同樣很激烈。摺中所參武衛軍潰敗搶掠之事，早受病詬；培植私人，薦舉達斌、樊增祥幕僚也是實情，但慈禧對榮祿一力庇護，將王摺留中，也未對王鵬運加罪。這與當時特定的環境有關。

榮祿此時行政十分謹慎。據吳永稱，辛丑五月他自湖北等省催餉回到西安時，受張之洞之託，擬向慈禧陳奏廢除大阿哥之事，事先請示榮祿。吳永寫

---

1 《禮科給事中王鵬運奏為大學士榮祿狡滑性成劣跡昭著請聖斷早申立與罷斥事》，光緒二十七年三月二十八日，錄副奏摺，檔號 03-9646-024，縮微號 688-0989。另，當時在奉天任職的滿洲官員廷憲在家書中說：「明華亭竟放臬司。前在奉合盛元已告說，伊備賄謀奉尹，今以奉未定改臬，可謂巧宦至極。抑何僥倖至此，無他，榮仲華處鑽狗洞而已。恩益堂到兵部，晚在兄八年之後，今漕督矣。無他，慶邸之親家故也。然益堂家無人，亦本自不同流凡，然此由援係非以人故，可以知近來用人之道矣。」見《廷憲致九弟函二十五件》（九），光緒二十七年十月初三日，《義和團檔案史料續編》下冊，第 1672 頁。按：明徵，字華亭，光緒二十七年九月由道員遷升江西按察使；恩壽，字益堂，同年九月由江寧布政使升漕運總督，尚未赴任，十月又改任江蘇巡撫。此函所說榮祿、慶王用人唯親、政以賄成的情形可為王鵬運參奏佐證。

道：「榮時方吸煙，一家丁在旁裝送，聞予所述，但傾耳瞑目，作沉思狀，猛力作噓吸，吐煙氣捲捲如雲霧，靜默不語。吸了再換，換了又吸，凡歷三次，殆閱至十餘分鐘，始徐徐點首曰：『也可以說得。爾之地位分際倒是恰好，像我輩就不便啟口。但須格外慎重，勿魯莽。』」[1]此事雖小，可見榮祿處事之特點。

因為健康原因，經榮祿推薦，瞿鴻禨入樞學習行走。據王文韶日記，四月初九日，「子玖（瞿鴻禨）來久談，本日有旨在軍機大臣上學習行走，以初到大略情形告之」。同時，榮祿足疾一直未能痊癒。以下是王日記反映的五月以後榮祿的病情及請假情況：

> 五月初六日，午初散直，榮相足疾又發，偕子玖往視之。
>
> 五月初九日，榮相請假五日。
>
> 五月十一日，午初二刻散直，偕滋軒、子玖問榮相病，並商要件。
>
> 五月十四日，榮相銷假，巳正三科散直。
>
> 六月初十日，榮相調管戶部。
>
> 六月十三日，入對二刻，巳初散直。榮相足疾陡發，偕滋、玖兩公往視之，並商要務。
>
> 六月十四日，榮相通融第二日，入對二刻五分，巳正二刻散直。
>
> 六月十五日，巳初散直，偕子玖詣榮相處商件……是日榮相通融第三日，滋軒亦患腹疾未入直，召對只余與子玖兩人，亦從來未有也。
>
> 六月十六日，榮相請假五日。
>
> 六月二十一日，偕同人往視榮相病，大致向癒，惟尚未能行走，本日續假五日。
>
> 六月二十五日，花衣第一日，榮相面請銷假，跪起均費人力也。巳正一刻散直。[2]

1　吳永：《庚子西狩叢談》，第82頁。
2　參見袁英光、胡逢祥整理《王文韶日記》下冊，第1028～1033頁。

七月初三日，禮邸世鐸到行在請安，有旨開去軍機大臣差使，補授御前大臣，[1] 榮祿成為名副其實的首席軍機大臣。禮王改授御前大臣，地位仍舊尊崇，但實權頓消。榮祿首開咸豐朝以後非親王主樞的特例。

三　返回京城與「自請罷斥」

隨着局勢平靜，幾經拖延的回鑾問題也得以確定。八月二十四日，兩宮自西安啟行。二十七日，榮祿之子綸厚病死途中，年僅 17 歲。王文韶記：「以六十有六老翁只此一子，忽遭不測，情何以堪，見面提及，慈聖亦深嗟歎，諭促令料理一切，即赴行在，聊以國事排遣憂傷云。」[2] 可見慈禧對榮祿非常關心。因回鑾途中不便停頓，乃特留西安知府胡延（研孫）為之料理。[3] 幕僚樊增祥也致函榮祿表示慰問：

> 夫子當念天下之事大，慈聖之恩深，設使值無事之秋，吾師嬰此奇□，雖悲傷致疾，而於國事無大害也。今當播遷未定，慈聖所倚重，中外所仰望者，惟吾夫子一人，即政府同事三公，一切擘畫皆取決於函丈。若函丈以少華（按：綸厚，字少華）之故不能自抑，勿論憂能傷人也。但使神明惝恍於大計不克主持，又或卧閣時多，不能朝夕入對，天下事何堪設想？自去年奇變以後千辛萬苦，方期轉危為安，若因夫子家運牽連，致國運不能遽轉，是使我少華賢弟既傷親意又負國恩，渠在九原，何能瞑目？

1 袁英光、胡逢祥整理《王文韶日記》下冊，第 1034 頁。
2 同上，第 1040 頁。
3 吳永：《庚子西狩叢談》，第 97 頁。

故曰函丈愛國必欲愛身，愛身即所以愛少華也。[1]

　　樊氏是榮祿十分倚重的幕僚，信中殷殷勸慰，足見二人私誼之深，從側面也可見當時榮祿的精神狀態。八月二十八日，電旨，令慶王來開封迎駕。九月初二日，榮祿趕上兩宮鑾駕，銷假入值。但足疾又加重，十四日，「榮相以感冒牽動足疾仍未能入直」。十七日，王文韶又記「看榮相病並商公事，足疾漸瘳，明後日當可勉強入直矣。」二十一日記：「往看榮相，傷悼之懷鬱結彌甚，勸其掙扎入直，以分憂思。」[2] 榮祿就是在身心健康都不利的狀況下隨鑾駕緩緩返回京師的。

兩宮回鑾進入正陽門甕城

1《樊增祥致榮祿函》，盧和平主編《近代史所藏清代名人稿本抄本》第 1 輯第 68 冊，榮祿檔，第 130～132 頁。按，原信署「初七日」，從內容判斷，應是辛丑年九月初七日所寫。
2 袁英光、胡逢祥整理《王文韶日記》下冊，第 1043～1044 頁。

　　九月二十七日，欽差大臣、大學士李鴻章在京病逝。王文韶奉旨署理欽差大臣，先行回京，協助慶王辦理交涉。上諭又命袁世凱署理直隸總督。有論者稱命袁署理出於李鴻章的遺摺，這種說法十分流行，但與事實不符。當時，袁世凱在東南互保活動中聲譽鵲起，並贏得列強的好感。袁氏署理直督，應該與榮祿支持有直接關係。在開封，十月二十日，慈禧廢除大阿哥名號，命其立即出宮，賞給入八分公銜俸，這也是東南督撫極力主張的，榮祿從中也做過工作。據吳永描述，溥儁出宮時，「涕淚滂沱，由榮中堂扶之出門，一路慰藉，情狀頗覺悽切」。[1] 睹此情景，或有「成也蕭何敗也蕭何」之感。十月二十八日，光緒帝以奉慈禧懿旨的形式，發佈上諭封賞忠心國事諸大臣：

　　　　現在大局漸定，回京有期。奕劻、李鴻章會同妥議和約，轉危為安；榮祿保護使館，力主剿拳，復能隨時贊襄，匡扶大局；王文韶協力同心，不避艱險；劉坤一、張之洞、袁世凱共保東南疆土，盡心籌畫，均屬卓著勳勞，自應同膺懋賞。慶親王奕劻著賞食親王雙俸；大學士榮祿著賞戴雙眼花翎，並加太子太保銜；王文韶著賞戴雙眼花翎；兩江總督劉坤一著賞加太子太保銜；湖廣總督張之洞、署直隸總督袁世凱均著賞加太子少保銜。已故大學士李鴻章著再賜祭一壇，伊子李經邁著以三四品京堂候補。[2]

　　在所有奉賞官員中，對榮祿有「保護使館，力主剿拳」的定性詞句，顯然是針對洋人懷疑而發的。十一月二十八日，兩宮乘火車抵達馬家堡，入城，未正進宮。[3]《申報》報導當時的情況時說：「直隸總督袁慰帥新蒙黃馬褂之賜，為皇帝前驅，皇帝端坐黃轎，舁以八人，左右皆有步兵擁護；榮仲華相國則策騎隨皇太后鳳輦。」[4] 榮祿以武將的姿態，騎馬扈從，伴隨慈禧身邊，這無疑是在

---

1 吳永：《庚子西狩叢談》，第 121 頁。
2 中國第一歷史檔案館編《義和團檔案史料續編》下冊，第 1233～1234 頁。
3 袁英光、胡逢祥整理《王文韶日記》下冊，第 1054 頁。
4《譯東報所登兩宮回鑾記》，《申報》光緒二十七年十二月十四日，第 1 版。

向世人表明自己恩寵仍不減當日。觀看兩宮儀仗入城的赫德說：「皇太后彬彬有禮，向擁擠在前門城樓上觀看入京情況的外國人點頭微笑。」[1]二十九日午初，兩宮在乾清宮西暖閣召見王公百官。[2]十二月初七日，榮祿請假15日。其間，榮祿之侄又與崇禮之女完姻。[3]十二月二十一日，銷假入值。[4]當天，榮祿上疏瀝陳下情，懇求開去重要差使，「以散員供職」，「守拙養疴」。奏疏云：

奴才榮祿跪奏為瀝陳下情，恭摺仰祈聖鑒事。竊奴才猥以庸愚備位樞密，荷蒙皇太后、皇上眷遇之厚，倚畀之隆，異數殊施，至優極渥。私衷惴慄，深懼辜負恩知。誓竭血誠，力圖報稱，而才識短淺，無補時艱。上年禍亂猝乘，痛深創巨，貽憂君父，尤屬罪無可辭。伏思古之大臣有因日食星變而立請罷斥者，況奴才身當重寄，乃於擾攘之際，莫展一籌，既未能消患於幾先，又不克扶顛於臨事。匡救無術，亟應上疏自劾，稍贖重愆。徒以世變方殷，國家多難。奴才受恩深重，何忍於大局未定輒萌退避之思，致違盡瘁之義。茲幸皇太后、皇上勵精圖治，轉危為安，鑾輿還京，光復舊物。薄海內外歡欣鼓舞，咸謂保邦制治，日月重新，我聖清萬年有道之長復基於此。奴才雖至無狀，亦思殫精畢慮，翊贊昇平。倘展寸長，借圖晚蓋，蹈湯赴火，固所弗辭。即頂踵捐糜，不足仰酬高厚。是奴才一息尚存之日，皆盡忠報國之年，決不敢自外生成，希圖諉卸。第當大難甫平之後，人心望治之秋，庶政百為，紛然待理，而奴才職掌太重，經畫難周，實功寡而過多，愧智小而謀大，加以年齒漸邁，老病侵尋，慮事常疏，豈能勝任？雖聖主俯垂體諒，曲予優容，而奴才自顧衰庸，時虞隕越。與其勉肩艱巨，貽誤於將來，曷若披瀝腹心，陳情於此日，合無籲懇天恩逾格俯准開去奴才各項重要差使，但令以散員供職，俾得守拙養疴，

1 陳霞飛主編《中國海關密檔 —— 赫德、金登幹函電彙編》第7卷，中華書局，1996，第306頁。
2 謝興堯整理《榮慶日記》，第50頁。
3 袁英光、胡逢祥整理《王文韶日記》下冊，第1055頁。
4 同上，第1056頁。

不至素餐尸位，仍當隨時隨事補過效忠。則奴才之責任稍輕，即聖明之矜全更大，感戴鴻施，益無既極，不勝瞻顧彷徨悚息待命之至。謹繕摺瀝陳下悃，伏乞皇太后、皇上聖鑒訓示。謹奏。[1]

　　疏上，光緒帝奉懿旨勉勵：「大學士榮祿奏瀝陳下情懇請開去各項重要差使一摺。該大學士公忠體國，謹慎小心，久為朝廷所信任。上年拳匪之變，眾口紛啿，該大學士獨能堅持定見，匡扶大局，厥功甚偉。今雖時事粗定，而元氣大傷，除弊更新，百端待理，正當同心戮力、共濟艱難。宮廷振厲不遑，孜孜求治。該大學士受恩深重，更何忍置身事外，獨使宵旰憂勞？揆諸鞠躬盡瘁之義，於心安乎？所請著不准行。」[2]十二月二十四日，特旨榮祿授文華殿大學士。滿洲官員廷憲譏諷說：「榮相假退自固，全是自作文章，真又是今賈似道矣。」[3]或許廷憲對榮祿素有成見，言辭如此激烈，但就此事而言，確實說到了問題的實質，反映了一部分人的觀感。另一方面，幕僚易順鼎對榮祿則是恭維再三：

　　　　伏從邸抄得讀十月二十八日及十二月二十一日上諭，誠歡誠忭，欣慰莫名。天語煌煌：一則曰保護使館，力主剿拳；一則曰堅持定見，匡扶大局。嗟夫！以吾師之偉烈精忠，而尚不免於羣疑眾謗。非兩宮聖哲，孰能知其甘苦，為之表明？周公金縢之誓，樂羊中山之書，無以逾此。受業恭讀之餘，蓋不禁喜躍，而繼之以感泣也。自康、梁餘黨散佈海內，數年以來，天下幾無真是非。即如此次拳匪之亂，斡旋補救，皆全仗吾師一人。而上海報館猶復肆口詆娸，蓋康黨欲藉此以圖報復，漢奸欲藉此以媚外人

1《榮祿奏為瀝陳下情懇開去重要差使摺》，光緒二十七年十二月二十一日，台北故宮藏軍機處檔摺件，編號 146859。

2《義和團檔案史料續編》下冊，第 1289 頁。

3《廷憲致九弟函二十五件》（一五），光緒二十七年十二月二十六日，《義和團檔案史料續編》下冊，第 1677 頁。

耳。試問使館之保護，誰保護之？非吾師設法緩攻，不用大炮，而又暗中接濟，則使館何能瓦全也。試問東南大局之保全，誰保全之？雖劉、張兩帥保全之，而非有吾師之密電、密信不能也。試問中原一帶之保障，誰保障之？雖袁帥保障之，而袁帥固吾師之及門高足，親傳衣缽者也。試問俄約之力阻，誰力阻之，雖劉、張兩帥力阻之，而非吾師之贊助主持不能也。[1]

易順鼎曾賦詩恭維榮祿在戊戌政變中的功績，有「昔年隻手挽狂瀾，弭患蕭牆辟異端」之句。[2] 此函更是極盡恭維之意，恰恰說明很多人對榮祿在庚子事變中態度和作為並不滿意。榮祿本人私下裏也對親信有所表白。當時傳言榮祿與外國使臣暗通款曲，並受洋金巨萬，榮祿致裕庚函中說：「兄又身統五軍，舉朝皆欲效忠致命，只以統兵之人言不可戰，則禍且不測。其時已有謠諑，謂兄受洋金巨萬，孤危憤切，一無可言。於無策中畫策，惟有保全使館，為後來議和之地，非為納交外人，實為天下國家留一線轉圜地步也。七月下旬乘輿北出，兄恐外兵追擊，乃設疑陣，乃麾軍往南，以亂敵謀而設疑陣。不圖屬從諸人利兄之出，竟不容赴晉朝天，中間留滯畿南，備嘗艱楚⋯⋯」[3] 其中充滿了委屈的語氣。曾長期在北洋供職的嚴復在兩宮回鑾不久向張元濟分析時局，就榮

---

1 《易順鼎致榮祿函》，杜春和、耿來金、張秀清編《榮祿存札》，第 164～165 頁。易順鼎（1858～1920），字實甫，號哭庵，湖南龍陽人。幼有「神童」之目，17 歲鄉試中式，候補道員，曾在張之洞、劉坤一幕府中供職，與樊增祥關係尤密。庚子十一月，樊增祥將外放，張之洞致電鹿傳霖，推薦易順鼎接替樊入榮幕。電報云：「雲門外放，略圍幕中需才，渠候回鑾赴任不能甚久，公似可薦易實甫入幕，渠通達曉事，才筆敏贍，可與雲門媲美。不惟助榮公，並可引為己助，既廣見聞，且資其文筆議論也。」同時致電樊增祥稱：「台旌將發，府主需才，閣下何不薦實甫？此事自助，將來接辦，渠識通才贍，必能有益。」見《致鹿傳霖電》《致易觀察轉樊雲門觀察電》，庚子十一月廿九日，《張之洞電稿》（光緒二十六年十月至二十七年六月），中國社會科學院近代史研究所，檔號 182-75。張之洞的目的是希望易順鼎繼樊之後進入榮祿幕府，成為自己耳目。但是，榮祿並未接受易氏，只以「詩人」待之。參見王颺校點《琴志樓詩集》，上海古籍出版社，2004，前言；陳松青《易順鼎研究》，湖南人民出版社，2011，第 109 頁。
2 《上略園相國四首》，王颺校點《琴志樓詩集》，第 705 頁。
3 李朋：《榮祿與義和團》，《文史資料選輯》134 輯，第 163 頁。李朋係榮祿嗣子良揆之婿。

祿與王文韶（仁和）的情形做了解釋，他寫道：

> 榮仲華前用騎牆政策，卒以此保其首領。然平心而論，瑕者自瑕，瑜者自瑜。其前者之調停骨肉，使不為已甚，固無論已；即如老西，既到長安，即欲以待張南海者待翁常熟，榮垂涕而言不可。既至今年正月初六，老西之念又動，榮又力求，西云：直便宜卻此獠。此雖出於為已，然朝廷實受大益，可謂忠於所事矣。嘗謂榮、王二相之不同，一則非之可非，刺之可刺，故尚有一二節可以稱道；而仁和則純乎痛癢不關，以瓦全為政策。幸今天下之開報館、操報政者多浙人耳。不然，仁和之毀固當在剛、趙諸人上也。且近來學宦皆以此老為師資，故天下靡靡，愈入於不救。外示和平，而中則深忌……總之，回鑾將一月，而新機厭然；來歲新春，即有一二更動，亦將為其所可緩，緩其所必急，以塗塞天下耳目而已。思與足下談宴而不可得，遂覆瑣敘，以供一覽，想同此浩歎也。[1]

信中「老西」指慈禧。嚴復對於榮祿在調解兩宮關係、營救翁同龢之事上的表現非常讚賞，榮祿雖用「騎牆政策」保得首領，但是，「非之可非，刺之可刺」，尚有一二節可以稱道者，這與張元濟甲午時稱其「尚有血性」大約意思相同；反倒是王文韶，「純乎痛癢不關，以瓦全為策」，「外使和平，而中則深忌」。王文韶和榮祿督直時，嚴復曾為他們的僚屬。他的這番評論自有主見，並非隨波逐流，比易順鼎一味恭維也勝一籌。事實上，直到榮祿病逝，朝野對他的指責和譏諷一直不斷。儘管如此，榮祿依然是與慈禧一起經歷生死患難的重臣，受到的恩遇有增無減。

---

1 《嚴復與張元濟函》，王栻主編《嚴復集》第 3 冊，第 549 頁。

四　榮祿病逝與時論評價

　　剛剛回到京城的榮祿，為了緩和武衛軍圍攻使館對洋人造成的影響，積極與外國使節聯絡。廷憲披露說：「榮之近日，除日奔鬼境取媚求容之外，亦絕無別舉動。闔京城人民全如在睡夢，究莫測朝廷意之所向也。」[1]所謂「日奔鬼境取媚求容」係指與洋人的頻繁聯絡，這裏廷憲是從負面意義發論的。據濮蘭德稱，「榮祿拜會了各國駐華公使並受到很好的接待。」[2]無獨有偶，《申報》也對榮祿宴請外人的宴會有所報導：「正月十七日，榮仲華相國恭請駐京各使臣在東華門外東廠胡同，筵宴並徵召福壽班諸伶登台演劇，直至夜間三點鐘許始握別散歸，中外聯歡，亦昇平之盛事也。」[3]各國駐華公使並非忘記了榮祿統帥武衛軍進攻使館的事實，而是，需要從現實外交出發，重新調整與榮的關係，正如有人指出的那樣：「對榮祿或對義和團騷亂負有重大責任的其他官員表示公開敵視態度，那是不策略的」。[4]在見好洋人問題上，慈禧的態度與榮祿完全一致。她接見外國使節，頻頻向洋人示好，甚至當眾為各國使節潑墨揮毫，「作擘窠書福壽大字十數幅」，頒賜外使，表達親近。[5]

　　由於反教引發的庚子變亂給榮祿帶來了慘痛的教訓，他對教案變得十分重視。二月，河南泌陽縣教案起，榮祿疏陳民、教相安之策，略言：「鬧教之案，層見疊出，總由中國人心日漓，多借入教為名，橫行鄉里，細故微嫌，倚勢構

1《廷憲致九弟函二十五件》（十七），光緒二十八年正月，《義和團檔案史料續編》下冊，第 1680～1681 頁。

2《致約·奧·珀·濮蘭德》，北京，1902 年 2 月 1 日，《莫理循書信集》上冊，第 216 頁。

3《中外聯歡》，《申報》光緒二十八年正月二十八日，第 1 版。

4《約·奧·珀·濮蘭德來函》，上海，1902 年 2 月 12 日，《莫理循書信集》上冊，第 217～218 頁。

5 瞿鴻禨：《聖績紀略》，諶東飈點校《瞿鴻禨集》，湖南人民出版社，2010，第 157 頁。瞿鴻禨還寫有《各國使臣觀見，奉詔遊宴，咸與觀書長壽字，字大逾丈，立御案前揮翰自如，諸使臣莫不驚服，均被賜一幅歸》詩云：「王會冠裳饗燕開，珠宮奎藻下蓬萊。外臣鵠立驚殊遇，親見槐眉灑翰來。」可見慈禧取悅洋人的做派。見《瞿鴻禨集》，第 44 頁。

訟。地方官又於案情曲折，不能詳切辨明，致使教士執先入之言，聽斷成偏重之勢，平民被抑，眾怒難犯。加以教堂賠款，無非攤派地方，疆吏責諸有司，有司斂諸百姓。鬧教之罰愈重，仇教之怨愈深。故一案未結，一案又起。星星之火，可以燎原，所關匪淺。亟當懲前毖後，正本清源。擬請敕下外務部，與駐京總教士樊國梁婉切籌商，妥訂規條，通行各教士，一體照辦。並行知各省督撫，通飭各屬遇有民教交涉之案，持平審斷，不得偏倚，庶幾民、教相安，邦本自固矣。」[1]

榮祿還在這年春天接見了傳教士李提摩太。這位傳教士後來評價說：「在能力方面，與我所見到的其他中國人相比，他更像李鴻章：頭腦清晰，思維敏銳。」榮祿還建議李提摩太與另一位軍機大臣鹿傳霖會面。[2] 七月，經慈禧指婚，榮祿之女配與醇親王載灃。王文韶日記七月十八日記：「榮相之如夫人劉氏，昨軍機大臣面奉懿旨賞給正一品封典為正室，又榮相之女指婚醇親王載灃，本日過禮，散直後同人偕往道喜。」[3] 因女兒為側福晉劉佳氏所出，經此懿旨，地位得以提高。親貴指婚本屬政治聯姻，將榮祿之女指婚醇王載灃，再一次說明榮祿與

載灃

1 王鍾翰點校《清史列傳》第 18 冊，第 9081 頁。
2《親歷晚清四十五年 —— 李提摩太在華回憶錄》，第 298 頁。
3 袁英光、胡逢祥整理《王文韶日記》下冊，第 1079～1080 頁。

醇王府的密切關係，以及慈禧對他的籠絡和寵信。然廷憲對此次指婚卻別有解釋，他在家書中寫道：

> 京中見人不多，而底蘊均不可問。至朝政尤可慮。自兩宮未回，諸國已力詆榮。上諭屢次設辭為之開脫（不過榮的走狗而已），護庇可謂用盡心力矣。而又慮及國中後患，前以醇邸久已定親，而太后召見醇邸母，忽出榮女，立逼使定之。其母不敢辭，而先定者將何以處之，絕不顧慮……意恐太后萬歲後，皇上有積怨之心，故先結援係也。近來新政不聞，所以深謀遠慮，全在此等事。[1]

信中所說朝廷對榮祿百般庇護確是實情，「走狗」之謂或指經榮祿提攜在軍機處供職的同僚（如王、鹿、瞿等）；載灃是否被逼退婚，再與榮祿女兒聯姻，尚缺乏確鑿的旁證。[2] 但是，榮祿通過聯姻來固寵的意圖是不可否認的，此舉的長遠考慮也符合情理。當時，輿論也很關注此事。《申報》稱：「聞之京師友人云，榮仲華相國之女公子前蒙皇太后懿旨拴婚為醇親王福晉，已於七月十八日行納採禮，擇吉八月二十九日之夜成婚，先一日致送妝奩。」[3] 七月二十八日，崇文門監督肅王被替換，由慶王、榮祿接替。榮祿再獲優差，再次表明慈禧對他的恩寵。有關壬寅年（1902）的政局，十二月，梁士詒（字燕蓀）家書中曾有一段概括，頗中肯綮。信中寫道：

> 太后銳意維新，主媚外以安天下。惟所任非人，習於所安，對於守舊泄遝諸臣，意存瞻徇，不肯決意淘汰。皇上韜光養晦，遇事不發一言。

---

1 《廷憲致九弟函二十五件》（十六），光緒二十八年正月初一日，《義和團檔案史料續編》下冊，第 1679 頁。

2 近年學界對醇王載灃與榮祿之女的聯姻，有了更詳盡的考察。參見張海榮：《政治聯姻的背後 —— 載灃娶妻與榮祿嫁女》，《近代史研究》2017 年第 3 期。

3 《醇邸婚期》，《申報》光緒二十八年八月二十二日，第 1 版。

樞垣用人之權，榮仲華相國主之。榮有足疾，於政治上無所可否，皆迎合
后意，而黜陟之宗旨，不無同己異己之見也。王夔石相國有聾疾，而又遇
事詐聾，鹿芝軒、瞿子玖兩尚書頗操行政之權，鹿多執拗，瞿好挑剔，兩
有不解之時，王相國解之。鹿、瞿、王不相能之時，榮相國又能以一言解
之。此近日四軍機之大略也。要之，近日非不銳意維新，而內外諸臣有血
性者甚少，每下一詔，多粉飾敷衍，一味塞責。此由於無人才，而人才之
不出，由於賞罰之不明、不公、不嚴，此則用人者之咎也。[1]

　　從最高統治者慈禧到樞臣，無不媚外以安天下，光緒韜養不言，羣臣泄遝
不振作，新政焉能有所成效？地方情形也不樂觀。庚子後的劉坤一年老體衰，
江南新政也少見成效，江寧布政使吳重熹致函榮祿，稱劉「只以年高心慈，耳
軟面軟，為人挾制」。[2] 二十八年九月，劉坤一出缺，上諭命張之洞再次署理兩
江。江蘇巡撫恩壽批評說：「香帥蒞任半載，凡所建樹，悉出公忠；惟近按之，
於『切實』二字未能作到。」[3] 他還批評張「務名而不務實，計利而不計害；所
行之法則恃器而不恃心，所用之人則為私而不為公」，認為「兩江責任綦重，
非威望卓著，素善將兵者，不足以膺此巨任」。[4] 由於不少人反對張之洞，癸卯二
月，清廷決定由湘籍大員魏光燾接任兩江，此時榮祿已在病中。漢學家巴克斯
（白克浩司）寫給莫理循的信中說：

　　　　慈禧太后想授張之洞以兩江總督實缺，但是榮祿和袁世凱竭力諫阻，
　　所以最後任命了魏光燾。誰都不明白袁世凱為什麼如此反對張之洞，但
　　是，我猜測，他這樣做是為了討好他的庇護人和盟兄弟榮祿。慈禧太后已

1 《梁士詒家書》，光緒二十八年十二月，鳳岡及門弟子編《梁士詒年譜》，廣東人民出版社，
　 2014，第 40～41 頁。
2 《吳重熹札》光緒二十八年，杜春和、耿來金、張秀清編《榮祿存札》，第 188～189 頁。
3 《恩壽札》（八），光緒二十八年九月，杜春和、耿來金、張秀清編《榮祿存札》，第 187～188 頁。
4 《恩壽札》（四），光緒二十八年九月，杜春和、耿來金、張秀清編《榮祿存札》，第 183～185 頁。

經決定在她七十歲生日舉行一次「恩科」殿試之後發佈一道政令，永遠廢除現行的考試制度（科舉）。這道政令已經起草好，準備在元旦公佈，但最後被榮祿否決掉了……榮祿亟盼醇親王出任軍機大臣，但是，慈禧現在還沒有批准。有些關於慈禧太后健康的謠言，看來並不屬實。[1]

這位後來曾編造《景善日記》的漢學家對京城消息十分靈通，他對朝局的了解可能較其他外人更透徹。特別是榮祿期望載灃入樞的想法，十分符合情理。這是榮祿進一步固位的最佳選擇。當然，張之洞未能任職兩江與其一貫的「虛擲公帑」的作風有關。時人稱：「南皮到江，舉動闊大。恩（壽）有私電與榮、慶，言江南財力恐不敷南皮一年揮霍，如張久任南洋，彼即告辭云云。立言危悚，政府頗為所動。」[2] 果然，張之洞第二次署理兩江的時間很短暫。

榮祿身體一直多病。經庚子一役，妻、子於奔波流離之中先後病死，而苦心經營的武衛軍除袁世凱部外均一敗塗地，畢生事業也跌至極點，加之輿論對其庚子武衛之患非議不斷，這些因素都使榮祿身心疲憊，身體狀況逐步惡化。從同僚王文韶日記光緒二十八年壬寅所記榮祿的請假、銷假情況可以看出當時的實際情況。

> 二十八年正月二十一日：昨今兩日榮相患頭疼未入直。
>
> 二月十三日：榮相足疾發，未入直。
>
> 二月十四日：偕同人看榮相，此次病發較劇，因病又觸動喪明（即失子）之痛，對之惻然。
>
> 二月十六日：榮相請假五日，有應商要件偕滋（鹿）、玖（瞿）兩君往晤之，未能多談也。
>
> 七月十一日：是日榮相未入直。

---

1 《埃・巴克斯來函》，北京，1903 年 2 月 19 日，《莫理循書信集》上冊，第 243 頁。

2 《張緝光致汪康年函》，壬寅十一月初六日，上海圖書館編《汪康年師友書札》第 2 冊，第 1797 頁。

九月十一日：榮相給假四日。

九月十五日：榮相銷假。

九月二十四日：榮相未入直。

十月十三日：本日榮相舊恙大發，未入直。

十月十五日：偕子玖問榮相病，將向癒矣。

十月十七日：榮相病又蔓延，仍未能入直。

十月二十四日：午後偕子玖往看榮相，再養三四日可以入直矣。

十月三十日：奎俊自川回京。榮相病又反覆。

十一月初六日：榮相銷假。

十一月二十八日：是日，榮相足疾又發，未能入直。

十一月三十日：榮相請假五日。

十二月初三日：問榮相病，並商定內閣京察等第，座久之。

十二月初五日：榮相續假。

十二月十一日：下午問榮相病，十五假滿可以入直矣。

十二月十七日：榮相銷假，入對三刻。[1]

　　儘管請假時間多，慈禧仍舊對他信任如故。據稱，「雙火公（榮祿——引者註）腿疾大作，深居府第，半月不上班，惟在第遙制樞務，亦不告假。特命不須請假，真異數也」。[2]光緒二十九年正月初十日，光緒帝在乾清宮宴請諸臣，榮祿也親往參加。[3]這是榮祿最後一次參加朝廷的公開活動。

　　二月二十一日（3月22日）是榮祿的生日。赫德在致金登幹的信中說：「今天是榮祿生日，他今年68歲。雖然他的痛風病時好時發，可從外貌上看，卻不像報上所說的那樣快死了。他大概還能再幹上十來年，他肯定是當前最

1　袁英光、胡逢祥整理《王文韶日記》下冊，第 1061、1063、1064、1079、1085〜1096 頁。
　按，個別內容有概括和刪節。
2　《張緝光致汪康年函》，壬寅十月二十二日，上海圖書館編《汪康年師友書札》第 2 冊，第 1822 頁。
3　謝興堯整理《榮慶日記》，第 59 頁。

有權勢的人，只要太后在世，他將一直如此。康有為誘使皇帝給太后設下圈套，是他和袁世凱救了那位老夫人，她對此無限感激。」[1]這是在中國工作了幾十年的一位洋客卿對榮祿的經典評價，道出了榮祿仰慈禧鼻息的真實樣態。赫德判斷榮祿身體健康並未惡化，與實際情況不符。關於榮祿診病的情況，當時報章報導說：「北京函云榮中堂政躬違和，近尚未痊，由倫貝子保薦日本軍醫蒔田君為之診視。據云症係兩足臃腫，而左膝關節時痛，故起居甚為不便，但非不治之疾，約三禮拜後即可告痊。日來蒔田君仍常往復診云。」[2]看來，西醫也介入了治療，但療效甚微。三月初四日，榮祿以病久未痊懇暫解樞務：

　　奴才榮祿跪奏，為奴才病久未痊，懇恩暫解樞務，免曠要職，恭摺仰祈聖鑒事。竊維中樞要地，為庶務總匯之區，我皇太后、皇上日理萬機，樞臣檢校奏章，欽承諭旨，精神耳目偶一疏忽則叢脞因之，任至重也。奴才於二十四年八月蒙恩內召備職樞垣，責巨才輊，夙夜祇懼，惟是渥承殊遇，敬念時艱，不敢不勉竭愚誠，力圖報稱。而自揣精力年遜一年，縱曲荷夫優容，已常虞乎隕越。上年十月足疾屢發，於冬深始癒，今春夙恙復作，增減不時，未克照常供職，自二月初十日假滿後瞬又兼旬腫痛，稍瘥仍覺艱於步履。雖復仰蒙溫諭，令俟病痊入直，毋庸再展假期。在聖慈高厚之恩，無微不至，而臣子靖共之義，一息難安。夫古之大臣有興疾趨朝、力籌軍國者，效忠之志，雖病猶勤。乃奴才久嬰痼疾，豈惟無補論思，即奔走之勞亦多闕缺，曠官廢職，昕夕彷徨。現在朝廷銳意振興，百端待理，若以病軀久當要地，必至耽延貽誤，負咎滋深，再四躊躇，惟有籲懇天恩開去軍機大臣差使，庶職任較簡，則心力易周。感荷矜全，實無既極。奴才受恩深重，有生之日皆報國之年，倘此後從容調養，

1 陳霞飛主編《中國海關密檔 —— 赫德、金登幹函電彙編》第 7 卷，第 493 頁。
2 《榮相病狀》，《同文滬報》光緒二十九年二月廿八日，第 2 版。

精力漸充，斷不敢稍耽安逸，自外生成，迫切陳情，無任屏營待命之至。所有奴才病久未癒，擬懇暫解樞務緣由，謹恭摺瀝陳，伏乞皇太后、皇上聖鑒訓示。謹奏。[1]

三月十四日，遞遺摺：

奴才榮祿跪奏，為天恩未報，病在垂危，伏枕哀鳴，仰祈聖鑒事。竊奴才前因患病，上勞宸廑，時遣看視，疊蒙賞賜藥品食物，體恤周至。嗣因病久未痊，奏懇暫解樞務，欽奉諭旨「著安心調理，毋庸開去軍機大臣差使，並不必拘定假期，一俟病痊，即行入值。欽此。」仰聆溫語，感激涕零。旬日以來服藥調理，病情時增時減，自十三日丑刻后氣喘痰壅，神思昏迷，至本日清晨，精神益覺不支，自揣無生理。伏念奴才猥以庸愚，久蒙倚畀，疊承恩眷，度越尋常。際此時事艱難，方思勉竭愚誠，裨補萬一，雖久嬰痰疾，猶冀調治復痊，稍效涓埃之報。乃病入膏肓，勢成不起。追思五十年來馳驅中外，才輕任重，福薄災生，圖報無期，捫膺自痛。南望艱棱，五中摧裂。方今強鄰環伺，伏莽未清，財匱民窮，亟需補救。伏願皇太后、皇上簡任賢能，振興庶務，懲前毖後，居安思危，新政之當舉者必以實力推行，成憲之當遵者毋以羣言淆惑，善求因革之宜，馴致富強之效。奴才齎志以沒，飲恨無窮。未能效犬馬於今生，猶冀報銜結於來世。悽悽愚忱，不勝鳴咽。謹口授遺摺，恭繕呈遞，伏乞皇太后、皇上聖鑒，謹奏。[2]

是日，榮祿病逝。《申報》對榮祿死亡情況的報導非常細緻：「文華殿大學

1 榮祿：《奏為病久未痊懇暫解樞務由》，光緒二十九年三月初四日，台北故宮藏軍機處檔摺件，編號 154800。
2 榮祿：《病危口授遺摺謝恩摺》，光緒二十九年三月十四日，台北故宮藏軍機處檔摺件，編號 152308。

士榮仲華相國薨於位，飾終恩旨已於本日恭列報端。茲閱西字報云：頃得京師來電，悉相國於華曆本月十四日午前上下鐘越四十六分時因病出缺，是夜十一下鐘時大殮。按相國患痛風之症已三月，於茲邇復心臟損壞，血不流行，加以發氣喘，以致撒手西歸，享壽六十有八云。」[1] 此時，兩宮出京謁陵，正在保定。遺疏入，同日頒佈上諭曰：

> 朕欽奉慈禧端佑康頤昭豫莊誠壽恭欽獻崇熙皇太后懿旨，文華殿大學士軍機大臣榮祿，公忠亮達，才識閎深。由蔭生起家，薦陟正卿。歷任總管內務府大臣、將軍、總督，恪恭匪懈，擢登揆席，翊贊綸扉，竭力盡心，調和中外，老成持重，匡濟時艱。近因患病請假，並請開去要差。朝廷倚畀正殷，諭令安心調理，方冀病痊入直，克享遐齡，長資輔弼。忽聞溘逝，震悼良深！榮祿著先行加恩照大學士例賜恤，賞給陀羅經被，派恭親王溥偉帶領侍衛十員，前往奠醊，賜祭一壇。予諡文忠，追贈太傅，晉封一等男爵。入祀賢良祠。賞銀三千兩治喪，由廣儲司發給。其餘飾終典禮，再行降旨。[2]

又奉上諭：「朕欽奉懿旨，已故大學士榮祿，翊贊綸扉，適在時事艱難之日，盡心經畫，獻納周詳，有為中外所不及知者。朝廷倚畀之殷，相須綦切。本年正月因病給假，迭經降旨慰問。方冀調理就痊，長資輔弼。乃以醫藥罔效，遽致不起。披覽遺章，拳拳於國計民生、用人行政，追念前勞，曷勝愴慟！昨已加恩賜恤賜祭，派員奠醊，予諡文忠，追贈太傅，晉封一等男爵，入祀賢良祠，賞銀治喪。著再加恩於靈柩發引前一日，賜祭一壇。生平事跡，宣付國史館立傳。任內一切處分，悉予開復。伊嗣子員外郎良揆，著加恩以四、

---

1 《相國騎箕》，《申報》光緒二十九年三月十七日，第 2 版。
2 中國第一歷史檔案館編《光緒宣統兩朝上諭檔》第 29 冊，第 67 頁。

五品京堂候補，用示篤念蓋臣有加無已之至意。」[1] 其子良揆，後任太常寺少卿。

三月十五日，赫德給金登幹的信中說：「大學士、慈禧太后的特殊助手和心腹榮祿這位大人物昨晨逝世，終年 68 歲。慶親王立即被召參與現在保定府的朝廷。有人說當時讓他出來，是為了要軍隊攻打我們；另一些人說是為了把官場局面整頓一下。總之，榮祿的消失將影響許多人，但是，儘管他是個大人物，歸根到底也只不過是個狂妄自大的人，沒有了他，全部工作仍會照常進行。」[2] 同日，在保定隨扈的慶王補授軍機大臣，赫德評論說：「榮祿的去世對慈禧太后將是個打擊，不過由慶親王來接替應產生有益的影響，儘管人們說他是個懦弱的人。」[3] 赫德所預料的榮祿後的政局與慶王的個性確實有着重要的關聯。懦弱的奕劻最終聽信袁世凱，北洋勢力日益強大，成為榮祿死後主導政局的重要力量。

榮祿病逝之際，革命風潮已經日漸高漲。雖然清廷對其予諡晉爵，追贈太傅，入祀賢良祠，賞銀治喪，遣員致祭，國史立傳，凡是大臣例得之恩恤，無不應有盡有。但是，輿論中卻有不少嚴厲的批評聲音，尤其是在上海為核心的東南沿海一帶。三月十六日，《中外日報》發表社論《論榮中堂》，文章言辭犀利，不啻是對榮祿一生功過的一次點評。社論說：

---

1 中國第一歷史檔案館編：《光緒宣統兩朝上諭檔》第 29 冊，第 68 頁。另，北京大學圖書館藏佚名《感蹉跎主人日記》對榮祿病逝發引情形也有記載：三月十四日：「微陰，早上門，得榮相噩耗，予諡文忠，派恭親王溥偉帶領侍衛十員賜奠。少頃，慶邸亦行宮，並府中內眷乘轎六乘促然而至，人心頗覺驚慌。午間向各處詢問，始知京中相安，並無意外之虞，惟往來謠言，致動人疑。午後方知慶親王係廷寄喚來，特簡軍機大臣，外人不知其詳，致生疑議。」四月十八日：「榮相本日伴宿，前往看視送聖，人亦甚多。」四月十九日：「清早至東四牌樓看榮相發引。」該日記收在《雜鈔》二十冊之一，北京大學古籍部藏，索書號 X/088/0089（本資料承尚小明教授提供，特致感謝！）此外，《申報》也報導：「京師訪友人云：榮仲華相國薨逝後，家屬擇於四月十九日舉哀，暫厝朝陽門外東嶽廟，蓋去歲相國夫人歿於西安，靈櫬回京，就東嶽廟暫停，迄未安葬，以故今者相國亦停柩廟中，俟擇期一同下窆也。是日相國之柩由東四牌樓至朝陽門，沿途所經之處各署堂司人員之設筵公祭者絡繹不絕，靈櫬以六十四人舁之，御賜各物皆用黃亭安置，鼓樂儀仗，簇簇生新，兩旁觀者密若堵牆，亦可謂恩榮備至矣。」《相國舉哀》，《申報》光緒二十九年五月初六日，第 2 版。

2 陳霞飛主編《中國海關密檔 —— 赫德、金登幹函電彙編》第 7 卷，第 504 頁。

3 同上。

　　自戊戌以後，中朝大官為環球所指目者，莫過於榮中堂一人。今者榮中堂死矣，然榮死而中國之前途，亦幾乎與之盡死。則實恨其死之已遲，而未可遽以其死為幸也。（按：戊戌政變之舉事極倉促，太后實以榮為謀主。證據確然，人所共知，無煩贅述。）其後榮即居中用事，以大學士入軍機兼兵部尚書，節制北洋各軍。其後設立武衞五軍，即畀以總統之任，兵權、政權皆在其手，為本朝所未有。己亥年剛毅奉命南下，實欲搜括鉅款，以為起事之備，榮實與為表裏。榮任練兵，剛任籌餉，同為中朝所倚任。然剛狠而愎，榮險而狡，故權力半在榮掌握中，其聲勢之勝，剛猶不能及也。榮既以輔佐太后推翻新政，撓亂國是，故時論多嫉之；而自又招權納賄，貪得無厭，為政治之大蠹，故尤為人所訾議。暨乎庚子年拳匪亂起，榮實主持其事，而陽若置身事外。迨察知拳匪不足恃，乃又與使館通饋遺，示殷勤，以為日後解免地步。然其縱容之實據，鑿鑿可指，無可遁飾也。及聯軍入京，兩宮出狩，榮隨駕西奔，頗慮不得自全，意頗惴惴。然其後開議和約，縱拳諸王大臣皆被外人指索，受國家嚴譴，一一不稍貸，惟榮獨得無恙，而於辛丑回鑾時，猶得與袁、劉、張諸公同被恩旨、受殊賞。夫以榮之劣跡昭著，為人所公忿如彼，外人指索罪犯，纖悉不遺如此，而榮居然身名俱泰，豈果其智足以自全哉？特以太后於榮特有同心同德之誼，故於顛沛流離之中，猶倚為心腹肱股之寄；內外諸大臣又將恃為奧援，以仰博太后之寵眷。故當各國公使指索最急之時，諸臣無不盡其心力為榮遊說，此所以論其罪狀，萬無可解免之理，而居然得無恙也。自是以後，朝廷大權惟榮實操之，自餘諸人，備員而已。榮亦頗懼外人之尚有後言，清議之足畏，乃始取戊戌所行之新政，一一請朝廷降詔，曉喻臣工，重複舉行，然行之期年，終於無效，則以文至而實不至，不足以感動天下故也。而其招權納賄，更甚於前日，惟以聚斂為急務，唯恐不足於財。去歲一年所入數頗不貲，故尤為政治之大蠹。綜計此數年來國事之敗壞，每況愈下，惟榮實尸其咎，此故天下之公論矣。論者因戊戌之役榮為主謀，故曰恐其有日暮途窮、倒行逆施之舉。去歲榮以其女許字醇邸，人

尤疑之，而外人論及已革端王及董福祥之蹤跡，亦頗牽連及榮，疑其有通謀情事。雖未必盡然，而下流之地，眾惡所歸，抑亦足為殷鑒也。今者榮既死矣，使繼其後者，能取其所為改弦而更張之，未嘗不可為萬一之補救。然自榮當國後，中國之元氣已被其剝削殆盡，雖使管、葛復生，亦頗難以措手。而在朝諸臣，受其衣缽轉相效法者，尚不乏其人，以挽回國運則不足，以戕賊國脈則有餘。是則榮之死，亦未必為中國之幸也。[1]

這篇文字出於維新黨人夏曾佑之手，大體代表了甲午後興起的維新、立憲知識分子對榮祿的基本評判。對戊戌到庚子時期榮祿的活動再次做了剖析，很多看法入情入理，並直言不諱地批評和譏諷了榮祿。朝野對榮祿的功過評價差別如此之大，三月二十日《申報》以《榮仲華相國薨逝感言》為題，再次發表社論，予以申說。社論說：

　　夫九重則眷注極隆，萬姓則謗讟叢集，是豈賢奸之果無良評，是非之不易剖別哉？竊為平心論之，以榮之身秉國鈞，不為不久，其內窺朝廷之意旨，外據政府之威權，於以行賄營私賣官鬻爵，其事誠未必能免，惟既事涉暗昧，苞苴之競進，外人亦何能深知？且在朝諸大臣亦誰是能正直無私、廉潔自好者？故以是為榮罪，苟九原有知，亦未必果能心服。然則榮果無可譏乎？曰是烏得而無譏？夫庚子拳匪之亂，倡之者端、莊二王，和之者剛毅、趙舒翹諸人，一時朝野上下，咸有舉國若狂之勢。卒之聯軍入都，人民塗炭，翠華西幸，宗社幾墟。中國國勢由此一蹶而不復振，事機之危可謂至矣。然試思當此之時，掌鈞衡而握兵柄者非巍巍赫赫之榮相乎？以彼得君之專，擅權之重，於事變初起之始，苟能悉心匡救，何難弭亂於未萌。即皇太后皇上惑於讒言，誤信奸邪，為忠義，榮果持得失利害

1　見楊琥整理《夏曾佑集》上冊，上海古籍出版社，2011，第57～58頁。

之說，慷慨而陳，君心亦必能悔误，萬一難回天聽，亦宜抗疏殿陛以去就
爭之。夫如是足為與國休戚之大臣，而乃計不出此，一味□忍，依阿迎
合驕王之意，忠良被戮則不知救，亂民縱橫則不知禁，坐使激怒外人，釀
為千古未有之奇變。嗚呼！非榮之咎而誰尸其咎哉？要而言之，榮之為人
大率陰柔而譎詐，其技在善伺人主之喜怒，而又能結納朝貴，交通權閹，
以故皇太后信任特深，不數年間竟得攫登揆席。當拳匪作亂之日，在榮亦
未必不知若輩之不足有為，各國之不可啟釁，徒以端、莊之勢既盛，不得
不附和於其間，而恐受外人他日之責言，於是與各使館稍通饋遺，借表殷
勤之意，窺其肺腑，不過欲藉此為長保富貴之謀。果也，和議既成，外人
索辦罪魁，榮竟得倖免，其首鼠兩端之術，不亦大用之而大效哉？

這番評論對甲午戰後榮祿與政局關係做了基本評判，認為榮祿對局勢的惡
化負有直接的責任，將其視為「陰柔譎詐」「善伺人主」「謀求富貴」「首鼠兩端」
的政客官僚而加以貶斥。就當時《申報》的影響，這篇社論的威力可想而知。

四月初十日至十一日，《中外日報》又連載夏曾佑撰《榮祿表微》，七月
二十二日，又刊發其《論榮祿不死則近事當何如》一文。這兩篇文字言辭更加
激烈，藉着評價榮祿的機會，抨擊了戊戌政變以來慈禧和榮祿推行的各項政
策，稱「班固有言『自古以來亂臣賊子，未有如莽之甚者也』，以榮較莽，禍
且十倍」，將榮祿視為王莽式的人物。[1] 這次批評比三月十六日的社論嚴厲得多，
完全承襲了康、梁的口吻，有鮮明的反清革命的政治傾向。榮祿剛剛死去，東
南地區的興論便連篇累牘，對清廷褒揚重臣的做法譏諷嘲笑，並公開評議榮祿
的歷史罪責，這本身已經預示着王朝權威的式微。光緒三十四年（1908）十月，
光緒帝和慈禧太后相繼病逝。三年後，推翻清王朝和封建帝制的辛亥革命終於
爆發了，由榮祿庇護成長起來的一代梟雄袁世凱，大顯身手，促成了清帝遜位
和民國肇始。此時，榮祿已經死去八年了。

1　見楊琥整理《夏曾佑集》上冊，第 59 頁。

結 語

　　榮祿是近代史上發揮過顯著作用的清朝重臣。從甲午戰爭後到庚子事件前後，他主導編練新軍，統帶武衛五軍，以大學士管理部務，位居首席軍機大臣，氣勢煊赫，權傾一時。他參與了戊戌政變、己亥建儲、庚子事變等晚清重大政治事件，在清朝統治集團中處於舉足輕重的地位。他又是一位十分複雜的歷史人物。死後清廷極力褒揚他的功績，有論者甚至稱他堪與同治中興名臣「相埒」，而詆之者則斥之為國家「罪人」，口誅筆伐，不遺餘力。縱觀榮祿一生，與晚清政局的變遷和走向密切相關。可是，由於相關歷史文獻十分零散，而且往往相互牴牾，過去對這樣一位重要而複雜的歷史人物缺乏較為系統的研究。本書力求細心搜羅散見各處的有關原始材料，梳理榮祿一生的行為邏輯和思想歷程，特別是同他有關的複雜人脈關係，從晚清政局的大背景下，考其得失所在，盡力還原歷史事件和場景，以避免簡單化的評價。事實上，要做到這一點並不容易。通過研究，我們對榮祿一生經歷的認識可簡要概述如下。

一　家世背景和政治聯姻與榮祿的崛起

　　榮祿在晚清的崛起首先得益於其家世背景。他所隸屬的滿洲正白旗在八旗中屬於「上三旗」，地位較崇，任官機會也優於「下五旗」。他的祖父統帥軍隊、戰死疆場，伯父和父親作為總兵在同太平軍作戰時雙雙戰死，受到朝廷的格外

褒獎，咸豐皇帝明諭優恤，讚譽瓜爾佳氏為「世篤忠貞」。榮祿正是藉着這種祖蔭進入官場，並一直得到皇帝拔識。

與宗室和滿洲貴族結姻也是榮祿維持和保障家族地位和本人權勢的政治手段。榮祿繼室薩克達氏為御前侍衞熙拉布之女，與咸豐皇帝元妃薩克達氏（咸豐未登基前已歿）為本族。薩克達氏病逝後，榮祿續娶宗室靈桂之女愛新覺羅氏。榮祿長女為禮親王世鐸子誠厚之妻；而貝子溥倫之原配為慈禧侄女，後病逝，經慈禧指婚，又娶榮祿侄女瓜爾佳氏為繼室。更具政治意義的是，庚子回鑾後，慈禧將榮祿幼女指婚給醇王載灃，後生育了宣統皇帝溥儀。這些聯姻關係，無疑是鞏固其權勢的有力保障。

二　醇王對其政治生涯的影響

身為滿洲權貴，榮祿與醇王奕譞、恭王奕訢、惇王奕誴、禮王世鐸、慶王奕劻、端王載漪的關係親疏遠近不同，對其政治生涯的影響至關重要。榮祿與醇王年齡相近，在創辦神機營時，備受醇王賞識，奉命統率使用洋槍的威遠馬步隊，鎮壓捻軍、馬賊等，獲得知兵的盛譽。醇王是慈禧太后的妹夫，特別受到慈禧信任。榮祿得到慈禧寵信、充任內務府大臣，也都有賴醇王的推引和支持。終其一生，榮祿與醇王的交誼最深。甲午戰爭爆發後，榮祿獲得督辦軍務和練兵大權，則得力於復出後的恭親王的大力支持。醇王、榮祿與端王的父親惇王奕誴的關係歷來不甚融洽，這種積怨到庚子前後載漪勢力凸顯時有了顯現；武衞軍擴展與虎神營發展中，已經存在榮、端的較量；軍機大臣剛毅為了與榮祿對抗，也刻意攀附端王，一定程度上加劇了榮、端矛盾。榮祿與禮王世鐸為親家，二人關係一直密切；他與慶王的關係始終融洽，慶王雖然管理神機營，並督辦軍務，但是很少介入榮祿主持的西式練兵事宜；榮祿對慶王主持的外交決策也十分尊重，很少立異，彼此軍事、外交各負其責，這種局面一直持續到庚子回鑾以後。

三　與文祥、李鴻藻的關係

　　榮祿仕途的發達除了攀附醇王這一重要因素外，還有當時手握重權的軍機大臣文祥和李鴻藻的鼎力提攜。榮祿升遷戶部員外郎，受到肅順排擠後，又以開缺候選道員參加京城防衛，這些都是文祥主持的。辛酉政變後，文祥充任管理神機營大臣，又援引榮祿投效營務，才使榮祿有機緣接近醇王奕譞，奠定他日後飛黃騰達的基礎。李鴻藻是繼文祥後在樞中支持榮祿的另一關鍵人物。甲午戰爭爆發後，榮祿回京後的出處也經李氏精心策劃。李、榮交誼對晚清朝局影響尤大，李鴻藻死後，榮祿任用的漢員多以李氏門生故吏為主，如鹿傳霖、吳重熹、張人駿、袁世凱、瞿鴻禨、張百熙等都出自李鴻藻門下。某種程度上，文祥——李鴻藻——榮祿是清季權力關係中比較清晰的一條人脈線索。相比而言，翁同龢與榮祿的關係則過於表面化，且時有暗中傾軋的跡象。

四　甲午戰爭改變了榮祿的境遇

　　榮祿受到清廷重用的初期，主要投身神機營練兵和陵差活動，基本上服務於宮廷事務，長期扮演着內務府大臣等內廷近臣的角色。中間一度受到冷遇。光緒十三年復出後，或任都統，或出為將軍，仍然側重旗籍事務。但是，甲午戰爭的爆發改變了榮祿的命運。這場戰爭導致恭王復出，翁同龢、李鴻藻再次進樞，而另一位滿洲官員剛毅也開始進入權力核心，使甲申易樞以來的朝局發生重大改變。為應對危局，榮祿再任步軍統領，特別是奉旨充任督辦軍務大臣，介入練兵、修建鐵路、對外交涉等重要決策，獲得了幾乎與軍機大臣同等的權力。他的政治活動空間開始超越先前的旗務系統，得到全新拓展。甲午戰爭後期，因為和戰爭議，漢族大臣間發生嚴重分歧，李鴻章、孫毓汶、徐用儀、翁同龢、汪鳴鑾、吳大澂、文廷式等官員在戰後，或開缺，或投閒，或遭到慈禧猜忌，漢人勢力受到嚴重削弱；而榮祿、剛毅、徐桐、崇禮等滿洲權貴

的勢力乘機得以增強。從滿漢力量的消長看，甲午戰爭是一個重大的轉折點。庚子年滿洲貴族專權局面的出現，實導源於甲午戰後權力格局的變動。

從中央與地方的權力格局看，榮祿通過督辦軍務處編練新軍，實際上開始扭轉自咸豐末年湘系、淮系興起後地方督撫控制軍權的局面。甲午戰後，清廷以自強為名，直接掌握練兵大權，乘機將長期被李鴻章等漢族督撫把控的軍權收歸中央。這是榮祿逐步謀劃完成的。從胡燏棻定武軍易帥、袁世凱小站練兵，到戊戌年榮祿出督直隸、統領北洋各軍，再到創建武衛軍，自始至終，榮祿都將軍權牢牢控制在手中。這是清季罕見的現象，明顯具有滿洲貴族加強集權的意圖。儘管庚子武衛軍的慘敗使榮祿的遠略未能實現，但是，中央練兵的機制被固定下來。後來袁世凱編練北洋六鎮，也是在練兵處的統一規劃下完成的。慈禧之後載灃等滿洲親貴排擠、打擊袁世凱的目的之一，便是革黜其統軍權。只是在慈禧和榮祿死後，孱弱無力的載灃、載濤等少年親貴面對羽翼豐厚的袁世凱已顯得無能為力了。由此看來，宣統時期的滿洲貴族專權與榮祿的謀略有一致的地方。

五　榮祿與甲午後新政變法的關係

在晚清的變法過程中，榮祿長期被視為「后黨」「頑固派」，這與政變後康、梁的宣傳有關。另一方面，學界長期將康、梁的活動作為甲午戰後改革的主流線索來研究，忽略了清廷自身推行的實政改革。[1]陳寅恪曾說「當時之言變法者，蓋有不同之二源，未可混一論之也」；「至南海康先生治今文公羊之學，附會孔子改制以言變法。其與歷驗世務欲借鏡西國以變神州舊法者，本自不

1　有關甲午戰後清廷實政改革的總體研究，可參見張海榮《甲午戰後清政府的實政改革（1895～1899）》，北京大學歷史系博士學位論文，2013。

同」。[1] 而清廷推行的變法正是通常所說「中體西用」（洋務派）的改革軌轍。榮祿、陳寶箴、張之洞都屬於「借鏡西國以變神州舊法者」，他們在某種程度上也是改革者。

傳統說法認為，甲午戰爭的失敗宣告了洋務運動的破產，這是從不進行制度變革、改革就沒有根本出路的角度提出來的。但也要看到問題的另一面：正是甲午戰敗的強烈刺激，激發了朝野上下變革圖強的精神，使得原來只有少數大臣、督撫宣導興辦的洋務新政，在甲午戰後從地方事務一變為清廷自上而下的全局性決策，以練兵、開礦、修路、興辦學堂為核心的實政改革也得以較大規模地陸續鋪開。但由於清廷的腐敗無能和財政匱乏，這些未能取得多少成效。榮祿編練新軍正是在這種背景下開始的，屬於清廷實政改革的首要內容。

已有學者指出，以往常將整個戊戌變法只說成是康、梁鼓吹的維新運動，或侷限在戊戌那年的百日維新這短暫的時期內，其實，這並不能還原變法維新的全貌和複雜過程。甲午後光緒帝推行自上而下的變法，是在《馬關條約》簽訂、朝野普遍要求改革的呼聲中開始的，乙未五月的「自強詔書」正是其標誌；而戊戌年的「百日維新」，則是膠州灣危機後光緒帝試圖加快變法步伐的一次嘗試，二者是相聯繫的，忽略這一點有違於歷史真相。[2] 對榮祿的練兵成效視而不見，反視其為「頑固」派，很大程度上就是以康、梁變法的激進標準衡量其他改革思想和路徑的結果。

政變後榮祿不僅練兵、籌餉，在保存京師大學堂等問題上與極端守舊派的鬥爭一直持續，有限地維護了一些改革成果。換言之，清廷的改革並未因為政變發生而全然停止，在守舊勢力異常強大的形勢下，榮祿在不觸動舊的封建體制的前提下，仍在設法維護和推動實政改革。正因為如此，庚子十二月西安的「新政詔書」才有所接續。可以說，乙未年五月「自強詔書」、戊戌年四月「定

---

1 陳寅恪：《讀吳其昌撰梁啟超傳書後》，《陳寅恪集·寒柳堂集》，三聯書店，2001，第 167 頁。
2 關於這個問題的討論，可參閱閭小波《論「百日維新」前的變法及其歷史地位》，《學術月刊》1993 年第 3 期。

國是詔」和庚子十二月「新政詔書」，三者是有密切關聯的。這是能夠對甲午戰後的榮祿進行客觀評價的認知前提。

　　榮祿與戊戌政變的關係一直是學術界激烈爭論的焦點問題。榮祿通過策動慈禧訓政，來達到中止光緒帝推行激進改革的目的，這個事實是無可懷疑的。從這個意義上說，他是政變的主謀之一。關於政變細節和原委，因為檔案材料的充分使用，學界研究已很充分。但是，長期以來我們對戊戌變法的失敗原因簡單地歸結於慈禧、榮祿等人的扼殺，而對康、梁一派過於脫離實際、急躁魯莽的做法缺乏分析，而把一切新政全部歸結於康、梁的宣導，也不盡符合事實。更何況，榮祿在政變後積極調和兩宮，極力保護光緒帝，避免事態惡化，庇護新政官員，並繼續維護和推動某些新政，當時得到很多積極的評價。對此，也不可盡信康、梁之言，將榮祿一筆抹殺。

六　榮祿與己亥建儲前後的政局

　　從戊戌年八月政變發生到庚子年五月義和團事件爆發，近兩年的時間裏，榮祿與剛毅的矛盾與權力衝突是清廷內部十分突出的一條主線，學界以往多側重對「己亥建儲」的背景和過程做出一些解釋，或者強調康、梁海外保皇活動的影響，很多情形並不清晰。比較充分的資料顯示，政變後徐桐、剛毅等密結端王，積極推動守舊官員李秉衡的復出，試圖取代劉坤一為兩江總督；圍繞山東巡撫的更換也與榮祿暗中較量；徐桐、剛毅等以剔除積弊為名，責令輪船招商局、電報局等洋務企業報效鉅款，招致東南紳商的不滿；劉坤一、張之洞、盛宣懷等地方官員被迫聯絡榮祿以求庇護。這些政治態勢與庚子五月出現的清廷「聯拳抗洋」的決策和「東南互保」的達成都有因果關係。同時，也可以看到，己亥建儲的發生與康、梁保皇活動及東南士紳反對廢立的輿論壓力密切相關，在處理兩宮關係問題上，榮祿意在調和，寧人息事；剛毅則借用康黨之案，迎合載漪，排除異己。榮祿在庚子年春間的長期病假「休養」與這種鬥爭格局有關。剛毅、

載漪等人對朝政的影響力增大，從而左右了義和團事件前後的中樞決策。

創建武衛軍是榮祿生平最重要的功業，這是他鑒於北洋海軍喪失、京津防衛空虛，出於捍衛京畿而採取的重大決策。但是，由於財政拮据以及朝局的影響，在庚子事件中，武衛軍並未能有效發揮抗擊外來侵略的作用，更有甚者，武衛中軍還乘機劫掠商民，造成惡劣影響，這完全出乎榮祿意料，也成為他本人後來遭到世人詬病的重要原因之一。

七　庚子事件中的榮祿及其與慈禧的關係

學界對榮祿的研究大部分都集中在庚子時期。榮祿在庚子義和團興起後，匆忙銷假治事，但始終秉承慈禧旨意，不敢越雷池半步。雖然主張「剿辦」拳民、保護鐵路，但儡於載漪等權貴的淫威，處處委曲求全，顯得首鼠兩端，這是他在庚子義和團時期的基本處境。榮祿指揮的武衛中軍最初奉命保護使館，圍攻開始後，武衛中軍也曾參與其中。榮祿對東南督撫謀劃的「東南互保」是同情的，但是，沒有證據說明他曾直接參與過密謀；儘管他與劉坤一、張之洞等人在大局認識和對外態度上近乎一致。事實上，由於電報中斷，他在京內苦撐待變，且受到載漪等人排擠，小心翼翼，與東南督撫的聯繫十分謹慎。京城淪陷前，榮祿曾設法開啟與公使館的和議，但未能成功。總體看來，八國聯軍侵華戰爭開始後，事態危急，和戰兩難，在使館談判問題上，載漪、剛毅等人也對榮祿有所支持。圍攻使館期間，董福祥也並未完全脫離榮祿的統轄。相反，京城陷落後，隨扈西行的載漪、剛毅等人又開始排擠榮祿，百端阻止其前往行在，力圖繼續掌控朝政，最終在東南督撫策劃下，榮祿才得以抵達行在。劉、張、袁等督撫還對武衛中軍圍攻使館之事向列強進行聲辯，期望各國不再追究榮祿。但是，抵達西安的榮祿，重掌樞垣，很快故態復萌，一切秉承慈禧之意，袒護載漪、董福祥等人，又引起李鴻章等督撫的不滿。《辛丑條約》的談判就是在這種權力格局中逐步完成的。

八　榮祿病逝及其後的政局

　　西安時期的榮祿達到了他權力的巔峰。清廷頒佈明發上諭，宣佈進行「新政」，在此問題上，榮祿有推動之功，然而，由於客觀條件的制約，王朝已經面臨末日，新政始終沒有多大的進展。各省財政枯竭，行政拖遝，諸事毫無起色。而統治階級內部矛盾重重，中央與地方關係日趨緊張，各地抗捐抗稅活動此起彼伏，社會矛盾日益複雜。身為首輔，從中很難看到榮祿為扭轉局面的努力。相反，朝野對他的非議卻此起彼伏，或牽連庚子舊事，或與當時人事糾葛相關。回到京城後，為了緩和外人對武衛軍圍攻使館造成的影響，榮祿加強了與外國使節的聯絡。他雖然主持朝政，卻病情日重，時常請假。經過庚子之變，武衛軍慘敗，妻子亡故，榮祿遭受不小的精神打擊。辦事拖遝，因循依舊，任人唯親，政以賄成，受到朝野的批評。這也是後來其歷史形象不佳的原因之一。在他病逝後，時論對其功過評價較多。與清廷的褒揚不同，南方輿論對其多持批評譏諷，這與當時革命思潮興起的背景有直接關係。榮祿死去八年後，辛亥革命爆發，清王朝終告傾覆，統治中國幾千年的君主專制制度也宣告結束。袁世凱 —— 這位在榮祿庇護下力量得以發展膨脹起來的一代梟雄，憑藉北洋軍閥的雄厚勢力，成為影響民初政局的關鍵人物。

附 錄
仕途得自「武」事，謚號卻為「文忠」

戴海斌

一

在中國近代史上，「榮祿」是一個讓人熟悉而又陌生的名字，一提到他，大概都會條件反射式地聯想到「后黨」首腦、扼殺維新運動的「幫兇」、反對變法的「頑固派」等等，一些受過野史薰陶的人們，甚或還會聊上幾句「慈禧太后的情人」這樣的花邊，而一旦細究其人其事，則大多迷於傳聞異辭，茫然無緒。榮祿生前，已經流謗纏身，1899 年 9 月《國聞報》載文章責其「強悍無識，敢為不道，包藏禍心，乘間思逞」，嚴復閱後即不以為然：「試平心復觀，其所指之人是否如此，則真未敢輕下斷語也。」[1] 然晚清以降，榮祿形象與聲譽持續跌低，能依據史實平情討論者反寥落難尋。馬忠文先生新著《榮祿與晚清政局》，改變了「長期以來除了簡略的官修傳記和幾篇碑傳文，沒有一部有關榮祿的完整而具有較高學術水準的傳記或專著」（金沖及序）的現狀，令人欣喜。對這類帶有「首部」性質的研究著作，一般人慣用或喜用「填補空白」一類的套話予以評價，筆者倒以為，不管如何「填補」，先要了解何以「空白」。讀馬著之前，竊意至少對以下兩點應有所措意：

其一，近代史料雖號繁富，有關滿洲權貴者卻是一大缺門（皇帝屬例外，一般后妃、親王、滿大臣均是），口碑傳說、筆記逸聞固為群眾樂見樂聞，相對可信的直接史料卻捉襟見肘；而榮祿為人深沉，歷事少（甚或不）見諸於筆

1　王栻主編《嚴復集》第 3 冊，中華書局 1986 年，第 533～534 頁。

墨，留存文字本來不多，再加上庚子年的戰火殃及府邸，將其早年文稿、書信統統付之一炬，可據以專論其人其事的材料實在有限，這也制約了目前為止研究的深度。馬先生為寫作此書，做了充分的準備工作，以前人較難利用的檔案材料為突破口，而注意多種類型近代文獻的配合使用，具體言之，即廣搜一檔館和台北故宮藏清宮奏摺、傳包檔案，中國社科院近代史研究所藏醇親王、李鴻藻、張之洞、鹿傳霖檔案，上海圖書館藏盛宣懷檔案，取以與時人文集、日記、書信、筆記、年譜及報刊文獻比勘對證，進而有所發覆。

其二，既往研究多數尚不脫「歷史人物評價」的套路痕跡，喜取戊戌政變、庚子事變等關節性事件，在橫截面上作褒貶，論定大是大非，「評判也過於簡單，泛論多於實證」；而因受一些未經驗證的野史雜談，或特定語境下的宣傳話語所左右，「不少觀點以訛傳訛，影響迄今」（3 頁）。本書則儘量避免據片段發揮，能用一種相對長時段的視野關照榮祿其人，書名雖題作《榮祿與晚清政局》，但循物有本末、事有終始之旨，能探根溯源，知所先後，所呈現的面貌則幾乎相當於一部榮祿的詳傳了。

二

榮祿家世出身難言顯赫，又未走一般科舉仕進的道路，而官至大學士、軍機大臣，位極人臣、權傾一時，他何以能爬到這一層？倒是一個讓人感覺興味的問題。馬先生鋪排史料、勾稽史實，還原了一副非典型的晚清升官路線圖。通讀全書，得到印象，死後賜諡「文忠」的榮祿一生實得益於「武」事，仕途節節高升，全離不開「練兵」二字。

榮祿隸滿洲正白旗，武將世家，祖父、伯父及父親均戰死於疆場，受朝廷格外褒恤，榮祿本人也以難蔭入仕，後來輯錄祖父輩事蹟，遍邀名流題跋，形成一部弘揚家族事跡的《世篤忠貞錄》，書名即源自咸豐帝諭中「實屬忠貞世篤」一語（29 頁）。而他仕途飛躍，肇始於辛酉政變後參與創辦神機

營的軍事活動，以統率使用洋槍的威遠馬步隊、鎮壓捻軍馬賊，獲得「知兵」之譽，也由此與醇親王奕譞結好，搭上政治升遷的順風車。另有一項事務與榮祿進用關係密切，不得不提，即主持兩宮太后的「萬年吉地」工程，尤其監修慈禧菩陀峪陵寢，無疑「極討慈禧歡心，對其權勢增強極為關鍵」（46—47、184—185 頁）。無論投身神機營練兵，還是承修陵工，榮祿仕宦生涯早期，基本服務於宮廷事務，一直扮演着內務府大臣等內廷近臣的角色。一方面承辦內府優差的王大臣為人豔羨，多會得到帝后異常的恩寵；但另一方面內務府勢力盤根錯節，內部矛盾重重，如馬先生指出，光緒六年（1880）榮祿遭彈劾去官，「內務府權貴之間的排擠傾軋是一條不可忽視的暗線」（72 頁）。這也提示我們，要理解清朝滿洲權貴的進退出處，其宮中、府中兩位一體的為官特色，應予充分把握。

雖然一度政壇跌磋，又遭外放西安將軍，但榮祿還是在甲午戰時重回京師，受命為步軍統領，「早年治兵資歷」成為其「臨危受命、擔當重責的優勢所在」。（122 頁）不久奉旨充任督辦軍務大臣，則意味着榮祿開始進入政治決策圈。督辦軍務處原是一個戰時軍事統籌的臨時機構，但在甲午戰後相當長一段時間裏仍被保留，馬先生敏銳觀察到這一機構之於榮祿的特殊意義：「先是負責裁勇、編練新軍，隨後與國防建設相關的調整兵工企業、修建鐵路也都由督辦處統籌決策。督辦處一定程度上分割了原屬軍機處和總理衙門的部分職能，扮演了統籌新政的特殊角色……正是憑藉督辦軍務處的權力平台，甲午戰後榮祿的權勢得以迅速擴張。」（166 頁）

此處有兩個現象頗值得留意：一則通過榮祿的練兵活動，自咸豐末年湘軍、淮軍興起後漢族地方督撫執掌軍權的局面出現了微妙的變化。從胡燏棻定武軍易帥、袁世凱小站練兵、到戊戌年榮祿出督直隸、統領北洋各軍，再到創建武衛軍，自始至終，榮祿都將軍權牢牢控制在手中。「這是清季罕見的現象，明顯具有滿洲貴族加強集權的意圖」（392 頁）。二則榮祿正式入樞垣要到戊戌政變後，而在此前已有權參與大政決策。甲午戰後慈禧整肅清議，榮祿「始終是幕後參與者，也是受益者」，在這一過程中，「督辦軍務處這個權力平台為他

帶來的便利條件也不可忽視」（163 頁）。丙申（1896）、丁酉（1897）之間，榮祿以兵部尚書兼步軍統領、總理衙門大臣、督辦軍務處兼練兵大臣，又奉命參與「辦理借款事宜」，其人雖不入樞，卻大權在握，成為「戊戌維新開始前清廷朝局的基本特點」。如馬先生所見：

> 這些王大臣中，能夠參與軍事、借款、外交、鐵路等重要事務的，除了恭王、慶王、翁、李之外，只有榮祿。剛毅雖然入樞，但是樞中班秩最後，且不兼總署、督辦處。像李鴻章這樣功勳卓著的老臣，也只是棲枝總署，無權參與軍政決策。可見，榮祿雖不入樞垣，卻有權參與大政決策，加上兩邸不具體過問政事，翁同龢受到猜忌而變得謹小慎微，李鴻藻年邁多病，榮祿倚仗慈禧的信任，成為這個這個時期隱操政柄的關鍵人物。（181 頁）

這種「非樞臣而秉實權」的政治變態，可以說是榮祿政治生涯中特別且值得大書特書的一段，卻也符合慈禧太后一貫的以制衡為目的的馭下手法。作者特別舉了一個有趣的旁證，上世紀六十年代位於京郊的榮祿墓遭破壞，發掘出慈禧賞賜的二兩多重的金葫蘆一枚，上刻「丙申重陽皇太后賜臣榮祿」，可見君臣關係之密切（181 頁，註 2）。戊戌後，慈禧以榮祿、奕劻為左膀右臂，一主內政、軍務，一主外交、商務，權力各有側重，而兩相制約。在經歷端王用事、庚子事變的風波後，榮祿抵西安行在，充任領班軍機大臣，成為名副其實的首輔，直到去世，其權力可謂達到頂峰。

三

傳統史書首重紀傳一體，旨在「以人繫事」「因事見人」。近代學術屢經思潮變遷與方法論更新，越來越多史著漸不以人物為當然主角，更有甚者竟已

全然不見「人」的蹤影，遂有學者發出歷史研究中「人的隱去」的歎息。[1] 據筆者所見，近代政治史或許仍是目前最注意且不吝「深描」人物的研究領域。馬先生寫榮祿，不僅詳道其生平，並歷數其交遊，尤其致力於廓清那些作用於榮祿仕進、影響於晚清政局的重要人脈關係，於傳統政治運作深得三味。這種寫法，已不止於描畫榮祿本人的行狀事功，或近似梁啟超所謂之「專傳」，「其對象雖止一人，而目的不在一人」，「是以一個偉大人物對於時代有特殊關係者為中心，將周圍關係事實歸納其中，橫的豎的，網羅無遺」。[2] 此處「偉大」，姑取其「宏大」義項而不涉褒貶意，亦如梁氏提示「關係的偉大」，足以承擔起串聯近代中國「史跡集團」的功能，而可「將當時及前後的潮流趨向分別說明」。

在馬先生看來，歷經道、咸、同、光四朝，長期身居中樞的榮祿，「關注大局，用人無滿漢偏見」，「與滿漢、南北、新舊各派政治力量關係微妙，是溝通各派的關鍵人物」（4、280 頁）。滿洲親貴如醇親王奕譞、恭親王奕訢、禮親王世鐸、慶親王奕劻、端郡王載漪，與榮祿關係親疏不一，而尤以醇王對其政治地位的推挽之力最巨。榮祿是不折不扣的「七爺黨」，「終其一生，與醇王的交誼最深」（39—43、74—82、390 頁）。榮祿與端王政見分歧，是導致庚子變亂的一大淵緣。二人不和，固有神機營與武衛軍爭勝的近因，也與剛毅附端抗榮、火上添油相關；但馬先生眼光能放得更遠，注意到榮祿與載漪之父惇王奕誴「歷來不甚融洽」，早在同治朝他就在惇王手下負責慈安太后普祥峪陵工，牽連賄案遭彈劾，惇王始終未出面做過一絲辯解。據此，「庚子前榮祿與載漪的不諧，似可從榮、惇早年關係中找出潛在的因由。」（72 頁）

榮祿仕途發達除了攀附醇王，還離不開軍機大臣文祥與李鴻藻的提攜。馬先生多項舉證，說明「文祥—李鴻藻—榮祿是清季權力關係中比較清晰的一條人脈線索」，而相較之下，「翁同龢與榮祿的關係則過於表面化，且時有暗中

---

1 羅志田《經典淡出以後：20 世紀中國史學轉變與延續》，生活 · 讀書 · 新知三聯書店 2013 年，導言。
2 《中國歷史研究法補編》「分論一：人的專史」。

傾軋的跡象」（391頁）。翁、榮關係涉及晚清政治史上南／北、恭／醇、帝／
后之爭多處關節，是聚訟紛紜的一樁公案，高陽、林文仁、陳曉平等學者均有
論列。馬先生羅列異說，推原其實，指出「榮祿與翁同龢建立交誼，是因為醇
王奕譞的緣故」；同治十三年到光緒元年，榮、翁奉旨承修陵工，「往還十分密
切」；光緒四年「榮祿的受黜可能與翁難脫干係，至少有間接的關係」；「甲午戰
爭爆發後，榮祿回到京城，能夠迅速得到任用，翁氏也曾予以支持」；在漢納
根練兵問題上，二人「意見不同，甚至產生激烈的衝突」（50—52、89—90、
126—131頁）。而戊戌年四月，翁同龢開缺，伴隨了中樞權力的再調整，實質
是一次「易樞」。馬先生明確點出「徐桐、張之洞聯手『倒翁』，是這次易樞的
明線；剛毅在慈禧面前對翁進行傾陷」，但論及榮祿的作用，一則謂「暗中也
推波助瀾」，再則謂「似無主動的推動」（198—200頁），似尚游移。不過，
區別於很多人物研究一涉立場分歧勢必說成水火的粗暴兩分法，本書還是能從
歷史現場出發，平情討論，尤其注意到晚清官場之「複雜多變」，「榮、翁心存
隔閡，虛與委蛇，猜忌難除。但是，在一定的條件下，他們仍然存在政治合作
的基礎」，「戊戌年春朝局中翁同龢與榮祿的關係完全不像康有為說的那麼緊張」
（90、202頁）。確實，如果看得再遠一點，政變之後，榮祿還兩次保護翁同龢
得免於難。榮祿去世時，翁同龢有日記：「報傳榮仲華於十四日辰刻長逝，為
之於邑，吾故人也，原壤登木，聖人不絕，其平生可不論矣。」翁以榮比作原
壤，意謂其有所失禮，但孔子不絕原壤，應以效法，不失故人之道，不必再論
恩怨。此明顯作的是「恕詞」。

又，時人論戊戌後政局，多有「剛悍而愎，榮險而狡」的聯綴說法；今
人寫史，也常常將榮祿、剛毅並舉，指其為反維新、釀戰禍的罪魁。本書則從
剛毅留京入樞、榮祿出任直督等事中，窺見二者政爭的端倪，並將之與戊戌、
己亥、庚子諸變故相貫穿，從而揭示這一「既往研究中常常被忽略的一條主線
索」，如馬先生指出「自此（甲午）直到庚子年間，榮、剛關係成為影響政局
的重要因素，特別是在戊戌政變後，甚至成為支配政局走向的關鍵因素」（124
頁）。此外，書中對榮祿與李鴻章、劉坤一、曾國荃、曾紀澤、陳寶箴、王文

韶、張之洞、許應騤、樊增祥、袁世凱等漢族官員的交往也各有論列，且時有所見。如謂甲午後榮祿與許應騤共同查辦事件而訂交，「二人交誼與後來時局也大有關係」，「榮祿對康有為沒有好感，可能與許應騤的影響有關」（185、211 頁）。又如榮祿對於徐致靖保薦袁世凱是否知情的問題，馬先生提示一「一直被忽視的問題」，即「榮祿與徐致靖幾乎同時保舉新建陸軍的將帥，或為巧合？」（249 頁）儘管所論尚難坐實，但足以予人啟發。

四

陳寅恪在回憶祖父湖南巡撫陳寶箴捲入戊戌政變時，說過一段話：「那拉后所信任者為榮祿，榮祿素重先祖，又聞曾保舉先君。……先祖之意欲通過榮祿，勸引那拉后亦贊成改革，故推夙行西制而為那拉后所喜之張南皮入軍機。」[1] 陳寅恪又指出張之洞、陳寶箴等地方大吏由實際經驗得知須「借鏡西國以變神州舊法」，與康有為從「今文」「公羊」中推導出「孔子改制」之說，實為清季變法「不同之二源」。[2] 長時間以來，學界多以康、梁留下的史料為基礎，構建成當前戊戌變法史的基本觀點、敍事結構和大眾認識。已有一些歷史學家對康、梁說法提出了質疑，新近如茅海建先生利用張之洞未刊檔案這一宗大型資料，刻畫戊戌變法的「另面」，可謂對陳寅恪說的一次全面呼應。[3] 這一研究取向，實際也是糾正以前晚清史研究過於倒向清政府對立面（農民起義、維新派、革命派、群眾運動）的偏弊，而有意重建清末改革中「朝野共同努力」的實相，因為「變法」也好，「新政」也罷，畢竟都是體制內的改革，須得到體制內主要政治派系的參加或支持，方有可能成功。

---

1 陳寅恪《寒柳堂記夢未定稿》，生活・讀書・新知三聯書店 2001 年，第 204 頁。
2 陳寅恪《讀吳其昌撰梁啟超傳書後》，第 167 頁。
3 茅海建《戊戌變法的另面：「張之洞檔案」閱讀筆記》，上海古籍出版社 2014 年。

本書專論榮祿，實際上也在多處回應源自康、梁的歷史敍述，意在釐清「史實」與「宣傳」的界限：

> 由於受到康、梁宣傳的影響，論者多將榮祿視為「后黨」的核心人物，鎮壓新黨的「幫兇」，加以負面評價，反而很少批評康梁一派因決策魯莽而導致局勢惡化的舉動，這樣自然也不利於全面認識歷史。榮祿在戊戌政變中的活動需要重新予以研究，尤其是奉旨回京後，他調和兩宮，平衡新舊，努力維持時局的平穩，扮演着他人無可替代的特殊作用。總之，榮祿政變後的所作所為，並非「后黨」「守舊者」概念所能簡單涵蓋者。（234頁）

馬先生用事實證明，榮祿是「近代軍事改革的大力宣導者和實際主持者」。在其首倡下，甲午戰後開啟了以改革武科、練洋操、設武備學堂為內容的軍事改革，至戊戌年又繼續深化，後雖因政變爆發未能實行，但武科改革無疑仍屬於新政範疇；無論定武軍、新建陸軍還是後來的武衞軍，這些新式軍隊都是在榮祿推動下創辦發展起來，「從這個層面看，他是甲午戰後的主張改革者，簡單地將其視為頑固守舊者與康梁在戊戌政變後的宣傳有很大關係」（4、207頁）。戊戌期間，榮祿作為直隸總督在任上的改革是有所謀慮的，實際上也辦得有一定聲色，「從遵從上諭的角度看，榮祿並無違抗的情節。康、梁等人稱榮祿極力抵制新政的說法與實情不符」。（227頁）

和陳寶箴、張之洞一樣，榮祿在甲午戰後的新政中屬於「身體力行、謀求實政改革的一類官員」（112頁），也即陳寅恪所說「借鏡西國以變神州舊法者」。榮祿之於「變法」的理解當然有一定的限度，但尚能一以貫之，戊戌政變後仍認為「亂黨既已伏誅，而中國一切變法自強之事，亦當擇其緊要者次第舉行」，可見變法初衷並未因政變發生而改變。而且，在調和兩宮關係、維持朝局穩定方面，榮祿也多有表現。嚴復對此頗有同情，他在私信中議論：「榮仲華前用騎牆政策，卒以此保其首領。然平心而論，瑕者自瑕，瑜者自瑜。其前

者之調停骨肉，使不為己甚，固無論已。即如老西〔慈禧〕，既到長安，即欲以待張南海者〔張蔭桓〕待翁常熟〔翁同龢〕，榮垂涕而言不可。此雖出於為己，然朝廷實受大益，可謂忠於所事矣。」[1] 時人眼中的「險而狡」「騎牆」，固非褒辭，或也透露榮祿行事風格之一斑，關鍵須放回歷史語境來理解。馬先生評論榮祿個性，略異於前人，但並非無的放矢：

> 榮祿不避閒言，能夠挺身相助，反映了他待人寬宏的一面。揆諸事實，終其一生，榮祿多次關照、庇護遭受政治打擊、身處逆境的同僚，諸如甲申後慰問屯戍軍台的張佩綸，戊戌政變後設法保全罪臣翁同龢、張蔭桓、李端棻、徐致靖等人，都是很好的說明。廣結善緣、不分滿漢是榮祿有別於徐桐、剛毅等滿洲權貴的鮮明之處。（36 頁）

五

清代史家趙翼嘗言：「作史之難，不難於敍述，而難於考訂事實，審核傳聞」。[2] 趙翼本人治史非純以「考史」著名，且兼擅詞章，而重考證如此。本書主人公榮祿位高權重、人脈複雜、涉事多且要，尤其關係戊戌政變、庚子事變者，影響晚清政局大勢匪淺，而其人行為低調、不落言筌，要理解人物本身及其與時代的關係，實有大量問題非經考證不能決。馬先生浸淫晚清政治史多年，其研究風格向以精細考證見長，本書也延續了這一特色，多處示範解疑，令讀者領教到考據史學的魅力。如黃濬《花隨人聖庵摭憶》曾引樊增祥密函，以信中「濟寧」為孫毓汶，「高密」為榮祿；而據馬先生考證，當時榮、孫並無往來之跡象，晚清密信隱語中「高密」一詞多借漢代高密侯鄧禹（字仲華）暗

---

1 《嚴復集》第 3 冊，第 549 頁。
2 《陔餘叢考》卷七「梁陳二書」。

指鄧姓，或字號「仲華」之人，此處實指鄧華熙。（91頁，註4）如此舉重若輕，非嫺於清季典故者不能辦。又，以往論者從帝后黨爭的認知模式出發，認為政變前榮祿未入軍機而出任北洋「出於慈禧的特意安排，是為了控制京津局勢」。作者據鹿傳霖函札的線索，考出反對榮祿入樞、將之「擠出」者實為剛毅；榮祿出任直隸總督「出於津沽防務的考慮」，「是慈禧經過周詳考慮後做出的決策，並不像康、梁事後所宣傳的那樣預有政治陰謀」（216頁）。此外，諸如袁世凱告密、羅嘉杰上「假照會」事件、武衛中軍攻／保使館真相、榮祿與「東南互保」關係等懸久未決的疑難問題，本書迎難而上，各各剖析，而能自成一說。

不過，就像胡適所說，「史料總不會齊全的，往往有一段，無一段」，何況研究榮祿這樣特殊的人物，那沒有史料的一段空缺，就要靠史家在「精密的功力」之外另一種「必不可少的能力」，即「高遠的想像力」。本書在史事「闕疑」的部分，並未拘守「慎言其餘」保險姿態，而能循情度理，有所推論與闡發。如光緒四年（1878）榮祿在仕途飆升之際突遭重挫，被開去工部尚書和內務府大臣，前人多將此歸結為榮祿與軍機大臣沈桂芬的矛盾，並從「南北之爭」的層面加以解釋，馬先生未滿於此，以為「並沒有揭示出問題的根本」。在詳考「文正（榮祿）與文定（寶鋆）不相能」的派系鬥爭背景及榮祿策動兩宮太后外放沈桂芬出任黔撫的計謀以外，本書亦分析處理了有關榮祿因故觸怒醇王、忤逆慈禧的歷史記載，在此基礎上更提出一個大膽的推論 ——「光緒四年十二月榮祿撤差之事，榮、沈恩怨只是問題的一面，主要原因還要複雜。雖然缺乏佐證，牽涉內務府大臣等滿洲貴族之間鬥爭的可能性很大。」（53—63頁）不過，以筆者拙見，榮祿之被罷黜，似仍應以清史傳稿中披露榮祿因諫阻慈禧自選宮監事而「忤旨」為主因（「念其勞」而解其差的說法，是出於傳記寫作策略的委婉表述），餘者只是適逢其會充當了助力，而直接引發榮祿落職的寶廷劾奏，倒是有進一步追索其背景的必要。

讀畢全書，如果說還有什麼不大滿足的地方，我想就是作者幾乎討論了榮祿的方方面面，也全面盤點了與之有過交集的人物，但唯獨慈禧太后 —— 一個

籠罩了榮祿一生的政治女強人——與榮祿的真實關係及相互作用，卻罕見論及。當然茲事體大，論證難度非一般可想，此處或係刻意為之，留有後手，專論俟諸異日？再有本書所要關照的問題實在太繁，落實在寫作中勢必不能面面俱到，有些問題也只能點到為止，尤其全書後半部的敍事節奏，相較於前半的沉穩、周到，似給人越來越快的感覺，不少理應濃墨重彩的地方，不過淺言輒止，惜未能深論。如本書「導言」專門提到「以往對榮祿從西安回京後的政治境遇研究很不充分」，奕劻秉政的預備立憲時期「不少因由需要從榮祿執政時期來追根溯源」（4 頁）。但正文並未有所展開，給讀者留下了懸念。

本書所論主要還是榮祿本尊的言論行止，而在史實考訂辯誤的過程中，常常需要對話康、梁，一定程度上也觸及到了「榮祿形象的流變與形成」問題。實際上，關於榮祿其人，無論生前身後、朝野內外，都有各種各樣的說法，不止於有污名化傾向的康梁宣傳話語，也有據說出於辯誣目的而形成的《景善日記》這樣的偽造文本。所謂真偽，不過相對問題，「最要在能審定偽材料之時代及作者而利用之」（陳寅恪語），考察榮祿有過何種形象、經由怎樣的途徑形成現有認知，這雖已是另一話題，但與研究「榮祿與晚清政局」並不脫節。約十餘年前，有一本略帶普及性質而能言之有物的小冊子《晚清風雲人物史話·榮祿》（楊利劍、張克勤、張長珍著，民族出版社 2003 年）已注意及此，對榮祿「惡名」有所辨誣。馬先生大著以細密謹嚴的史筆，為榮祿研究夯實了基石，而意猶未盡，想必後有續作。再據筆者所知，北京大學王剛博士著有同名學位論文，廣州陳曉平先生亦編撰《榮祿年譜長編》有年。通過這些紮紮實實、貼着地面掘進的研究工作，榮祿「形象」勢必會愈來愈清晰，論定人物賢愚不肖，本治史之餘事，而能由其人推及其世，探幽闡微，讀史閱世，誠學界之幸，讀者之幸。

（原刊於《東方早報·上海書評》2016 年 9 月 11 日，標題為編者所擬）

參 考 文 獻

一 未刊檔案、官書、資料彙編

北京大學歷史系編《義和團運動史料叢編》第1、2輯，中華書局，1964。

陳旭麓、顧廷龍、汪熙主編《盛宣懷檔案資料選輯之七·義和團運動》，上海人民出版社，2001。

故宮博物院明清檔案部編《義和團檔案史料》，中華書局，1979。

國家檔案局明清檔案館編《戊戌變法檔案史料》，中華書局，1958。

胡濱譯《英國藍皮書有關義和團運動資料選譯》，中華書局，1980。

路遙主編《義和團運動文獻資料彙編》，山東大學出版社，2012。

戚其章主編《中國近代史資料叢刊續編·中日戰爭》，中華書局，1992～1999。

秦國經主編《清代官員履歷檔案全編》，華東師範大學出版社，1997。

《清實錄》第40～58冊，中華書局，1986。

孫瑞芹譯《德國外交文件有關中國交涉史料選譯》第1卷，三聯書店，1960。

台北故宮博物院圖書文獻處藏軍機處檔摺件、宮中檔，傳包傳稿。

台北「中央研究院」近代史研究所檔案館藏總理衙門清檔。

王彥威纂輯、王亮編《清季外交史料》，書目文獻出版社，1987。

虞和平主編《近代史所藏清代名人稿本抄本》第1輯，大象出版社，2011。

虞和平主編《近代史所藏清代名人稿本抄本》第2輯，大象出版社，2014。

趙爾巽等:《清史稿》，中華書局，1998。

朱壽朋編《光緒朝東華錄》，中華書局，1958。

中國第一歷史檔案館藏軍機處錄副奏摺、硃批奏摺、戶科題本、電報檔、軍機處隨手登記檔（據國家清史編委會數字資料網:中華文史網, http://www.qinghistory.cn）。

中國第一歷史檔案館編《義和團檔案史料續編》，中華書局，1990。

中國第一歷史檔案館編《咸豐同治兩朝上諭檔》，廣西師範大學出版社，1998。

中國第一歷史檔案館編《光緒宣統兩朝上諭檔》，廣西師範大學出版社，1996。

中國第一歷史檔案館編《清代軍機處電報檔彙編》，中國人民大學出版社，2005。

中國第一歷史檔案館、福建師範大學歷史系合編《中國近代史資料叢刊續編‧清末教案》第 2 冊，
　　中華書局，1998。

中國社會科學院近代史研究所近代史資料編輯室編《庚子記事》，中華書局，1978。

中國社會科學院近代史研究所《近代史資料》編輯組編《義和團史料》，中國社會科學出版社，1982。

中國社會科學院近代史研究所《近代史資料》編輯組編《近代史資料》總 54、63、86 號，中國社
　　會科學出版社，1980 年代。

中國史學會主編《中國近代史資料叢刊‧戊戌變法》，上海人民出版社，1953。

中國史學會主編《中國近代史資料叢刊‧洋務運動》，上海人民出版社，1961。

中國史學會主編《中國近代史資料叢刊‧中日戰爭》，上海人民出版社，1957。

中國史學會主編《中國近代史資料叢刊‧義和團》，上海人民出版社，1957。

二　文集、筆記、書信

阿英編《庚子事變文學集》，中華書局，1959。

陳康祺：《郎潛紀聞初筆二筆三筆》，中華書局，1984。

陳夔龍：《夢蕉亭雜記》，北京古籍出版社，1982。

陳霞飛主編《中國海關密檔 —— 赫德、金登幹函電彙編》，中華書局，1990～1996。

諶東飆校點《瞿鴻禨集》，湖南人民出版社，2010。

崇彝：《道咸以來朝野雜記》，北京古籍出版社，1983。

鄧之誠：《骨董瑣記全編》，中華書局，2008。

杜春和、耿來金、張秀清編《榮祿存札》，齊魯書社，1986。

高陽整理《松禪老人尺牘墨跡》，台北故宮博物院，1978。

顧廷龍、戴逸主編《李鴻章全集》，安徽教育出版社，2008。

郭則澐：《十朝詩乘》，張寅彭編《民國詩話叢編》，上海書店出版社，2005。

何剛德、沈太侔：《話夢集‧春明夢錄‧東華瑣錄》，北京古籍出版社，1995。

赫德：《這些從秦國來：中國問題論集》，葉鳳美譯，天津古籍出版社，2004。

胡思敬：《國聞備乘》，上海書店出版社，1997。

胡珠生編《宋恕集》，中華書局，1993。

黃濬：《花隨人聖庵摭憶》，中華書局，2013。

孔祥吉編著《康有為變法章奏輯考》，北京圖書館出版社，2008。

李紅英：《翁同龢書札系年考》，黃山書社，2014。

《李鴻藻存札》，未刊，中國社會科學院近代史研究所藏，編號甲 70、70-11。

劉體仁：《異辭錄》，中華書局，1988。

《鹿傳霖任川督時函札》《退軒主人函稿》，未刊，中國社會科學院近代史研究所藏，編號甲170、
　　170-1。

羅惇曧：《羅癭公筆記選》，山西古籍出版社，1997。

駱寶善、劉路生主編《袁世凱全集》，河南大學出版社，2013。

駱惠敏編《清末民初政情內幕 ——〈泰晤士報〉駐北京記者、袁世凱政治顧問喬‧厄‧莫理循書信
　　集》（1895～1912），劉桂梁等譯，知識出版社，1986。

戚其章輯校《李秉衡集》，中華書局，2013。

錢仲聯校註《沈曾植集》，中華書局，2001。

《榮祿函稿底本》，未刊，清華大學圖書館藏。

榮孟源、章伯鋒主編《近代稗海》第1輯，四川人民出版社，1985。

上海市文物保管委員會編《康有為與保皇會》，上海人民出版社，1982年。

上海圖書館編《汪康年師友書札》第1、2、3冊，上海古籍出版社，1986、1987。

《上海圖書館藏盛宣懷檔案萃編》，上海古籍出版社，2008。

上海圖書館歷史文獻研究所編《歷史文獻》第6、8輯，上海古籍出版社，2004。

《沈家本（子惇）存札》，未刊，中國社會科學院近代史研究所藏，檔號甲54。

盛宣懷：《愚齋存稿》，沈雲龍主編《近代中國史料叢刊續編》第13輯，台北，文海出版社,1975。

涂曉馬、陳宇俊點校《樊樊山詩集》，上海古籍出版社，2004。

汪叔子編《文廷式集》，中華書局，1993。

汪叔子、張求會編《陳寶箴集》，中華書局，2002～2005。

王栻編《嚴復集》，中華書局，1986。

吳慶坻撰，劉承幹校，張文其、劉德麟點校《蕉廊脞錄》，中華書局，1990。

吳永口述，劉治襄記《庚子西狩叢談》，岳麓書社，1985。

謝俊美編《翁同龢集》，中華書局，2005。

徐珂：《清稗類鈔》第2冊，中華書局，1984。

徐凌霄、徐一士：《凌霄一士隨筆》，山西古籍出版社，1997。

徐壽凱、施培毅校點《吳汝綸尺牘》，黃山書社，1990。

許指嚴：《十葉野聞》，中華書局，2007。

葉德輝：《覺迷要錄》，光緒三十一年刊本。

易宗夔：《新世說》，山西古籍出版社，1997。

于蔭霖：《悚齋奏議》卷3，都門1923年刻本。

俞冰主編《名人書札墨跡》，學苑出版社，2006。

虞和平編《經元善集》，華中師範大學出版社，1988。

苑書義等主編《張之洞全集》，河北人民出版社，2000。

張人鳳編《張元濟古版書目序跋彙編》，商務印書館，2003。

張樹年、張人鳳編《張元濟書札》（增訂本），商務印書館，1997。

張廷銀、朱玉麒主編《繆荃孫全集·筆記》,鳳凰出版社,2013。

《張文襄公家藏手札》,未刊,中國社會科學院近代史研究所藏,檔號甲 182-264。

《張之洞存來往電稿原件》,未刊,中國社會科學院近代史研究所藏,檔號甲 182-385。

《張之洞等函札》,未刊,中國社會科學院近代史研究所藏,檔號甲 182-487。

《張之洞電稿》,未刊,中國社會科學院近代史研究所藏,檔號甲 182-75、182-95、182-209、182-456、182-457。

趙春晨等校點《王之春集》,岳麓書社,2010。

趙德馨主編《張之洞全集》,武漢出版社,2008。

趙樹貴、曾麗雅編《陳熾集》,中華書局,1997。

中國科學院歷史研究所第三所主編《劉坤一遺集》,中華書局,1959。

朱育禮、朱汝稷校點《翁同龢詩集》,上海古籍出版社,2009。

莊建平編《晚清民初政壇百態》,四川人民出版社,1999。

三 傳記、日記、年譜、回憶錄

A.W. 恆慕義主編《清代名人傳略》,青海人民出版社,1990。

《愛新覺羅宗譜》,學苑出版社,1998。

北京市檔案館編《那桐日記》,新華出版社,2006。

卞孝萱、唐文權編《辛亥碑傳集》,團結出版社,1993。

蔡少卿整理《薛福成日記》,吉林文史出版社,2004。

丁文江、趙豐田編《梁啟超年譜長編》,上海人民出版社,1983。

鳳岡及門弟子編《梁士詒年譜》,廣東人民出版社,2014。

勞祖德整理《鄭孝胥日記》,中華書局,1993。

李提摩太:《親歷晚清四十五年:李提摩太在華回憶錄》,李憲堂、侯林莉譯,天津人民出版社,2005。

李向東等標點《徐兆瑋日記》,黃山書社,2013。

李宗侗、劉鳳翰:《李鴻藻年譜》,中華書局,2014。

廖壽恆:《抑抑齋八月以後日記》,上海圖書館藏,稿本。

劉慶華編著《滿族家譜序評註》,遼寧民族出版社,2005。

樓宇烈整理《康南海自編年譜》(外一種),中華書局,1992。

溥儀:《我的前半生》(全本),羣眾出版社,2007。

《清代碑傳全集》,上海古籍出版社,1987。

清華大學圖書館科技史暨古文獻研究所編《清代縉紳錄集成》第 20 冊,大象出版社,2008。

任青、馬忠文整理《張蔭桓日記》，中華書局，2015。

榮祿：《誥封一品夫人先繼妣顏札太夫人行述》，劉家平、蘇曉君編《中華歷代人物別傳集》第51
　　冊，線裝書局，2003。

榮祿編《世篤忠貞錄》，光緒年刊本。

史曉風整理《惲毓鼎澄齋日記》，浙江古籍出版社，2004。

沈祖憲、吳闓生編《容庵弟子記》，刊本，1913。

湯志鈞：《戊戌變法人物傳稿》（增訂本），中華書局，1982。

唐烜：《留庵日鈔》，未刊，中國社會科學院近代史研究所藏，檔號甲143。

王凡、汪叔子整理《姚錫光江鄂日記（外二種）》，中華書局，2010。

王鍾翰點校《清史列傳》，中華書局，1987。

翁萬戈編，翁以鈞校訂《翁同龢日記》，中西書局，2012。

吳劍杰編著《張之洞年譜長編》，上海交通大學出版社，2009。

吳思鷗、孫寶銘整理《徐世昌日記》，北京出版社，2015。

沃丘仲子：《近代名人小傳》，中國書店出版社，1988。

夏東元編著《盛宣懷年譜長編》，上海交通大學出版社，2004。

謝海林整理《張佩綸日記》，鳳凰出版社，2015。

謝興堯整理《榮慶日記》，西北大學出版社，1988。

徐世虹主編《沈家本全集》第7卷，中國政法大學出版社，2000。

許同莘編《張文襄公年譜》，台灣商務印書館，1969。

袁英光、胡逢祥整理《王文韶日記》，中華書局，1989。

佚名：《咸豐跎主人日記》，未刊，北京大學圖書館藏，索書號 X/088/0089。

張方整理《翁曾翰日記》，鳳凰出版社，2014。

朱祖懋：《海城李公勤王紀略》，光緒癸卯鉛印本。

四　報刊

《邸抄》（京報）

《國聞報》

《清議報》

《申報》

《同文滬報》

《知新報》

《中外日報》

五　研究著作

寶成關：《奕訢慈禧政爭記》，吉林人民出版社，1990。

蔡樂蘇、張勇、王憲明：《戊戌變法史述論稿》，清華大學出版社，1999。

常熟市人民政府、中國史學會合編《甲午戰爭與翁同龢》，中國人民大學出版社，1995。

陳寅恪：《陳寅恪集·寒柳堂集》，三聯書店，2001。

崔運武：《中國早期現代化中的地方督撫：劉坤一個案研究》，中國社會科學出版社，1998。

戴玄之：《義和團研究》，北京大學出版社，2011。

丁名楠：《帝國主義侵華史》第 2 卷，人民出版社，1986。

董叢林：《晚清社會傳聞研究》，人民出版社，2007。

馮爾康：《清代人物傳記史料研究》，天津教育出版社，2005。

馮天瑜、何曉明：《張之洞評傳》，南京大學出版社，1991。

高陽：《清朝的皇帝》，上海三聯書店，2004。

高中華：《肅順與咸豐政局》，齊魯書社，2009。

關曉紅：《晚清學部研究》，廣東教育出版社，2000。

侯宜杰：《二十世紀初中國政治改革風潮》，人民出版社，1993。

胡繩：《從鴉片戰爭到五四運動》，《胡繩全書》第 6 卷，人民出版社，1998。

胡繩武主編《戊戌維新運動史論集》，湖南人民出版社，1983。

胡玉遠主編《春明敘舊》，北京燕山出版社，1999。

黃彰健：《戊戌變法史研究》，上海書店出版社，2007。

賈小葉：《晚清大變局中督撫的歷史角色 —— 以中東部若干督撫為中心的研究》，上海書店出版社，2008。

金沖及：《二十世紀中國史綱》，社會科學文獻出版社，2009。

孔祥吉：《康有為變法奏議研究》，遼寧人民出版社，1988。

孔祥吉：《戊戌維新運動新探》，湖南人民出版社，1988。

孔祥吉：《晚清佚聞叢考 —— 以戊戌維新為中心》，巴蜀書社，1998。

孔祥吉：《晚清史探微》，巴蜀書社，2001。

孔祥吉：《清人日記研究》，廣東人民出版社，2008。

孔祥吉、村田雄二郎：《罕為人知的中日結盟及其他 —— 晚清中日關係史新探》，巴蜀書社，2004。

李劍農：《中國近百年政治史》，商務印書館，2011。

李細珠：《張之洞與清末新政》，上海書店出版社，2003。

李細珠：《地方督撫與清末新政 —— 晚清權力格局再研究》，社會科學文獻出版社，2012。

廖一中、李德征、張旋如等編《義和團運動史》，人民出版社，1981。

林華國：《歷史的真相 —— 義和團運動的史實及其再認識》，北京大學出版社，2002。

林文仁：《南北之爭與晚清政局（1861～1884）—— 以軍機處漢大臣為核心的探討》，中國社會科學出版社，2005。

林文仁：《派系分合與晚清政治：以「帝后黨爭」為中心的探討》，中國社會科學出版社，2005。

劉鳳翰：《袁世凱與戊戌政變》，台北，傳記文學出版社，1971。

劉鳳翰：《武衛軍》，台北中研院近代史研究所，1978。

劉鳳翰：《新建陸軍》，台北中研院近代史研究所，1967。

路遙、程歗：《義和團運動史研究》，齊魯書社，1988。

馬忠文：《晚清人物與史事》，北京師範大學出版社，2015。

茅海建：《戊戌變法史事考》，三聯書店，2005。

茅海建：《戊戌變法史事考二集》，三聯書店，2011。

茅海建：《從甲午到戊戌：康有為〈我史〉鑒註》，三聯書店，2009。

茅海建：《戊戌變法的另面：「張之洞檔案」閱讀筆記》，上海古籍出版社，2014。

孟森：《明清史論著集刊》，中華書局，1959。

祁美琴：《清代內務府》，中國人民大學出版社，1998。

戚其章主編《甲午戰爭九十周年紀念論文集》，齊魯書社，1986。

錢仲聯：《夢苕庵詩話》，齊魯書社，1986。

桑兵：《庚子勤王與晚清政局》，北京大學出版社，2003。

石泉：《甲午戰爭前後之晚清政局》，三聯書店，1997。

蘇位智、劉天路主編《義和團研究一百年》，齊魯書社，2000。

湯志鈞：《乘桴新獲 —— 從戊戌到辛亥》，江蘇古籍出版社，1990。

湯志鈞：《戊戌變法史》（修訂本），上海社會科學院出版社，2003。

王明燦：《奕訢研究》，高雄，復文圖書出版社，2008。

王守中：《德國侵略山東史》，人民出版社，1988。

王樹槐：《外人與戊戌變法》，上海書店出版社，1998。

王維江：《「清流」研究》，上海書店出版社，2009。

王曉秋：《近代中日啟示錄》，北京出版社，1987。

王曉秋主編《戊戌維新與近代中國的改革 —— 戊戌維新一百周年國際學術討論會論文集》，社會科
學文獻出版社，2000。

王曉秋、尚小明主編《戊戌維新與清末新政 —— 晚清改革史研究》，北京大學出版社，1998。

王玉棠：《劉坤一評傳》，暨南大學出版社，1990。

夏東元：《盛宣懷傳》（修訂本），南開大學出版社，1998。

相藍欣：《義和團戰爭的起源：跨國研究》，華東師範大學出版社，2003。

蕭功秦：《危機中變革：清末現代化進程中的激進與保守》，上海三聯書店，1999。

徐徹：《慈禧大傳》，遼海書社，1994。

楊天石：《近代中國史事鈎沉 —— 海外訪史錄》，社會科學文獻出版社，1998。

苑書義：《李鴻章傳》（修訂本），人民出版社，2004。

張海鵬：《追求集：近代中國歷史進程的探索》，社會科學文獻出版社，1998。

趙立人：《康有為》，廣東人民出版社，2012。

中國第一歷史檔案館編《明清檔案與歷史研究 —— 中國第一歷史檔案館六十周年紀念論文集》，中華書局，1988。

莊練（蘇同炳）：《中國近代史上的關鍵人物》，中華書局，1988。

六　論文

程明洲：《所謂〈景善日記〉者》，收錄於吳相湘，李定一，包遵彭編纂《中國近代史論叢》第 1 輯第 7 冊，台北，正中書局，1956，第 230～248 頁。

戴海斌：《東南督撫與庚子事變》，北京大學歷史系博士學位論文，2009。

戴海斌：《「誤國之忠臣」？ —— 再論庚子事變中的李秉衡》，《清史研究》2011 年第 3 期。

戴海斌：《也說義和團運動中的奕劻》，《近代史研究》2013 年第 1 期。

戴玄之：《許（景澄）、袁（昶）三疏真偽辨》，《大陸雜誌史學叢書》第 2 輯第 5 冊，台北，大陸雜誌社，1967，第 78～84 頁。

戴玄之：《董福祥上榮中堂稟辨偽》，《大陸雜誌史學叢書》第 1 輯第 7 冊，台北，大陸雜誌社，1960，第 181～191 頁。

丁名楠：《景善日記是白克浩司偽造的》，《近代史研究》1983 年第 4 期。

董佳貝：《兩種袁昶庚子日記的比較研究》，《近代史研究》2014 年第 1 期。

杜春和：《從〈榮祿存札〉看辛丑條約的簽訂》，《歷史檔案》1984 年第 4 期。

馮雲英：《清代八旗都統簡論》，《滿族研究》1999 年第 4 期。

馮永亮：《榮祿與戊戌變法》，《清華大學學報》1998 年第 3 期。

高心湛：《榮祿與庚子事變》，《許昌師專學報》1993 年第 4 期。

郭衛東：《載漪與慈禧關係考 —— 兼與廖一中先生商榷》，《天津師大學報》1989 年第 6 期。

郭衛東：《「己亥建儲」若干問題考析》，《北京大學學報》1990 年第 5 期。

郭衛東：《戊戌政變後廢帝與反廢帝的鬥爭》，《史學月刊》1990 年第 6 期。

郭衛東：《戊己庚辛年間東南督撫對清室帝位的干預活動》，《江海學刊》1991 年第 3 期。

何炳棣：《張蔭桓事跡》，《清華學報》第 13 卷第 1 期，1943 年 3 月。

何漢威：《從剛毅、鐵良南巡看中央和地方的財政關係》，《中央研究院歷史語言研究所集刊》第 68 本第 1 分，1997。

賈小葉：《〈杭州駐防瓜爾佳氏上皇太后書〉作者考析》，《近代史研究》2017 年第 6 期。

金沖及：《清朝統治集團的最後十年》，《近代史研究》2011 年第 6 期。

孔祥吉：《奕劻在義和團運動中的廬山真面目》，《近代史研究》2011 年第 5 期。

孔祥吉、村田雄二郎：《翁同龢為什麼被罷官 —— 張蔭桓與日本公使矢野文雄密談理讀》，《光明日報》2003 年 10 月 14 日。

鄺兆江：《〈上諭檔〉戊戌史料舉隅》，收入中國第一歷史檔案館編《明清檔案與歷史研究》下冊，中華書局，1988。

李鵬年：《一人慶壽舉國遭殃 —— 略述慈禧「六旬慶典」》，《故宮博物院院刊》1984 年第 3 期。

李守孔：《光緒己亥建儲與庚子兵釁》，《中國近代現代史論集》第 13 編，台灣商務印書館，1986。

李守孔：《八國聯軍期間慈禧歸政德宗之交涉》，《中國近代現代史論集》第 13 編，台灣商務印書館，1986。

李文海、林敦奎：《榮祿與義和團運動》，《義和團運動與近代中國社會》，四川省社會科學院出版社，1987，第 539～574 頁。

李毅：《榮祿與戊戌變法》，《華南師範大學學報》1987 年第 2 期。

李永勝：《〈戊戌紀略〉的刊佈與張謇的君憲情結》，《近代史研究》2015 年第 2 期。

廖一中：《論載漪》，《天津師大學報》1983 年第 4 期。

林華國：《庚子圍攻使館事件考》，《歷史研究》1991 年第 3 期。

林文仁：《由沈、榮之爭看影響晚清政局演變的兩個因素》，《史學集刊》1996 年第 4 期。

劉春蘭：《榮祿與晚清軍事》，台灣政治大學碩士學位論文，2000。

劉鳳翰：《榮祿與武衛軍》，《中央研究院近代史研究所集刊》第 6 期，1977 年 6 月。

劉鳳翰：《晚清新軍編練及指揮機構的組織與變遷》，《中央研究院近代史研究所集刊》第 9 期，1980 年 7 月。

羅志田：《革命的形成：清季十年的轉折》（上），《近代史研究》2012 年第 3 期。

閻小波：《論「百日維新」前的變法及其歷史地位》，《學術月刊》1993 年第 3 期。

馬忠文：《翁同龢、張蔭桓與戊戌年康有為進用之關係》，《近代史研究》2012 年第 1 期。

馬忠文：《戊戌時期李盛鐸與康、梁關係補正 —— 梁啟超未刊書札釋讀》，《江漢論壇》2009 年第 3 期。

馬忠文：《從朝野反響看翁同龢開缺前的政治傾向》，《南京大學學報》2013 年第 2 期。

茅海建：《戊戌政變的時間、過程與原委 —— 先前研究各說的認知、補正、修正》《近代史研究》2002 年第 4、5、6 期。

毛以亨：《所謂景善日記 —— 批評之批評》，《大陸雜誌史學叢書》第 2 輯第 5 冊，台北，大陸雜誌社，1967，第 35～44 頁。

施渡橋：《晚清首次整軍練兵的思想與實踐述評》，《軍事歷史研究》1996 年第 3 期。

王爾敏：《剛毅南巡與輪電兩局報效案》，《近代史研究》1997 年第 4 期。

王剛：《榮祿早期生平考（1836～1879）》，《歷史教學問題》2013 年第 1 期。

王剛：《榮祿與晚清神機營》，《軍事歷史研究》2013 年第 4 期。

王剛：《榮祿與晚清政局》，北京大學歷史系博士學位論文，2014。

王景澤：《載漪與虎神營》，《軍事歷史研究》1991 年第 3 期。

王明燦：《奕譞研究》，台灣中正大學博士學位論文，2002。

吳心伯：《戊戌年天津閱兵「兵變」說考辨》，《學術月刊》1988 年第 10 期

蕭功秦：《戊戌激進主義及其影響》，《二十一世紀》1998 年 4 月號。

謝俊美：《漢納根與甲午中日戰爭》，戚其章、王如繪主編《甲午戰爭與近代中國和世界 —— 甲午戰爭 100 周年國際學術討論會文集》，人民出版社，1995。

謝俊美：《關於翁同龢開缺革職的三件史料》，《近代史研究》1993 年第 5 期。

薛正昌：《董福祥與榮祿析論》，《西北大學學報》1993 年第 4 期。

楊天石：《翁同龢罷官問題考察》，《近代史研究》2005 年第 3 期。

楊天石：《天津「廢弒密謀」有無其事》，《中華讀書報》1998 年 7 月 15 日，第 6 版。

俞玉儲：《步軍統領衙門及其檔案》，《檔案與北京史國際學術討論會論文集》，中國檔案出版社，2003。

張海榮：《甲午戰後改革大討論考述》，《歷史研究》2010 年第 4 期。

張海榮：《甲午戰後清政府的實政改革（1895～1899）》，北京大學歷史系博士學位論文，2013。

張海榮：《政治聯姻的背後 —— 載灃娶妻與榮祿嫁女》，《近代史研究》2017 年第 3 期。

張能政：《清季神機營考述》，《史學月刊》1988 年第 5 期。

張玉芬：《論晚清重臣榮祿》，《遼寧師範大學學報》1990 年第 3 期。

趙立人：《戊戌密謀史實考》，《廣東社會科學》1990 年第 3 期。

翟金懿：《儀式與政治的互動 —— 以慈禧太后六旬萬壽盛典為例》，中國社會科學院研究生院碩士學位論文，2011。

周育民：《己亥建儲與義和團運動》，《清史研究》2000 年第 4 期。

鄒愛蓮：《從兩件奏摺清單談東西兩太后及其陵寢的興修》，清代宮史研究會編《清代宮史論叢》，紫禁城出版社，2001，第 480～493 頁。

七　工具書

陳玉堂編著《中國近現代人物名號大辭典》（全編增訂本），浙江古籍出版社，2005。

郭廷以編著《近代中國史事日誌》，中華書局，1987。

國家清史編纂委員會傳記組《六十八種清代人物資料書目》上下冊，2005 年 12 月。

錢實甫編《清代職官年表》，中華書局，1980。

魏秀梅編《清季職官錄 附人物錄》，中華書局，2013。

楊廷福、楊同甫編《清人室名別稱字號索引》（增補本），上海古籍出版社，2001。

朱彭壽編著《清代人物大事紀年》，北京圖書館出版社，2005。

主 要 人 名 索 引

崇綸 038, 048, 049

崇綺 195, 290, 297, 309, 317, 337, 338, 340

崇彝 020, 049, 071

春佑 046, 048, 049, 069

慈安 002, 035, 036, 046, 047, 051, 058～062, 072, 075, 107, 401

慈禧 ii, 002, 003, 005～007, 009～013, 021, 022, 024, 026, 034～037, 039, 040～042, 046～049, 051, 052, 054, 057～060, 062, 072, 074, 075, 077, 081～083, 099～102, 107, 116, 117, 119, 123, 125～127, 129, 131～138, 140～142, 146～149, 154, 156～158, 160～163, 169, 179, 181, 184～186, 188, 190, 194, 198～200, 202, 214～217, 227, 230, 231, 233～235, 237, 239, 240, 242～245, 248, 250～254, 256～258, 260, 262, 264, 266～268, 270, 271, 277～282, 289, 292～296, 298～300, 304, 306～311, 313, 314, 316, 317, 323, 329, 330, 332, 335～337, 339, 341, 343, 350, 352～356, 361～363, 367～369, 371, 372, 375～382, 384, 385, 388, 390～392, 394, 395, 397, 399, 400, 402, 405～407

達斌 182, 251, 252, 341, 367

德壽 102

德貞 106

丁葆元 145

丁汝昌 118

丁韙良 010

董福祥 010, 011, 014, 015, 102, 114, 123, 168～170, 203, 204, 219, 220, 221, 230,

260, 261, 304, 311, 315, 316, 328, 329, 333, 334, 338, 339, 345, 347, 348, 350, 352～354, 356～361, 387, 395

董恂 043, 104

寶納樂 010, 280, 281, 332, 336, 340, 348

杜保祿 219

端方 002, 297, 326, 327, 339, 343, 345

額勒和布 034, 079, 099, 118, 123, 140, 163

遏必隆 026

恩承 043, 066

恩祥 263, 303

樊國梁 219, 220, 301, 302, 377

樊增祥 020, 091, 113, 114, 222, 289, 304, 311～313, 333, 363, 367, 369, 370, 374, 403, 405

費英東 025, 026

馮桂芬 224

馮錫仁 255

佛佑 297

福錕 088, 099, 120

福興 038

傅恆 002

甘醴銘 064, 065

剛毅 ii, 002～004, 008, 013, 019, 021, 022, 036, 102, 123～125, 136, 137, 150, 154～156, 181, 188, 196, 198～212, 214, 215, 230, 254, 258, 259, 266～270, 271, 273, 275, 276～278, 280, 281, 283, 285～288, 292, 294, 295, 297～301, 304, 306, 307, 309～311, 315～317, 329～331, 335, 338, 343, 344, 347, 353, 354, 360, 386, 387, 390～392, 394, 395, 400～402, 405, 406

高柟 311, 313, 329, 330

074, 079, 083～090, 093, 097～099,
103, 107, 109, 111, 113, 114, 116～120,
123, 126, 127, 129, 131, 134, 138, 141,
142, 148, 149, 154, 156～158, 160, 163,
171, 172, 176, 181, 185～188, 196, 199,
201, 294, 321, 391, 398, 400, 401
李鴻章　ii, 003, 006, 007, 015, 018, 021,
037, 039, 054, 056, 067, 068, 077, 083,
096, 097, 100～102, 104, 106～109,
114, 118, 119, 124, 126, 127, 129～132,
134, 135, 138, 139, 142, 144, 146, 149,
150, 152, 153, 156～158, 160, 162,
163, 167, 170, 171, 172, 181, 184, 188,
191～194, 196, 197, 199, 212, 215, 223,
241～243, 271, 272, 279, 292, 295, 296,
297, 306～308, 319, 321, 322～327, 332,
335, 338～350, 353～357, 363, 365, 366,
371, 377, 391, 392, 396, 400, 403
李經方　109, 151, 156, 157, 159, 196,
241, 279
李經述　156, 157, 159, 295
李焜瀛　087
李蓮英　013, 125, 134, 150, 159, 160,
231, 286～288, 337
李盛鐸　019, 034, 160, 161, 181, 182,
194, 210, 211, 221, 222, 242, 243, 293,
323
李棠階　053
李提摩太　155, 156, 201, 377
李文田　119, 123, 150
李希聖　310, 316
李煜瀛　087
李岳瑞　020, 169, 256, 322, 329, 361
聯元　309, 314, 335
良揆　024, 333, 334, 374, 384, 385

梁啟超　151, 152, 199, 208, 211, 216, 227,
231, 244, 246, 248, 250, 279, 281, 393,
401, 403
梁士詒　378, 379
廖壽恆　ii, 088, 181, 186, 200, 209, 243,
253, 271, 277, 278, 288, 293, 294, 309
林懋德　219, 301
林旭　015, 239, 247, 250, 253, 254
林肇元　057, 059
麟書　088, 141, 144, 214
靈桂　050, 093, 390
劉恩溥　240
劉光第　194, 239, 247, 250, 253
劉坤一　ii, 015, 018, 021, 091, 092, 096,
101, 103, 109, 110, 124, 135, 136, 138,
139, 142～145, 167, 171, 172, 206, 224,
225, 255, 256, 258, 259, 262, 271, 275,
277, 289, 291, 294, 306, 319～327,
338, 339, 341～343, 345～350, 353,
356～361, 363, 365, 371, 374, 379, 394,
395, 403
劉銘傳　015, 080, 104, 170
劉麒祥　145, 168, 173, 182, 183
陸寶忠　119, 309
鹿傳霖　ii, 091～095, 101～103, 113,
127～129, 132, 187, 198, 215, 221, 222,
241, 256, 257, 259, 260, 277, 320, 321,
344, 350, 352, 363, 364, 374, 377, 391,
398, 406
綸厚　110, 369
羅豐祿　156, 157, 159, 296, 323
羅嘉杰　010, 015, 310, 311, 406
馬河圖　067～070, 072
馬玉昆　015, 312, 337, 358
毛昶熙　170

後 記

　　當 1985 年秋天我以第一志願考入東北師範大學歷史系的時候，還體會不到把興趣作為職業在生活中的非凡意義。1992 年 7 月，在徐鳳晨教授指導下，我完成碩士論文《張蔭桓與維新運動》，離開學校，來到北京。此後十多年間，沒能「安分守己」，多次輾轉調動，先後就職於中央黨校圖書館、中華書局辭書編輯室等單位，2008 年調入中國社會科學院近代史研究所政治史研究室。從圖書館館員、編輯這些教學科研的「輔助」崗位，一步步走進了史學研究的中心和重鎮，可謂如魚得水，讓不少朋友為我感到高興。

　　在近代史所這個名家薈萃的史學園地，我精心呵護着自己的興趣，閱讀着厚重的資料，享受着寬鬆的學術氛圍。2010 年 9 月，在離開校門 18 年後，又考入復旦大學歷史系，師從金沖及先生，攻讀博士學位。金老師諄諄教導：40歲之後再入校門，不要只圖虛名，趁着讀學位的機會，不妨反思和總結一下以前的學習和研究，找找缺憾，有針對性地調整、充實，爭取有一個自我超越的明顯進步。老師年逾八旬，一直筆耕不輟，又有不少社會活動，儘管如此，仍抽出不少時間聽我匯報論文撰寫情況，不時予以點撥和啟發。五年過去了，我的論文《晚清政局中的榮祿研究》終於完成。但是，「超越」二字真真不易，惶恐之餘，只有銘記師訓，再接再厲。

　　感謝論文答辯委員會主席張海鵬研究員，以及姜義華教授、熊月之研究員、潘振平教授、章清教授，老師們高屋建瓴，從宏觀結構，文字細節，到資料補充，都提出了中肯的意見。王曉秋教授、朱蔭貴教授、金光耀教授、劉宗漢編審、董叢林教授、劉悅斌教授、張求會教授也先後審閱過論文，提出了寶

貴意見，這次修訂已全部吸收進來，謹此一併致謝。

　　本書之出版，有賴我服務過的各單位的領導、師長和同事。感謝近代史所政治史研究室姜濤研究員、崔志海研究員兩位主任領導下晚清史研究的同仁，多年的相處和交流，讓我切身體會到了近代史所紮實嚴謹的學風；感謝徐秀麗老師主持的《近代史研究》編輯部各位同仁在編發拙文過程中付出的辛勞；也感謝所圖書館、檔案館工作人員為我提供的熱情服務。還要感謝寄居京華十多年的贛籍名醫胡有衡先生。胡先生秉性耿直，醫術精湛，懷着對祖國醫學的信服和敬意，即使年近古稀，亦從未停止鑽研岐黃經典。胡先生不只把醫術作為職業，還把它當學問來做，精益求精，不時讓我體會到中醫的精妙，甚至可以感受到行醫與治史的許多相通之處。

　　特別感謝任教於西南大學的王剛博士。2010 年，王剛在北京大學茅海建教授麾下讀書，在不知情的情況下，我們的論文選題出現「撞車」現象，但他勤奮刻苦，在 2014 年如期完成論文畢業。崔顥題詩在前，無形中給我帶來了不小的壓力。拙著殺青後，專門寄呈請教，王剛兄提出了不少切實中肯的修改意見，令我銘感在心。還有我在復旦學習時的年輕朋友——張仲民、馬建標、潘星、賈欽涵、皇甫秋實，感謝他們給我提供的各種幫助。章成、周海建博士不避煩勞，幫我核對引文註釋，其認真的態度令我這位曾經的編輯不禁汗顏。由於種種原因，書中訛誤和不足在所難免，希望師友和讀者諒解並提出批評。

馬忠文

二〇一六年三月十七日

增 訂 後 記

　　拙著《榮祿與晚清政局》由社會科學文獻出版社於 2016 年 3 月出版，迄今已經整整五年，期間重印兩次。此次由香港中華書局出版時，又對全稿略作修訂。修訂內容包括：（一）重新核對引文，對正文和註釋中的錯訛之處進行修正、增刪。（二）增補彩色插頁和正文插圖。（三）蒙戴海斌先生允准，又將他為拙著所撰書評文章《仕途得自「武」事，諡號卻為「文忠」》（原刊於《東方早報・上海書評》2016 年 9 月 11 日）作為附錄，列於書後，以便讀者參考。

　　此次增補圖片，部分據中國社會科學院近代史研究所藏檔案文獻拍攝，照片則由徐家寧先生提供，在此謹致謝忱！同時，也十分感謝責任編輯黃嗣朝先生為本書付出的辛勞！

馬忠文

二〇二一年六月十七日

榮祿與晚清政局（全新增訂版）

馬忠文　著

責任編輯　黃嗣朝

裝幀設計　鍾文君

排　　版　黎　浪

印　　務　林佳年

出版　中華書局（香港）有限公司
香港北角英皇道 499 號北角工業大廈一樓 B
電話：（852）2137 2338　傳真：（852）2713 8202
電子郵件：info@chunghwabook.com.hk
網址：http://www.chunghwabook.com.hk

發行　香港聯合書刊物流有限公司
香港新界荃灣德士古道 220-248 號
荃灣工業中心 16 樓
電話：（852）2150 2100　傳真：（852）2407 3062
電子郵件：info@suplogistics.com.hk

版次　2021 年 6 月初版
2023 年 10 月第 2 次印刷
© 2021 2023 中華書局（香港）有限公司

規格　16 開（230mm×170mm）

ISBN　978-988-8758-98-2

本書繁體版由社會科學文獻出版社授權出版